Joh. Gerhard Schellers

Kurzgefasste lateinische Sprachlehre

Grammatik für die Schulen

Joh. Gerhard Schellers

Kurzgefasste lateinische Sprachlehre
Grammatik für die Schulen

ISBN/EAN: 9783743316218

Hergestellt in Europa, USA, Kanada, Australien, Japan

Cover: Foto ©Paul-Georg Meister /pixelio.de

Joh. Gerhard Schellers

Kurzgefasste lateinische Sprachlehre

Imman. Joh. Gerhard Schellers
kurzgefaßte lateinische.
Sprachlehre
oder
Grammatik
für die Schulen.

Nebst einer neuen Vorrede vom Nußen der Erler=
nung der lateinischen Sprache.

Neueste verbesserte und mit einem Register vermehrte Auflage.

München,
bei Joseph Lentner. 1793.

Vorrede
zur ersten Auflage.

Als ich im vorigen Jahre die ausführliche lateinische Sprachlehre herausgab, so war ich nicht Willens, eine kleinere zu schreiben, oder einen Auszug aus jener zu machen. Ich glaubte, jene würde für die Schulen in Ansehung des sogenannten Syntaxes nicht zu weitläuftig seyn, wenn der Lehrer sich nach den Bedürfnissen und Fähigkeiten seiner Schüler richtete, nicht jeden Knaben alles nach der Reihe herlesen ließe, sondern so viel jedes Mal herausnähme, als gerade nöthig wäre, besonders wenn er, ehe er die Regeln aufschlagen ließe, die Schüler vorher mit denselben und einigen dahin gehörigen Exempeln bekannt gemacht hätte. Da aber verschiedene Schullehrer geäussert

haben,

haben, daß meine ausführliche Sprachleh=
re zwar für Lehrer, auch für Schüler der obern
Classen, die für sich darin studiren wollten, sehr
vortheilhaft, für die mittlern und untern Schü=
ler aber, und überhaupt für den Gebrauch in
Schulen, zumal wo die Langische Grammatik
bisher getrieben worden, zu weitläuftig, auch
zu kostbar sey, weil zwar der Preis ein Reichs=
thaler für ein so großes Buch, das über zwey
Alphabete beträgt, sehr billig, aber doch für die
insgemein armen Schüler sehr vieles Geld sey,
so habe ihrem Verlangen nachgegeben und einen
Auszug daraus gemacht, den ich hiermit liefre.
Ich habe darin 1) alles, was möglich gewesen,
ins Kurze gezogen, doch das Wesentliche bey=
behalten; folglich vieles weggelassen, was ge=
schickte Schulmänner von selbst dazu setzen kön=
nen, zumal wenn sie meine grössere Sprachleh=
re haben, z. E. Beispiele 2c. Dagegen habe
ich 2) auf Anrathen verschiedner Schulmänner
bey jeder Declination einige und bey der dritten
viele Exempel eingesetzt: so steht auch bey jeder

Conju=

Conjugation ein beſonders Verbum da. Man hält dies für Anfänger leichter. Ich glaube aber doch immer, daß es beſſer ſey, wenn Kinder die bloßen Endungen der Declinationen lernen, und der Lehrer ihnen allemal den Genitiv ſagt. Denn wollte man von allen Exempel haben, wie viel müßten da Wörter durchdeclinirt wer=den! z. E. in or müßte honor Gen. oris, arbor Gen. oris, auch marmor, weil es ein Neutrum, ferner cor da ſtehen. Wozu iſt das nöthig, wenn der Knabe die Endungen is, i cet. weis, und den Genitiv hört, oder im Wörter=buche ſieht? So iſts auch mit den Verbis: ja hier iſts noch mislicher, wenn man die Knaben an ein Verbum gewöhnt, ſo, daß ſie Amo und die erſte Conjugation für zwey Synonyma halten, wie leider geſchieht; dann betet der Knabe ſto, ſtamas, ſtamat cet. Weis er aber o, as, at cet. nämlich aus o macht er as at cet. ſo betet er mit gleicher Fertigkeit ſto, ſtas, ſtat und amo, amas, amat cet. 3) Die Verba, die in der gröſſern Sprachlehre hinter jeder

Conju-

Conjugation stehen, habe ich der Kürze wegen
weggelaffen. Und da man ohnedem nur Eine
Bedeutung hinsetzen können, so ists beffer, der
Schüler lernt das Verbum gleich recht ausführ=
lich im Wörterbuche, wie ich denn höre, daß
mein im vorigen Jahre geschriebnes Wörter=
buch durch die Bemühung geschickter Schulleh=
rer und andrer Kenner in unzähliger Schüler
Händen sich befindet. Und da diese kleine
Sprachlehre in eben dem Format, als das
Wörterbuch, abgedruckt wird, so können beyde
gar füglich in einen Band gebunden werden,
wie man es sonst mit des Cellarii Wörterbuche
und Grammatik machte. Ich hoffe also, daß
man die Weglaffung der Verborum nicht übel
deuten wird, gleichwie sie auch der Cellarischen
Grammatik nicht als ein Fehler ausgelegt wor=
den ist. Dagegen habe ich 4) im Anhange die
lateinischen Auffätze ein wenig vermehrt, um
den mancherley Bedürfniffen möglichst zu Stat=
-ten zu kommen. Voran habe ich etwas sehr
leichtes, und zuletzt noch ein Gespräch gesetzt.

Zu

Zu viel habe ich auch nicht vom bloßen Ge=
brauche der Declinationen und Conjugationen
fetzen wollen. Es wird dem Kinde wahrlich
zum Efel, und macht ihn endlich gar zu einer
lateinifchen Mafchine, wenn er immer das fo
betitulte Tirocinium in Langens Grammatik
herbetet: Menfa rotunda, fervus fidelis, fcam=
num latum cet. Sum difcipulus, es condifci=
pulus cet., welches zwölf Seiten fo fort geht.
Man muß mit Kindern bald etwas zufammen=
hangendes anfangen, damit ihr Verftand zu=
fammendenken lernt, und Lehrer und Schüler
nicht die Aufmerkfamkeit und Geduld verliert.
In manchen Schulen wird das Tirocinium
Langianum als ein formelles Schulbuch ein bis
zwey Jahre mit einerley Schülern tractirt.
Das heißt recht den Menfchen vor der Haus=
thüre lange aufhalten, damit er ja nicht ins
Haus felber komme. Was für edle Begriffe
erlangt der Knabe, wenn er zwölf bis zwanzig
Wochen herbetet: Menfa rotunda, fervus
fidélis, fcamnum latum cet. Mag er nicht

glauben, alles in der lateinischen Sprache müsse
so bunt zusammenhängen? Wie ekelhaft muß
ihm der Name der lateinischen Sprache seyn?
Was mag er sich für einen süßen Begriff von
den lateinischen Schriftstellern, von einem Cicero ꝛc. machen? Da, ich 5) in den angehäng-
ten Versen, die man insgemein Versus me-
moriales nennt, und die an alle Grammatiken
angehängt zu werden pflegen, desgleichen in
den wenigen Langischen Gesprächen, die ich außer den von mir selbst verfertigten beybehalten,
etwas weniges, und zwar, wie mich dünkt, zu
ihrem Vortheile, verändert habe, so ist diese
Veränderung auch natürlicher Weise in diesen
Auszug gekommen.　6) Die in der größern
Sprachlehre bemerkten Fehler sind nach Mög-
lichkeit verbessert worden.

Da die größere Sprachlehre, welche bey einer neuen Auflage noch accurater und vollstän-
diger erscheinen wird, das Glük gehabt, den
Beyfall der Kenner zu erhalten, und ihr in den
gelehrten Zeitungen, die ich gesehen habe, der
Vor-

Vorzug vor allen bisherigen Grammatiken ge=
geben worden, dieſer Auszug aber alles We=
ſentliche der gröſſern Sprachlehre enthält, ja
zuweilen einige Zuſätze, auch große Verbeſſe=
rungen erhalten hat, ſo wird er ebenfalls den
Vorzug vor den übrigen Grammatiken verdie=
nen. Geſchickte Schullehrer belieben nur ihn
damit zu vergleichen, ſo wird ihnen der Unter=
ſchied bald einleuchten. Freylich wird es man=
chem Schulmanne, der z. E. an die Langiſche
Grammatik gewöhnt iſt, ſchwer fallen, wenn
er ſich an dieſe gewöhnen ſoll. Aber der Nutzen
der Jugend, dünkt mich, ſollte doch hier mehr
gelten, als alle Gewohnheit. Und der Ken=
ner gewöhnt ſich an alles leicht: denn er iſt
überall zu Hauſe. Seine Kenntniß iſt nicht an
die Seitenzahlen gebunden. Mancher, der
nicht ſelbſt urtheilen kann, wird die Langiſche
Grammatik deswegen für eine hinlänglich gute,
ja unverbeſſerliche Grammatik halten, weil ſie
ſeit ſo langer Zeit an ſo vielen Orten eingeführt,
und ſo oft gedruckt iſt. Allein es kann ein Buch

über=

überall eingeführt, und oft gedruckt, und des=
wegen doch nicht gut seyn.   Man hat zuweilen
kein besseres in der Art, folglich ist freylich das,
welches man hat, das beste: so wird doch kein
Kenner des lateinischen Stils Heineccii funda-
menta stili für ein gut Buch halten, und es ist
ehemals sehr im Flor gewesen, oft gedruckt,
oft zu Vorlesungen gebraucht worden: aber
man hatte kein besseres.   Oft kostet auch ein
Buch nicht viel, man ist daran gewöhnt, man
kennt kein anders 2c.   Alles dieses kann verur=
sachen, daß ein Buch wider sein Verdienst an
vielen Orten gelesen werde.

Ich bin nebst mehrern fest überzeugt, daß
dieser Auszug in den Schulen mit ausnehmen=
dem Nutzen wird gebraucht werden können,
wenn nur Lehrer sich ein wenig Mühe geben,
und sich nicht schämen wollen, ihre Vorurtheile
gegen ihre ehemals gebrauchte und vielleicht lang
gebrauchte Grammatik zu verläugnen.   Das
Gute muß man suchen und annehmen, wenn
man gleich schon ein Greis ist.   Das Gute ist
nicht

nicht an Jahre gebunden, auch den Greis ruft
es zu ſich: und dieſer muß ſich am wenigſten
deſſelben ſchämen.   Alte Meinungen ablegen,
wenn ſie irrig waren, iſt Weisheit. — Wenn
aber einige Lehrer ſtatt des Auszugs lieber die
gröſſere Sprachlehre mit ihren Schülern tracti-
ren wollen, ſo glaube ich, daß dies auch, wenn
ſie das rechte Maaß zu treffen wiſſen, (wie
denn dies Kenner überall wiſſen, und Unken-
nern iſt es nie beyzubringen) mit gutem Nutzen
geſchehen könne. Man darf nur bey Erklärung
einer Stelle dem Schüler den Grund, warum
der oder jener Caſus, Numerus, Modus ꝛc.
ſtehe, mit deutlichen Worten ſagen, und alsdann die Grammatik, als ein Zeugniß, auf-
ſchlagen laſſen. Dieß iſt immer meine Methode
geweſen: ich habe erſt den Grund ſelbſt ausführ-
lich und populär angegeben (und da kann man
populärer reden, als die Grammatik) und dann
aufſuchen und leſen laſſen, damit der Schüler
wüſte, wo er wieder nachſchlagen und in ähnlichen Fällen ſich Raths erholen ſollte. — Bey
dieſer

dieſer Gelegenheit will ich doch erzählen, wie ich ſo wohl meinen Kindern, als auch unzähligen andern, die allererſten Anfangsgründe vorgetragen habe; vielleicht bekommen mehr Schullehrer Luſt, dieſe Methode nachzuahmen. Ich habe ſie zuerſt die fünf Declinationen hurtig lernen laſſen, mit dem Deutſchen aber es nicht ſo genau genommen: dies geſchahe in drey bis höchſtens ſieben Tagen; hernach ließ ich bald Präpoſitionen dazu ſetzen, damit ſie doch ſähen, warum man declinirte, bald auch Adiectiva, und hier hörten ſie erſt, was ein Subſtantiv, was ein Abjectiv ſey, hier hörten ſie von den Gradibus, die ihnen durch das Deutſche erläutert wurden: decliniren ließ ich die Adiectiva bloß nach Subſtantivis, z. E. longus wie ſervus, longa wie menſa cet. daher mußten ſie ſervus menſa ſcamnum zuſammen decliniren: dann konnten ſie longus longa longum von ſelbſt, und ſo avis rete, und pater avis rete: aber menſa ſcamnum cet. Darauf ließ ich ſie hurtig die Conjugationen lernen; und auf die

For=

Formation Achtung geben: mit dem Deutſchen
nahm ichs. nicht ſo genau: dies nahm einige
Tage, höchſtens eine Woche weg. Nun ließ
ich ſie zuſammen ſetzen: z. E. Gott liebt die
frommen Menſchen; ich habe meinen Va=
ter geliebt: gute Menſchen werden von
Gott geliebt: ich habe die Stimme deines
Vaters im Garten gehört. Daburch lern=
ten ſie doch den Gebrauch der Declinationen und
Conjugationen, und bekamen Luſt zur lateini=
ſchen Sprache. Nun ſchritt ich, nachdem der
ganze Unterricht zwey, höchſtens drey Wochen
gedauert hatte, zu Ueberſetzung eines lateiniſchen
Aufſatzes, z. E. eines Langiſchen Geſprächs.
Und nun ließ ich erſt recht decliniren und conju=
giren, fragte immer nach dem Caſu, tempore
cet. und nach dem Kennzeichen, und beſonders
ließ ich oft wiederholen. Und ich muß ſagen,
daß ich in Zeit von einem Vierteljahre zum Er=
ſtaunen mit ihnen fortgerückt bin. Doch dieſe
Methode iſt vielleicht die Methode aller Schul=
lehrer, die es mit ihren Schülern ernſtlich mei=

nen,

nen, und denen wirklich daran liegt, daß ſie bald gelehrt werden ſollen.

Schlüßlich wünſche, daß Gott den Gebrauch dieſer kurzgefaßten Sprachlehre und das eifrige Bemühen redlicher Schulmänner, ihre Schüler bald gelehrt zu machen, ſegnen wolle!

Brieg, im Monat Julius, 1780.

Imm. Joh. Gerh. Scheller,
Rector des Königl. Gymn. illuſtr.

Vorrede
zur dritten Auflage.

Da diese kurzgefaßte lateinische Sprachlehre oder Grammatik für Schulen nun zum drittenmale die Presse verläßt, so habe ich sie abermal vorher sorgfältig durchgelesen, und hier und da nöthige Verbesserungen und Zusätze gemacht. Denn unsere Erkenntniß wächset täglich, wenn wir für ihr Wachsthum besorgt sind, und nicht alles, was wir gelernt haben, für Evangelia und ausgemachte Wahrheiten halten. Ich kann wenigstens versichern, daß ich Manches itzt besser und genauer verstehe, als ich es vor drey oder fünf Jahren verstand, gleichwie ich es damals besser einsahe, als vor zehn oder zwanzig Jahren. Da auch diese Sprachlehre das Glück gehabt hat, vielen Kennern zu gefallen, und durch ihre Bemühung in vielen Schulen eingeführt zu werden, wie sie denn auch ins Dänische übersetzt, so denke ich künftig nicht leicht etwas mehr darin zu verändern. Und sollte es ja noch nöthig befunden werden, künftig einige Veränderungen zu machen, so würden sie doch klein und fast unmerklich und besonders so eingerichtet seyn, daß dadurch die Seitenzahlen nicht verändert würden, als welches in Schulen beym Aufschlagen einige Verwirrung zu machen pflegt.

Bey dieser Gelegenheit will ich doch die Frage kürzlich beantworten, ob denn das Lateinlernen theils für Gelehrte, theils für Ungelehrte einen Nutzen habe. Ich finde, daß man in unsern ökonomischen und statistischen Zeiten, da man z. E. begieriger ist zu wissen, wie viel Einkünfte der König von Sardinien, Sicilien ꝛc. habe, wie viel Soldaten er halte, was für
Auf=

Aufschläge diese Soldaten tragen 2c. wieviel Schiffe aus Amsterdam, Riga 2c. jährlich ein= und ausgegangen, wieviel Centner Kaffee, Zucker 2c. ein= und ausgeführt worden sind; oder verliebte, traurige oder scherzhafte Schauspiele und Romane zu lesen, als tausend im gemeinen Leben vorkommende lateinische Wörter und Ausdrücke oder einen Cicero, Livius, Virgilius, Horatius 2c. zu verstehen.

Ich glaube, daß die Vernichtung des Lateins, auser der Mode, dieser Monarchinn der Welt, die alle Dinge der Abwechselung unterwirft, und uns zwingt in diesem Jahre die langen, im künftigen Jahre die kurzen Aufschläge, in diesem Jahre große, im folgenden Jahre kleine Hüte 2c. für allein schön und nachahmungswerth zu halten, vornehmlich daher rühre, daß man mit dem Lateinlernen (so auch mit dem Griechischlernen) so sehr lange zubringt und doch darinn es endlich nicht weit bringt. Manche Knaben lernen zwey bis drey, ja bis sechs Jahre Latein, und können, auser dem Decliniren und Conjugiren, kaum die leichtesten Stellen übersetzen, ja oft können sie noch nicht einmal recht sicher decliniren und conjugiren. Dies kann freylich keinen sonderlichen Nutzen, kein sonderliches Vergnügen gewähren. Denn Decliniren und Conjugiren können heißt noch nicht Latein können. Wenn nun ein Knabe, der weiter nichts als declinirt und conjugirt hat, hernach ein Kaufmann, Wirthschafter, Handwerksmann 2c. wird, so wird er freylich hernach sagen müssen: Mir nützt das Lateinlernen, das ich drey bis vier Jahre getrieben habe, nun nichts. Ja oft Gelehrte, die doch auf Schulen sechs bis acht und zehn Jahre Latein gelernet, können darin wenig. Daher, weil sie nicht im Stande sind, einen Alten mit Verstande, Geschmacke und mit Sicherheit zu lesen, verachten sie hernach die lateinische Sprache, weil sie keinen Nutzen darin finden. Freylich können sie keinen sonderlichen Nutzen davon haben. Aber daraus zu schließen, daß Andere, wenn sie es weiter

weiter darin gebracht und sie mit Gründlichkeit gelernt
haben, und daraus keinen Nutzen schöpfen könnten,
das ist wahrlich sehr unlogisch gehandelt   Doch wer
schließt nicht gern von sich auf Andere? Das Decliniren und Conjugiren, das sich zum Latein ohngefähr so
verhält, wie die Zahlen zum Rechnen, (wer die Zahlen kennt, kann deswegen noch nicht rechnen; und wer
mit Erlernung der Zahlen ein bis zwey Jahre zubrächte,
würde ein schlechter Rechenmeister werden.   Wenn er
denn nun es höchstens bis zur Subtraction gebracht
hätte, und dann aufs Handwerk müßte; würde er nicht
alsdann sagen: es ist eine unnütze Sache, einen
mit dem Rechnen zu plagen?) sollte nicht über acht,
höchstens vierzehn Tage Zeit wegnehmen: und dann
sollte man sogleich zur Erklärung eines lateinischen
Stückes schreiten, aber es nicht bey bloßem mechani-
schen Uebersetzen, da nämlich der Knabe etwas Deut-
sches nonnenmäßig herplappert, ohne zu wissen, warum er so rede oder reden müsse, bewenden lassen, sondern alles genau erklären, nach jedem Casu, Numero
cet. und nach der Ursache davon fragen, sie bedürfen-
den Falles dem Knaben sagen, und dann wieder fragen
und so oft darnach fragen, bis der Knabe dieses Alles
ohne langes Besinnen und Stocken allein hersagen
kann. Dann müßte der Schüler ganz ohne Kopf seyn,
wenn er nicht in einem Jahre alle leichtere Stellen der
Alten und in zwey Jahren den ganzen Cicero, Virgilius, Horatius rc. verstehen sollte, nämlich so gut,
als wir diese Männer heutiges Tages verstehen können:
denn kein Gelehrter versteht diese Männer überall voll-
kommen. — Ein großer Fehler ists, daß man die
Knaben beym Decliniren und Conjugiren blos auf das
sogenannte Paradigma, d. i. das vorgezeichnete Wort;
z. E. mensa, liber, servus, ovum, pater, avis, corpus, fructus, cornu, dies, amo, moneo, colo, audio,
und nicht zuvörderst auf die Endungen hinweiset. Das
taugt nichts. Diejenigen, die so lernen und alle diese
vorgezeichneten Wörter decliniren und conjugiren kön-

Schell. Kleine Gramm.   **   nen,

nen, können doch nicht die andern Wörter decliniren
und conjugiren; folglich können sie nicht recht decliniren und conjugiren. Men muß sie zuvörderst blos die
Endungen der Declination, als *a, ae, ae, am, a, a*
cet.; *us, i, o, um, e, o* cet.; *is, is, i em, is, e*
cet.; *us, us, ui, um* cet.; *es, ei, ei, em* cet; lernen
laſſen: (und das kann in wenigen Stunden oder Tagen geschehen): Denn können sie alle Wörter, die
man ihnen aufgiebt, leicht decliniren; nur muß der
Lehrer ihnen jedesmal die Abweichungen, nebst den
Ursachen, sagen. Dazu ist ja eben der Lehrer da.
Denn alles, so wie es im Buche steht, blos nach der
Reihe auswendig lernen und hersagen laſſen heißt nicht
lehren, sondern nur überhören: das kann jeder Mit-
schüler thun. Eben so mit dem Conjugiren. Man
laſſe bey der erſten Conjugation bloß lernen *o, as, at,*
amus cet.; *em, es, et* cet. Imperf. *abam, abas* cet.
Perfect. *i, iſti, it, imus, iſtis* cet.; bey der zweyten:
eo, es, et, emus cet.; *eam, eas* cet. Imperf. *ebam,*
ebas cet. Perfect. *i, iſti, it* cet.; bey der dritten:
o, is, it cet.; *am, as* cet.; *ebam, ebas* cet.; *i, iſti*
cet.; bey der vierten: *io, is, it* cet.; *iam, ias, iat*
cet.; *iebam, iebas* cet.; *irem, ires* cet. Bey jedem
Tempore frage man, wo es herkomme; man laſſe
hierauf Verba, davon das Praesens, Perfectum, Supinum (wenn eins da ist) und der Infinitiv vorher
bekannt seyn müſſen, conjugiren; frage wieder bey jedem Tempore, wo es herkomme, und ruhe nicht eher,
als bis der Knabe diese Fragen hurtig beantworten
kann: und ich wette, der Knabe wird in wenigen Tagen gut conjugiren können. Ohne Kenntniß der Formation lernt der Knabe nicht conjugiren, wenn er
gleich amo, moneo, colo, audio, an den Fingern her-
beten kann. Kann er aber die Endungen nach der
Formation hurtig hersagen, so ist das ganze Conjugiren Spielwerk. Deswegen setzte ich eben in der großen Sprachlehre kein Wort zur erſten, zweyten ꝛc.
Declination und Conjugation, sondern nur die Endungen,

dungen, weil ich aus langer Erfahrung weis, daß
man sehr geneigt ist, diese Worte lieber als die Endungen hersagen und auswendig lernen zu lassen; wovon
die Bequemlichkeit mancher Lehrer wohl nicht die klein-
ste Ursache seyn mag.

Lernte man also die lateinische Sprache bald, und
könnte man zeitig darin ein Buch verstehen, so würde
die Frage, ob das Lateinlernen auch etwas nütze, vermuthlich nicht aufgeworfen werden. Denn gesetzt es
nütze Jemanden wenig beym Metier, beym Umgange
und andern Gelegenheiten (welches doch nicht an dem
ist), so lernen ja die Kinder, mit Genehmigung ihrer
Eltern mehr Dinge, die künftig beym Metier nicht
mehr Nutzen haben möchten, z. E. Tanzen, Karten-
spielen, Musik, französische Sprache rc. Sollten
diese Dinge mehr nützen, als die lateinische Sprache?
Das Tanzen verbessert die Stellung des Leibes, giebt
ihm einen gewissen Anstand, und dient zum Vergnügen. Aber beym Metier möchte es wohl wenig Nutzen
schaffen. Wird der Jurist, Kaufmann rc. sein Metier besser ausüben, wenn er ein guter Tänzer, oder
auch ein guter Violinist ist? Die französische Sprache
dient dazu, theils um gute französische Bücher zu lesen, theils um mit andern Deutschen (denn die wenig-
sten von denen, die die französische Sprache lernen,
befinden sich in der Nothwendigkeit in Frankreich oder
anderwerts mit Leuten, die nichts anders als französisch reden können, zu sprechen) französisch zu reden:
(vor hundert Jahren wars eine Ehre lateinisch zu reden, in unserm Jahrhunderte französisch, im folgenden
wirds vielleicht Ehre seyn, schwedisch, dänisch, pohl-
nisch, russisch, holländisch, englisch rc. zu sprechen, je
nachdem sich eine von diesen Nationen bey den gern
nachahmenden Deutschen ansehnlich machen kann, denn
der feinere Theil des Publicums redet lieber in einer
fremden Sprache, als in seiner eignen): aber beym
Metier? sollte wohl hier die französische Sprache nütz-
licher seyn als die lateinische? Worin besteht der grö-

ßere Nutzen? — Lernte man das Französische eben so langsam als insgemein mit dem Latein, leider! geschieht, man würde ebenfalls über die Unnützlichkeit desselben schreyen. —

Allein, wieder auf die Hauptsache zu kommen: das Lateinlernen hat für Gelehrte und Ungelehrte einen mannigfaltigen Nutzen.

1) Erstlich man lernt Wörter verstehen, die im gemeinen Leben curfiren, und die Mancher mit Schamröthe anhört, weil er sie nicht versteht, die Wörter mögen nun eigentlich griechisch oder lateinisch seyn, eine lateinische, deutsche oder französische Endung haben; daran liegt nichts. Ich will einige anführen: *ergo* (z. E. *ergo* bleibts dabey), *bene*, (z. E. sich eins *bene* thun), Diät, Zephyr, Congreß, Succeß, Pietist, Toleranz, tolerant, elegant, Eleganz, *vacant*, Vacanz, human, liberal, Studium, studiren, Meditation, meditiren, salviren, salutiren, Prosit! (beym Niesen), eruiren, demonstriren, Sympathie, sympathisiren, onerirt, (z. E. er ist damit onerirt), *onus* und *onera* (z. E. das ist ein großes *onus*: die *onera* muß ich auch tragen), ein starkes *opus*, die *opera* (z. E. ich habe seine sämmtlichen *Opera*), Version, vertiren, Interpretation, interpretiren, Subscription, subscribiren, Subscribent, Edition (z. E. der Schüler bittet seinen Vater, ihm doch die neue Edition zu kaufen), ediren, Supplement, *Infusum*, *Decoctum* oder Decoct, Mixtur, Section, *lympha*, Digestion, *uterus*, affigiren, emaniren, *in integrum* restituiren, Deprecation, depreciren, subsistiren, subleviren, Sublevation, Consumtion, consumiren, Decoration, melioriren, deterioriren, ascendiren (im Amte), introduciren, Introduction, vociren, Vocation, confirmiren, Confirmation, profitiren, (als Lehre), emergiren, Vehiculum

(bey

(bey Arzneyen), das *Decorum*, das *Utile*, *Dominium*, *Ususfructus*, operiren, Operation, *cito* (auf Briefen), *instanter*, *instantius*, *instantissime*, Decret, decretiren, Decrement, *Inquisitor*, *publicus*, *Commissarius loci* und unzählige mehr. Ja, wird man sagen, diese Leute sollten nicht lateinische Wörter in Gegenwart Ungelehrter gebrauchen. Ganz recht. Aber wer will denn die Gelehrten dazu zwingen? Ja, wird man sagen, da müßte Jedermann nicht nur Latein, sondern auch Griechisch, Französisch, Italiänisch, Englisch lernen. Das wäre nicht übel, auch, bey guten Lehrern, nicht unmöglich. In zwey Jahren längstens kann man eine Sprache so lernen, daß man darin jedes Buch verstehen kann. Da nun zugleich zwey, auch, wenn man in einer einige Kenntniß erlangt hat, drey, ja vier Sprachen zugleich getrieben werden können, so würde der Unterricht in diesen Sprachen kaum vier, höchstens fünf Jahre währen. Itzt lernt man zehn Jahre Latein und acht Jahre Griechisch, ohne ein Buch sicher lesen zu können. Wie herrlich wäre es, wenn der Schüler alle obgedachte Sprachen in fünf Jahren lernte! dann könnte er auch die Bibel, wenigstens das neue Testament, in der Grundsprache lesen, da er itzt mit der Version zufrieden seyn muß. Dann könnte er mit eignen Augen sehen und sprechen, daß er auch an den erleuchteten Zeiten, davon so viel Rühmens gemacht wird, einigen Antheil nehme. Doch das sind Dinge, die erst im Jahr 2240 in Erfüllung gehen werden. — Ich will eine wahre Geschichte erzählen. Meine Magd wird einmal in die Apotheke geschickt. Der muthwillige Lehrbursch darin schäkert mit Jemanden, sieht sie mehrmals an, und gebraucht, so oft er sie ansieht, das Wort ancilla. Die Magd kam mit thränenden Augen nach Hause, und klagte mir, der Lehrbursche habe sie einigemal geschimpft, und sie ancilla geheißen, und bat, ich möchte ihr doch sagen, was ancilla bedeutete. Ich lachte, erklärte es ihr, und

ihr

ihr Zorn war vorüber. Kann nicht jedem Ungelehrten etwas Aehnliches begegnen?

2) Zweytens ist man im Stande die Schriften der berühmten Römer zu lesen. Erstlich so viele Geschichten, z. E. des Nepos, Cäsar, Livius, Sallustius, Svetonius, Justinus, Valerius Maximus ꝛc. Sollten diese nicht bessere Unterhaltung geben, als die Tausend und eine Nacht, und tausend Romane und Schauspiele? Ists nicht besser wahre Erzählungen zu lesen, als erdichtete? Zweytens die Schriften eines Cicero, Virgilius, Horatius, Ovidius, Phädrus, Seneca ꝛc. aus denen so viel schöne und edle Gedanken in die Seelen junger Leser hinüber fließen können, die, wenn der Boden gut ist, Wurzel darin schlagen, Zweige treiben und nach und nach in Empfindungen übergehen? Diese eingewurzelten Gedanken, diese Empfindungen bleiben, gesetzt daß man auch die Bücher auf ewig weglegte: gleichwie der Ableger einer Nelke nicht stirbt, wenn er, nachdem er beklieben ist, von seiner Mutter abgeschnitten wird.

3) Drittens; Auch das Erlernen der Sprache selbst, wenn es gründlich geschieht, schärft den Verstand ungemein: theils durch das Decliniren und Conjugiren, theils durch Aufsuchung der Constructionsordnung, theils durch die sogenannte Resolution, da man von jedem Worte dem Lehrer sagen muß, was es für ein Casus, Numerus, Genus, Tempus, Modus, Conjugation oder Declination sey. Dies ist eine wahre Logik und Syllogistik. Ueberall Schlüsse.

a, Beym Decliniren und Conjugiren. Hier schließt der Knabe beständig. Der Knabe soll z. E. rogo, avi, atum, are conjugiren. Hier schließt er: Alle *Verba* die sich im Infinitiv auf *are* endigen, gehören zur ersten Conjugation. Nun aber (Atqui) endiget sich das *Verbum rogo* in *are*, folglich (ergo) gehört es zur ersten Conjugation.

tion. Ferner: Alle *Verba* der ersten Conjugation werden so conjugirt: o, *as, at, cet em,
es, et* cet. Nun aber (Atqui) gehört *rogo* zur
ersten Conjugation, folglich (Ergo) wird es
so conjugirt: *rogo, rogas, rogat* cet. *rogem, es,
et* cet. Und so mit allen Verbis. Eben so ist's mit
dem Decliniren: z. E. Corpus. Hier schließt der
Knabe: Alle Wörter der dritten Declination
werden so declinirt, *is, i, em* cet. Aber
(Atqui) *corpus* geht nach der dritten Declination; folglich (Ergo) gehts so: *corpus, corporis, corpori* cet. Ferner Alle *Neutra* enden sich
im Accusativ so, wie im Nominativ: folglich
hat *corpus* im Accusativ auch *corpus.*

b) Zweytens wird durch Aufsuchung der Constructionsordnung der Verstand gar sehr geschärft. Der Lehrling darf die Wörter nicht nehmen, wie er will;
sondern blos nach der Ordnung, in der die Gedanken in der Seele entstehen. Denn die Constructionsordnung ist die natürliche Ordnung der Gedanken.
Erst sucht er das Subject, dann das Prädicat,
und endlich die Nebenbegriffe. Das Subject
ist der sogenannte Hauptnominativ, der vor dem
Verbo vorher gehen muß. Das Prädicat ist das
sogenannte Verbum mit seinem Casu. Die Nebenbegriffe sind die Participia, Adverbia und Präpositionen mit ihren Casibus. Wie viel Nachdenken
gehört dazu, diese zerstreuten Gedanken einer oft
langen Periode zusammen zu suchen, zumal im lateinischen, wo sie so mannigfaltig außer ihrer Constructionsordnung stehen? Noch nicht genug. Der
Lehrling muß auch oft bloß aus dem Zusammenhan-
ge urtheilen, ob das Prädicat der Subjecte zukomme oder nicht; auch, da oft beyde einerley aussee-
hen, welches das Subject oder Prädicat sey; z. E.
miles est maritus, omnes socrus oderunt nurus,
Terent. Hec. II, 1, 4; *quin tibi amplitudo
ista solicitudo futura sit,* Cic. ad Diverf. III, 10.

§. 9; ob miles oder maritus, ob *socrus* oder *nurus*, ob *amplitudo* oder *solicitudo* das Subject sey: beym Cicero ist *solicitudo* das Subject. Daß hierzu viel Nachsinnen erfordert und der Verstand dadurch sehr geschärft werde, ist offenbar. Und je mehr der Lehrling den Verstand selbst anstrengen, selbst nachsinnen und alles selbst suchen und finden muß, desto mehr wächset der Verstand; welcher freylich nicht sonderlich wachsen kann, wenn der Lehrling sich alles vorsagen läßt und nur blindlings nachbetet. Dann wird das Sprachenlernen nur Gedächtnißwerk und nützt nichts, sondern schadet vielmehr. Daher kommt viel auf die Methode des Lehrers an.

c) Drittens wächset besonders durch das sogenannte Resolviren, welches die Seele des elementarischen Sprachlernens ist, das Nachdenken des Verstandes gar sehr. Denn hier wird völlig logikalisch verfahren, alles in deutliche Begriffe aufgelöset, und überall Schlüsse gemacht, denn a) erstlich wird jedes Wort (Begriff) nicht nur unter seine Gattung gebracht, z. E. pater unter die Nomina, moneo unter die Verba cet. sondern auch in seine Eigenschaften, als Kennzeichen, aufgelöset; z. E. wenn der Knabe sagt, patris sey der Genitiv numeri singularis, masculini generis, tertiae declinationis; amastis sey die zweyte Personalendung pluralis cet. Was ist dieses anders, als von jedem Worte deutliche und vollständige Begriffe machen und deutliche Erklärung geben? Sollte dies nicht auf andere Dinge des Lebens anzuwenden seyn? Sollte dies nur scholae, und nicht auch vitae gelernet seyn? So wie der Lehrling beym Resolviren nachsinnet, so macht ers hernach bey allen Handlungen seines Lebens. b) Bey jedem Worte, das resolvirt wird, macht der Verstand beständig Schlüsse, nur daß im Hersagen die zwey Vordersätze weggelassen werden. Ich will doch zur Erläuterung ein Beyspiel anführen,

ren, damit man doch sehe, wieviel der Kopf des
Knabens zu denken habe, und damit man seine
Beschäftigung für wichtiger halte, als man sie
insgemein zu halten pflegt. Ich will nur ein sehr
leichtes Beyspiel hersetzen, nämlich: magnam filii
tui industriam laudare debeo. Wie viel Schlüsse
werden hier beym Resolviren gemacht! 1) Bey
dem Worte industriam sind vier Schlüsse zu machen:
a) Alle *Verba transitiva* (Activa) regiren einen *Accusativ*: nun aber (atqui) ist *laudare*
ein *Verbum transitivum* (Activum): folglich
(ergo) regirt es den *Accusativ*, und zwar hier
industriam. b) Jede Endung in *am* ist der
Accusativ singularis numeri in der ersten Declination: nun aber (atqui) endet sich *industriam* auf *am*: folglich (ergo) ist es der *Accusativ
singularis numeri* in der ersten Declination.
c) Alle Wörter der ersten Declination in *a*
sind *feminina*: nun aber (atqui) endet sich
industria auf *a*: folglich (ergo) ist es ein *femininum*. d) Von allen einzelnen Dingen gebraucht man den *Singularis*: nun aber (atqui)
ist *industria* eine einzelne Sache, folglich (ergo)
steht recht der *Singularis industriam*. 2) Bey
magnam: Alle *Adiectiva*, die zu einem Substantiv gehören und damit verbunden werden,
nehmen dessen *Casum*, *Numerum*, *Genus* an:
nun aber (atqui) *magnam* gehört zu *industriam*: folglich (ergo) steht hier recht *magnam*;
und *magna*, *magnum* oder *magni* cet. wäre
falsch. 3) Bey filii: Jeder Genitiv in *i* zeigt
die zweyte Declination an: Nun aber ist *filii*
ein solcher Genitiv in *i*: folglich (ergo) gehört
das Wort *filius* in die zweyte Declination.
Ferner: Jedes Substantiv, das auf ein anderes Substantiv sogleich folgt, und von ihm
unterschieden ist, steht auf die Frage wessen?
wovon? 2c. im Genitiv. *Atqui filii* cet. Ergo

** 5　　　　　　　　　ist

ist der Genitiv richtig. 4) Bey laudare: Wenn zwey *Verba* zusammen kommen, so steht das letzte insgemein im Infinitiv: Nun aber (atqui) stehen hier zwey *Verba* nämlich debeo, laudare. beysammen: folglich ist *laudare* recht. 5) Bey debeo: Die *Verba* in *eo* gehen meistens nach der zweyten Conjugation: Nun aber endet sich *debeo* auf *eo*: folglich iste wahrscheinlich, daß es nach der zweyten Conjugation gehen möchte. Ferner; Alle *Verba*, deren Infinitiv sich in *ere* mit langer vorletzten Sylbe endet, gehen nach der zweyten Conjugation: *atqui debeo* cet. Folglich geht es nach der zweyten Conjugation ganz gewiß.

So viel muß der Verstand des Lehrlings denken? Wie viel wird er nicht erst bey langen Perioden, wo Subject und Prädicat weit getrennt ist, wo die übrigen Wörter sehr verworfen sind, oder der Sinn einiger Maßen zweydeutig ist, zu denken haben? Sollte dieses Resolviren nicht den Verstand schärfen? nicht besser schärfen, als bey Manchem die Logik es thut? denn wie mancher lernt Logik, und weis nichts mehr daraus, als die Namen der verschiednen Begriffsätze zu nennen, ohne seinen Verstand geschärft zu haben? Gesetzt nun, daß ein solcher Lateinlerner ein anderes Metier hernach ergriff, und daß die ganze Latinität, wie doch nicht immer zu hoffen ist, vergessen würde, sollte denn das dadurch ehmals beförderte Nachdenken und der geschärfte Verstand zugleich mit absterben? Wächset nicht die Pflanze dennoch immer fort, obgleich der fruchtbare Regen, der ihr das Wachsthum gab, nicht mehr sichtbar ist? Man findet Leute, die ehmals auf Schulen viel gelernt hatten, hernach aber ein ander Metier ergriffen, und alles nach und nach beynahe verlernten. Man sahe es ihnen aber in ihrem neuen Metier an, daß sie studirt hatten. Sie äuserten bey allen Handlungen

und

und Reden etwas sehr Gesetztes und Nachdenkliches, das ihren Cameraden fehlte, die sich oft nur durch ihren Mutterwitz helfen mußten. Mutterwitz ist zwar besser als Schulwitz; aber Mutterwitz, mit Schulwize vermählt, ist noch besser und bildet eigentlich den vollkommenen Mann (s. Cicer. Arch. 7.). Es läßt sich auch aus dem Wenigen, was ich gesagt habe, über folgende Dinge urtheilen: 1) was von denen zu halten sey, die zuweilen sagen: Wozu lernt doch der Mensch die Logik, Geometrie rc.? Wozu nützt ihm das Latein rc.? er studirt ja nicht: und vergißt doch alles einmal wieder; was nützt ihm denn dies Alles? Das heißt ja *discere in spem futurae oblivionis cet.* Es sollte von dem Nutzen einer Wissenschaft oder Sprache niemand urtheilen, wenn er nicht darin ein besonderer Kenner ist. Mancher urtheilt von einer Sache ohne eignes Gefühl, blos, weil er andre so urtheilen hört; oder er hat von der Sache bisher einen geringen Nutzen geschöpft, und schließt daraus, daß Jedermann nicht mehr Nutzen daraus schöpfen könne. 2) Ob man junges Frauenzimmer in den gelehrten Wissenschaften und Sprachen, so es nämlich sonst die Umstände erlauben, unterrichten solle, und ob man bey ihm in Erlernung einer Sprache blos auf das Sprechen mit Andern zu sehen habe? 3) Vielleicht läßt es sich hieraus auch über den noch dauernden Streit urtheilen, ob man die lateinische Sprache, nach Art der Muttersprache, durch das Reden oder grammatisch gründlich durch Erklärung der Alten lernen sollte? Ist es nur darauf abgesehen, daß man Latein könne, so liegt nichts daran, welche Methode man gebrauche. Soll aber der Verstand dadurch geschärft werden, welches wohl eine der Hauptabsichten der Vorfahren, da sie das Lateinlernen in den Schulen einführten, gewesen ist, (aber je mehr wir von den Vorfahren ausarten, desto mehr verkennen wir

wir ihre Absichten und Triebfedern), so muß die Methode gründlich seyn. Man studirt itzt auf allerhand Methoden, um das Lernen überall leichter und kürzer zu machen, welche vielleicht alle gut seyn können. Aber die Gründlichkeit und Schärfung des Verstandes ist, meines Erachtens, nebst der Bildung des Herzens, der Punct, auf welchen alle Methoden, sie mögen übrigens beschaffen seyn, wie sie wollen, zusammen treffen müssen. Die diesen Punct verfehlen oder nicht achten, die würdigen die ganze Gelehrsamkeit zu einem Handwerke herab. —

Ich schließe mit dem Wunsche, daß die Anzahl der selbst denkenden und gründlichen Köpfe täglich mehr zunehmen und die Lehrer hierzu vornehmlich das Werkzeug durch ihren mündlichen Unterricht seyn mögen.

Brieg, im Monat März. 1785.

J. J. G. Scheller.

Summarischer Inhalt dieser Sprachlehre.

Vorerinnerung.

Erster Theil.

Abschn.

Summarischer Inhalt.

Zweyter Theil.

Summarischer Inhalt.

Summarischer Inhalt.

Vorerinnerung.

§. 1.

Die lateinische Sprachlehre ist eine Anweisung, die in den alten römischen Schriftstellern, besonders des goldnen Alters, vorkommenden Wörter, sowohl an sich, als in der Verbindung, so zu verstehen, daß man im Stande ist, durch Hülfe der Sachkenntnisse diese Alten selbst zu verstehen, zu beurtheilen und nachzuahmen. Die Kenntniß hiervon heißt **Grammatik**. Insgemein nennt man auch, wiewohl unrecht, die Sprachlehren Grammatiken.

Not. 1) Man muß Sprachkenntniß und Verständniß der Alten nicht verwechseln. Es ist nicht einerley, den Cicero, Virgil ꝛc. lesen und Latein lernen. Durch blose Sprachkenntniß lernt niemand den Cicero, Virgil ꝛc. verstehen.

2) Am besten wird die lateinische Sprache aus den Alten selbst gelernt. Die Sprachlehre kann nur allgemeine Sprachbeobachtungen vortragen, bleibt also allezeit unvollkommen und ein bloses Erleichterungsmittel.

§. 2.

Die Sprachlehre beschäftigt sich demnach mit zwey Hauptdingen:

I. Mit einzelnen Worten, und zwar 1) nach ihrer Aussprache: 2) nach ihrer Rechtschreibung (Orthographie): 3) nach ihren Gattungen: 4) nach ihrer Bedeutung.

II. Mit Zusammenfügung der Wörter, und zwar in Ansehung 1) der Rection: 2) der Rangordnung: 3) der Gleichheit der Glieder eines Satzes,

oder

ober des Numerus: 4) der Verbindung der Wörter: 5) der Abwechselung derselben: 6) des Ueberflusses derselben: 7) der Kürze des Ausdrucks: 8)
der Länge und Kürze der Sylben zum Behufe der
Verskunst.

§. 3.

Die Buchstaben sind zweyerley:

I. **Vocale**, lat. Vocales, scil. literae, d. i. tö-
nende Buchstaben, weil sie allein ertönen und allein eine
Sylbe machen können. Sie heißen; a, e, i, o, u, y.

> Not. Zwey Vocale, die zusammen ausgesprochen werden,
> heißen ein Diphthongus, d. i. zwiefach tönend, als ae,
> au, eu, oe, ei: auch rechnen einige hieher oi und ui.

II. **Consonanten**, lat. Consonantes, scil. literae,
d. i. mittönende, weil sie mit den Vocalen nur mittö-
nen und allein keine Sylbe ausmachen können. Sie
heißen: b, c, d, f, g, h, k, l, m, n, p, q, r, s, t, v,
nebst den Doppelten, als x und z.

> Not. 1) k kommt selten vor, z. E. in Kalendae.
>
> 2) ph, welches wir wie f lesen, ist aus dem Griechischen
> und kommt nur in griechischen Wörtern vor.
>
> 3) x und z sind keine einzelnen Consonanten, sondern Abkür-
> zungen (Abbreviaturen). Das x steht bald statt cs, z.
> E. in pax cet. bald statt gs, z. E. in rex cet. Das z
> kommt nur in ausländischen Wörtern vor.
>
> 4) Einige Consonanten werden durch Hülfe der Lippen aus-
> gesprochen, als b, p, m, f, und heißen labiales: andre
> durch Hülfe der Kehle ꝛc. Ferner l, m, n, r, heißen
> liquidae, (fließende); die übrigen Consonanten heißen
> mutuae.
>
> 5) W haben die Lateiner nicht: doch in deutschen Namen ists
> nicht unrecht, es zu gebrauchen, z. E. Walther.
>
> 6) Das I, wenn es als ein gelindes g ausgesprochen wird,
> als iacio, wird insgemein für einen Consonanten gehal-
> ten, und Iod genannt, und von vielen j geschrieben.

Erster Theil.
Von einzelnen Wörtern.

Erstes Capitel.
Von der rechten Aussprache der Wörter.

Die itzige Aussprache ist jedem Anfänger bekannt. Die Aussprache der alten Römer ist wahrscheinlicher Weise von der itzigen zum Theil unterschieden gewesen:

A) In Ansehung der Consonanten:

I. Das C sprechen wir vor a, o, u, wie k, vor e, i, y, wie z aus: z. E. cano, conor, cum, cera, cilicium, Cyprus, lesen wir kano, konor, kum, zera, zilicium, Zyprus. Die Römer sprachen höchstwahrscheinlich das c überall wie ein gelindes k oder g aus, z. E. kera, kilikium, cet.

II. Gn lesen wir ngn, z. E. magnus wie mangnus cet. Die Römer setzten vermuthlich kein n vor, sondern lasen magnus, tignum cet. Daher tigillum.

III. H wurde zwischen zweyen Vocalen nicht gelesen; z. E. mihi klang wie mii.

IV. Das sogenannte Iod (j) wurde als ein Vocal gelesen, aber geschwinde, z. E. Pompeius, vierschlbig; daher Vocat. Pompei.

V. Qu ist insgemein als k gelesen worden, z. E. coquus wie cokus, neque wie neke, woraus nec geworden. In einigen Wörtern scheint es doch mit gelesen worden zu seyn, z. E. in *quatio*, daher concutio cet.

VI. Ti wird bey uns vor einem Vocale wie zi gelesen; als artium wie arzium: auser 1) wenn ein s vorher geht, als tristior; 2) vor der Anhängeslylbe er, als mittier;

A 2   3) ti

3) in den griechischen Wörtern; als Miltiades: 4) von vorn, als tiara. In diesen vier Fällen lesen wir t wie t. Aber die Römer lasen ti überall wie ti, als artium wie arthium oder ardium.

VII. V wird bey uns wie f gelesen. Die Römer lasen es wie w, oder, welches fast einerley, wie b, als vinum wie winum cet.

VIII. X lesen wir überall wie cs, als rex cet. Die Römer, wenigstens die accuratern, lasen es höchstwahrscheinlich bald wie cs, als pax, bald wie gs, als rex cet.

B) In Ansehung der Vocalen. Hier mag manche Verwechselung vorgegangen seyn, wie bey uns im Deutschen geschieht;

1) a mag oft wie e, o cet. ausgesprochen worden seyn: daher feci, egi, von facio, ago, cet.

2) e wie i, o, u: daher adimo statt ademo cet. so auch colligo cet. daher vertex und vortex: faciendum und faciundum.

3) o wie e, u, cet. daher vester von vos: fruns statt frons.

4) u wie o; daher navebos statt navibus: auch wie w; als duellum wie dwellum oder dbellum, daher bellum.

C) In Ansehung der Diphthongen. Wir sprechen ae und oe wie ein bloßes e aus: und ei wie eu. Aber die Römer, wenigstens die accuratredenden, sprachen in ae, oe, ei, eu den ersten Vocal vorzüglich aus, und den lezten sehr flüchtig und wie das hebr. Schva: daher klang Caesar wie Ka-esar; Poeni wie Po-eni; Orphei fast wie Orphee oder Orphö; Orpheus wie Orphees oder Orphös. Das au klang bald wie a und u, bald wie o, bald wie aw, als Paulus wie Pawlus.

D) In Ansehung des Accents. Wir sprechen die vorlezte Sylbe, in allen zweysylbigen Wörtern, sie sey lang, oder kurz, lang aus, z. E. pono, bonus; in mehrsylbigen Wörtern sprechen wir sie nur alsdann lang aus, wenn sie es wirklich ist; und alsdann sprechen wir die vorhergehende Sylbe (antepaenultimam), sie sey kurz, oder lang, kurz aus, als amaretis. So

sprechen

sprechen wir die vorletzte Sylbe mehrsylbiger Wörter kurz aus, wenn sie es wirklich ist (ausser Andreas cet.) und alsdann wird die vorhergehende Sylbe (antepaenultima), sie sey lang, oder kurz, lang ausgesprochen, als hominibus cet. Dies ist offenbar fehlerhaft. Die Römer sprachen richtiger, d. i. nach der wahren Quantität der Sylben. Nämlich:

1) kurze Sylben sprachen sie kurz aus, z. E. serve, servus, mensa (Nominat.), wie serv', servs', mens', und nicht serveh, servuss, mensah, wie wir es machen: folglich hörte man die letzte Sylbe kaum, folglich filie wie fili'; daher kommt a) die Weglassung eines Vocals am Ende, als Virgili, fili, dic, duc cet. statt Virgilie, filie, dice cet.   b) Die Verwechselung mancher Vocalen, als decimus und decumus, optimus und optumus, genitrix und genetrix cet. c) Die Weglassung eines kurzen Vocals in der Mitte des Worts, als valde statt valide cet. Ja hernach ließ man auch lange Vocale, ja ganze Sylben weg, als vinctum, nosti cet. statt vincitum, novisti cet.

Not. Hieraus erhellet, warum corripere in der Prosodie von der Aussprache einer kurzen Sylbe gebraucht worden.

2) eine lange Sylbe sprachen sie lang aus, als mensā, im Ablat., pono wie mensaa, poono cet. ja man schrieb auch vielfältig so: hernach ließ man einen Vocal weg und setzte einen Queerstrich oder ein anderes Erinnerungszeichen der Verdoppelung über den einzigen Vocal, z. E. pōno, mensā cet.

~~~~~~~~~~~~~~~~

Zweytes Capitel.
Von der Rechtschreibung (Orthographie) der Wörter.

Man schreibt die Wörter recht, wenn man keine unrechten Buchstaben setzt, z. E. kein c, t, i, ae cet. wo ein t, c, y, e, oe cet. stehen soll, oder umgekehrt. Da wir die eigenhändigen Schriften der Alten nicht mehr haben, auch die Alten selbst nicht einerley geschrieben

ſchrieben, auch die Sprache nicht alle kritiſch verſtanden haben, hiernächſt die Aufſchriften auf alten Denkmälern, Münzen ꝛc. und die Abſchriften der Autoren nicht zuverläſſig von Kennern der lateiniſchen Sprache gemacht worden ſind, ſo iſt die Etymologie die ſicherſte Regel der Rechtſchreibung. Doch oft iſt ſie unbekannt: dann müſſen wir ſchreiben, ſo gut wir können, das iſt, wie wir die Wörter in den Handſchriften und Aufſchriften finden. Doch iſt zu merken, daß y, ch, th, ph, nur in griechiſchen Wörtern Statt finden, auſer inchoo cet. Ferner das griechiſche αι wird durch ae, das ει durch oe, das ι durch e oder i ausgedrückt.

I. **Zuverläſſig** richtiger ſchreibt man: Adfero, adtuli, adlatum, adcipio, adgredior cet., als affero, attuli, allatum, accipio, aggredior cet., obgleich vielen das letztre gefällt: Adoleſcens als Aduleſcens: Absporto als aſporto: Ancora als Anchora: Arctus, a, um als Artus: Aſſimilo oder beſſer adſimilo, diſſimilo, ſimilo, als aſſimulo cet., obgleich letztre Art üblich iſt: Audacia als Audatia: Benevolus, benevole als Benivolus cet.: Bacchus als Bachus: Bosporus als Bosphorus: Ceteri als Caeteri oder coeteri: Conligo, conmeo cet., als colligo, commeo cet.; obgleich letztre Art üblicher iſt: Deliciae als delitiae; Emtus als emptus: Exſpecto, exſto, exſiſto, exſtruo cet. als expecto, exto, exiſto, extruo cet. Genitrix als genetrix: Idcirco als iccirco: Idemtidem als identidem: Inclytus als inclitus: In dies, in primis, in poſterum als indies, inprimis cet.: Inlino, inluſtris cet. als illino, illuſtris cet.: Labſus als lapſus: Lapicidina als lapidicina: Monimentum als monumentum: Muſeum als muſaeum: Numus als nummus: Opſonium als obſonium: Pomoerium als pomerium: Ptolemaeus als Ptolom.: Quidquid, quidquam als quicq.: Raetia, Renus als Rhaetia, Rhenus: Scena als Scaena: ſcribſi, ſcribtum als mit dem p, obgleich letztres üblich iſt: ſepulcrum, ſimulacrum und ähnliche, als ſepulchrum cet.: Strategema als Stratsg.: Suboles als Soboles: Sumſi, ſum-

tum

tum als sumpsi cet.: Taeda als teda: Tiro, Torus als tyro, thorus: Tropaeum als trophaeum: Valitudo als Valet.: Versus als Vorsus.

II. **Wahrscheinlich richtiger** sind: Aegaeum als Aegeum: Auctor, auctoritas als autor, autoritas oder als author cet.   Coelare als caelare: Coena als caena: Convicium als convitium: Fecundus, fetus, femina, fenus cet. als foecundus cet.: Heres als haeres: Hyems als hiems: Imo als Immo: Increbresco als increbesco: Infitior als inficior: Lacryma, als lacrima, lachryma, lachrima: Litera als littera: Mulcta als multa: Paulum als paullum, so auch Paulus cet. Praestringere z. E. aciem mentis, als praestinguere: Prelum als praelum: Reciperare als recup., doch ist letztres üblich: Stylus als stilus: Sylva als silva: Thus als tus: Unquam als umquam cet.

III. **Ungewiß ist folgende Schreibart**: Allucinari, alucinari, hallucinari, halucinari: Annulus und anulus: Accerso und arcesso, doch ist letztres üblicher: Bacca und baca: Caerimonia, caeremonia, ceremonia: Camena und Camoena: Causa und caussa: Caelebs und coelebs: Coenum und caenum: Comissari und comessari: Cunctari und Contari, so auch percunctari und percontari; doch scheint cunctari und percontari vorzüglicher: Duntaxat und dumtaxat: Faex und fex: Fetialis und fecialis: Haud und haut: Induciae und indutiae: Letum und lethum: Litus und littus: Mile und mille: Moereo und maereo: Nuncius und nuntius: Obscoenus und obscenus: Oppidum und Opidum: Paene und pene: Postumus und posthumus: Saeculum und seculum: Satira und Satyra: Sollemnis und solennis: Sollers und solers: Sollicitus und solicitus: Taeter und teter: Tingo und tinguo, Ungo und unguo cet.

IV. **In einigen Wörtern ists gleichviel**, wie man schreibt, als delectus und dilectus Werbung: quotidie und cotidie: coquus und cocus: locutus und loquutus:

cum

cum wenn, da, und quum: vicesimus, tricesimus und vigesimus, trigesimus cet. Doch ist das erstere üblicher.

Not. Zur Erleichterung des Rechtschreibens dienen auser der Etymologie 1) die Analogie, z. E. wie auditio, so auch instirutio, conditio; wie prudentia von prudens, also sapientia cet. Wie audacia von audax, also ferocia cet. 2) Das Beyspiel der griechischen Schriftsteller: z. E. Weil die Griechen schreiben αὐκτωριτας, Μαγνέν-τιος, Μαυρίκιος, Μαικηνάς, so schreibt man auctoritas, Magnentius, Mauricius, Maecenas. 3) Die Quantität: weil z. E. in preces, sedeo cet. die erste Sylbe kurz ist, so wird Niemand, der es weis, ein ae oder oe setzen. Doch trügt dies zuweilen: z. E. pelero hat die vorletzte Sylbe kurz, ob sie gleich in inro lang ist.

Nun wollen wir noch folgendes bemerken:

I. Das i, wenn es das Iod ist, schreiben einige j; z. E. conjicio: Andere coniicio. Es liegt nichts dran. Letzteres ist genauer.

II. Wegen des u und v trennen sich die Gelehrten. Viele schreiben, wie sie lesen, als uva, vultus: Andre schreiben überall ein u, als uua, uultus: Andre halten v und u für einerley, und setzen jenes allezeit vorn, dieses in der Mitte und am Ende, als vua, vultus.

III. Wegen der Theilung der Wörter ist man eben so verschieden. Einige schreiben, wie sie aussprechen, als pis - cis, ac - tio, ig - nis, nos - ter, am - nis, cap-tus, Eras - mus, heb - domas, Cyc - nus, Cyg - nus, Ves - pa, alte - ruter, a - doro, pe - reo, pro - deo, po - test cet. Andre sehen zugleich auf die Zusammensetzung der Worte, als ad - oro, prod - eo, alter - uter, et - iam, sic - ut cet. welches nicht zu tadeln und sehr gewöhnlich ist. Andre sehen sogar auch darauf, wie sich sonst Wörter anfangen; als pi - scis, weil man scio hat; a - ptus wegen ptisana, no - ster wegen ster - no, a - mnis wegen Mnemon, he - bdomas wegen bdel - lium, I-chthyophagi wegen Chthonia, Cy - cnus wegen Cneius, Cy - gnus wegen gnavus, a - Ctio wegen Ctesiphon, a-thleta wegen Thlaspi, Pa - tmus wegen Tmolus, Asteri-smus wegen Smaragdus cet. Diese Schreibart scheint etwas zu künstlich. Manche gehen noch weiter und theilen

z. E.

3. E. Cy - dnus, Smara - gdus, Thi - sbe, Al - cmene
cer. ob sich gleich weder lateinische, noch aus dem Grie=
chischen entlehnte Wörter so anfangen.

Not. Man theile so, daß man das Beyspiel mehrerer für
sich hat.

IV. Man findet auch gewisse Abkürzungen

A) in den alten Schriften: hieher gehören

1) die Vornamen der Alten, als A. *Aulus*, C. *Caius*, Cn.
Cnaeus oder *Cnetus*, D. *Decimus*, L. *Lucius*, M. *Mar-*
cus, M? oder M'. *Manius*, P. *Publius*, Q. *Quintus*,
Ser. *Servius*, S. oder Sex. *Sextus*, Sp. *Spurius*, T.
Titus, Ti. oder Tib. *Tiberius*.

2) andere Wörter: Z. E.
A. U. C. *Anno urbis conditae*.
A. P. R. C. *Anno post Romam conditam*.
Cos. *Consul, Consulem, Consule*, Coll. *Consules, Con-*
sulibus cet.
C. D. *Consul designatus*.
D. *divus*. D. O. M. *Deo optimo max*.
D. D. *dono dedit*. D. D. D. *dat, dicat, dedicat*; oder
dono dicat, dedicat. Des. *designatus*. D. M. *Diis Ma-*
nibus.
F. *Filius*, z. E. M. F. *Marci Filius*: F. F. F. *felix,*
faustum, fortunatum.
H. S. *Sestertius* oder *Sestertium, sestertios, sestertia cet*.
Id. *Idus*. Imp. *Imperator*, I. O. M. *Iovi optimo maximo*.
Kal. *Kalendae, Kalendas, Kalendis*.
M. T. C. *Marcus Tullius Cicero*.
Non. *Nonis, Nonas cet*.
P. *posuit*. Proc. *Proconsul*. P. M. *Pontifex maximus*.
S. *Salutem* in Briefen, auch *Sacrum*. S. D. *salutem*
dicit. S. P. D. *salutem plurimam dicit*. S. V. B. E.
si vales bene est. S. V. B. E. E. V. *si vales bene est,*
ego valeo.

B) in neuern Schriften:

A. oder a. heißt *anno*, auch Auditores. A. O. R. *an-*
no orbis redemti. A. M. *anno Mundi*, auch *Artium*
Magister. A. C. *anno Christi*. A. C. N. *anno Chri-*
sti nati. A. R. S. *anno reparatae salutis*.
B. oder b. vor Namen heißt *beatus*.
C. M. *Caesarea Maiestas*. C. V. *Celsitudo Vestra*.
D. *Divus*, Doctor, *Dux*, auch *Digesto*.
H. L. Q. C. *hora locoque consueto*, auf Disputationen

       I. C.

I. C. *Iefus Chriftus.* I. N. I. *In nomine Iefu.* I. N. R. I. *Iefus Nazarenus Rex Iudaeorum.* I. U. D. *Iuris utriusque Doctor.* I. U. L, *Iur. utr. Licentiatus.*

L. *Licentiatus.* L. B. *Lector benevole.* L. S. *loco Sigilli.*

M. *Magifter.* M. D. *Medicinae Doctor,* auch *Mifceatur, detur.* MS. oder Cod. MS. *Codex manufcriptus:* Codd. MSS. *Codices manufcripti.*

N. T. *novum Teftamentum.* Not. Publ. Caef. *Notarius publicus Caefareus.* Not. *Nota* oder *Notandum eft.*

Pand. *Pandectae* oder *Pandectes,* P. L. *Poeta laureatus, Paftor loci, Profeffor logices* cet. P. P. *Profeffor publicus, Paftor primarius,* auch *Publice pofuit,* in Einladungsfchriften; auch *praemiffis praemittendis,* in Handbriefchen; P. S. *Poftscriptum.*

Q. B. V. *Quod bene vertat!* Q. D. B. V. *Quod Deus bene vertat!*

R. M. *Regia Majeftas,* auch *reverendi Minifterii.*

S. oder SS. Th. *fanctae* oder *facrofanctae Theologiae,* z. E. *Doctor* oder *Licentiatus.* S. R. I. *Sacrum Romanum Imperium.*

V. T. *Vetus Teftamentum.*

Ferner: a. c. *anni currentis* oder c. a. *curr. ann.:* a. pr. *anni praeteriti:* b. m. *beatae memoriae:* c. *caput, capite:* cet. *cetera:* etc. *et cetera:* extr. z. E. cap. *extremo capite:* fin. in fine: ff. find die Pandecten: h. a. *hujus anni:* h. l. *hoc loco:* i. q. *idem quod:* l. *liber:* l. oder lin. *linea:* pag. oder p. *pagina:* p. m. *pagina mihi,* auch *piae memoriae:* p. n. *pagina nobis:* fc. oder fcil. *fcilicet:* f. oder fect. *fectio:* f. oder feq. *fequens:* ff. oder feqq. *fequentes, fequentia* cet,: v. oder vid. *videatur,* auch *vide* cet. Auch heißt v. *verfus* cet.

V. Man hat auch Trennungs- oder Unterfcheidungszeichen.

1) Das Punctum, oder der einzelne Punct (.), wird gefetzt, wenn der Satz feinen vollftändigen Sinn hat. Liegt darin eine Ausrufung, fo bekommt er noch einen fenkrechten Strich (!), und das nennt man das Ausrufungszeichen, fignum exclamationis, als: o Gott! Liegt darin eine Frage, fo fetzt man diefe Figur (?) darüber, als: wie geht's? dann nennt man es das Fragzeichen, fignum interrogationis.

2) Comma, (,), um Sätze, die fich auf einander beziehen, zu trennen.

3) Colon (:), fetzt man, wenn man Jemand redend einführt; auch um größere Glieder zu trennen.

4) Se-

4) Semicolon, (;) trennt die kleinen Glieder, besonders
Gegensätze.

5) Einschließungszeichen, signum parentheseos, () schlie-
ßet Wörter ein, die nicht zum Context gehören. Man hat
noch ein anderes Einschließungszeichen [], dessen sich die
Kritiker in den Schriften der Alten bedienen, wenn sie ein
Wort oder mehr Worte nicht für des Verfassers Worte
halten.

VI. Man hat noch andere Zeichen, als:

1) Das Verbindungszeichen (-) zwischen zwo Sylben am
Ende der Zeile, z. E. praecla-rus, auch zwischen zwey
Wörtern, als Franco-Galli, um zu zeigen, daß sie Ein
Wort ausmachen.

2) Das Anführungszeichen, signum citationis (,,), wenn
man Jemands Worte anführt, als: praeclare Cicero:
,,haec studia adolescentiam alunt" cet.

3) Das Auslassungszeichen, Apostrophus, wenn ein
Buchstabe fehlt, als: nostin'.

4) Die zwey Trennungspünctchen, puncta diaeretica,
wenn zwey Vocale nicht als ein Diphthong auszusprechen,
als aëris dreysylbig, um es von aeris des Erzes zu unterscheiden. Doch lassen die meisten sie itzt weg.

VII. Man schreibt die Anfangsbuchstaben der Wörter groß 1) beym Anfange jeder Schrift und nach einem Puncte: 2) wenn das Wort ein nomen proprium
ist, auch bey den Namen der Aemter, Festtage, Monate, Kunstwörter, als Petrus, Rex, Pascha, Mar-
tius, Declinatio: auch geschieht es bey den Pronominibus und Titeln aus Hochachtung, als Te, Vir Illustris; so auch Deus. Manche schreiben auch hier
lauter große Buchstaben, als TE, VIR ILLUSTRIS;
DEUS cet.

Drittes Capitel.
Von den acht Hauptgattungen der Wörter.

I.

Die Wörter (partes orationis) sind achterley: Nomen, Pronomen, Verbum, Participium, Adverbium, Praepositio, Coniunctio, Interiectio. Hiervon
muß man erst im Deutschen einige Begriffe haben.

1) Das

1) Das Nomen ist zweyerley, Substantivum oder Adiectivum. Das Nomen Substantivum ist die Benennung einer Person oder Sache: als Gott, Mensch, Vater, Mutter, Pferd, Schaf, Tisch, Feder, und alle Dinge, die man zählen, hören, empfinden, kaufen, wegtragen, wegschenken, essen, trinken kann rc. Man setzt im Deutschen den Artikel der, die, das, auch ein, eine insgemein vor, als der Vater, die Mutter, das Brod, ein Mensch, eine Frau rc. Nomen Adiectivum aber wird nur zum Substantivo gesetzt und ohne dasselbe nicht verstanden; dergleichen ist gut, weise, lang, breit, hoch, schön, viel, schwarz, weis, grün, roth, blau rc. z. E. der Vater ist gut, der Tisch ist lang: wo gut und lang ein Adiectivum ist. So auch der gute Vater, ein langer Tisch, gute Väter rc. wo gute und langer auch ein Adiectivum ist.

2) Pronomen, d. i. ein Vertretungsname, z. E. ich, du, er, wir, ihr, sie.

3) Verbum hat vor sich die Wörter ich, du, er, wir, ihr, sie, als: ich liebe, du liebst rc.

4) Participium ist eine Art des *Adiectivi*, als liebend, die liebende Mutter rc.

5) Adverbium ist meistens ein Beywort des Verbi, als sehr, heute, morgen rc. z. E. ich liebe dich sehr, ich werde heute kommen.

6) Coniunctio, d. i. ein Verbindungswort, als und, wenn, weil.

7) Præpositio, d. i. ein Vorsetzwörtlein, als zu, bey, für, vor rc.

8) Interiectio, ein Affectswort, als o! ach! hui! hm!

II. Von diesen achterley Wörtern sind die vier ersten in ihren Endsylben veränderlich, (flexibiles, scil. partes orationis) d. i. das Nomen, Pronomen und Participium wird declinirt, und das Verbum wird conjugirt. Die vier übrigen bleiben unveränderlich, (inflexibiles) d. i. werden weder declinirt, noch conjugirt.

III. Diese achterley Wörter sind ferner 1) entweder Stammwörter, primitiva als: Lob: oder abgeleitete, derivata als: löblich: 2) entweder einfache, (simplicia) d. i. nicht zusammengesetzte, als: gelehrt, oder zusammengesetzte, (Composita) als: ungelehrt.

Not. Es giebt noch mehr Benennungen, davon an seinem Orte.

Erſter Abſchnitt.

Vom *Nomine*, beſonders *Subſtantivo*.

Beym Subſtantivo bemerkt man 1) verſchiedene Benennungen; 2) das Geſchlecht, genus; 3) die Verhältniß der Anzahl, numerus; 4) die Endungsveränderungen, caſus; 5) die fünf Arten der Declination. An allen nimmt das Adiectivum großen Antheil.

§. 1.

Von den Benennungen des *Nominis*, beſonders *Subſtantivi.*

1) Iſt die Benennung einer Perſon oder Sache eigenthümlich, ſo heißt ſie ein nomen *proprium*; dergleichen ſind alle Vor- und Zunamen der Menſchen, die Namen der Städte, Berge, Flüſſe ꝛc. als Carl, Cicero, Leipzig, Donau ꝛc. Kommt ſie aber mehrern Dingen einer Art zu, ſo heißt ſie ein nomen *appellativum*, als Fluß, König ꝛc.

2) Die Benennung einer Landsmannſchaft heißt ein Nomen gentile, als ein Schleſier, Leipziger ꝛc.

3) Die abgeleitete Benennung einer Perſon oder Tochter heißt ein Nomem patronymicum, z. E. Anchiſiades, der Sohn des Anchiſes, Pelides, des Peleus Sohn, Perſeis, des Perſeus Tochter.

Not. Der Sohn endet ſich insgemein auf des, zuweilen ion; die Tochter auf is, zuweilen as, oder ne.

4) Die Benennung einer Verminderung heißt Nomen deminutivum, z. E. lapillus. ein Steinchen. Man gebraucht ſie a) bey einer wirklich kleinen Sache, als lapillus: b) zum Liebkoſen, als Fritzchen, Tulliola cet. c) aus Verachtung, als homunculus, homoncio cet. d) aus Beſcheidenheit, als: mein Gärtchen: e) aus Scherz oder Jronie.

Not. a) Zuweilen wird von einem Deminutivo noch ein anders gemacht, als ager, agellus, agellulus.

b) Einige Deminutiva gehn in der Bedeutung von ihren Stammwörtern ab, als anguilla von anguis cet.

c) Einige Deminutiva werden auf griechiſche Art gemacht als epiſtola, epiſtolium cet.

d) Oft bedeuten die Deminutiva keine Verminderung, ſondern behalten die Bedeutung der Stammwörter, z. E. aſellus heißt auch der Eſel, Phaedr.

5) Die von Verbis abgeleiteten heißen Verbalia, z. E. lectio von lego: die von Nominibus abſtammenden heißen Denominativa, z. E. primas von primus.

§. 2.

§. 2.

**Vom Geſchlechte (genus), der Nominum, beſon-
ders Subſtant.**

I. Man hat ein dreyfaches Geſchlecht (genus),
ein männliches, (maſculinum), ein weibliches,
(femininum), und ein drittes, (neutrum).

Not. 1) Man hat bey dem Worte Geſchlecht auf die drey-
fache Geſtalt der Adiectivorum im Nominativ geſehen,
als niger, a, um, bonus, a, um cet. Folglich muß
man ſich hier nicht ein natürliches, ſondern ein gramma-
tiſches Geſchlecht denken, d. i. eine Claſſe, Abtheilung,
Gattung ꝛc.

2) Zu einem von dieſen grammatiſchen Geſchlechtern muß
nun jedes declinable Wort, beſonders Subſtantivum, gehören, und iſt daher entweder generis maſculini, oder
feminini, oder neutrius. Manchmal gehört ein Wort zu
zweyen, dann ſagt man, es ſey generis communis, d.
i. ſowohl generis maſculini als feminini; oder richtiger,
es ſey commune. Zuweilen ſagt man auch, ein Wort
(adiectivum) ſey generis omnis, d. i. generis maſculini, feminini und neutrius, als felix.

II. Das grammatiſche Geſchlecht (genus) eines
Subſtantivi erkennt man am ſicherſten daran: wenn
die Alten dazu ein Adiectivum im maſculino, oder feminino, oder neutro geſetzt haben. Da aber Anfänger die Alten noch nicht durchleſen können, ſo hat man
zur Erleichterung doppelte Geſchlechtsregeln gemacht:
1) allgemeine, über alle Wörter in allen Declinationen; 2) beſondere, über jede Declination.

A) Allgemeine Regeln, da auf das natürliche oder
logiſche Geſchlecht insgemein geſehen wird:

I. Maſculina ſind alle Benennungen der Manns-
perſonen, Völker, Engel, Götter, Winde,
Monate, auch viele Benennungen der Flüſſe und
Berge.

1) Mannsperſonen, weil vir dabey gedacht wird, als
conſul cet.; it. auriga, advena cet. wenn eine Manns-
perſon angezeigt wird.

2) Völker, als Perſae cet. weil man hier vornehmlich
Mannsperſonen denkt.

3) En-

3) Engel, Götter, als Gabriel, Apollo, Manes, weil angelus, deus, dii dabey gedacht wird.

4) Winde, als aquilo, etesiae cet. weil ventus, venti dabey gedacht wird.

5) Monate, als Aprilis cet. weil man mensis dabey denkt, auch oft dazu setzt.

6) Flüsse, als Euphrates, Acheron, Albis cet. weil Flavius oder amnis dabey gedacht wird; doch bleiben viele wegen der Endung Feminina; als Allia, Matrona, Sequana, Garumna, Odera, Styx, Lethe; und Ister ist ein neutrum.

7) Berge, weil mons gedacht wird, als Acragas, Atlas cet. doch behalten die meisten das Genus der Endung; als *Ida*, fem., *Soracte*, neutr.

II. **Feminina** sind die Benennungen des **Frauenzimmers, der Bäume, Städte, Länder, Insuln, Eigenschaften** und **Edelsteine.**

1) Des Frauenzimmers, weil man femina dabey gedacht hat, als Maria, Dido, soror, glos, nurus, socrus, neptis cet. Hieher gehören auch die Namen der Göttinnen, Musen, Gratien, Parcen, Furien, Nymphen, und weiblichen Ungeheuer, als Venus, Clio, Clotho, Sphinx cet.

2) Bäume, weil arbor gedacht wird, als malus Apfelbaum, pirus, quercus, ficus, abies, ilex cet. Doch sind auch viele wegen der Endung masculina, als oleaster, pinaster, dumus, ebulus, pinus, wohin auch Styrax gehört. Einige sind neutra, als siler, robur, suber cet.

3) Städte, weil urbs gedacht wird: als Corinthus, Lacedaemon, Carthago, Athenae, Thebae cet. Doch sind, der Endung wegen, einige Masculina, als Narbo, Sulmo, Croto, Parisii, Philippi, Gabii, Delphi cet. Einige neutra, als Saguntum, Praeneste, Tibur, Anxur (doch ist Anxur beym Martialis auch ein Masculinum); und die *Pluralia* Ecbatana, Hierosolyma cet.

4) Länder, weil terra gedacht wird, als Aegyptus cet. Doch sind Pontus, Hellespontus und Bosporus, sie mögen das Meer, Meerenge, oder das Land dabey bedeuten, Masculina.

5) Insuln, weil insula gedacht wird, als Cyprus, Delus cet.

6) Eigenschaften der Personen oder Dinge, als latitudo, magnitudo, brevitas, canities, juventus, senectus cet. weil proprietas gedacht wird. Doch sind einige der Endung wegen Masculina, als calor cet,

7) Edel

7) Edelgesteine, weil gemma gedacht wird, als amethystus cet. Doch sind einige, der Endung wegen, oder weil lapis gedacht wird, masculina, als beryllus, carbunculus, smaragdus.

III. Communia, d. i. die vom männlichen und weiblichen Geschlechte der lebendigen Geschöpfe gebraucht werden, sind: Coniux, Parens, bos, antistes, vates, sacerdos, adolescens, iuvenis, municeps, patruelis, affinis, interpres, auctor, augur, dux, iudex, custos, testis, civis, hostis, canis, sus, comes, familiaris, infans, hospes, nemo, opifex, index, princeps, vindex.

Not. 1) Einige kommen selten weiblich vor, als hostis, miles, nemo.

2) Einige haben besondre weibliche Endungen, als hospita, antistita.

3) Das beygefügte Adiectivum oder Pronomen oder auch der Context muß das Geschlecht bestimmen: als hic parens, Vater, haec parens, Mutter 2c. Tres sorores erant sacerdotes.

4) Es giebt auch Communia nach ihrer verschiedenen Bedeutung, als, haec Adria eine gewisse Stadt, hic Adria der venedische Meerbusen: haec cupido Begierde, hic Cupido, Liebesgott: hic flamen ein gewisser Priester, hoc flamen das Blasen des Windes 2c.

5) Von den Vocabulis communibus unterscheidet man die Epicoena: das sind einige Namen der Thiere, die die beyden natürlichen Geschlechte derselben in einerley Endung und grammatischen Geschlechte (genere) anzeigen: z. E. hic lepus der Hase und Häsinn, passer, mus, pulex, pediculus, corvus, cancer cet. Diese bleiben allezeit masculina: hingegen haec vulpes der Fuchs und die Füchsinn, aquila, alauda, musca cet. bleiben allezeit feminina. Will man aber das Geschlecht unterscheiden, so setzt man mas, oder masculus, und femina dazu, als lepus mas, lepus femina cet. Doch wäre accurater hic lepus, haec lepus, hic mus, haec mus cet. Auch wird mancipium und scortum im Neutro von Manns- und Weibspersonen gebraucht.

IV. Neutra sind 1) die Indeclinabilia; 2) die Buchstaben; 3) die Wörter, wenn man sie blos nach den Buchstaben betrachtet, und 4) alle Infinitivi, Imperativi und Partikeln, wenn sie substantive stehen: 1) als fas cet.

2) als

2) als hoc A: doch ſagt man auch *haec a*, ſcil. litera:
3) als pater eſt diſſyllabum, ſcil. vocabulum: 4) als
ſcire tuum, *triſte vale*, *ad* eſt delendum.

V. Man merke hierbey noch folgendes zur Erleichterung:

1) Die Deminutiva behalten das genus ihrer Stammwörter,
als liber libellus, aetas aetatula, vas vaſculum cet.
auſer acus aculeus, rana ranunculus.

2) Die aus dem Griechiſchen übernommenen Wörter behalten
das griechiſche genus. Daher ſind in der erſten Declination
die Wörter in e feminina, in as und es maſculina: Daher
ſind in der zweyten die von ὁδὸς herkommenden Wörter
methodus, periodus, exodus cet. ferner biblus, coſtus, hyſſopus, nardus, papyrus, arctus, byſſus, dia-
lectus, diphthongus cet. und in der britten echo, Argo,
ſindon, icon, halcyon, aëdon, ſiren, *feminina*; chaos,
epos, melos, und die *Pluralia* tempe, cete, *neutra*.

3) Die von Supinis herkommenden Subſtantiva in us ſind
maſculina, und gehen nach der vierten Declination, als
geſtus, fructus, habitus, viſus, venatus, uſus cet.

4) Viele Subſtantiva ſind ehemals Adiectiva geweſen, und
behalten das ehemals dabey gedachte genus, als equile,
bubile, ovile, hoedile cet. ſind neutra, ſcil. ſtabulum.
Hieher gehören die Neutra in al und ar, die insgemein
ſtatt ale und are ſtehen, z. E. puteal ſtatt puteale, ſcil.
operculum: cochlear ſtatt cochleare, ſcil. inſtrumen-
tum cet.

5) Viele Subſtantiva gehen von der grammatiſchen Ge-
ſchlechtsendung ab, und nehmen das genus an, darin ihr
phyſiſches Geſchlecht ſteht, als bubo *ſola*, ſc. avis: di-
ctamnum *pota*, ſc. herba. So ſind biblus, coſtus, hyſſopus, nardus, papyrus *feminina*, weil planta oder
βοτάνη gedacht wird.

6) Die Namen der Metalle, als aurum, aes cet. und vieler
Laſter, als ſcelus, homicidium cet. ſind eben neutra,
weil dort metallum, hier vitium oder facinus gedacht wird.
Hingegen die Namen vieler Handlungen, als auditio,
lectio cet. ſind feminina, weil actio gedacht wird. Ser-
pens iſt maſculinum und femininum, nachdem man anguis oder beſtia verſteht. So heißt fera und ferum ein wild
Thier, ſcil. beſtia und animal cet.

B) Beſondere Regeln bey jeder Declination:

I. In der erſten Declination ſind die Endungen
a und e *feminini*, as und es *maſculini generis*. Doch
ſind die männlichen Benennungen, als *auriga* cet. und

Schell. Kleine Gramm.   B   Adria,

Adria, das adriatiſche Meer, generis maſculini: auch ſteht dama und talpa beym Virgil im Maſculino. Not. Auch rechnet man cometa und planeta hieher: aber man findet erſteres ſelten, und iſt dafür cometes üblicher: und planeta, möchte nicht leicht zu finden ſeyn.

II. In der zweyten Declination ſind die Wörter in er, ir, ur, us *maſculina*, die in um *neutra*.

    Ausn. 1) Feminina ſind alvus, humus, vannus, die Namen der Städte, Länder und Inſuln, die griechiſchen Wörter exodus, methodus, periodus; ferner arctus, antidotus, byſſus, dialectus, diphthongus, lecythus, diametrus; endlich die Pflanzen biblus, coſtus, hyſſopus, nardus, papyrus, und Edelſteine amethyſtus, cryſtallus, ſapphirus nebſt andern griechiſchen Wörtern.

    2) Communia ſind barbitus (barbitos), groſſus, cytiſus, colus, carbaſus, atomus, abyſſus. Doch ſind cytiſus, colus, carbaſus, atomus, abyſſus öfter feminina.

    3) Neutra ſind pelagus, virus. Vulgus iſt maſcul. und neutrum.

III. In der dritten Declination ſind

A) Maſculina, die ſich endigen auf o, or, os, er, und auf die Sylbe es, wenn dieſes es im Genitiv um eine Sylbe wächſt, als ſermo, honor, flos, carcer, pes pedis.

    Ausn. 1) in O. Feminina ſind a) caro, echo, Argo; und die in do und go, auſer ordo, cardo, ligo, harpago: b) Die Verbalia in io, als lectio, actio cet. auch communio, conſortio, ditio, perduellio, portio, proportio, talio: die übrigen in io ſind maſculina, als unio die Perle, pugio cet. Not. Pondo rechnen einige zur dritten Declination, als ein Indeclinabile, folglich neutrum; aber Gronov hält es für den Ablativ in der zweyten, von Pondus, i.

    2) in or. Arbor iſt femininum. Neutra ſind cor, marmor, aequor: wozu einige ador ſetzen wollen.

    3) in os. Feminina ſind cos, dos, glos. Neutra ſind os der Mund, os der Knochen, und die griechiſchen chaos, epos, melos.

    4) in er. Neutra ſind cadaver, iter, cicer, piper, papaver, ver, ſiler, ſuber, verber, tuber Geſchwulſt, Erdſchwamm, uber (ſubſt.), zingiber, laſer, ſpinter, ſiſer, laver. Linter iſt commune, doch öfter Femininum.

    5) in es mit wachſendem Genitiv ſind *Feminina* ſeges, teges, compes, merges, merces, quies, requies, inquies, ales (ſubſt.). Aes iſt *neutrum*: Praes *maſculinum*.

                              •B) Femi-

B) Feminina ſind, die ſich endigen auf as, is, ys, aus, x, ferner auf s mit vorhergehenden Conſonanten, auch auf die Sylbe es, wenn der Genitiv nicht mehr Sylben bekommt; als caſtitas, avis, chlamys, fraus, pax, hyems, nubes.

Ausn. 1) in as. Maſculina ſind adamas, elephas, gigas, Atlas, Acragas und As. Neutra ſind vas (vaſis), fas, nefas, artocreas, eryſipelas.

2) in is ſind *maſculina* panis, piſcis, crinis, cinis, ignis, funis, glis, vectis, follis, faſcis, lapis, amnis, fuſtis, poſtis, axis, vermis, unguis, penis, collis, callis, ſanguis, enſis, mugilis, menſis, pollis, caulis, canalis, vomis, ſentis, pulvis, finis, cucumis, anguis, caſſis (Jägernetz), torris, coſſis, orbis. Doch kommen auch einige zuweilen im Feminino vor, als amnis, anguis, callis, cinis, crinis, pulvis, finis.

3) in x ſind *maſculina* thorax, apex, codex, caudex, cimex, frutex, grex, latex, murex, podex, pollex, pulex, ramex, rumex, forex, vertex, vortex, vervex, calix, fornix, phoenix, bombyx, Seidenwurm, (als Seide iſts femin.), larynx, quincunx, ſeptunx, decunx, deunx. Communia ſind culex, cortex, lumbrex, obex, pumex, ſilex, varix, perdix, natrix, hiſtrix, tradux, onyx, ſardonyx, lynx, auch calx die Ferſe iſt zuweilen maſcul. aber calx der Kalk iſt entweder nie, oder höchſt ſelten, maſcul. Atriplex iſt femin. und neutrum.

4) in s mit vorhergehendem Conſonanten ſind *maſculina*, mons, pons, fons, dens, mit den Compoſ. bidens und tridens, gryps, chalybs, hydrops, rudens: ferner oriens, occidens, torrens, confluens, profluens, welches eigentlich participia ſind, wo ſol und amnis zu verſtehen. Communia ſind ſcrobs, adeps, ſtirps der Stamm, auch ſerpens. Neutra ſind die philoſophiſchen Wörter ens, accidens, antecedens, conſequens. Animans iſt femin. und neutrum, ſcil. beſtia und animal, auch findet man es im maſculino, ſcil. homo.

5) in es mit gleichſylbigem Genitiv ſind *maſculina* verres, acinaces, coles: *Communia* palumbes, vepres, torques: Neutra ſind die griechiſchen, als cacoëthes.

C) Neutra ſind, die ſich endigen auf a, e, c, l, n, t, ar, ur, us, als poema, mare, lac, animal, nomen, caput, calcar, fulgur, corpus; ferner die Wörter in i und y und die *Pluralia* in a und e, als moenia, cete, tempe.

Ausn. 1) in l ſind ſol und ſal *maſculina*: doch ſteht ſal zuweilen im Singul. als neutrum.

2) in n sind *masculina* ren, splen, lien, llchen, attagen, pecten, canon, agon, horizon, delphin, Helicon, Titan, Paean. Feminina sind aëdon, icon, sindon, halcyon, siren.

3) in ar ist Lar *masculinum.*

4) in ur sind *masculina* fur, turtur, vultur, furfur.

5) in us sind a) *masculina* lepus, mus, auch tripus, polypus, von πȣς: aber lagopus ist femin. b) Feminina sind, die im Genitiv das u (lang) behalten, (aufer mus), als salus, virtus, iuventus, senectus, palus, incus, tellus; auch pecus, Gen. udis mit kurzem u: welcher Nominativ aber nicht vorkommt.

IV. In der vierten Declination sind die in us *masculina*, in u *neutra*, als fructus, cornu. Doch sind *feminina* acus, manus, tribus, porticus, domus, und der Plur. Idus; ferner die weiblichen Benennungen, die Bäume; auch ficus die Feige: aber Communia sind specus und penus.

V. In der fünften Declination ist die einzige Endung es generis feminini. Doch ist meridies *masculinum*, und dies ist im Singulari *Masc.* und *Femin.* im Plurali aber *Masculinum.*

§. 1.
Vom *Numero.*

Der Numerus ist doppelt, Singularis, wenn von einer Sache oder Person die Rede ist, als: der Fisch: Pluralis, wenn von mehrern die Rede ist, als: die Fische. Jedes Substantivum sollte diesen doppelten Numerum haben. Doch merke man:

I. Viele sind nur im Plurali gebräuchlich, als calendae, divitiae, excubiae, exsequiae, feriae, induciae, insidiae, nugae, nundinae, phalerae, primitiae, reliquiae, scopae, suppetiae, tenebrae, thermae, tricae cet. und die Städtenamen Thebae, Athenae, Locri, Gabii, Gades, Tralles cet. ferner liberi Kinder, cancelli, fasti, codicilli, arma, bellaria, crepundia, incunabula, exta, praecordia, tempe, cete, moenia, idus cet.

II. Viele sind nur im Singulari gebräuchlich, als insgemein die Namen der Berge, Flüsse, Länder, Men-

Menſchen, Alter, (als pueritia) Eigenſchaften, Metalle und Mineralien, des Getreides, Gewür-ze, und alle, die im Singulari ſchon eine Mehrheit aus-drücken, oder ſich nicht vervielfältigen laſſen: beſonders gehören hieher aether, coenum, fel, fimus, hepar, humus, limus, meridies, muſcus, nemo, pelagus, pontus, ſalus, ſanguis, ſapor, ver, virus, veſper, vulgus, von denen der Pluralis nicht leicht vorkommen wird. Selten findet man ihn auch von plebs, tellus, pus, aer, fama, culpa, lux, fuga cet.

III. Einige haben im Plurali eine andere, doch ins-gemein verwandte Bedeutung, als im Singulari, als:

Aedes *ſing.* die Kirche, der Tempel: *plur.* das Haus.
Caſtrum eine Feſtung, Caſtell: Caſtra ein Kriegslager.
Copia die Menge: Copiæ Kriegsheer, Truppen.
Auxilium Hülfe: Auxilia Hülfstruppen, Hülfs-mittel.
Finis Ende, Gränze: Fines Gränzen.
Fortuna Schickſal, Zufall, Glück: Fortunæ zeit-liches Vermögen.
Furfur Kleyen: Furfures Schuppen auf dem Haupte.
Gratia Annehmlichkeit, Gunſt, Dank: Gratiæ Dank.
Luſtrum eine fünfjährige Zeit ꝛc. Luſtra Wildshöhlen.
Mos der Gebrauch: Mores Sitten, Gebräuche.
Opera Bemühung ꝛc. Operæ Handarbeiter.
Roſtrum der Schnabel: Roſtra die Schnäbel, auch die Rednerbühne zu Rom.
Sal Salz: Sales witzige Reden, auch Salz.
Studium Eifer: Studia Neigungen, die Studien.
Tempus Zeit: Tempora die Zeiten, auch die Schläfe.

IV. Einige ſcheinen im Plurali das Genus zu ändern: 1) Sing. Maſc. und Plur. Neut. als tartarus, tartara; locus, loci und loca, ſo auch iocus, ſibilus, i und a: actus acta, ſenſus ſenſa, effectus effecta. Aber man muß hier den Nominativ tartarum, locum, iocum, ſi-bilum, actum, ſenſum, effectum annehmen. 2) Sing. Fem. und Plur. neut. als: carbaſus carbaſa, ſupellex ſupellectilia: aber man muß hier carbaſum und ſupel-lectile annehmen. 3) Sing. Neut. und Plur. Maſc. als: coelum coeli, porrum porri, clathrum clathri, hoc cicer hi ciceres: Aber man muß coelus, porrus,

clathrus,

clathrus, hic cicer annehmen. 4) Sing. neur. und Plur. fem. als epulum epulae, delicium deliciae, balneum balneae cet. Aber man muß den Nominativ epula, delicia, balnea cet. benken.

§. 4.
Von den *Casibus.*

I. Es giebt sechs casus: sie heißen Nominativus, Genitivus, Dativus, Accusativus, Vocativus, Ablativus. Der Nominativ und Vocativ heißen casus recti, die übrigen obliqui.

II. Von vielen Wörtern sind nicht alle Casus gebräuchlich:

1) von manchen nur einer: die heißen Monopteta, als *Gen. dicis: Dat.* despicatui, divisui, frustratui cet. *Acc.* bilicem, trilicem. *Abl.* natu, promtu, iussu, und die seltnern accitu, injussu, missu cet. auch diu, lucu, noctu, ergo: *Acc. Pl.* infitias.

2) von manchen nur zwey: die heißen diptota: als *Nom.* und *Acc.* z. E. alle Subst. indeclinabilia, als instar, nihil, opus, fas, nefas cet.: *Nom.* und *Abl.* fors, forte; vesper, e: *Gen.* und *Abl.* impetis, e: *Dat.* und *Abl.* nuptui, u: irrisui, u: *Plur. Nom.* und *Acc.* suppetiae, as. Auch rechnet man hieher maße Voc. Sing. maßi Nom. Plur.

3) von manchen drey: die heißen triptota, als dica, am, as: vis, vim, vi.

4) von manchen vier: die heißen tetraptota, als astus, astu, *Plur.* hi astus, hos astus; situs (Schimmel), um, u, *Acc. Plur.* us; virus, i, us, o; grates, ibus, es, ibus.

5) von manchen fünf: die heißen pentaptota: dahin gehören, z. E. denen der Gen. plur. fehlt, als os, (oris), sol, fax, nex, fel, pax, pix, lux, glos, pus, aes, mel, rus, tus, mare, species cet. oder der Vocat. sing. als nemo, nullus cet.

§. 5.
Von der Declination.

I. Weil der Genitivus fünferley seyn kann, so giebt es fünf Declinationen; d. i., Arten, die Nomina durch casus zu verändern. In der ersten endigt sich der Genitiv insgemein auf ae, in der andern auf i, in der dritten auf is, in der vierten auf us, in der fünften auf ei.

II. Je

II. Jedes Nomen muß nach einer dieser Declinationen gehen. Einige gehen nach zweyen; als laurus, ficus, pinus, colus nach der zweyten und vierten: so auch zum Theil domus. Die neutra in ma haben im Dat. pl. is und ibus: Einige haben im Genit. um und orum, als Saturnalia cet. Vas, ein Gefäß, geht im Singul. nach der dritten, im Plurali nach der zweyten: doch nimmt man hier vasum an. Besonders gehen die griechischen Wörter ab, davon an seinem Orte.

III. Zur Erleichterung des Declinirens merke man:

1) Man muß vorher etliche deutsche Wörter decliniren, als: der Vater, des Vaters ꝛc. die Mutter, der Mutter ꝛc.

2) Der Vocativ ist insgemein wie der Nominativ.

3) Der Dativ und Ablativ plur. hat einerley Endung.

4) Der Nominativ plur. endet sich in der ersten Declination in ae, in der zweyten in i, in den übrigen auf s.

5) Der Genitiv plural. endet sich auf um.

6) Die Neutra haben im Singulari und Plurali drey gleiche Casus, den Nominativ, Accusativ und Vocativ, und diese enden sich im Plurali auf a.

7) Uebersicht der fünf Declinationen: doch fehlen die griechischen Wörter, die neutra, der Nominativus Singul. und alle Abweichungen.

	I.	II.	III.	IV.	V.
N.	—	—	—	—	—
G.	ae	i	is	us	ei
D.	ae	o	i	ui	ei
Acc.	am	um	em	um	em
V.	wie Nom.	wie Nom.	wie Nom.	wie Nom.	wie Nom.
Abl.	a	o	e	u	e
Plur.	—	—	—	—	—
N.	ae	i	es	us	es
G.	arum	orum	um	uum	erum
D.	is	is	ibus	ibus	ebus
Acc.	as	os	es	us	es
V.	ae	i	es	us	es
Abl.	is	is	ibus	ibus	ebus

IV. Nun

IV. Nun folgen die Declinationsarten selbst.

A) Erste Declination hat Eine lateinische Endung a, und drey griechische, e,, as, es: von jeder folgen Beyspiele.

Singularis.

N. a: Mensa der Tisch   Hora die Stunde
G. ae: Mensae des Tisches   Horae der Stunde
D. ae: Mensae dem Tische   Horae der Stunde
Ac. am: Mensam den Tisch   Horam die Stunde
V. wie Nom. Tisch!   wie Nom. Stunde!
Ab. a: Mensa (von) dem Tische.   Hora (von) der Stunde.

Pluralis.

N. ae: Mensae die Tische   Horae die Stunden
G. arum: Mensarum der Tische   Horarum der Stunden
D. is(abus): Mensis den Tischen   Horis den Stunden
Ac. as: Mensas die Tische   Horas die Stunden
V. wie Nom. Tische!   wie Nom. Stunden!
Abl. wie Dat. Mensis (von) den Tischen. Horis (von) den Stunden.

Not. So gehen auch aqua das Wasser, aquila der Adler, alauda cet. und die Pluralia, als cunae die Wiege, divitiae cet. und die *Adiectiva*, magna groß, alta tief, longa, pulchra cet.

Singularis der Wörter in e.

N. e: epitome der kurze Auszug: so auch crambe, aloe,
G. es: epitomes des kurzen Ausz.
D. ae: epitomae dem ec.
Ac. en: epitomen den ec.
V. wie Nom. kurzer Ausz.
Abl. e: epitome (von) dem kurzen Ausz.

Pluralis geht so, wie von der Endung a, als ae, arum cet.

Singularis von der Endung as und es.

N. as: Aeneas   es: Dynastes der Oberherr
G. ae: Aeneae   ae: Dynastae des Oberherrn
D. ae: Aeneae   ae: Dynastae dem ec.
Ac. am, an: Aeneam, an   en: Dynasten den ec.
V. a: Aenea   e: Dynaste Oberherr!
Abl. a: Aenea   e: Dynaste (von) dem Oberherrn.

Pluralis ist so, wie bey der Endung a, als ae, arum cet.

Anmerkungen.

1) Vom *Nominativ Sing.* Die Wörter in e und es kommen auch in der Endung a vor, als Syncope und Syncopa.

An-

Anchiſes und Anchiſa cet. und werden dann auch ſo des
clinirt: als Voc. Anchiſa, Abl. Anchiſa.

2) Vom Genitiv Sing. Man findet auch die Endung as und
ai, als familias und familiae von den Wörtern pater,
mater, filius und filia: ferner aulai, terrai cet. Daß die
Adiectiva una, ſola cet. im Gen. *ius* und Dat. *i* haben,
ſteht bey den Adiectivis.

3) Vom Accuſ. Sing. Die Patronymica in des haben zu=
weilen em, als Scipiadem; auch am und an, als Sci=
piadam, Scipiadan vom Nominativ Scipiada, Scipiadas.
Die hebräiſchen Wörter, als Meſſias, Satanas cet. haben
insgemein nur am.

4) Vom Dat. und Abl. Plur. Einige Wörter haben abus;
nämlich a) ambae, duae, b) zuweilen auch einige ſub=
ſtantiva feminina in a; als dea hat diis und deabus; ſo
auch filia, mula, auch ſetzt man hinzu liberta, anima,
equa, aſina, ſerva, ſocia, domina. Doch wird dieſe
Endung ſelten gebraucht, und nur zum Unterſchied von
den maſculinis, als diis deabusque, wo diis diisque
undeutlich wäre.

B) Zweyte Declination hat fünf Endungen er, ir, ur,
us, um: auch gehören hieher die griechiſchen os und
on, welche wie us und um gehen. Not. in ur hat
man nur das *Adiectivum* ſatur.

Geſtalt der zweyten Declination.

Singularis.

N. er, ir, ur:	Liber das Buch	Vir der Mann
G. i	Libri des Buchs	Viri des Mannes
D. o	Libro dem Buche	Viro dem —
Ac. um	Librum das Buch	Virum den —
V. wie Nom.	wie Nom. Buch!	wie Nom. Mann!
Abl. wie Dat.	Libro (von) dem Buche.	Viro (von) dem Mañe

Pluralis.

N. i	Libri die Bücher	Viri die Männer
G. orum	Librorum der Bücher	Virorum der —
D. is	Libris den Büchern	Viris den —
Ac. os	Libros die Bücher	Viros die —
V. wie Nom.	wie Nom. Bücher!	wie Nom. Männer!
Abl. wie Dat.	Libris (v.) den Büchern.	Viris (v.) den Mäñern.

So geht ager, puer (eri), pulcher cet. alſo puer
pulcher cet.

Singu=

Singularis der Endungen us und um.

N. us:	Servus der Sclav.	N. um:	Ovum das Ey.
G. i:	Servi des Sclavens.	G. i:	Ovi des Eys.
D. o:	Servo dem Sclaven.	D. o:	Ovo dem Ey.
Ac. um:	Servum den Sclaven.	Ac. um:	Ovum das Ey.
V. e:	Serve Sclav.	V. wie Nom. wie Nom. Ey!
Ab. wie Dat. Servo (v.) dem Sclaven.	Ab. wie Dat. (v.) dem Ey.

Plural.

N. i:	Servi die Sclaven.	N. a:	Ova die Eyer.
G. orum:	Servorum der Sclaven.	G. orum:	Ovorum der
D. is:	Servis den Sclaven.	D. is:	Ovis den
Ac. os:	Servos die Sclaven.	Ac. wie N. Ova die Eyer.
V. wie Nom.	wie Nom. Sclaven.	V. wie Nom. wie N. Eyer!
Ab. wie Dat. Servis (v.) den Sclaven.	Ab. wie Dat. Ovis (v.) den Eyern.

So geht dominus der Herr, bonus, malus, cet.   So geht scamnum die Bank, longum cet.

Not. 1) Einige Wörter in er behalten im Genitiv das e vor dem r, als puer, adulter, socer, gener, Liber der Bacchus, presbyter, Celtiber, und liberi die Kinder (erorum), auch einige adiectiva, als liber, prosper, tener, miser, lacer, gibber und die Composita in fer und ger, als frugifer, armiger cet. Die übrigen Wörter werfen dieses e weg. Dexter hat teri und tri.

2) Einige Nomina propria in er enden sich auch auf us, als Evander und Evandrus, daher im Vocativ Evander und Evandre.

3) Die *Adiectiva* unus, solus cet. haben im Genit. ius, im Dat. i; davon siehe unten bey den Adiectivis.

4) Der Vocativ ist wie der Nominativ: nur us hat e. Doch werfen die Nomina propria in ius, wenn sie Substantiva sind, dieses e weg, als Virgilius, Virgili statt Virgilie, so auch Georgius Georgi, Caius Cai (zweysilbig), Pompeius Pompei. Sind sie aber adiectiva, so behalten sie das e, als Cynthius Cynthie cet. Die Wörter in ius, die keine Nomina propria sind, behalten auch das e, als fluvius, fluvie, pius, pie: doch hat filius fili, genius geni. Meus hat mi: Deus hat deus.

5) Der Nominativ Plur. hat i und neut. a; außer ambo und duo, welche o haben. Daß locus, sibilus, iocus im plur. i und a, carbasus carbasa und coelum coeli haben, davon siehe oben §. 3. n. IV.

6) Der Genitiv plur. orum wird zuweilen in um contrahirt, als deûm, sestertiûm, numûm.

7) Duo

7) Duo und ambo haben im Dativ und Ablativ *Plur.* obus, als duobus cet. und im Accuſativ Maſc. os und o, und das neutrum behält das o des Nominativs.

8) Deus hat im Nomin. und Voc. *Plur.* dii und zuweilen dei; und im Dat. und Abl. diis und zuweilen deis.

9) Die Wörter in os und on gehen wie us und um; doch behalten ſie auch eine oder etliche griechiſche Endungen, als Delos, i, o, on, e, o: evangelion, i, o, on, on, o: ſo auch Androgeos, gei cet. Doch kommt auch vor *Gen.* Androgeo, nach dem Griechiſchen.

10) Die Endung eus (einſylbig) geht theils wie ſervus, theils nach dem Griechiſchen, als Orpheus, G. *ei*, contr. *i*, Dat. *eo* und *ei*, contr. *i*: Ac. *eum* und *ea*: Voc. *eu*: Ab. *eo*. So haben auch zuweilen Ulyſſes, Achilles cet. (die ſonſt nach der dritten gehen), im Gen. *i*, als Ulyſſi, wo man den Nom. Ulyſſeus, Achilleus annehmen muß.

11) Der Vocativ Panthu *Virg.* Aen. II, 429. von Panthus iſt aus dem Griechiſchen: Nom. Πάνϑεος, cont. Πάνϑυς, Voc. Πάνϑοε, contr. Πάνϑυ.

C) dritte Declination hat die Endungen a, e, (i, y,) o, c, l, n, r, s, t, x. Die gewöhnliche Geſtalt iſt folgende:

Singularis.	Pluralis.
N. a, e, o, c, l, n, r, s, t, x.	N. es, Neut. a, (ia)
G. is (auch os)	G. um, auch ium
D. i	D. ibus
Ac. em, (im, in, a) Neut. wie Nom.	Ac. wie Nom.
V. wie Nom.	V. wie Nom.
Abl. e, zuweilen i.	Abl. wie Dat.

Etliche Exempel:

Singularis.

N. Pater der V.	Homo der Menſch	Virtus die Tugend
G. Patris des V.	Hominis des Menſch.	Virtutis der Tugend
D. Patri dem V.	Homini dem Menſch.	Virtuti der T.
Ac. Patrem den V.	Hominem den M.	Virtutem die T.
V. wie Nom. Vater!	wie Nom. Menſch!	wie Nom. Tugend!
Ab. Patre (v.) dem V.	Homine (v.) dem M.	Virtute (v.) der T.

Plur.

N. Patres die Väter	Homines die Menſch.	Virtutes die Tug.
G. Patrum der V.	Hominum der M.	Virtutum der T.
D. Patribus den V.	Hominibus den M.	Virtutibus den T.
A. Patres die V.	Homines die M.	Virtutes die T.
V. wie Nom. Väter!	wie Nom. Menſchen!	wie N. Tugenden!
A. Patribus (v.) v. V.	Hominibus (v.) v. M.	Virtutibus (v.) v. T.

So

So geht auch: mater, frater cet. auch carcer, eris das Gefängniß, Cinis, eris die Aſche.

So geht auch: ordo, inis die Ordnung, latro, ōnis der Straßenräuber, sermo, ōnis die Rede ꝛc.

So geht auch iuventus die Jugend, ſenectus cet. auch incus, udis der Amboß.

Singularis.

N. Honor die Ehre	Marmor	Mons der Berg	Pes der Fuß
G. Honoris der	Marmoris	Montis des B.	Pedis des Fußes
D. Honori der	Marmori	Monti dem	Pedi dem Fuß
A. Honorem die	Marmor	Montem den	Pedem den
V. wie Nom. Ehre!	wie Nom.	wie Nom.	wie Nom.
A. Honore(v.) der E.	Marmore	Monte	Pede

Pluralis.

N. Honores die Ehren	Marmora	Montes die B.	Pedes die Füße
G. Honorum der	Marmorum	Montium der	Pedum der
D. Honoribus den	Marmoribus	Montibus den	Pedibus den
A. Honores die	Marmora	Montes	Pedes
V wie Nom. Ehren!	wie Nom.	wie Nom.	wie Nom.
A. Honoribus(v.)d.E.	Marmoribus	Montibus	Pedibus

So geht dolor der Schmerz, amor die Liebe, labor, ſoror, uxor cet.

So geht aequor, auch cor, dis. cet.

So geht pons, frons, ars, pars cet.

So geht merces, edis, auch quies, etis cet. auch laus, dis cet.

Singularis.

N. Avis der Vogel	Nubes die Wolke	Aetas	Iudex
G. Avis des V.	Nubis	Aetatis	Iudicis
D. Avi	Nubi	Aetati	Iudici
A. Avem	Nubem	Aetatem	Iudicem
V. wie Nom.	wie Nom.	wie Nom.	wie Nom.
A. Ave	Nube	Aetate	Iudice

Pluralis.

N. Aves	Nubes	Aetates	Iudices
G. Avium	Nubium	Aetatum	Iudicum
D. Avibus	Nubibus	Aetatibus	Iudicibus
A. Aves	Nubes	Aetates	Iudices
V. wie Nom.	wie Nom.	wie Nom.	wie Nom.
A. Avibus	Nubibus	Aetatibus	Iudicibus

So geht vestis, auris cet. auch lis, litis.

So geht ſedes.

So geht bonitas cet.

So geht artifex der Künſtler ꝛc.

Singu-

Singularis.

N. Corpus der Leib	Nomen	Mare	Exemplar
G. Corporis	Nominis	Maris	Exemplaris
D. Corpori	Nomini	Mari	Exemplari
A. Corpus	Nomen	Mare	Exemplar
V. wie Nom.	wie Nom.	wie Nom.	wie Nom.
A. Corpore	Nomine	Mari	Exemplari.

Pluralis.

N. Corpora	Nomina	Maria	Exemplaria
G. Corporum	Nominum	Marium	Exemplarium
D. Corporibus	Nominibus	Maribus	Exemplaribus
A. Corpora	Nomina	Maria	Exemplaria
V. wie Nom.	wie Nom.	wie Nom.	wie Nom.
A. Corporibus	Nominibus	Maribus	Exemplaribus

So geht pectus, auch genus, eris: auch robur, oris. — So geht lumen, carmen cet. — So geht rete, cubile cet. — So geht calcar cet.

Sing. Nom. Arx, G. Arcis, D. Arci, A. Arcem, V. Arx, Abl. Arce.

Plur. N. arces, G. arcium, D. arcibus, Ac. arces, V. arces, Abl. arcibus; so auch pax, fax, lanx, vox cet.

Sing. Nom. poema, G. poematis, D. poemati, Ac. poema cet. Besonders werden declinirt: Jupiter, Jovis, Jovi, Jovem, Jupiter, Jove; und die griechischen Wörter in is, ys, o, os cet. als genesis, G. is, eos und ios, D. i, Ac. in, V. is, Abl. i; Aeneis, dos und dis, di, da, und dem cet. Erinnys, yos, yi, yn, ys, y; Dido, us, o, o, o, o; chaos, us, i, os cet.

Not. I. Der Genitiv ist insgemein is: doch merke man die Wörter:

in A haben ătis (kurz), als poema cet.

in E ändern das e in is, als rete, retis.

in I und Y sind Indeclinabilia.

in O haben ōnis mit langem o, als sermo, draco, leo cet. Pepo und die Gentilia, als Macedo cet. haben ein kurz o, außer Laco, ōnis cet. Die in do und go haben

haben ĭnis (kurz), als ordo, imago: ſo auch homo, nemo, Apollo, turbo; außer unedo, comedo, harpago, Turbo (Nom. Propr.), welche ōnis haben. Tendo hat ĭnis und ōnis: Caro hat carnis. Die griechiſchen Wörter in ω, als Sappho, Dido, Clio, Echo cet. haben us: doch hält man auch ōnis nicht für unrecht.

in C und D ſetzen is dazu, mit langer paenult., als halec, David. Lac hat lactis.

in L ſetzen is dazu: a) die in al, el, ol haben die paenultimam lang: doch Hasdrubal, Hannibal, ſal haben ſie kurz: fel hat fellis, mel mellis: b) die in il und ul haben die paenult. kurz.

in An haben ānis (lang). Pan hat Panos.

in In haben inis lang.

in On haben 1) onis, theils lang, als agon, Babylon, Conon, Lacon, Helicon cet. theils kurz, als Canon, Däemon, Lacedaemon cet. nachdem es im Griechiſchen iſt. Orion hat onis kurz und lang. 2) ontis, als Xenophon, Charon, Acheron cet.

in Yn haben ynis (lang).

in Ar haben āris, lang, als calcar; kurz, als Caeſar, lar, nectar, iubar, par cet. Far hat farris, hepar hepatis.

in Er ſetzen is dazu, bald mit langem e, als ver, character, crater cet. bald mit kurzem, als cadaver und andere Neutra, auch mulier, agger, aether, aer, carcer, later. Einige werfen das e weg, als imber, beſonders die in ter, als pater, uter cet. auch die Adiectiva, folglich auch die Monatsnamen, als October cet. Iter hat itineris von itiner. Iupiter hat Iovis.

in Ir und Yr ſetzen is dazu, mit kurzer paenult.

in Or haben oris, theils lang, als decor und andre maſculina, auch ſoror, uxor; theils kurz, als arbor, marmor, aequor, memor, und die griechiſchen Mannsnamen, als rhetor, Caſtor, Hector, und bicorpor, tricorpor. Cor hat cordis.

in Ur haben 1) theils ūris (kurz), als turtur, vultur, ſurfur, fulgur, guttur, murmur, ſulphur; fur hat furis

furis lang: 2) theils ŏris (kurz), als ebur, robur, femur. Iecur hat iecoris, iecinoris und iocinoris.

in As haben 1) ātis (lang), als Abbas, aetas, bonitas und alle Namen der Eigenſchaften und Tugenden: 2) ătis (kurz), als anas, artocreas, eryſipelas: 3) antis, als Atlas, adamas, Pallas (ein Prinz) und andere griechiſche Maſculina; 4) ädis kurz die griechiſchen feminina, als Pallas (eine Göttinn), decas, lampas, Ilias cet. As hat aſſis, mas maris, vas Gefäß va=ſis, vas Bürge vadis.

in Es haben 1) is, als nubes, palumbes, torques cet. 2) ētis (lang), als quies, magnes, tapes, lebes, lo-cuples; und die griechiſchen Namen, welche is und etis haben, als Chremes, Dares, Hermes, Thales cet. 3) ĕtis (kurz), abies, aries, paries, interpres, ſeges, teges, hebes cet. 4) ēdis (lang), als heres, merces: 5) ĕdis (kurz), als pes mit ſeinen Compoſitis: 6) ĕris (kurz), als Ceres: 7) idis (kurz), als obſes, praeſes, deſes, reſes: 8) ītis (kurz), als ales, antiſtes, comes, eques, fomes, gurges, miles, pal-mes, ſatelles, caeſpes, limes, trames, dives, ſuper-ſtes. Bes hat beſſis: aes aeris, praes praedis.

in Is 1) wenn ſie lateiniſch ſind, haben theils is, als avis, caſſis (Jägernetz), panis und unzählige: theils idis (kurz), als lapis, caſſis Helm, cuſpis; theils ītis (lang), als lis, Samnis, Quiris: theils ĕris (kurz), als cinis, cucumis, pulvis, vomis, vom alten ciner, cucumer, pulver, vomer: theils īnis (kurz), als pollis, ſanguis, vom alten pollen, ſanguen: doch exſanguis hat is. Glis hat gliris. 2) Die griechiſchen Wörter haben theils is, eos und ios, als poeſis, geneſis, haereſis, metropolis, ellipſis, emphaſis, apocalypſis, phraſis, ſyntaxis, metamor-phoſis, charybdis cet. theils ĭdos und ĭdis, (kurz), als Aeneis, aſpis, iris, iaſpis, pyxis, tyrannis cet. auch die meiſten Nomina propria, ferner die patro-nymica und gentilia Feminina, als Paris, Phalaris, Eris, Thetis, Nereis cet. Tigris hat is und idis. Tiberis hat is. Tibris, Tybris oder Thybris hat idis:

theils

theils inis (lang), als Salamis, Eleuſis cet. doch iſt
dies von Salamin, Eleuſin: theils entis, als Simois;
ſo auch Opois entis, contr. untis.

In Ys haben theils yos, als Erinnys, chelys, Tethys
cet. theils ydis und ydos (kurz), als chlamys; theils
ynis (lang), als Phorcys.

An Os haben 1) ōris (lang), als os der **Mund**, flos,
glos, mos. Arbos hat oris (kurz), von arbor. 2)
ōdis (lang), als cuſtos: 3) ōtis (lang), als ſacerdos,
nepos, cos, dos, monoceros, rhinoceros: 4) ŏtis
(kurz), als compos, impos: 5) ōis (lang), als he-
ros, eos, Tros, thos, Minos: 6) us, als einige
griechiſche, chaos cet. Os der **Knochen** hat oſſis.
Bos hat bovis.

In Aus haben audis, als laus laudis cet.

In Us haben 1) ĕris (kurz), als foedus und andre neutra, als acus, genus, gibbus, munus, olus, onus,
opus, latus, pondus, rudus, ſcelus, ſidus, vellus,
ulcus, viſcus, vulnus und vetus: 2) ŏris (kurz), als
corpus und andre neutra, decus, dedecus, facinus,
fenus, frigus, litus, nemus, pecus, pectus, penus,
pignus, ſtercus, tempus, tergus cet. auch lepus.
Die Comparativi haben ein lang o. 3) uis, als grus,
ſus. 4) ūdis (lang), als incus, palus, ſubſcus. Pecus, wofür **Einige** pecudes ſagen, hat udis kurz. 5)
ūris (lang), als ius, tellus, mus, crus, pus, rus,
rus. 6) ūtis (lang), ſalus, virtus, iuventus, ſenectus, ſervitus. Intercus hat ŭtis kurz. 7) untis haben einige **Städtenamen,** Trapezus, Peſſinus, Amathus, Emmaus cet. **Die** Compoſita von πες haben
ŏdis (kurz), als tripus, Antipus cet. Oedipus und
polypus haben auch i nach der 2ten **Declin.**

In Bs haben bis mit kurzer paenult., als Arabs, trabs,
ſcrobs, chalybs. **Die** in ebs haben ĭbis (kurz), als
caelebs. Plebs hat ēbis (lang).

In Ls haben tis, als puls, pultis.

In Ms haben mis mit kurzer paenult., als hyems.

In Ns haben dis, als frons (**Zweig**), lens (**Niſſe in
den Haaren**), glans, iuglans, nefrens, libripens;

oder

oder tis, als frons (Stirn), lens (Linſe), die Participia und Adiectiva, als amans, ſapiens cet. Doch hat iens (von eo) mit ſeinen Compoſitis euntis, auſſer ambiens, Gen. ientis.

in Ps haben pis mit kurzer paenult., als Aethiops. Doch iſt ſie lang in Cyclops, hydrops. Stirps hat ſtirpis, gryps gryphis (lang), Cinyps yphis (kurz). Die in eps haben ipis (kurz), als princeps, adeps, manceps, forceps, particeps. Auceps hat ŭpis. Die von caput herkommen, haben ipitis (kurz), als anceps, praeceps, biceps, triceps.

in Rs haben tis: die Compoſita von cor haben dis, als concors cet.

in Ut haben ĭtis, (kurz), als caput, occiput, ſynciput.

in Ax haben ācis mit langem a, als pax, fornax, Ajax cet. Einige fremde Wörter mit kurzem a, als climax, Abax cet. Syphax mit langem und kurzem a.

in Ex haben 1) ĭcis, (kurz), als cimex, obex, pum, vertex, ilex, frutex, cortex, apex, imbrex, latex, und die in dex, lex, plex und fex (von facio) und rex ſich endigen. Doch rex und lex mit den Compoſitis haben ēgis (lang): aquilex und grex haben ĕgis (kurz): halex und fex (faex) ēcis (lang): ſupellex hat ectilis; vibex īcis (lang). 2) ĕcis (kurz), als nex, foeniſex, reſex: Vervex hat ēcis (lang). Remex hat ĭgis (kurz): Senex hat ſenis.

in Ix haben 1) īcis (lang), als radix, cornix, cervix, lodix, phoenix, perdix, und die Verbalia und Adiectiva in ix, als obſtetrix, ultrix, nutrix, felix. 2) ĭcis (kurz), als calix, pix, appendix, filix, fornix, hyſtrix, natrix, ſalix, varix, coxendix, cilix. Maſtix hat īgis (lang): nix hat nĭvis (kurz): ſtrix ĭgis (kurz).

in Ox haben ocis, theils lang, als vox, ferox, velox, atrox cet. theils kurz, als Cappadox, praecox. Nox hat noctis. Allobrox hat ögis (kurz).

in Ux haben 1) ŭcis, (kurz), als crux, trux, nux, dux mit den Compoſitis. Lux und Pollux haben ūcis, (lang).

Schell. Ficine Grammm.   C

(lang). 2) ügis (furz), als coniux: in frugis (von frux) iſt das u lang: Faux hat faucis.

in Yx haben 1) ycis, (lang), als Bombyx, Ceyx, ſan-
dyx: die übrigen ſind furz: Bebryx hat ycis, lang
und zuweilen furz: 2) ў̆gis (furz), als coccyx, Phryx,
Iapyx cet. 3) ўchis und ўchos, furz, als Onyx,
Sardonyx.

in lx, nx, rx ändern das x in cis, als calx, falx, lanx,
arx, merx. Die andern haben gis, als phalanx,
ſphinx cet.

II. Der Dativ Sing. der griech. Wörter in o (ω)
bleibt o, als Echo cet. wo man ſie nicht lateiniſch declinirt, (ōni).

III. Vom Accuſativ Singul. Einige Wörter haben
im, in, a, o:

1) im haben einige Wörter in is, die im Genitiv gleichſyl-
big bleiben, als: vis, tuſſis, ſitis, pelvis, buris, ſe-
curis, cannabis, amuſſis, die nomina propria und grae-
ca, als Albis, Tiberis, Syrtis, Charybdis: auch findet
man cucumim, praeſepim, von cucumis, praeſepis.
Tigris (Fluß und Thier) hat im und idem, weil der Genitiv hat is und idis. Oefter im, als em, haben puppis,
reſtis, turris: öfter em, als im, haben navis, clavis,
febris, aqualis, ſtrigilis, ſementis.

2) Die griechiſchen Wörter a) in is, deren Genitiv eos oder
ios heißt, haben in, auch zuweilen im. Heißt ihr Genitiv
dos oder dis, ſo haben ſie in, da, auch oft im und dem,
als Paris, Iris cet. Doch einige von ihnen haben nur da
und dem, als tyrannis, Aeneis, Nereis, Amaryllis.
b) in ys, (Gen. yos) haben yn und ym. Chlamys (Gen.
dos) hat da und dem. c) Die griechiſchen feminina in o
behalten das o, als Sappho, Dido cet. d) Viele andere
griechiſche Wörter haben em und a, beſonders bey Dichtern; als aer, aerem und aera cet. Pan hat Pana. Demoſthenes und Ganymedes haben em und ea: Chremes
hat em, eta und etem: Dares hat en, eta und etem.

IV. Der Vocativ iſt wie der Nominativ. Doch viel
griechiſche Wörter werfen das s des Nomin.... weg,
als 1) in as, Gen. antis, als Pallas, Palla: 2) in is,
als Daphnis, Daphni cet. So auch Tethys, Tethy,
Melam-

Melampus, Melampu. Auch findet man von Socrates, Laches, Chremes, Sophocles, Pericles, Ulysses, Achilles cet. den Vocativ es und e.

V. Der Ablativ endet sich auf e: doch in einigen auf i, oder e und i.

a) i haben 1) die Neutra in e, al, ar, außer far, baccar, jubar, hepar, nectar. 2) Die Wörter in is, die im Genitiv gleichsylbig bleiben, und im Accusativ im oder in haben, als tussis cet. auch mugilis, strigilis, canalis. Araris hat e. 3) Die Adiectiva in is und er, folglich auch gentilia und Monatsnamen; auch die Substantiva in is, die eigentlich adiectiva sind, als natalis, familiaris, popularis, rivalis, bipennis, triremis, quadriremis, aedilis, sodalis, contubernalis: doch findet man auch natale, familiare, aedile, sodale, rivale, trireme. Adfinis (Affinis) hat insgemein e: Rudis (subst.) und volucris (subst.) haben allezeit e, so auch die Nomina propria, die wie adiectiva aussehen, als Martialis cet.

b) e und i haben 1) die Adiectiva einer Endung, so auch ultrix, victrix. So auch die Participia in ns, wenn sie adiectiva werden. Doch haben sie als wirkliche Participia (z. E. im Ablat. consequentiae) lieber, oder vielleicht allezeit e. Memor, immemor nebst par, haben nur i: pauper, hospes, sospes, senex, compos, impos, bicorpor, tricorpor, bipes, tripes, puber, impuber haben nur e: auch zieht man cicur hieher. 2) Die Comparativi. 3) Die Wörter, die im Accusativ em und im haben. 4) Folgende *Substantiva*, amnis, anguis, avis, civis, cannabis, classis, collis, finis, fustis, ignis, imber, occiput, orbis, ovis, pars, postis, rus, supellex, tridens, vectis, unguis: doch ist e gebräuchlicher. Auch findet man Lacedaemoni, Carthagini cet.

Not. Die griechischen Wörter in is (G. eos) und ys (G. yos) werfen nur das s weg, als genesis, genesi, Erinnys, Erinny. Die griechischen Wörter auf o (ω), als Dido cet. und die in os, als chaos cet. haben o.

VI. Der Genitiv Plur. hat insgemein um. Doch haben viele ium, als:

1) Die im Ablativo Sing. i, oder e und i haben. Doch haben um a) mugilis, strigilis: b) die Comparativi, außer plures, (so auch complures): c) folgende Adiectiva, celer, dives, pauper, vigil, degener, uber, memor, immemor, supplex, compos, impos, bicorpor, tricorpor, vetus, inops, senex, anceps,

prae-

praeceps, particeps, die Composita von pes und color, auch zuweilen locuples. d) die Wörter in sex.

2) Die im Genitiv gleiche Sylben mit dem Nominativ haben. Doch haben einige zuweilen bey Dichtern auch um. Canis, panis, iuvenis, vates, pater, mater, frater, accipiter, senex haben allezeit, und apis, volucris meistens um.

3) Die einsylbigen Wörter, aufer flos, fur, pes, ren, fplen, laus, crus, grus, frux (inuf.), nux, fus, praes, mos, lynx, gryps, fphinx, rex, grex, lex, ftrix, vox, dux, bos (G. boum), trux, Phryx, Thrax. Doch steht fraudium Cic. Offic. III, 18. extr. Von os (oris), aes, crux, cus, fax, fex, (faex), nex, fel, mel, pax, pix, lux, glos, fol, pus, ros, rus, plebs wird man den Genitiv nicht leicht finden.

4) Die Pluralia, befonders neutra in ia, als moenia cet. auch vires, tres, fales. Ambages, opes, coelites, proceres, primores, Luceres, Lemures, Celeres haben um. Penates hat ium und um.

5) ium und um haben die zwey = und mehrsylbigen in as, us und rs. Doch ist um gewöhnlicher. Hieher gehören Quirites, Samnites, fornax, palus, radix.

Not. Einige Neutra haben auch orum, als poematum, poematorum cet. Andere behalten auch die griech. Endung, als epigrammaton, metamorphofeon.

VII. Der Dativ und Ablativ Plur. hat ibus. Doch 1) bos hat bobus und bubus, fus fubus: 2) die in ma haben bus und is (nach der zweyten Declination): auch zuweilen behalten fie die griechische Endung, als poemafi, Dryafin.

VIII. Der Accufat. Plur. ift wie der Nominativ. Doch findet man, zumal bey Dichtern, oft eis oder is, und von griechischen Wörtern as, als monteis, montis, heroas cet.

D) Vierte Declination hat 2 Endungen, us und u.
Singularis.

N. us Fructus die Frucht   N. u Cornu das Horn
G. us Fructus der Frucht   G. u Cornu des Horns
D. ui Fructui der Frucht   D. u Cornu dem Horn
Ac. um Fructum die Frucht   A. u Cornu das Horn
V. wie Nom. wie Nom. Frucht!   V. u Cornu Horn!
A. u Fructu (von) der Frucht.   A. u Cornu (von) dem Horn.

Pluralis.

N. us Fructus die Früchte	N. ua Cornua die Hörner
G. uum Fructuum der Fr.	G. uum Cornuum der H.
D. ibus (ubus) Fructibus den Fr.	D. ibus ubus) Cornibus den H.
A. us Fructus die Fr.	A. ua Cornua die H.
V. wie Nom. wie Nom. Früchte!	V. wie Nom. wie Nom. Hörner!
A. ibus Fructibus (von) den Fr.	A. ibus (ubus) Cornibus (von)
	den Hörnern.

So geht caſus der Fall, currus der Wagen, acus die Nadel ꝛc.

So geht veru der Bratſpies, genu das Knie, gelu die Kälte ꝛc.

Not. 1) Die vierte Declination iſt faſt ganz aus der dritten durch eine Contraction entſtanden, als fructus, Gen. fructuis, contr. fructus; D. fructui und fructu; A. fructuem, contr. fructum cet. Not. Der Dat. in u kommt oft vor.

2) Man findet auch den Genitiv in i nach der zweyten, als ſenati, ornati cet. Einige Wörter gehen nach der zweyten und vierten ganz, als ſicus, laurus, pinus. Domus geht zum Theil nach beyden, nämlich ſo: N. domus, G. domi (zu Hauſe) und domus (des Hauſes), D. domui und domo, Ac. domum, V. domus, Ab. domo. Plur. N. domus, G. domuum und domorum, D. domibus, Ac. domus und domos, V. domus, Ab. domibus.

3) Der Dativ und Ablativ Plur. iſt meiſtens ibus. Einige haben ubus, als arcus, acus, partus, quercus, ſicus, lacus, artus, tribus, ſpecus. Portus, queſtus, genu, veru haben ibus und ubus.

4) Ieſus G. u, D. u, Ac. um, V. u, A. u, gehört nicht zur vierten Declination, ſondern iſt nach dem Griechiſchen gebildet.

E) Die fünfte Declination hat nur die Endung es.

Singularis.

N. es Res die Sache	Dies der Tag
G. ei Rei der Sache	Diei des Tags
D. ei Rei der Sache	Diei dem Tage
Ac. em Rem die Sache	Diem den Tag
V. wie Nom. wie Nom. Sache!	wie Nom. Tag!
Ab. e Re (von) der Sache.	Die (von) dem Tage.

 Plura⸗

Pluralis.

N.	es Res die Sachen	Dies die Tage
G.	erum Rerum der S.	Dierum der T.
D.	ebus Rebus den S.	Diebus den T.
A.	es Res die S.	Dies die T.
V.	wie Nom. wie Nom. Sachen!	wie Nom. Tage!
A.	ebus Rebus (von) den S.	Diebus (von) den T.

So geht ſpes, ſpecies, meridies, acies cet.

Not. 1) Der Genitiv und Dativ ſing. hat ei mit langem e, wenn ein Vocal vorher geht, als diei, diêi: geht aber ein Conſonant vorher, ſo iſt das e kurz, als fides, ei. Not. Man findet auch die, fide cet. ſtatt diei, fidei: auch pernicii ſtatt perniciei. Auch haben die Alten manche Wörter in der dritteu Declination nach der fünften gemacht, als fames, ei und e; plebes (ſtatt plebs) ei und i.

2) Der Pluralis iſt nur bey dieſen Wörtern gebräuchlich, acies, facies, dies, res, ſpes, ſpecies, ſuperficies. Der Genitiv Plur. kommt nur von res und dies vor.

Zweyter Abſchnitt.

Von den *Nominibus Adiectivis* insbeſondere.

Die Adiectiva betrachtet man in Anſehung der Endungen, Bedeutungen und Vergleichungsſtaffeln.

A) In Anſehung der Endungen des Nominativs. Die Adiectiva haben theils drey Endungen, theils zwey, theils eine. Haben ſie drey, ſo iſt die erſte Gen. maſculini, die zweyte feminini, die dritte neutrius. Haben ſie zwey oder eine, ſo ſtecken doch alle drey genera darinnen.

I. Adiectiva dreyer Endungen, von doppelter Art a) er, a, um, oder us, a, um, davon die erſte und letzte Endung nach der zweyten Declination, die mittelſte nach der erſten geht, nämlich er geht wie liber, us wie ſervus, a wie menſa, um wie ovum. b) er, is, e, alle nach der dritten Declination.

1) die in er, a, um, und us, a, um, gehen ſo: z. E.

Singularis.

N.	niger, nigra, nigrum ſchwarz	bonus, a, um, gut
G.	nigri, nigrae, nigri	boni, ae, i
D.	nigro, nigrae, nigro	bono, ae, o
A.	nigrum, nigram, nigrum	bonum, am, um
V.	niger, nigra, nigrum	bone, a, um
A.	nigro, nigra, nigro.	bono, a, o

Pluralis.

Pluralis.

N. nigri, nigrae, nigra　boni, ae, a
G. nigrorum, nigrarum, nigrorum bonorum, bonarum, bonorum
D. nigris, in allen 3 generibus　bonis in allen generibus
A. nigros, nigras, nigra　bonos, as, a
V. nigri, nigrae, nigra　boni, ae, a
A. nigris in allen generib.　bonis in allen gener.

So geht pulcher, ater cet.　So geht malus, doctus, auch miser, misera, miserum cet. doctissimus cet.

Not. a) alius hat im neutro nicht alium, sondern aliud.

b) unus, solus, totus, ullus, nullus, alius, neuter, alter, uter, alteruter, uterque, utervis, uterlibet, utercunque haben im Genitiv ius, und im Dativ i durch alle genera, als unus, ius, i; uter, ius, i; uterque, utriusque cet.: so auch utriusvis, utriuslibet cet. Das i in ius ist in der Aussprache lang, außer in alterius, wo es kurz ist. Alius hat Gen. alius statt aliius. Doch findet man auch im Dat. solae, alterae cet.

c) Sonderbar werden duo und ambo declinirt, nämlich: Duo, duae, duo; Gen. duorum, duarum, duorum; D. duobus, abus, obus; A. duos und duo, duas, duo; V. wie Nom.; Abl. wie Dat. So auch ambo, ae, o.

2) Die in er, is, e, gehen nach der dritten, wie pater, avis, rete, als:

Singul.　　　　　Plural.
N. acer, acris, acre　N. acres, acres, acria
G. acris durch alle gen.　G. acrium durch alle gen.
D. acri, durch alle gen.　D. acribus durch alle gen.
A. acrem, acrem, acre　A. acres, acres, acria
V. acer, acris, acre　V. acres, acres, acria
A. acri durch alle gen.　A. acribus durch alle gen.

So geht alacer, celeber, celer, (eris), campester, equester, pedester, paluster, saluber, sylvester, volucer. NB. Von einigen dieser Wörter kommt die zweite Endung des Nominativs auch im masculino vor, wiewohl selten, als alacris, palustris.

II. Adiectiva zweyer Endungen, wovon die erste gen. masc. und gen. femin. die dritte gen. neutr. ist. Hieher

C 4　　　　　gehö-

gehören alle in is (Neut. e) und die Comparativi in or (Neut. us): Hier ſind Muſter von beyden:

Singularis.

N. lenis (M. F.), lene (N.)	N. doctior(M.F.), doctius(N.)
G. lenis, durch alle gen.	G. doctioris, durch alle gen.
D. leni, durch alle gen.	D. doctiori, durch alle gen.
A. lenem (M. F.), lene (N.)	A. doctiorem (M. F.), doctius (N.)
V. lenis (M. F.), lene (N.)	V. doctior(M.F.), doctius (N.)
A. leni, durch alle gen.	A. doctiore u. doctiori in all. gen.

Pluralis.

N. lenes (M. F.), lenia (N.)	N. doctiores (M. F.), doctiora (N.)
G. lenium, durch alle gen.	G. doctiorum, durch alle gen.
D. lenibus, durch alle gen.	D. doctioribus, durch alle gen.
A. lenes (M. F.), lenia (N.)	A. doctiores (M.F.) doctiora (N.)
V. lenes (M. F.), lenia (N.)	V. doctiores (M. F.) doctiora (N.)
A. lenibus, durch alle gen.	A. doctioribus, in allen gen.

So geht gravis, facilis, difficilis, ſuavis cet. auch plur. tres, tria, G. trium, D. tribus, A. tres, ia, V. tres, ia, A. tribus.

So geht melior, minor, altior cet. Aber Plus hat G. pluris, Ac. plus, Pl. N. plures, a, G. ium, D. ibus, Ac. es, a, Ab. ibus.

III. Adiectiva einer Endung, die gen. maſc. femin. und neutr. iſt, gehen nach der dritten Declination, z. E.

Singularis.

N. Felix, durch alle gen.	N. Sapiens in allen gen.
G. Felicis, durch alle gen.	G. Sapientis, durch alle gen.
D. Felici, durch alle gen.	D. Sapienti, durch alle gen.
A. Felicem (M.F.), felix (N.)	A. Sapientem (M. F.), sapiens (N.)
V. Felix, durch alle gen.	V. Sapiens, durch alle gen.
A. Felice u. felici in allen gen.	A. Sapiente und ti, durch alle g.

Pluralis.

N. Felices (M.F.), felicia (N.)	N. Sapientes (M. F.), sapientia(N.)
G. Felicium, durch alle gen.	G. Sapientium, durch alle gen.
D. Felicibus, durch alle gen.	D. Sapientibus, durch alle gen.
A. Felices (M. F.) felicia (N.)	A. Sapientes (M.F.), sapientia(N.)
V. Felices (M. F.) felicia (N.)	V. Sapientes (M.F.), sapientia (N.)
A. Felicibus, durch alle gen.	A. Sapientibus, durch alle gen.

So geht velox, capax, ſimplex, praeceps cet. auch vetus, G. eris cet.

So geht prudens, diligens, auch die Participia in ans und ens: Nur hat der Ablativ der Participiorum lieber e, als i,

B) In

B) In Anſehung der Bedeutung. Einige zeigen die Beſchaffenheit einer Sache an, als longus lang, bonus gut ꝛc. andre eine Zeit, oder einen Ort ꝛc. als heſternus geſtrig, Romanus römiſch: beſonders ſind die zu merken, die die Zahl anzeigen und numeralia heiſſen. Dieſe numeralia ſind ſechſerley:

I. Cardinalia, auf die Frage wieviel? als 1 unus, a, um einer: 2 duo, ae, o zwey: 3 tres, ia drey: 4 quatuor: 5 quinque: 6 ſex: 7 ſeptem: 8 octo: 9 novem: 10 decem: 11 undecim: 12 duodecim: 13 tredecim, auch decem et tres, oder tres et decem: 14 quatuordecim: 15 quindecim: 16 ſedecim, ſexdecim, oder decem et ſex: 17 ſeptendecim, oder decem et ſeptem: 18 duodeviginti, auch decem et octo: 19 undeviginti: 20 viginti: 21 unus et viginti, oder viginti unus cet. 28 duodetriginta: 29 undetriginta: 30 triginta: 38 duodequadraginta: 39 undequadraginta: 40 quadraginta: 48 duodequinquaginta: 49 undequinquaginta: 50 quinquaginta: 58 duodeſexaginta: 59 undeſexaginta: 60 ſexaginta: 68 duodeſeptuaginta: 69 undeſeptuaginta: 70 ſeptuaginta: 78 duodeoctoginta: 79 undeoctoginta: 80 octoginta: 88 duodenonaginta: 89 undenonaginta: 90 nonaginta: 100 centum: 200 ducenti, ae, a: 300 trecenti, ae, a: 400 quadringenti, ae, a: 500 quingenti, ae, a: 600 ſexcenti, ae, a: 700 ſeptingenti, ae, a: 800 octingenti, ae, a: 900 nongenti, ae, a: 1000 mille: 2000 bis mille, oder duo millia: 3000 ter mille, oder tria millia cet.

Not. 1) unus, duo, tres werden declinirt (ſ. kurz vorher unter A S. 39): die von quatuor aber bis centum nicht: die folgenden von ducenti bis nongenti werden wieder declinirt; mille nicht, auſer im Plurali: Not. unus hat auch einen Pluralem; uni, ae, a: G. orum, arum, orum cet.

2) Wenn zwey Cardinalia zuſammengeſetzt werden, ſo ſteht insgemein unter hundert die kleinere Zahl mit et vor, oder die gröſſere ſteht ohne et voran; als unus et viginti, oder viginti unus. Steigt die Zahl über hundert, ſo ſteht die gröſſere Zahl mit, oder ohne et (ac cet.) voran, als centum quinque, centum et quinque.

4) Mille

3) Mille ist ein Adjectivum indeclinabile. Der Plur. millia aber ist ein Substantivum, Gen. ium, D. ibus, Ac. ia, V. ia, A. ibus.

4) Man schreibt auch die Zahlwörter oft mit römischen Zahlen, als: 1 I: 2 II: 3 III: 4 IV, oder accurater IIII: 5 V: 6 VI: 7 VII: 8 VIII, nicht IIX: 9 IX, oder accurater VIIII: 10 X: 11 XI: 12 XII: 13 XIII: 14 XIV, oder accurater XIIII: 15 XV: 16 XVI: 17 XVII: 18 XVIII, nicht XIIX: 19 XIX, oder accurater XVIIII: 20 XX, und so fort: 30 XXX: 40 XL, oder accurater XXXX: 50 L: 60 LX: 70 LXX: 80 LXXX: 90 LXXXX: 100 C: 200 CC: 300 CCC: 400 CCCC: 500 IↃ, besser als D: 600 IↃC: 700 IↃCC: 800 IↃCCC: 900 IↃCCCC: 1000 CIↃ, besser als M: also 2000 CIↃCIↃ cet. 5000 IↃↃ: 10000 CCIↃↃ: 50000 IↃↃↃ: 100000 CCCIↃↃↃ.

II. Ordinalia, **Ordnungszahlwörter**, stehen auf die Frage: der wievielste? enden sich in us, a, um, und werden wie bonus, a, um, declinirt: 1 Primus, a, um, der erste: 2 secundus, auch alter, a, um, der zweyte: 3 tertius: 4 quartus: 5 quintus: 6 sextus: 7 septimus: 8 octavus: 9 nonus: 10 decimus: 11 undecimus: 12 duodecimus: 13 tertius decimus: 14 quartus decimus, und so fort: 18 duodevicesimus: 19 undevicesimus: 20 vicesimus genauer, als viges.: 21 vicesimus primus cet.: 28 duodetricesimus: 29 undetricesimus: 30 tricesimus: 38 duodequadragesimus: 39 undequadragesimus: 40 quadragesimus: 48 duodequinquagesimus: 49 undequinquagesimus: 50 quinquagesimus: 58 duodesexagesimus: 59 undesexagesimus: 60 sexagesimus: 68 duodeseptuagesimus: 69 undeseptuagesimus: 70 septuagesimus: 80 octogesimus: 90 nonagesimus: 100 centesimus: 200 ducentesimus: 300 trecentesimus: 400 quadringentesimus: 500 quingentesimus: 600 sexcentesimus: 700 septingentesimus: 800 octingentesimus: 900 nongentesimus: 1000 millesimus: 2000 bis millesimus cet. Not. Bey Zusammensetzung der Ordinalium geht bald die gröffere, bald die kleinere Zahl voran, sowohl mit, als ohne et: auch steht zuweilen unus statt primus, als unus et vicesimus cet.

III. Distri-

III. Diſtributiva, **Eintheilungszahlwörter,** auf die Frage wie viel ein jeder? als: ſinguli, ae, a je einer: bini, ae, a, je zwey: ſo auch terni 3: quaterni 4: quini 5: ſeni 6: ſepteni 7: octoni 8: noveni 9: deni 10: undeni 11: duodeni 12: deni terni oder terni deni 13 cet.: viceni 20: triceni 30: quadrageni 40: quinquageni 50: ſexageni 60: ſeptuageni 70: octogeni 80: nonageni 90: centeni 100: duceni 200: treceni 300: quadringeni 400: quingeni 500: ſexceni 600: ſeptingeni 700 cet. Z. E. dedit nobis binos libros, er gab jedem von uns zwey Bücher.

IV. Multiplicativa, **vervielfältigende,** auf die Frage, **wie vielfach?** als ſimplex, **einfach,** dupler, triplex, quadruplex, quintuplex, decemplex.

V. Proportionalia, auf die Frage, **wie vielmal mehr,** als: duplus, triplus, quadruplus, octuplus.

VI. Temporalia, auf die Frage, **wie alt?** als bimus **zweyjährig,** trimus cet. auch biennis, triennis cet. So auch bimeſtris **zweymonatlich,** trimeſtris cet.

C) In Anſehung der **Vergleichungsſtaffeln,** die man Gradus nennt. Es ſind drey ſolche Gradus: Poſitivus, Comparativus und Superlativus. Der Poſitivus redet ſchlechtweg ohne alle Vergleichung, als pulcher, **ſchön,** doctus **gelehrt** cet. Der Comparativus vergleicht mit einer beſtimmten Sache oder Perſon, als pulchrior, **ſchöner,** doctior **gelehrter:** der Superlativus vergleicht theils mit einer Menge einerley Geſchlechts, theils drückt er nur einen hohen Grad aus, als pulcherrimus, **der ſchönſte,** auch ſehr ſchön; doctiſſimus, **der gelehrteſte,** auch ſehr gelehrt.

Wie werden dieſe Gradus gemacht?

1) Der Poſitivus darf nicht gemacht werden: er iſt ſchon da, und hat alle Endungen der Adiectivorum, als bonus **gut,** pulcher **ſchön,** ſapiens **weiſe,** locuples, ſolers, felix, velox, lenis cet.

2) Der Comparativus wird auf doppelte Art gemacht: a) insgemein ſetzt man or (Neut. us) an den Caſum des Poſitivi in i, als von doctus, G. docti, kommt doctior, doctius.

doctius, von lenis, Dat. leni, lenior, lenius. Die En=
dung or ist masc. und feminini, die Endung us neutrius
generis. b) zuweilen setzt man magis zum Positivo, als
magis doctus gelehrter: besonders bey den Adiectivis,
die vor der Endung us oder is einen Vocal haben.

3) Der Superlativ wird auch auf doppelte Art gemacht; a)
zuweilen durch Vorsetzung des maxime vor dem Positiv,
als maxime doctus; besonders bey den Adiectivis, die
vor der Endung us und is einen Vocal haben: b) durch eine
besondre Endung mus, und zwar insgemein simus, welche
man dem Casui des Positivi in is anhängt, als lenis, le=
nissimus: doctus (doctis) doctissimus: Felix (G. feli=
cis) felicissimus. So ists in den meisten. Doch haben ei=
nige rimus und limus. a) rimus haben die Adiectiva in
er, und da wird dieses rimus gleich an das er angehängt,
als acer, acerrimus cet. so auch vetus veterrimus, von
veter: b) limus haben einige in ilis, als facilis facilli=
mus. so auch difficilis, gracilis, humilis, similis, dis=
similis. Auch giebt es noch mehr Endungen, die in den
Anmerkungen vorkommen werden.

Anmerkungen.

1) Die Adiectiva in dicus, volus, ficus, haben im Com=
parativo entior, und im Superlativo entissimus, als ma=
ledicus, centior, centissimus, so auch malevolus, be=
neficus, magnificus, munificus, honorificus. Mirifi=
cus hat mirificissimus, aber keinen Comparativum: von
veridicus findet sich weder Comparativ, noch Superlativ.

2) Nequam hat nequior, nequissimus.

3) Die Adiectiva, die vor der Endung us und is einen Vocal
haben, machen nicht leicht den Comparativ in or, noch
den Superlativ in simus, sondern setzen lieber zum Positi=
vo magis, und maxime, um den Comparativ und Super=
lativ zu machen, als idoneus geschickt, magis idoneus
geschickter, maxime idoneus der geschickteste, sehr ge=
schickt, so auch pius, magis pius, maxime pius cet.
Doch findet man von einigen auch den Comparativ in or,
und den Superlativ in simus: besonders kommt von te=
nuis oft tenuior und tenuissimus vor.

4) Folgende haben einen besondern Comparativ und Super=
lativ:

Bonus, melior, optimus. Malus, peior, pessimus.
Magnus, maior, maximus. Parvus, minor, minimus.
Multus, — plurimus.
Multa, — plurima.

Multum,

Multum, plus, plurimum. Not. von multus und multa mangelt der Comparativ im Singulari: aber multum hat plus. Im plurali iſt der Comparativ ganz, als: N. plures, plura, G. ium, D. ibus, A. es, a, V. es, a, A ibus.

5) Einige haben einen doppelten Superlativ in mus, als Exterus, exterior, extremus und extimus. Inferus, inferior, infimus und imus. Superus, ſupetior, ſupremus und ſummus. Poſterus, poſterior, poſtremus, und zuweilen poſtumus und poſtimus. Maturus, urior, uriſſimus und urrimus: Imbecillis, lior, liſſimus und limus.

6) Von einigen findet man keinen Poſitivum, als: interior, intimus. Citerior, citimus. Ulterior, ultimus. Propior, proximus.   Prior, primus. Deterior, deterrimus. Ocior, ociſſimus.

7) Von einigen findet man keinen Comparativum in or, als Inclytus, inclytiſſimus. Novus, noviſſimus. Sacer, ſacerrimus. Falſus, falſiſſimus. Meritus, meritiſſimus. Invictus, invictiſſimus: Perſuaſum, Perſuaſiſſimum cet. Auch kommt er ſelten vor von fidus, diverſus, apricus, conſultus cet.

8) Von einigen findet man keinen Superlativ in mus, als: Adoleſcens, entior. Senex, ſenior. Juvenis, junior (ſelten juvenior). Licens, entior: ſo auch proclivis, ſalutaris, propinquus, coecus, infinitus, ſupinus, ſatur, ingens cet.

9) Von einigen findet man weder Poſitiv noch Superlativ, als: anterior, ſequior.

10) Von vielen findet man weder einen Comparativ in or, noch einen Superlativ in mus. Hieher gehören a) almus, balbus, blaeſus, canus, canorus, cicur, claudus, compos, degener, dispar, egenus, impos, mancus, mediocris, mutus, mutilus, memor, mirus, praeditus: b die Compoſita von animus, iugum, ſomnus, arma, und von gero und fero, als exanimis, biiugis, exſomnis, letifer, corniger cet. c) Die in bundus, imus, inus, ivus, ſter; doch hat tremebundus, ſiniſter, ſylveſter einen Comparativ in or, und feſtivus hat den Comparativ in or, und den Superlativ in iſſimus. d) Die poſſeſſiva, als paternus, herilis, muliebris, funebris, civilis (bürgerlich). Doch findet man ruſticior von ruſticus.   e) Die in plex, auſer ſimplex. f) Die deminutiva, als parvulus cet. g) Die gentilia, als Poenus cet. Beym Plautus ſteht zwar Poenior, aber figürlich. h) Die Compoſita mit prae, deren Simplicia Gradus haben, auſer praeclarus. i) Diejenigen, die ihrer Natur nach keinen Comparativ und Superlativ haben können,

koͤnnen, als quernus, uter, alter, talis, nullus cet.
Not. Muß man von einigen der angefuͤhrten einen Comparativ und Superlativ machen, ſo ſetzt man magis und
maxime dazu, als magis mutus ſtummer, maxime
mutus cet.

Dritter Abſchnitt.
Von den *Pronominibus.*

1) Pronomina ſind Woͤrter, welche die Subſtantiva
vertreten, dienen alſo zur Abwechſelung; z. E. an Statt:
Cicero verſprach dem Atticus, nicht nur zum Atticus zu kommen, ſondern auch Ciceros Bruder
mit zu bringen, ſagt man: Cicero verſprach dem
Atticus, nicht nur zu ihm zu kommen, ſondern
auch ſeinen Bruder mit zu bringen.

2) Man rechnet insgemein zwanzig Pronomina,
naͤmlich: ego, tu, ſui, hic, ille, is, idem, iſte, ipſe,
qui, quis, (auſer quicunque cet.) meus, tuus, ſuus,
noſter, veſter, noſtras, veſtras, cuius und cuias. Allein
nur ego, tui, ſui, nebſt den abgeleiteten meus, tuus,
ſuus, noſter, ſind eigentliche und beſtaͤndige Pronomina.
Hic, ille, iſte, ipſe, er ſelbſt, is derſelbe, idem,
eben derſelbe, ſind nur dann Pronomina, wenn ſie ohne ein Subſtantivum ſtehen. Hingegen qui, quis ſind
eigentlich keine Pronomina; auch wuͤrden cuius, a, um,
cuias, noſtras, veſtras beſſer unter die Adiectiva gezaͤhlt
werden.

3) Einige Pronomina ſtehen allezeit ſubſtantive, als
ego, tu, ſui, quid mit ſeinen Compoſitis: die uͤbrigen
ſind adiectiva, und koͤnnten Pronomina adiectiva heißen.

4) Man theilt ſie ein in einfache (ſimplicia) und
zuſammengeſetzte (Compoſita). Die einfachen ſind
die oben genannten, ego, tu cet. Zuſammengeſetzt ſind
die Pronomina, theils mit ſich ſelbſt, als iſtic, illic,
aus iſte hic cet. theils mit einem Verbo, als quivis,
quilibet, theils mit gewiſſen Vorſatz- oder Anhaͤngeſyl-
ben, als ecquis, quiſquam, quidam, quicunque, quiſque cet. ferner wird mit dem ego, ſibi cet. und te dem

tu

tu angehängt, als egomet, tute cet. So ſteht auch hicce ſtatt hic, und hiccine in einer Frage: ferner findet man meopte cet.

5) In Anſehung der Bedeutung benennt man ſie a) Demonſtrativa, zeigende, als ego, tu, hic, ille cet. b) relativa, die ſich auf ein Wort beziehen, als qui, is, idem, hic, iſte, ille: c) reciproca, die ſich auf das Subject eben deſſelben Saßes beziehen, als ſui und ſuus: d) interrogativa, die zur Frage dienen, als quis; cuius, a, um; cuias; e) poſſeſſiva, die da zeigen, wem etwas zuzuſchreiben ſey, als meus, tuus, ſuus, noſter, veſter. f) gentilia, die da anzeigen, von wannen Jemand ſey, als noſtras, veſtras, cuias.

6) Beſonders dienen ſie, die grammatiſchen Perſonen auszudrücken. Im Singulari iſt ego die erſte, tu die zweyte Perſon, die übrigen Pronomina im Nominativo Singul. numeri gehören zur dritten. Im Plurali iſt nos die erſte, vos die zweyte, die übrigen, als hi, illi, cet. gehören zur dritten.

7) Sie werden auch declinirt, haben aber keinen Vocativum, auſer tu, meus, und zuweilen noſter, noſtras. Not. a) die poſſeſſiva meus, tuus, ſuus, noſter, veſter gehen völlig wie die Adieƈtiva bonus, a, um, und niger, a, um: doch hat meus im Vocativ mi ſtatt mee. b) noſtras, veſtras, cuias gehen nach der dritten Declination, wie locuples, z. E. noſtras, G. atis, D. ati, Ac. atem, as: V wie Nom. Ab. ate und ati: Plur. ates, G. atium, D. atibus, Ac. ates, atia, V. wie Nom. Abl. atibus.

In der Declination weichen folgende ab:

I. Ego ich.

Singularis.	Pluralis.
N. ego ich	N. nos wir
G. mei meiner, gegen mich	G. noſtri unſer, gegen uns, noſtrum unter uns,
D. mihi mir	D. nobis uns
A. me mich	A. nos uns
V. fehlt	V. fehlt
A. me (von) mir;	A. nobis (von) uns.

II. Tu

II. Tu du.

Singularis.	Pluralis.
N. tu du	N. vos ihr
G. tui deiner, gegen dich	G. veſtri euer, gegen euch, veſtrum unter euch
D. tibi dir	D. vobis euch
A. te dich	A. vos euch
V. tu du!	V. vos ihr!
A. te (von) dir.	A. vobis (von) euch.

III. Sui ſeiner oder ihrer.

Singularis.   Pluralis iſt wie der Singul.

N. fehlt	nämlich N. fehlt, G. ſui ihrer,
G. ſui ſeiner, ihrer, gegen ſich	gegen ſich, D. ſibi ſich, ihnen
D. ſibi ſich ihm ſelbſt, ihr ſelbſt	ſelbſt, A. ſe oder ſeſe ſich,
A. ſe oder ſeſe ſich)	V. fehlt, Ab. ſe oder ſeſe (von)
V. fehlt	ſich.
A. ſe oder ſeſe (von) ſich.	

IV. Hic, haec, hoc dieſer, dieſe, dieſes.

Singularis.	Pluralis.
N. hic haec hoc	N. hi hae haec
G. huius, durch alle genera	G. horum harum horum
D. huic, durch alle genera	D. his, durch alle genera
A. hunc hanc hoc	A. hos has haec
V. fehlt	V. fehlt.
A. hoc hac hoc	A. his, durch alle genera.

Not. So gehen auch hicce, hiccine, illic und iſtic: nämlich hicce haecce hocce, G. huiusce cet.: Hiccine haeccine hoccine, Ac. hunccine hanccine hoccine, Abl. hoccine haccine hoccine. Plur. Neut. haeccine. Illic illaec illoc und illuc, A. illunc illanc illoc und illuc, Ab. illoc illac illoc. Iſtic iſtaec iſtoc und iſtuc, Ac. iſtunc iſtanc iſtoc und iſtuc, Ab. iſtoc iſtac iſtoc, Plur. Neutr. iſtaec.

V. Ille, illa, illud jener, derſelbe.

Singularis.	Pluralis.
N. ille illa illud	N. illi illae illa
G. illius, durch alle genera	G. illorum illarum illorum
D. illi, durch alle genera	D. illis, durch alle genera
A. illum illam illud	Ac. illos illas illa
V. fehlt.	V. fehlt.
A. illo illa illo.	A. illis, durch alle genera.

Not. Nach ille geht auch iſte iſta iſtud. Derſelbe, dieſelbe, daſſelbe, und ipſe ipſa ipſum er ſelbſt ꝛc. nur daß dieſes im Neutro nicht ud, ſondern um, hat.

VI. Is

VI. Is ea id derjenige, diejenige, dasjenige, auch derſelbe ꝛc.

Singul.	Pluralis.
N. is ea id	N. ii eae ea
G. eius, durch alle genera	G. eorum earum eorum
D. ei, durch alle genera	D. iis oder eis, durch alle gen.
A. eum eam id	A. eos eas ea
V. fehlt	V. fehlt
A. eo ea eo	A. iis oder eis, durch alle gen.

Not. Nach is ea id geht idem eadem idem, eben derſelbe, eben dieſelbe, eben daſſelbe: es wird nur dem angehängt. Doch iſt im Accuſativo ſing. bey uns üblicher eundem, eandem, als eumdem eamdem; ſo iſt auch im Gen. Plur. eorundem earundem eorundem üblicher, als eorumdem earumdem eorumdem.

VII. Qui quae quod welcher, welche, welches.

Sing.	Plur.
N. qui quae quod	N. qui quae quae
G. cuius, durch alle genera	G. quorum quarum quorum
D. cui, durch alle genera	D. quibus (auch quis, queis) durch alle gen.
A. quem quam quod	A. quos quas quae
V. fehlt.	V. fehlt
A. quo qua quo (auch qui).	A. quibus (auch quis, queis) durch alle genera.

Not. So geht auch a) quicunque, quaecunque, quodcun= que, G. cuiuscunque, D. cuicunque cet. b) die übrigen Compoſita, als quivis, quilibet, quidam, nur daß ſie im Neutro quid und quod haben, als quivis quaevis quidvis und quodvis, G. cuiusvis cet. ſo auch quilibet quaelibet quidlibet und quodlibet, G. cuiuslibet cet. ſo auch quidam quaedam quiddam und quoddam, G. cuius= dam cet. Doch iſt vom letzten der Accuſativ quendam quandam üblicher, als quemdam quamdam, und der Ge= nitiv Plur. quorundam quarundam quorundam.

VIII. Quis quae quid und quod welcher? wer? welche? welches? was? geht wie qui quae quod, als:

Singularis.	Pluralis.
N. quis? (auch qui) quae? quid? und quod?	N. qui? quae? quae?
G. cuius? durch alle gen.	G. quorum? quarum? quorum?
D. cui? durch alle gen.	D. quibus? durch alle gen.
A. quem? quam? quid u. quod?	A. quos? quas? quae?
V. fehlt.	V. fehlt.
A. quo? qua? quo?	A. quibus? durch alle gen.

Not. So gehen auch die Composita: 1) quisnam quaenam quidnam und quodnam, G. cuiusnam cet. 2) quisque, quaequae quidque und quodque, G. cuiusque cet. So auch unusquisque, unaquaeque, unumquidque und unumquodque, G. uniuscuiusque cet. doch hat es keinen Pluralis; 3) quisquam (ist Masc. und Fem.) im Neut. quidquam oder quicquam, G. cuiusquam cet. Der Pluralis fehlt. 4) quispiam quaepiam quidpiam (quippiam) und quodpiam, G. cuiuspiam cet. Vom Plurali kommt nur vor quaepiam fem. 5) quisquis, quaequae, quidquid und quodquod: wovon noch der Acc. quemquem und quidquid, Plur. N. quiqui, D. quibusquibus vorkommt. Statt quidquid schreiben Einige quicquid. 6) aliquis aliqua aliquid und aliquod, G. alicuius cet. Not. Im Femin. Sing. und Neut. plur. hat es nicht aliquae, sondern aliqua. Es wirft zuweilen das ali weg, als si quod, ne quis cet. 7) Ecquis ecqua ecquid und ecquod: Not. im Fem Sing. und Neut. Plur. hat es ecqua, nicht ecquae. Doch findet man auch ecquae statt ecqua. Man findet auch zuweilen ecquisnam ecquaenam ecquidnam und ecquodnam, Abl. ecquonam. Not. Das *quid* steht allemal substantive und *quod* adiective.

IX. Cuius, a, um hat im Acc. cuium, am, um; Abl. fem. cuia; Plur. Nom. fem. cuiae, Acc. fem. cuias. Mehr kommt nicht vor.

Not. Einige rechnen huiusmodi, eiusmodi, cuiusmodi cet. unter die Pronomina, und nennen sie indeclinabilia. Es sind aber zwey Wörter, nämlich die Genitivi von hic, is qui oder quis, und von modus. Not. Man findet auch cuicuimodi statt cuiuscuiusmodi.

Vierter

Vierter Abſchnitt.

Von den *Verbis.*

§. 1.

Was *Verba* ſind.

Ein Verbum iſt ein Wort, das nach Beſchaffenheit der vorhergehenden grammatiſchen Perſon (oder des Subjects) und der Zeit, in der etwas geſchieht, und der Art, wie es geſchieht, ſeine Endungen verändert; oder auch ſo: iſt ein Wort, das ein Seyn, Thun oder Leiden anzeigt, einen Nominativ vor ſich hat, und nach gewiſſen Temporibus, Modis und Perſonis verändert oder conjugirt wird, oder kürzer: iſt ein Wort, das conjugirt wird.

Not. Die grammatiſche Perſon iſt das Subject, oder der Nominativ, auf die Frage: Wer? als ich, du, der Vater, die Mutter, das Ding ꝛc. wir, ihr, die Väter, Mütter, Dinge ꝛc. Ich iſt die erſte, Du die zweyte, und jeder andre Nominativ Singularis die dritte Perſon im Singulari: Wir iſt die erſte, Ihr die zweyte, und jeder andere Nominativ Pluralis die dritte Perſon des Pluralis, z. E. Ego ſum ich bin, Tu es du biſt, Pater eſt der Vater iſt, Nos ſumus wir ſind, Vos eſtis ihr ſeyd, Patres ſunt die Väter ſind. Oft fehlt dieſe Perſon: dann verſteht man ſie dabey, als ſum ich bin, es du biſt, eſt er iſt, ſumus wir ſind, eſtis ihr ſeyd, ſunt ſie ſind.

§. 2.

Von den verſchiednen Gattungen der *Verborum.*

I. In Anſehung der erſten Perſonalendung giebts dreyerley Verba: a) in o: b) in or: c) ein einziges in um, nämlich ſum mit ſeinen Compoſitis.

II. In Anſehung der erſten Perſonalendung und Bedeutung theilt man die Verba in vier Genera ein, nämlich in Activum (oder Tranſitivum), Paſſivum, Neutrum (Intranſitivum) und Deponens. Tranſitivum (Activum) endet ſich o, und hat ein Paſſivum in or: Paſſivum endet ſich in or, und hat ein Activum (Tranſiti-

D 2   vum)

vum) in o: Neutrum (Intransitivum) endet sich in o, und hat kein Passivum in or: Deponens endet sich in or, und hat kein Activum (Transitivum) in o. Doch da das Passivum eigentlich kein Verbum, sondern ein Theil eines Verbi ist, so wird die Eintheilung genauer gemacht in Transitivum (Activum) Intransitivum (Neutrum) und Deponens. Transitivum oder Activum zeigt die doppelte Verhältniß des Thuns an, nämlich das Thun selbst und das Gethan werden oder Leiden, und hat folglich zwey Theile, den thuenden (das Activum im engen Verstande) und den leidenden (das Passivum). Intransitivum (Neutrum) und Deponens zeigen nur das Thun an; jenes endet sich in o, dieses in or. Folglich ist 1) Transitivum (Activum) ein Verbum in o, das eine auf ein Object hinübergehende Handlung anzeigt, einen Accusativ regirt, und ein ganzes Passivum hat: 2) ein Intransitivum (Neutrum) ist ein Verbum in o, das keine auf ein Object hinübergehende Handlung anzeigt, oder doch keinen Accusativ regirt, folglich kein ganzes Passivum hat, sondern nur dessen dritte Personalendung singularis numeri, und zwar ohne Vorsetzung einer grammatischen Person (eines Nominativs), als parcitur, parcebatur cet. 3) ein Deponens ist ein Verbum in or; geht im Lateinischen, wie ein Passivum (auser im Infinitivo), und im Deutschen, wie ein Transitivum (Activum), auser im Participio in dus, welches es aber nur hat, wenn es einen Accusativ regirt, als sequendus.

Not. 1) Man hat auch Neutropassiva, d. i. Neutra, die im Perfecto wie Passiva gehen, als fido fisus sum (mit den Compositis confido, diffido): audeo ausus sum: gaudeo gavisus sum: soleo solitus sum.

2) Man hat auch neutralia passiva, als veneo ich werde verkauft, vapulo ich werde geschlagen, bekomme Schläge.

III. Die Verba sind ferner theils Stammverba (primitiva), als lego, theils abgeleitete (derivata), als lectito, esurio, numero cet. welche theils von Verbis, theils von einem Nomine, Adverbio cet. herkommen. Die abgeleiteten sind wieder viererley;

1) In-

, 1) **Inchoativa**, d. i. die einen Anfang oder ein Werden bedeuten. Sie enden ſich in ſco, gehen nach der dritten Conjugation, und haben insgemein kein perfectum und ſupinum, oder borgen es von ihren Stammverbis. Sie kommen theils von Verbis, theils von Nominibus her, als calesco ich werde warm, von caleo, hebesco ich werde ſtumpf, von hebes cet. Doch gehören viele in ſco nicht hieher.

2) **Frequentativa**, d. i. die bedeuten, daß etwas oft geſchieht, und ſich auf ſo, to, xo, co endigen, als pulſo ich ſchlage oft, von pello; quaſſo von quatio; clamito, nexo, vellico cet. Doch bedeuten ſie oft nicht mehr als ihre Stammverba.

> Not. Man hat auch **imitativa** in ſſo und zo, als patriſſo ich ahme den Vater nach, platonizo cet.

3) **Deſiderativa** oder **Meditativa**, die ein Verlangen oder Wollen anzeigen. Sie kommen von den ſupinis der Stammverborum her, und enden ſich in ürio mit kurzem u, als eſurio ich will eſſen, mich hungert, von edo: parturio cet. Die Verba in ürio (mit langem u), als ligurio (ligurrio), ſcaturio cet. rechnet man insgemein nicht darunter.

4) **Deminutiva**, d. i. die eine Verminderung bedeuten; ſie enden ſich in illo, als cantillo ich ſinge ein wenig, ſorbillo cet. Not. Refocillo, ſcintillo, titillo ſcheinen nicht hieher zu gehören.

IV. Die Verba ſind endlich theils **einfache** (ſimplicia), als lego, ſector cet theils **zuſammengeſetzte** (Compoſita), als perlego, confector. Die Zuſammenſetzung geſchieht theils mit einem Nomine, als aedifico: theils mit andern Verbis, als calefacio! theils mit einem Adverbio, als benefacio, nolo, malo: theils mit einer Präpoſition, als advenio. Die letzte iſt die gewöhnlichſte Zuſammenſetzung; doch findet man hier oft einen Buchſtaben des Stammverbi oder der Präpoſition verändert, als abripio, retineo cet. ſtatt abrapio, reteneo: efficio, ſufficio, afficio, officio, ſtatt exfacio, ſubfacio, adfacio, obfacio cet. Auch nimmt das re und pro vor einem Vocal gern ein d an, als redamo, redeo, prodes, ſtatt reamo, reeo, proes. Zuweilen wird eine Präpoſition abgekürzt, als traiicere cet.

Not.

Not. 1) Man hat Composita, deren simplicia ungebräuch-
lich sind, als excello, defendo, allicio, impleo cet.
2) Composita behalten gern das Genus und die Conjugation der Simplicium, als amo redamo: lego colligo: sequor exsequor cet. Doch stehen einige ab, als
sacro exsecror: cubo incumbo: sperno adspernor cet.

§. 3.

Von den Theilen des *Verbi*.

Das Verbum hat vier Modos: der Modus fünf
Tempora: das Tempus zwey Numeros: der Numerus drey Personalendungen.

I. Die vier Modi heißen: 1) Indicativus, der bloß
anzeigt, daß Jemand etwas thue oder leide, als amo ich
liebe, amor ich werde geliebt. 2) Coniunctivus
oder Subiunctivus (potentialis), der insgemein von einer Handlung als ungewiß redet, und sie nur als möglich vorstellt, als amem ich möchte lieben, amer ich
möchte geliebt werden, amarem ich würde lieben,
amarer ich würde geliebt werden: 3) Imperativus
(lieber jussivus); durch den man Jemand etwas thun
heißt oder antreibt, es geschehe durch Bitte oder Befehl,
als ama liebe, lege lies, veni komm 2c. 4) Infinitivus, der ohne Person gebraucht werden kann, als
amare lieben 2c. Not. Hinter dem Infinitivo stehen die
Gerundia, Supina und Participia: sie gehören aber nicht
dazu, sondern a) die Gerundia sind die Casus Gen. neutrius von dem Participio futuri passivi in dus, da, dum,
als von amandus, a, um, ist das *Gerundium* Amandum, di, do, dum, do: Not. Alle Verba haben diese
Gerundia, wenn sie auch gleich kein Participium in dus
haben. b) Die Supina scheinen Casus eines Substantivi
der vierten Declination zu seyn; nämlich das Sup. in
um der Accusativ, das in u der Ablativ, z. E. amatum
amatu von amatus. c) die Participia sind eine Gattung von Adiectivis, und kommen unten Abschn. V.
besonders vor.

II. Die

II. Die fünf Tempora heißen Praeſens, Imperfectum, Perfectum, Plusquamperfectum und Futurum.

1) Praeſens tempus (die gegenwärtige Zeit) zeigt eigentlich an, daß etwas izt geſchehe, als lego ich leſe.

2) Imperfectum tempus (die unvollendete Zeit) zeigt
eigentlich eine unvollendete Handlung an, während
welcher eine andre vorfiel, als legebam ich las, z. E.
da der Vater kam.

3) Perfectum tempus (die vollendete Zeit) zeigt eine
vollendete Handlung an, ohne Rückſicht einer folgenden, als legi ich habe geleſen.

4) Plusquamperfectum tempus (die mehr als vollendete Zeit) zeigt eigentlich eine vollendete Handlung an,
in Rückſicht einer darauf folgenden, als legeram ich
hatte geleſen, z. E. als ich geleſen hatte, ſchrieb ich.

5) Futurum tempus (die künftige Zeit) zeigt eine künftige Handlung an; und iſt doppelt, a) Futurum ſimplex zeigt bloß eine künftige Handlung an, als legam
ich werde leſen; b) Futurum exactum zeigt eine künftige Handlung in Rückſicht einer darauf folgenden als
vollendet an, als legero ich werde geleſen haben;
z. E. Wenn ich werde geleſen haben, ſo werde ich
ſchreiben.

Not. Hierbey iſt die Formation der Temporum zu merken,
d. i. die Art und Weiſe, wie die Tempora von einander
herkommen. Sie kommen alle her entweder vom Praeſente,
oder vom Perfecto Indicativi, oder vom Supino, oder
vom Praeſente Infinitivi. Z. E. von amo, amavi, amatum, amare. Doch iſt es nicht ſchlechterdings nöthig, das
Praeſens Infin. als ein Stammtempus anzunehmen.

Nämlich

A) Vom Praeſente Indicativi kommen her alle Praeſentia, Imperfecta und Futura, außer dem Futuro exs-
cto und Futuro Coniunctivi. Nämlich 1) das Praeſens Conjunct. im Activo. Aus o mache ich in der
erſten Conjugation em, in den übrigen am, als amo
amem, moneo moneam, colo colam, audio audiam.
Mache ich ferner aus o or, ſo habe ich das Praeſens
Indicat. Paſſivi, als amo amor cet. und verwandle
ich das m von dem em und am in r, ſo habe ich das
Praeſens Coniunct. paſſivi, als amem amer, moneam monear cet. 2) das Imperfectum Indicat. im

Activo.

Aſtivo. Aus o mache ich in der erſten Conjugation abam, in der zweyten aus eo ebam, in den übrigen aus o ebam, als amabam, monebam, colebam, aus diebam. Verwandle ich hinten das m in r, ſo habe ich das Imperfeſtum Indicat. Paſſivi, als amabar, monebar, colebar, audiebar. 3) Das Futurum Indicat. Aſtivi. Aus o mache ich in der erſten Conjugation abo, in der zweyten ebo, in den übrigen am, als amabo, monebo, colam, audiam. Nun ſetze ich in den beyden erſten zu dem o ein r, und in den beyden letztern verwandle ich das m in r, ſo habe ich das Futurum Indicat. Paſſivi, als amabor, monebor, colar, audiar. 4) Das Praeſens Infinit. im Aſtivo. Nämlich aus o mache ich in der erſten Conjugation are mit langem a, in der zweyten ere mit langem e vor dem r, in der dritten ere mit kurzem e vor dem r, und in der vierten ire mit langem i, als amāre, monēre, colĕre, audire: Und hiervon a) das Imperfeſtum Coniunſt. im Aſtivo durch Zuſetzung eines m, als amare amarem, monere monerem, colere colerem, audire audirem, eſſe eſſem, velle vellem; und ſo gleich hiervon, durch Verwandlung des m in r, das Imperfeſtum Coniunſt. paſſivi, als amarer, monerer, colerer, audirer. b) Das Praeſens Imperat. Aſtivi durch Hinwegwerfung der Sylbe re, als ama, mone, cole, audi. c) Das Praeſens Imperativi Paſſivi. Dieſes ſieht juſt ſo aus, wie das Praeſens Infinitivi Aſtivi, folglich geſchieht keine Aenderung, als amare, docere cet. d) Das Praeſens Infinit Paſſivi. Aus e wird in der erſten, zweyten und vierten Conjugation i, als amare amari, monere moneri, audire audiri: in der dritten ändere ich ere in i, als colere coli. 5) Das Praeſens Participii. Aus o mache ich in der erſten Conjugation ans, als amo amans, in der zweyten mache ich aus eo ens, als moneo monens, in den übrigen aus o ens, als colo colens, audio audiens; und von dem Genitivo dieſes Participii (tis) mache ich das Particip. Fut. Paſſivi, nämlich aus tis mache ich dus, als amans amantis *amandus*, monens monen-

monentis *monendus*, colens colentis *colendus*, audiens audientis *audiendus*, so auch iens (von eo) euntis *eundus:* folglich habe ich sogleich die Gerundia,
als amandum, di, do, dum, do: monendum, di,
do, dum, do: Colendum, di, do, dum, do: audiendum, di, do, dum, do: eundum, di, do cer.
Denn die Gerundia sind das Neutrum des Particip.
Fut. passivi.

Not. 1) Wenn demnach ein Verbum kein Praesens hat, als
memini, odi, coepi, so hat es auch die davon herkommenden und vorher genannten Tempora nebst dem Particip.
Praes. Act. und Futur. Pass. nicht, folglich auch kein Praesens Infinitivi. Hieraus erhellet, daß das Praesens Infinit. Act. eigentlich vom Praesente Indicat. gemacht werde.

2) Man setzt zum Particip. in dus das Verbum sum (das
heißt coniugatio periphrastica) als sum amandus ich muß
geliebt werden, es amandus du mußt 2c. eram amandus
ich mußte 2c. fui amandus ich habe müssen 2c. fueram amandus ich hatte müssen 2c.

B) Vom Perfecto kommen her alle Perfecta und Plusquamperfecta Activi und das Futurum exactum Activi. 1) Perfectum Coniunctivi: ich verwandle den letzten Buchstaben i in erim, als fui fuerim, amavi amaverim, monui monuerim, colui coluerim, audivi
audiverim: 2) Plusquamperfectum Indicativi: ich
verwandle das i in eram, als fui fueram, amavi,
amaveram, monui, monueram, colui, colueram,
audivi audiveram. 3) Plusquamperf. Coniunct.: ich
verwandle das i in issem, als fui fuissem; so auch amavissem, monuissem, coluissem, audivissem. 4) Futurum exactum: ich ändre i in ero, als fui fuero; so
auch amavero, monuero, coluero, audivero. 5) Perfectum Infinitivi: ich ändre i in isse, als fui fuisse,
so auch amavisse, monuisse, coluisse, audivisse. Not.
Die Verba, die kein Perfect. Indicat. haben, können
folglich die davon herkommenden Tempora nicht haben. Ferner: die Verba, denen das Perfectum fehlt,
haben auch kein Supinum.

D 5 C) Vom

C) Vom Supino kommen her

1) Das Participium Futuri im Activo. Nämlich aus um mache ich urus, als amatum amaturus, monitum moniturus, cultum culturus, auditum auditurus. Es wird declinirt wie bonus, a, um. Setze ich zu diesem Participio *sim*, so habe ich das Futurum Coniunct. Activi, als sim amaturus, a, um cet.: und setze ich esse zu dem Nominativo und Accusativo, so habe ich das Futurum infinit. activi, als esse amaturus, a, um, Acc. um, am, um, Plur. i, ae, a, Acc. os, as, a, so auch esse monituras, culturus, auditurus. Man kann das ganze Verbum *sum* dazu setzen: das heißt die coniugatio periphrastica, d. i. die umschreibende Conjugation: als Indicat. *Praes.* fum amaturus, a, um, ich werde lieben, es amaturus du wirst lieben, est amaturus, sumus amaturi cet.: *Imperf.* eram amaturus ich wollte lieben ꝛc. *Perf.* fui amaturus ich habe lieben wollen: *Plusquamperf.* fueram amaturus ich hatte lieben wollen: *Fut.* ero amaturus ich werde lieben wollen, oder ich werde lieben: *Fut. exact.* fuero amaturus ich werde haben lieben wollen: *Coniunct. Praes.* sim amaturus ich werde lieben, (dies stellt eben das Futurum Coniunct. von amo vor); *Imperf.* essem amaturus ich würde lieben: *Perf.* fuerim amaturus ich habe lieben wollen: *Plusquamp.* fuissem amaturus ich würde geliebt haben: *Infinit. Praes.* und *Imperf.* esse amaturus, a, um, Ac. um, am, um, Plur. i, ae, a, os, as, a lieben werden, (dies stellt eben das Futurum Infinit. von amo vor) *Perf.* und *Plusquamperf.* fuisse amaturus, a, um cet. würden geliebt haben. Eben so macht mans mit den übrigen Verbis, als sum moniturus, eram moniturus, fui moniturus, fueram moniturus, ero moniturus, sim moniturus cet. Ob übrigens sum, sim, esse cet. vor oder nach steht, das ist einerley, als sum amaturus und amaturus sum; esse amaturus und amaturus esse cet.

2) Das Participium Perfecti passivi. Nämlich aus um wird us, als amatum amatus, monitum monitus, cultum cultus, auditum auditus, nexum nexus, visum visus cet. Und durch Hülfe dieses Participii macht man alle Perfecta und Plusquamperfecta passivi im Indicativo, Coniunctivo und Infinitivo nebst dem Futuro exacto, wenn man sum, sim, eram, essem, ero, esse, oder auch fui, fuerim, fueram, fuissem, fuero, fuisse dazu setzt. Nämlich setzt man a) sum (fui) dazu, so hat man das Perfectum Indicativi, als sum (fui) amatus, sum (fui) monitus cet. setzt man sim (fuerim) dazu, so hat man

das

das Perfectum Coniunctivi, als ſim (fuerim) amatus, ſim (fuerim) monitus cet. b) ſetzt man eram (fueram) und eſſem (fuiſſem) dazu, ſo hat man das Plusquamperfectum Indicativi und Coniunctivi, als eram (fueram) amatus, eſſem (fuiſſem) amatus; ſo auch eram (fueram) monitus cet. c) ſetzt man fuero (ero) dazu, ſo hat man das Futurum exactum, als fuero (ero) amatus, fuero (ero) monitus cet. d) ſetzt man eſſe (fuiſſe) dazu, ſo hat man das Perf. (und Plusquamp.) Infinitivi, als eſſe (fuiſſe) amatus, a, um, Acc. um, am, um, Plur. i, ae, a, os, as, a. Doch fehlt zuweilen bey den Alten das eſſe oder fuiſſe. Not. Es iſt gleichviel, ob man das ſum (ſni), ſim (fuerim), eram (fueram), eſſem (fuiſſem), ero (fuero), und eſſe (fuiſſe) dem Participio vor oder nachſetzt, als ſim amatus, und amatus ſim; eſſe amatus oder amatus eſſe.

3) Das Futurum im Infinitivo paſſivi. Nämlich man ſetzt nur iri (Infinit. von eo) zum Supino in um, als amatum iri, monitum iri. Daher dieſe Endung unveränderlich bleibt, und nicht um, am, um, os, as, a hat; z. E. patrem, matrem, fratres, ſorores amatum iri.

Not. Die Verba, denen das Supinum fehlt, haben folglich nicht die davon herkommenden Tempora. b) Wer die Tempora der Paſſivorum ableiten kann, der kann auch die Tempora der Deponentium ableiten; weil die Deponentia wie die Paſſiva gehen, auſer daß ſie das Futurum Infinitivi wie die Activa machen, auch Gerundia, Supina und das Participium praeſent. in ns und des Futuri in urus haben, wie die Activa.

III. Die zwey Numeri ſind Singularis und Pluralis, wie bey den Nominibus.

IV. Jeder Numerus hat drey Perſonalendungen (nicht Perſonen, wie man unrichtig redet), d. i. Endungen, die den dreyerley grammatiſchen Perſonen (oder Subjecten) entſprechen. Nämlich im Singulari iſt die erſte Perſon Ego, die zweyte Tu, die dritte jeder anderer Nominativ Singul. numeri, als pater, hic, nux cet. Im Plurali iſt die erſte Perſon Nos, die zweyte Vos, die dritte jeder andrer Nominativ plur. num. als patres, nuces cet. Folglich heißt das im Singulari die erſte Perſonalendung, vor welcher das Ego ſtehet,

ſtehet, oder ſtehen kann: die zweyte, vor welcher das
Tu ſteht, oder ſtehen kann: die dritte, vor welcher
die übrigen Nominativi ſingul. num. ſtehen, oder ſtehen können. Im Plurali iſt die erſte diejenige, vor
welcher das Nos ſteht, oder ſtehen kann; die zweyte, vor welcher das Vos ſtehet, oder ſtehen kann: die
dritte, vor welcher die übrigen Nominativi plur. num.
ſtehen, oder ſtehen können.

Not. 1) Zuweilen fehlt die Perſon, die vorgeſetzt werden
ſollte: dann muß man ſie dabey denken.

2) Die Verba, vor welchen die gedachten Perſonen ego, tu
cet. ſtehen können, heißen Perſonalia (perſönliche): diejenigen aber, vor denen dieſe Perſonen nicht ſtehen können,
heißen Imperſonalia (unperſönliche): dieſe haben theils
eine active, theils paſſive Endung, als libet es beliebt,
poeniret es gereuet, curritur man läuft ꝛc. Und werden
unten §. 8. genauer erklärt werden.

§. 4.
Von der Conjugation des *Verbi* überhaupt.

I. Wenn man ein Verbum nach ſeinen Theilen, d.
i. modis, temporibus, numeris und Perſonalendungen
zuſammenſetzt, ſo heißt das: es conjugiren.

II. Man hat vier Conjugationsarten oder Conjugationen, die ſich vornehmlich durch den Infinitivum unterſcheiden. Die erſte hat äre, mit langem a, als amāre: die zweyte hat ēre, mit langem e, als monēre:
die dritte hat ĕre, mit kurzem e, als colĕre: die vierte hat īre, mit langem i, als audire. Ferner die erſte
hat im Praeſente Indicativi insgemein o, ſelten eo oder
io, die zweyte allezeit eo, die dritte o, ſelten io, die
vierte allezeit io.

Not. Die Verba, die nach einer von dieſen Conjugationen
gehen, heißen regelmäßige (regularia), die davon ab-
weichen, heißen unregelmäßige (irregularia oder anomala). Auſerdem giebts noch mangelhafte (defectiva) und
unperſönliche (imperſonalia). Von den regelmäßigen
ſtehen Exempel §. 5.; die unregelmäßigen ſtehen §. 6.;
die mangelhaften §. 7.; die unperſönlichen §. 8.

§. 5.

§. 5.

Von den vier regelmäßigen Conjugationen.

Nun sollen von den vier regelmäßigen Conjugationen Exempel gegeben werden. Doch, da sie ohne das Verbum sum nicht gemacht werden können, so wird dieses Verbum vorausgeschickt werden. Man merke noch folgendes:

1) Man muß vorher etliche deutsche Verba conjugiren, z. E. ich bin, ich liebe, ich laufe 2c.

2) Man muß beym Conjugiren beständig auf die Abstammung der Temporum Achtung geben.

3) Man muß die Contraction im Perfecto, das sich in vi endigt, und den von ihm abstammenden Temporibus bemerken, z. E. amavi hat amavisti und amasti; amavistis und amastis, amaverunt und amarunt, amavissem und amassem, amavero und amaro, amavisse und amasse. So ists in ähnlichen Verbis, auch in andern, als Novi, novisti und nosti, novistis und nostis, noverunt und norunt, noveram und noram, novissem und nossem cet. Peto hat petivi und petii, petivisti und petiisti und so fort: Audio hat audivi und audii, audivisti und audiisti, auch audisti, audivero und audiero, audivisse und audiisse, auch audisse cet. Eo hat ivi und ii, iverim und ierim cet. Besonders die Composita haben allezeit die Contraction, als redeo, redii, rediisti, rediit cet. redieram, rediissem und redissem cet.

4) Die Verba der dritten Conjugation in io behalten das I in den vom Praesente abstammenden Temporibus, außer im Praesente Imperativi und Infinitivi, folglich auch im Imperfecto Conunctivi des Activi und Passivi, als capio, capiunt: *Coniunct.* capiam cet. *Imperf.* capiebam cet. *Coniunct.* caperem cet. *Fut.* capiam cet. *Imperat.* cape, capite, capito, capitote, capiunto: *Infin.* capere: *Gerund.* capiendum cet. *Particip.* capiens. *Pass. Praes.* capior, caperis, capitur, capiuntur; *Coniunct.* capiar; *Imperf.* capiebar; *Coniunct.* caperer; *Fut.* capiar cet. *Particip. Fut.* capiendus. So auch die Deponentia in ior; als morior moreris cet.

5) Bey vier Imperativis der dritten Conjugation ist hinten das e nicht sehr gewöhnlich; nämlich dic, duc, fac, fer von dico, duco, facio, fero: so auch in den Compositis, als adduc, addic, calefac, adfer. Doch die Composita

, poſita von facio, die das a in i verwandeln, als efficio cet. behalten das e, als efſice.

6) Folgende Stammverba verdoppeln im Perfecto die erſte Sylbe: cado cecidi, caedo cecidi, cano cecini, curro cucurri, diſco didici, do dedi, fallo fefelli, mordeo momordi; pango pepigi, parco peperci, pario peperi, pedo pepedi, pello pepuli, pendeo pependi, pendo pependi, poſco popoſci, pungo pupugi, ſpondeo ſpopondi, ſto, ſteti, tango tetigi, tendo tetendi, tondeo totondi, tundo tutudi. In den Compoſitis fällt dieſe Verdoppelung weg, auſer in den Compoſitis von do, ſto, diſco, poſco: und von curro kommen accurro, concurro, diſcurro, decurro, excurro, incurro, occurro, percurro, praecurro, procurro, bald mit, bald ohne Verdoppelung vor.

7) Es kommen auch zuweilen veraltete Perſonalendungen vor, als duim, duis cet. ſtatt dem, des: perduint ſtatt perdant; creduim, creduis cet. ſtatt credam, credas: ſiem, ſies, ſiet cet. ſtatt ſim cet. ſuam, ſuat ſtatt ſim, ſit: Ferner excantaſſit ſtatt excantaverit, expugnaſſere, prohibeſſere ſtatt expugnaturum eſſe, prohibiturum eſſe cet. Ferner lenibam cet. ſtatt leniebam: ſcibo ſtatt ſciam, opperibor ſtatt opperiar cet.

A) Conjugation des *Verbi ſum, fui, eſſe.*

Indicativus Modus.	*Coniunctivus Modus.*
Praeſens.	**Praeſens.**
Sing.	Sing.
Sum ich bin	Sim ich ſey, (möchte ſeyn)
Es du biſt	Sis du ſenſt, (möchteſt ſeyn)
Eſt er (ſie, es) iſt.	Sit er, (ſie, es) ſey, (möchte ſ.)
Plur.	Plur.
Sumus wir ſind	Simus wir ſeynd, (möchten ſ.)
Eſtis ihr ſeyd	Sitis ihr ſeyd, (möchtet ſ.)
Sunt ſie ſind.	Sint (ſie ſeynd, (möchten ſ.)
Imperfectum.	**Imperfectum.**
Sing.	Sing.
Eram ich war	Eſſem ich wäre, (würde ſeyn)
Eras du warſt	Eſſes du wäreſt, (würdeſt ſeyn)
Erat er (ſie, es) war.	Eſſet er (ſie, es) wäre (würde ſeyn).
	Plur.

Plur.	Plur.
Eramus wir waren	Essemus wir wären (würden seyn)
Eratis ihr waret	Essetis ihr wäret (würdet seyn)
Erant sie waren.	Essent sie wären (würden seyn)

Perfectum.
Sing.

Fui ich bin gewesen	Fuerim ich sey gewesen
Fuisti du bist gewesen	Fueris du seyst gewesen
Fuit er (sie, es) ist gewesen.	Fuerit er (sie, es) sey gewesen.

Perfectum (i in erim)
Sing.

Plur.

Fuimus wir sind gewesen	Fuerimus wir seynd gewesen
Fuistis ihr seyd gewesen	Fueritis ihr seyd gewesen
Fuerunt (ere) sie sind gewesen	Fuerint sie seynd gewesen.

Plusquamperfectum (i in eram) — Plusquamperfectum (i in issem)
Sing.

Fueram ich war gewesen	Fuissem ich wäre gewesen (würde gewesen seyn)
Fueras du warest gewesen	Fuisses du wärest gewesen (würdest gewesen seyn)
Fuerat er (sie, es) war gewesen.	Fuisset er (sie, es) wäre gewesen (würde gewesen seyn).

Plur.

Fueramus wir waren gewesen	Fuissemus wir wären gewesen (würden gewesen s.)
Fueratis ihr waret gewesen	Fuissetis ihr wäret gewesen (würdet gewesen s.)
Fuerant sie waren gewesen.	Fuissent sie wären gewesen (würden gewesen s.)

Futurum simplex).
Sing.

Ero ich werde seyn	Futurus, a, um { sim ich werde seyn
Eris du wirst seyn	{ sis du werdest seyn
Erit er (sie, es) wird seyn.	{ sit er (sie, es) werde s.

Plur.

Erimus wir werden seyn	Futuri, ae, a { simus wir werden s.
Eritis ihr werdet seyn	{ sitis ihr werdet s.
Erunt sie werden seyn.	{ sint sie werden s.

Futurum.
Sing.

Futurum

Futurum exactum (i in ero).

Sing.	Plur.
Fuero ich werde geweſen ſeyn	Fuerimus wir werden geweſen ſ.
Fueris du wirſt geweſen ſeyn	Fueritis ihr werder geweſ n ſ.
Fuerit er(ſie,es) wird geweſen ſ.	Fuerint ſie werden geweſen ſ.

Imperativus oder *Iuſſivus.*

Praeſens.

Sing. Es ſey (du)   Plur. Eſte ſeyd (ihr).

Futurum.

Sing. Eſto ſey (du), du ſollſt ſeyn.   Eſto er ſey oder ſoll ſeyn
Plur. Eſtote ihr ſollt ſeyn, oder ſeyd.   Sunto ſie ſollen ſeyn.

Infinitivus.

Praeſ. und Imperf.   Eſſe ſeyn (zu ſeyn)
Perf. u. Plusquamp.   Fuiſſe geweſen ſeyn (geweſen zu ſeyn)
Futurum.   Eſſe futurus, a, um, Ac. um, am, um. ſeyn
                werden
        (Not. ſo auch im Plurali, Eſſe futuri, ae,
               a, os, as, a).

Participia 1) Praeſ. Ens ein Ding, (wird ſubstantive gebraucht)
       2) Futur. Futurus, a, um, der die das da ſeyn wird.
            (mit ſum, ich werde ſeyn ꝛc.)

NB. So gehen die Compoſita abſum, adſum, prae-
     ſum, proſum cet. Doch iſt von ihnen kein Par-
     ticip. praeſ. gebräuchlich, als abſens und prae-
     ſens.

B) Erſte Conjugation.

3. E. Amo, avi, atum: ſto, ſteti, ſtatum: cubo, ui,
itum: ſeco, ecui, ectum: do, dedi, datum cet.

I. ACTIVUM in der erſten Conjugation.

Indicativus.	Coniunctivus.
Praeſens.	Praeſens.
Sing.	Sing.
(o) Amo ich liebe	(em) Amem ich liebe (möchte lieben)
(as) Amas du liebſt	(es) Ames du liebſt (möchteſt lieben)
(at) Amat er (ſie, es) liebt	(et) Amet er (ſie, es) liebt, liebe (möchte lieben).
	Plur.

Plur.	Pluralis.
(amus) Amamus wir lieben	(emus) Amemus wir lieben (möchten lieben).
(atis) Amatis ihr liebt	(etis) Ametis ihr liebt (möcht. ꝛc)
(ant) Amant ſie lieben.	(ent) Ament ſie lieb. (möcht. ꝛc.)

Imperfectum.
Sing.

Imperfectum.
Sing.

(abam) Amabam ich liebte	(arem) Amārem ich liebte (w. I.)
(abas) Amabas du liebteſt	(ares) Amares du liebt. (w. I.)
(abat) Amabat er (ſie, es) liebte.	(aret) Amaret er (ſie, es) liebte (würde lieben)

Plural. — **Plur.**

(abamus) Amabamus wir liebten	(aremus) Amaremus wir liebten (würden lieben)
(abatis) Amabatis ihr liebtet	(aretis) amaretis ihr liebtet (würdet lieben)
(abant) Amabant ſie liebten.	(arent) Amarent ſie liebten (würden lieben.)

Perfectum.
Sing.

Perfectum (i in erim)
Sing.

(i) Amavi ich habe geliebt	(erim) Amaverim **) ich habe geliebt (möchte gel. haben)
(iſti) Amaviſti du haſt geliebt	(eris) Amaveris du habeſt gel. ꝛc.
(it) Amavit er (ſie, es) hat geliebt.	(erit) Amaverit er (ſie, es) habe geliebt ꝛc.

Plur. — **Plur.**

(imus) Amavimus wir haben geliebt.	(erimus) Amaverimus wir haben geliebt.
(iſtis) Amaviſtis ihr habt gel.	(eritis) Amaveritis ihr habt gel
(erunt, ere) Amaverunt (ere) ſie haben geliebt *).	(erint) amaverint ſie haben geliebt.

Plusquamp. (i in eram)
Singul.

Plusquamp. (i in iſſem)
Sing.

(eram) Amaveram ich hatte geliebt	(iſſem) Amaviſſem **) ich hätte geliebt (würde gel. haben)
(eras) Amaveras du hatteſt geliebt	(iſſes) Amaviſſes du hätteſt gel. (würdeſt gel. haben)
(erat) Amaverat er (ſie, es) hatte geliebt.	(iſſet) Amaviſſet er (ſie, es) hätte gel. (würde gel. haben.)

Plur.

*) auch amaſtis, amarunt, ſtatt amaviſtis, amaverunt.

**) auch amarim, is, it cet.

***) auch amaſſem, es, et cet.

Schell. Kleine Gramm.　　　　E

Plur.

(*eramus*) Amaveramus wir hatten geliebt

(*eratis*) Amaveratis ihr hattet geliebt

(*erant*) Amaverant ſie hatten geliebt.

Futurum ſimplex (o in *abo*).

Sing.

(*abo*) Amabo ich werde lieben

(*abis*) Amabis du wirſt lieben

(*abit*) Amabit er (ſie, es) wird l.

Plur.

(*abimus*) Amabimus wir werden lieben

(*abitis*) Amabitis ihr werdet l.

(*abunt*) Amabunt ſie werden l.

Plur.

(*iſſemus*) Amaviſſemus wir hätten geliebt (würden gel. h.)

(*iſſetis*) Amaviſſetis ihr hättet geliebt (würdet gel. hab.)

(*iſſent*) Amaviſſen' ſie hätten geliebt (würd. gel. hab.)

Fut. (*ſim* mit dem Partic. in *rus*)

Sing.

Amaturus, a, um,
{ ſim ich werde lieben
ſis du wirſt lieben
ſit er (ſie, es) wird l.

Plur.

Amaturi, ae, a,
{ ſimus wir werden l.
ſitis ihr werdet l.
ſint ſie werden l.

Futurum exactum (*i* in *ero*).

Sing.

(*ero*) Amavero *) ich werde geliebt haben

(*eris.*) Amaveris du wirſt geliebt haben

(*erit*) Amaverit er (ſie, es) wird geliebt haben

Plur.

(*erimus*) Amaverimus wir werden geliebt haben

(*eritis*) Amaveritis ihr werdet geliebt haben

(*erint*) Amaverint ſie werden geliebt haben.

Imperativus oder Iuſſivus.

Praeſ. Sing. (*a*) Ama liebe (du)
Plur. (*ate*) Amate liebt ihr

Fut. Sing. (*ato*) Amato liebe, oder du ſollſt lieben
(*ato*) Amato er ſoll lieben
Plur. (*atote*) Amatote ihr ſollt lieben
(*anto*) Amanto ſie ſollen lieben.

Infinitivus.

Praeſ. und Imp. (*are*) Amare lieben, zu lieben

Perf. und Plusq. (*iſſe*) Amaviſſe **) geliebt haben (*i* in *iſſe*).

Fut. (*Eſſe* mit Part. *urus*) Eſſe amaturus, a, um, (Ac. um, am, um, Pl. i, ae, a, os, as, a) lieben werden.

Gerund.

*) auch aro, aris, arit cet.

**) auch aſſe ſtatt aviſſe.

Gerund. N. (dum) Amandum eſt es muß geliebt werden,
man muß lieben.

     G. (di) Amandi zu lieben (z. E. begierig)

     D. (do) Amando zum lieben (z. E. geſchickt)

     A. (dum) (ad) Amandum zum lieben (z. E. geneigt)

     A. (do) Amando durch lieben.

Supina. 1) (um) Amatum um zu lieben

     2) (u) Amatu zu lieben (z. E. leicht).

Participia. 1) Praeſ. und Imp. (ans) Amans der da liebt oder
liebte

     2) Fut. (rus) Amaturus, a, um, der da lieben wird.
Not. mit ſum, ich werde lieben ꝛc.

II. PASSIVUM in der erſten Conjugation.

Not. Die Verba, die keinen Accuſativ regiren, haben kein
ganzes Paſſivum, ſondern nur die dritte Perſonalendung
ſingul.

Indicativus.	*Conjunctivus.*
Praeſens.	Praeſens.
Sing.	Sing.
(or) Amor ich werde geliebt	(er) Amer ich werde geliebt (möchte geliebt werden)
(aris und āre) Amāris (amāre) du wirſt geliebt	(eris, ere) Amēris, (ēre) du werdeſt geliebt (möchteſt geliebt werden)
(atur) Amatur er (ſie, es) wird geliebt.	(etur) Ametur er (ſie, es) werde geliebt (möchte geliebt werden)
Plur.	Plur.
(amur) Amamur wir werden geliebt	(emur) Amemur wir werden geliebet (möcht. gelieb. werd.)
(amini) Amamini ihr werdet geliebt	(emini) Amemini ihr werd. gel. (möchtet ꝛc.)
(antur) Amantur ſie werden geliebt.	(entur) Amentur ſie werden gel. (möchten ꝛc.)
Imperfectum (bam in bar).	Imperfectum (rem in rer).
Singul.	Singul.
(ābar) Amābar ich wurde geliebt	(ārer) Amārer ich würde geliebt
(abāris, āre) Amabāris (āre) du wurdeſt geliebt	(arēris, ēre) Amarēris (ēre) du würdeſt geliebt
(abatur) Amabatur er (ſie, es) wurde geliebt.	(aretur) Amaretur er (ſie, es) würde geliebt.

          Plur.

Plur.	Pluralis.
(*abamur*) Amabamur wir wurden geliebt	(*aremur*) Amaremur wir würden geliebt
(*abamini*) Amabamini ihr wurdet geliebt	(*aremini*) Amaremini ihr würdet geliebt
(*abantur*) Amabantur ſie wurden geliebt.	(*arentur*) Amarentur ſie würden geliebt.

Perf.(*ſum* mit bem *Part. Perf.*) Perf. (*ſim* mit bem *Part. Perf.*)

Sing.

Amatus, a, um, { *ſum* ich bin g. word. / *es* du biſt gel. word. / *eſt* er (ſie, es) iſt g. w.

Amatus, a, um, { *ſim* ich ſey gel. word. / *fis* du ſeyſt gel. word. / *ſit* er (ſie, es) ſey g. w.

Plur.

Amati, ae, a, { *ſumus* wir ſind gel. w. / *eſtis* ihr ſeyd gel. w. / *ſunt* ſie ſind gel. w.

Amati, ae, a, { *ſimus* wir ſeynd g. w. / *ſitis* ihr ſeyd gel. w. / *ſint* ſie ſeynd gel. w.

Plusq. (*eram* mit bem *Part. P.*) Plusq. (*eſſem* mit bem *Part. P.*)

Sing.

Amatus, a, um, { *eram* ich war gel. worben / *eras* du wareſt gel. worben / *erat* er (ſie, es) war geliebt worden

Amatus, a, um, { *eſſem* ich wäre gel. w. (würd. gel. w. ſeyn) / *eſſes* du wäreſt g. w. (würd. gel. w. ſeyn) / *eſſet* er(ſie,es)wäre g. w. (würbe g. w. ſ.)

Plur.

Amati, ae, a, { *eramus* wir waren geliebt worden / *eratis* ihr waret geliebt worden / *erant* ſie waren gel. worden.

Amati, ae, a, { *eſſemus* wir wär. g. w. (würb. gel. word. ſ.) / *eſſetis* ihr wäret g. w. (würb. gel. word. ſ.) / *eſſent* ſie wär. gel. w. (würb. gel. word. ſ.)

Futurum ſimplex Indicat. (*bo* in *bor.*).

Sing. Plur.

(*abor*) Amabor ich werde geliebt werden
(*aberis, ere*) Amaberis (ere) du wirſt geliebt werden
(*abitur*) Amabitur er (ſie, es) wird geliebt werden.

(*abimur*) Amabimur wir werden geliebt werden
(*abimini*) Amabimini ihr werdet geliebt werden
(*abuntur*) amabuntur ſie werden geliebt werden.

Futurum

Futurum exactum Indicativ. *fuero* zum *Part. Perf.*)

Sing.	Plur.
Amatus, a, um, { *fuero* ich werde gel. worden ſeyn	Amati, ae, a, { *fuerimus* wir werd. ge= liebt worden ſeyn.
fueris du wirſt gel. worden ſeyn	*fueritis* ihr werdet ge= liebt worden ſeyn.
fuerit er (ſie, es) w. gel. worden ſ.	*fuerint* ſie werden gel. worden ſeyn.

Imperativus oder Iuſſivus.

Praeſ. Sing. (*are*) Amare laß dich lieben
     Plur. (*amini*) Amamini laßt euch lieben
Futur. Sing. (*ator*) Amator er ſoll geliebt werden
         (*ator*) Amator er ſoll geliebt werden
     Plur. (*aminor*) Amaminor ihr ſollt geliebt werden
         (*antor*) Amantor ſie ſollen geliebt werden.

Infinitivus.

Praeſ. u. Imp. (*ari*) Amari geliebt werden, geliebt zu werden (*re* in *ri*)
Perf. u. Plusq. (*Eſſe* mit dem *Part. Perf.*) Eſſe amatus, a, um, (Ac. um, am, um, Pl. i. ae, a, os, as, a) geliebt worden ſeyn.
Futur. (*Supin.* mit *iri*) Amatum iri werden geliebt werden.
Particip. 1) Perf. u. Plusq. (*us*) Amatus, a, um der geliebt worden iſt oder war
       2) Futurum. (*dus*) Amandus, a, um der geliebt werden muß, (mit ſum ich muß geliebt werden ꝛc.)
Not. Das Paſſivum hat kein Futurum Coniunctivi.

III. DEPONENS in der erſten Conjugation geht faſt wie das Paſſivum. · Hier iſt ein Beyſpiel: Hortor, atus ſum, ari ermahnen.

Indicativus.	*Coniunctivus.*
Praeſens.	Praeſens.
Sing.	Sing.
Hortor ich ermahne	Hotter ich ermahne (möchte ermahnen)
Hortāris (āre) du ermahnſt	Hortēris (ēre) du erm. (möch= teſt ermahnen)
Hortatur er (ſie, es) ermahnt.	Hortetur er (ſie, es) erm. (möch= te ermahnen).

Plur.	Plur.
Hortamur wir ermahnen	Hortemur wir ermahnen (möch= ten ermahnen)
Hortamini ihr ermahnt	Hortemini ihr ermahnt (möch= tet ermahnen)
Hortantur ſie ermahnen.	Hortentur ſie ermahnen (möch= ten ermahnen).

Imperfectum.   Imperfectum.

Sing.	Sing.
Hortabar ich ermahnte	Hortarer ich ermahnte (würde ermahnen)
Hortabāris (are) du ermahnteſt	Hortarēris (ēre) du ermahnteſt (würdeſt ermahnen)
Hortabatur er (ſie, es) ermahnte	Hortaretur er (ſie, es) ermahnte (würde ermahnen).

Plur.	Plur.
Hortabamur wir ermahnten	Hortaremur wir ermahnten (würden ermahnen)
Hortabamini ihr ermahntet	Hortaremini ihr ermahntet (würdet ermahnen)
Hortabantur ſie ermahnten	Hortarentur ſie ermahnten (würden ermahnen)

Perf. (*ſum* mit dem *Part. Perf.*)   **Perf.** (*ſim* mit dem *Part. Perf.*)

Sing.   Sing.

Hortatus, a, om, { *ſum* ich habe erm. *es* du haſt erm. *eſt* er (ſie, es) h. erm.   Hortatus, a, om, { *ſim* ich habe erm. *ſis* du habeſt erm. *ſit* er (ſie, es) h. erm.

Plur.   Plur.

Hortati, ae, a, { *ſumus* wir h. erm. *eſtis* ihr habt erm. *ſunt* ſie haben erm.   Hortati, ae, a { *ſimus* wir hab. erm. *ſitis* ihr habet erm. *ſint* ſie haben erm.

Plusquamp. (*eram* mit dem *Part. Perf.*)   **Plusquamp.** (*eſſem* mit dem *Part. Perf.*)

Sing.   Sing.

Hortatus, a, um, { *eram* ich hatte er= mahnt *eras* du hatteſt er= mahnt *erat* er (ſie, es) hat= te ermahnt

Hortatus, a, um, { *eſſem* ich hätte erm. (würde erm. h.) *eſſes* du hätteſt erm. (würd. erm. h.) *eſſet* er (ſie, es) hät= te erm. (würde ꝛc.

Plur.

Plur.		Plur.	
Hortati, ae, a,	*eramus* wir hatten ermahnt	Hortati, ae, a,	*eſſemus* wir h. erm. (würden ꝛc.)
	eratis ihr hattet ermahnt		*eſſetis* ihr hättet erm. (würdet ꝛc.)
	erant ſie hatten ermahnt.		*eſſent* ſie hätten erm. (würden ꝛc.)

Futurum ſimplex. —— **Futurum (ſim mit *Part.* in *rus*)**

Singularis. —— Singularis.

Hortabor ich werde ermahnen

Hortabĕris (ĕre) du wirſt erm.

Hortabitur er (ſie, eß) wird ermahnen.

Hortatu-rus, a, um,
{ *ſim* ich werde ermahnen
{ *ſis* du wirſt ermahnen
{ *ſit* er (ſie, eß) wird ermahnen.

Plural. —— Plural.

Hortabimur wir werden ermahnen

Hortabimini ihr werdet ermahnen

Hortabuntur ſie werden ermahnen.

Hortaturi, ae, a,
{ *ſimus* wir werden ermahnen
{ *ſitis* ihr werdet ermahnen
{ *ſint* ſie werden ermahnen.

Futurum exa&um Indicativi (*fuero* mit dem *Part. Perf.*)

Sing.		Plur.	
Hortatus, a, um,	*fuero* ich werde ermahnt haben	Hortati, ae, a,	*fuerimus* wir werden erm. haben
	fueris du wirſt ermahnt haben		*fueritis* ihr werdet ermahnt haben
	fuerit er (ſie, eß) wird erm. haben.		*fuerint* ſie werden ermahnt haben.

Imperativus oder *Iuſſivus.*

Praeſ. Sing. Hortare ermahne (du)
Plur. Hortamini ermahnet (ihr)
Futur. Sing. Hortator ermahne, du ſollſt ermahnen:
Hortator er ſoll ermahnen.
Plur. Hortaminor ihr ſollt ermahnen.
Hortantor ſie ſollen ermahnen.

Infinitivus.

Praeſ. und Imp. Hortari ermahnen, zu ermahnen.
Perf. und Plusq. *Eſſe* hortatus, a, um, (Ac. um, am, um, Pl. i, ae, a, os, as, a) ermahnet haben.
Fut. *Eſſe* hortaturus, a, um, (Ac. um, am, um, Pl. i, ae, a, os, as, a) ermahnen werden.

E 4 —— Gerund. -

Gerund. N. Hortandum *eſt* man muß ermahnen
      G. Hortandi zu ermahnen (z. E. begierig)
      D. Hortando zum ermahnen (z. E. geſchickt)
      A. Hortandum zu ermahnen (z. E. geneigt)
      A. Hortando durch Ermahnen (in hortando im Er=
          mahnen).

Supina: 1) in *um*: Hortatum um zu ermahnen
      2) in *u*: Hortatu zu ermahnen

Particip.: 1) Praeſ. und Imp. in *ans*: Hortans der da ermahnt
          oder ermahnte

      2) Perf. u. Plusq. in *us*: Hortatus, a, um der er=
          mahnt hat (hatte)

      3) Fut. Act. in *rus*: Hortaturus, a, um der er=
          mahnen wird (mit ſum ich werde er=
          mahnen ꝛc.)

      4) Fut. Paſſ. in *dus*: Hortandus, a, um der er=
          mahnt werden muß (mit ſum ich muß
          ermahnt werden ꝛc.)

C) Zweyte Conjugation.

Z. E. moneo, ui, itum: doceo, cui, ctum: hae-
reo, haeſi, haeſum ꝛc.

I. ACTIVUM in der zweyten Conjugation.

Indicativus.	*Coniunctivus.*
Praeſens.	Praeſens.
Sing.	Sing.
(*eo*) Moneo ich erinnere	(*eam*) Moneam ich erin. (möch= te erinnern)
(*es*) Mones du erinnerſt	(*eas*) Moneas du erin. (möchteſt erinnern)
(*et*) Monet er (ſie, es) erinnert	(*eat*) Moneat er (ſie, es) erin= nere (möchte erinnern)
Plur.	Plur.
(*emus*) Monemus wir erinnern	(*eamus*) Moneamus wir erin= nern (möchten ꝛc.)
(*etis*) Monetis ihr erinnert	(*eatis*) Moneatis ihr erin. (möchtet erinnern)
(*ent*) Monent ſie erinnern.	(*eant*) Moneant ſie erin. möch= ten ꝛc.)

Imperf.

Imperf. (*eo* in *ebam*)	Imperf. (*re* in *rem*)

Sing. / **Sing.**

(*ebam*) Monēbam ich erinnerte — (*erem*) Monērem ich erinnerte (würde erinnern)

(*ebas*) Monēbas du erinnerteſt — (*eres*) Monēres du erinnerteſt (würdeſt erinnern)

(*ebat*) Monēbat er (ſie, es) erinnerte. — (*eret*) Moneret er (ſie, es) erinnerte (würde ꝛc.)

Plur. / **Plur.**

(*ebamus*) Monebamus wir erinnerten — (*eremus*) Moneremus wir erinnerten (würden erinnern)

(*ebatis*) Monebatis ihr erinnertet — (*eretis*) Monere·is ihr erinnertet (würdet ꝛc.)

(*ebant*) Monebant ſie erinnerten. — (*erent*) Monerent ſie erinnerten (würden ꝛc.)

Perfectum. / **Perf.** (*i* in *erim*)

Sing. / **Sing.**

(*i*) Monui ich habe erinnert — (*erim*) Monuerim ich habe erinnert

(*iſti*) Monuiſti du haſt erinnert — (*eris*) Monueris du habeſt erinn.

(*it*) Monuit er (ſie, es) hat erinnert. — (*erit*) Monuerit er (ſie, es) habe erinnert

Plural. / **Plural.**

(*imus*) Monuimus wir haben erinnert — (*erimus*) Monuerimus wir haben erinnert

(*iſtis*) Monuiſtis ihr habt erinnert — (*eritis*) Monueritis ihr habt erinnert

(*erunt, ēre*) Monuērunt (ēre) ſie haben erinnert. — (*erint*) Monuerint ſie haben erinnert.

Plusquamperfectum (*i* in *eram*) / **Plusquamperfectum** (*i* in *iſſem*)

Sing. / **Sing.**

(*eram*) Monueram ich hatte erinnert — (*iſſem*) Monuiſſem ich hätte erinnert (würde erin. haben)

(*eras*) Monueras du hatteſt erinnert — (*iſſes*) Monuiſſes du hätteſt erinnert (würdeſt ꝛc.)

(*erat*) Monuerat er (ſie, es) hatte erinnert — (*iſſet*) Monuiſſet er (ſie, es) hätte erinnert (würde ꝛc.)

Plur. / **Plur.**

(*eramus*) Monueramus wir hatten erinnert — (*iſſemus*) Monuiſſemus wir hätten erinnert (würden ꝛc.)

(*eratis*) Monueratis ihr hattet erinnert — (*iſſetis*) Monuiſſetis ihr hättet erinnert (würdet ꝛc.)

(*erant*) Monuerant ſie hatten erinnert. — (*iſſent*) Monuiſſent ſie hätten erinnert (würden ꝛc.)

Futurum simplex (*eo* in *ebo*).   Futur. (*sim* mit *Part. Fut.*)

Sing.	Sing.
(*ebo*) Monebo ich werde erinn.	*sim* ich werde erinn.
(*ebis*) Monebis du wirst erinn. Monitu-	*sis* du wirst erinnern
(*ebit*) Monebit er (sie, es) *rus,a,um,*	*sit* er (sie, es) wird
wird erinnern.	erinnern.

Plur.	Plur.
(*ebimus*) Monebimus wir	*simus* wir werden
werden erinnern Monituri,	erinnern
(*ebitis*) Monebitis ihr werd. ae, a,	*sitis* ihr werd. erin.
(*ebunt*) Monebunt sie werd.	*sint* sie werd. erinn.

Futurum exactum Indicativi (*i* in *ero*).

Sing.	Plur.
(*ero*) Monuero ich werde er=	(*erimus*) Monuerimus wir
innert haben	werden erinnert haben
(*eris*) Monueris du wirst er=	(*eritis*) Monueritis ihr werd.
innert haben	erinnert haben
(*erit*) Monuerit er (sie, es)	(*erint*) Monuerint sie werden
wird erinnert haben.	erinnert haben.

Imperativus oder *Iussivus*.

Praes. Sing. (*e*) Mone erinne=   Fut. Sing. (*eto*) Moneto er=
re (du)   innere, du sollst er=
                                          innern (*eto*) Mone-
                                          to er soll erinnern

Plur. (*te*) Monete er=   Plur. (*etote*) Monetote
innert (ihr)   ihr sollt erinnern
                                    (*ento*) Monento sie
                                    sollen erinnern.

Infinitivus.

Praes. u. Imp. (*ēre*) Monere erinnern, zu erinnern

Perf. u. Plusq. (*isse*) Monuisse erinnert haben, erinnert zu
haben (*i* in *isse*).

Futur.   (*Esse* mit *Part. urus*) Esse moniturus, a, um,
(Ac. um, am, um, Pl. i, ae, a, os,
as, a,) erinnern werden.

Gerund. N. (*dum*) Monendum *est* es muß erinnert wer=
den, man muß erinnern

G. (*di*) Monendi zu erinnern (z. E. begierig)

D. (*do*) Monendo zum Erinnern (z. E. geschickt)

A. (*dum*) (ad) Monendum zum Erinnern (z.
E. geneigt)

A. (*do*) Monendo durch Erinnern: in monendo
im Erinnern.

Supina 1) (*um*) Monitum um zu erinnern
2) (*u*) Monitu zu erinnern (z. E. leicht).

Particip.

Partic. 1) Praeſ. u. Imp. (ens) Monens der da erinnert (erinerte)
    2) Fut.   (rus) Moniturus, a, um der erin‐
               nern wird: (mit ſum, ich werde er‐
               innern ꝛc.)

II. PASSIVUM in der zweyten Conjugation. Not.

Nur die Verba haben es ganz, die einen Accuſativ re‐
giren.

Indicativus.	Coniunctivus.
Praeſens	Praeſens
Sing.	Sing.
(eor) Moneor ich werde er‐ innert	(ear) Monear ich werde erinnert (möchte erinnert werden)
(eris, ere) Moneris (ere) du wirſt erinnert	(eāris, āre) Moneāris, (āre) du werdeſt erinnert (möcht. ꝛc.)
(etur) Monetur er (ſie, es) wird erinnert.	(eatur) Moneatur er (ſie, es) werde erinnert (möchte ꝛc.)
Plur.	Plur.
(emur) Monēmur wir werden erinnert	(eamur) Moneamur wir wer‐ den erin. (möchten ꝛc.)
(emini) Monemini ihr wer‐ det erinnert	(eamini) Moneamini ihr wer‐ det erinn. (möchtet ꝛc.)
(entur) Monentur ſie werden erinnert.	(eantur) Moneantur ſie wer‐ den erinn. (möchten ꝛc.)
Imperf. (bam in bar).	Imperf. (rem in rer).
Sing.	Sing.
(ebar) Monēbar ich wurde er‐ innert	(erer) Monērer ich würde er‐ innert
(ebāris, āre) Monebāris (āre) du wurdeſt erinnert	(ereris, ere) Monerēris (ere) du würdeſt erinnert
(ebatur) Monebatur er (ſie, es) wurde erinnert.	(eretur) Monerētur er (ſie, es) würde erinnert.
Plur.	Plur.
(ebamur) Monebamur wir wurden erinnert	(erēmur) Monerēmur wir würden erinnert
(ebamini) Monebamini ihr w.	(eremini) Moneremini ihr w.
(ebantur) Monebantur ſie w.	(erentur) Monerentur ſie w. er.
Perf. (ſum mit Part. Perf.)	Perf. (ſim mit Part. Perf.)
Sing.	Sing.
Monitus, a, um, ⌠ ſum ich bin erin. w. ⎮ es du biſt erin. w. ⎰ eſt er (ſie, es) iſt ⌡ erinnert worden.	Monitus, a, um, ⌠ ſim ich ſey erin. w. ⎮ ſis du ſeyſt erin. w. ⎰ ſit er (ſie, es) ſey ⌡ erinn. werden.

Plur.

Pluralis.	Pluralis.
Moniti, ae, a, { *ſumus* wir ſind erin= nert worden	Moniti, ae, a, { *ſimus* wir ſeynd erin= nert worden
eſtis ihr ſeyd erinnert worden	*ſitis* ihr ſeyd erinnert worden
ſunt ſie ſind erinnert worden.	*ſint* ſie ſeynd erinnert worden.

Plusq. (*Eram* mit *Part. Perf.*)   Plusq. (*Eſſem* mit *Part. Perf.*)

Singularis.	Singularis.
Monitus, a, um, { *eram* ich war erin= nert worden	Monitus, a, um, { *eſſem* ich wäre erin= nert word. (wür= de erinnert wor= den ſeyn)
eras du warſt erin= nert worden	*eſſes* du wäreſt erin= nert word. (wür= deſt erinnert ꝛc.)
erat er (ſie, es) war erinnert worden	*eſſet* er (ſie es) wäre erinnert worden (würde ꝛc.)

Plural.	Plural.
Moniti, ae, a, { *eramus* wir waren er= innert worden	Moniti, ae, a, { *eſſemus* wir wären er= innert word. (wür= den erinnert word. ſeyn).
eratis ihr waret erin= nert worden	*eſſetis* ihr wäret erin= nert worden (wür= det ꝛc.)
erant ſie waren erin= nert worden	*eſſent* ſie wären erin= nert worden (wür= den ꝛc.

Futurum ſimplex Indicat. (*bo* in *bor*).

Sing.	Plur.
(*ebor*) Monebor ich werde er= innert werden	(*ebimur*) Monebimur wir wer= den erinnert werden
(*eberis, ebere*) Monebĕris (ĕre) du wirſt erinnert werden	(*ebimini*) Monebimini ihr werd. erinnert werden
(*ebitur*) Monebitur er (ſie, es) wird erinnert werden	(*ebuntur*) Monebuntur ſie wer= den erinnert werden.

Futu-

Futurum exactum Indicativi (*fuero* mit dem *Part. Perf.*)

	Sing.		Plur.
Monitus, a, um,	*fuero* ich werde er= innert worden ſ.	Moniti, ae, a,	*fuerimus* wir werden erinnert worden ſ.
	fueris du wirſt erin= nert worden ſeyn		*fueritis* ihr werdet er= innert worden ſ.
	fuerit er(ſie,es)wird erin. worden ſeyn.		*fuerint* ſie werden er= innert worden ſeyn.

Imperativus oder *Iuſſivus.*

Praeſ. Sing. (*ēre*) Monēre laß dich erinnern
Plur. (*emini*) Monemini laßt euch erinnern
Futur. Sing. (*ētor*) Monētor du ſollſt erinnert werden
(*ētor*) Monētor er (ſie) ſoll erinnert werden
Plur. (*eminor*) Moneminor ihr ſollt erinnert werden
(*entor*) Monentor ſie ſollen erinnert werden.

Infinitivus.

Praeſ. u. Imp. (*ēri*) Moneri erinnert werden, erinnert zu wer= den. (*re* in *ri*).

Perf. u. Plusq. (*Eſſe* mit *Part. Perf.*) Eſſe monitus, a, um, (Ac. um, am, um, Pl. i, ae, a, os, as, a) erinnert worden ſeyn

Futur. (*Supin.* mit *iri*) Monitum iri werden erinnert werden.

Particip. 1) Perf. u. Plusq. (*us*) Monitus, a, um der erinnert worden iſt (war)

2) (*dus*) Monendus, a, um der erinnert werden muß, (mit ſum ich muß erinnert werden ꝛc.)

Not. Das Paſſivum hat kein Futurum Coniunctivi.

III. DEPONENS in der zweyten Conjugation.
Geht faſt wie das Paſſivum. Hier iſt ein Beyſpiel: Fateor, faſſus ſum, eri bekennen.

Indicativus.	*Coniunctivus.*
Praeſens.	Praeſens.
Sing.	Sing.
Fateor ich bekenne	Fatear ich bekenne (möchte be= kennen)
Fatēris (*ēre*) du bekenneſt.	Fatearis (*āre*) du beken. (möch= teſt bekennen)
Fatetur er (ſie, es) bekennt.	Fateatur er (ſie, es) beken. (möchte bekennen)

Plur.

Plur.	Plur.
Fateamur wir bekennen	Fateamur wir bekennen (mbchten bekennen)
Fatemini ihr bekennet	Fateamini ihr bekennet (mbchtet bekennen)
Fatentur ſie bekennen.	Fateantur ſie bekennen (mbchten bekennen.)

Imperfectum.   **Imperfectum.**

Sing.   Sing.

Fatebar ich bekannte	Faterer ich bekannte (würde bekennen)
Fatebaris (āre) du bekanntest	Fatereris (ēre) du bekannteſt (würdeſt bekennen)
Fatebatur er (ſie, es) bekannte.	Fateretur er (ſie, es) bekannte (wikrde bekennen).

Plur.   Plur.

Fatebamur wir bekannten	Fateremur wir bekannten (würden bekennen)
Fatebamini ihr bekanntet	Fateremini ihr bekanntet (würdet bekennen)
Fatebantur ſie bekannten.	Faterentur ſie bekannten (würden bekennen).

Perf. (ſum mit *Part. Perf.*)   Perf. (ſim mit *Part. Perf.*)

Sing.   Sing.

Faſſus, a, um, { ſum ich habe bekanut / es du haſt bekannt / eſt er (ſie, es) hat bek.	Faſſus, a, um, { ſim ich habe bekannt / ſis du habeſt bekannt / ſit er (ſie, es) habe b.

Plur.   Plur.

Faſſi, ae, a, { ſumus wir haben bek. / eſtis ihr habt bek. / ſunt ſie haben bekannt.	Faſſi, ae, a, { ſimus wir haben bek. / ſitis ihr habt bekannt / ſint ſie haben bek.

Plusq. (eram mit *Part. Perf.*)   Plusq. (eſſem mit *Part. Perf.*)

Sing.   Sing.

Faſſus, a, um, { eram ich hatte bekant / eras du hatteſt bek. / erat er (ſie, es) hatte bekannt.	Faſſus, a, um, { eſſem ich hätte bekannt (würde bek. haben) / eſſes du hätteſt bekñt (würdeſt ꝛc.) / eſſet er (ſie, es) hätte bek. (würde ꝛc.)

Plur.

	Plur.		**Plur.**
Faſſi, ae, a,	*eramus* wir hatten bek.	**Faſſi, ae, a,**	*eſſemus* wir hätten bek. (würden ꝛc.)
	eratis ihr hattet bek.		*eſſetis* ihr hättet bek. (würdet ꝛc.)
	erant ſie hatten bek.		*eſſent* ſie hätten bek. (würden ꝛc.)

Futurum ſimplex.

Sing.		**Sing.**
Fatēbor ich werde bekennen	**Faſſurus, a, um,**	*ſim* ich werde bek.
Fatebēris (ère) du wirſt bek.		*ſis* du wirſt bek.
Fatebitur er (ſie, es) wird bekennen.		*ſit* er (ſie, es) wird bekennen.

Plur.		**Plur.**
Fatebimur wir werden bekennen	**Faſſuri, ae, a,**	*ſimus* wir werden bekennen
Fatebimini ihr werdet bekennen		*ſitis* ihr werdet bek.
Fatebuntur ſie werden bekeñen.		*ſint* ſie werden bek.

Futurum exactum Indicativi (*fuero* mit *Part. Perf.*)

Sing.		**Plur.**
Faſſus, a, um,	*fuero* ich werde bekannt haben	**Faſſi, ae, a,**	*fuerimus* wir werden bekannt haben
	fueris du wirſt bekannt haben		*fueritis* ihr werdet bekannt haben
	fuerit er (ſie, es) wird bekannt haben		*fuerint* ſie werden bekannt haben.

Imperativus oder Iuſſivus.

Praeſ. Sing. Fatēre bekenne (du):
Plur. Fatemini bekennet (ihr).
Futur. Sing. Fatētor bekenne, du ſollſt bekennen:
Fatētor er ſoll bekennen.
Plur. Fateminor ihr ſollt bekennen:
Fatentor ſie ſollen bekennen.

Infinitivus.

Praeſ. u. Imp. Fateri bekennen, zu bekennen.
Perf. u. Plusq. Eſſe faſſus, a, um, (Ac. um, am, um, Plur. i, ae, a, os, as, a) bekannt haben.
Futur. Eſſe faſſurus, a, um, (Ac. um, am, um. Pl. i, ae, a, os, as, a,) bekennen werden.
Gerund. N. Fatendum *eſt* es muß bekannt werden, man muß bekennen.
G. Fatendi zu bekennen (z. E. begierig).

D. Fa⸗

D. Fatendo zum bekennen (z. E. geſchickt.)
A. (ad) Fatendum zum bekennen (z. E. geneigt).
A. Fatendo durchs bekennen; in fatendo im beken=
nen ꝛc.

Supina: 1) in *um*: Faſſum um zu bekennen.
2) in *u*: Faſſu zu bekennen.

Particip. 1) Praeſ. u. Imp. in *ens*: Fatens welcher bekennt (be=
kannte)
2) Perf. u. Plusq. in *us*: Faſſus, a, um der bekannt
hat (hatte)
3) Futur. Act. in *rus*: Faſſurus, a, um der bekennen
wird (mit ſum ich werde bekennen ꝛc.)
4) Fut. Paſſ. in *dus*: Fatendus, a, um was bekannt
werden muß (mit ſum, es, eſt cet. ich
muß ꝛc.)

D) Dritte Conjugation.

3. E. colo, colui, cultum: cado, cecidi, caſum: tollo,
ſuſtuli, ſublatum: capio, cepi, captum: lego, legi,
lectum cet.

I. ACTIVUM in der dritten Conjugation.

Coniunctivus.	*Coniunctivus.*
Praeſens.	**Praeſens.**
Sing.	Sing.
(o) Colo ich ehre	(am) Colam ich ehre (möchte ehren)
(is) Colis du ehreſt	(as) Colas du ehrſt (möchteſt ꝛc.)
(it) Colit er (ſie, es) ehrt.	(at) Colat er (ſie, es) ehre (möchte ꝛc.)
Plur.	Plur.
(imus) Colimus wir ehren	(amus) Colamus wir ehren (möchten ꝛc.)
(itis) Colitis ihr ehret	(atis) Colatis ihr ehret (möchtet ehren)
(unt) Colunt ſie ehren.	(ant) Colant ſie ehren (möcht. ꝛc.)
Imperfectum (o in *ebam*)	Imperfectum (re in *rem*)
Sing.	Sing.
(ebam) Colebam ich ehrte	(ěrem) Colěrem ich ehrte (w. eh.
(ebas) Colebas du ehrteſt	(ěres) Colěres du ehrteſt (w. eh.)
(ebat) Colebat er (ſie, es) ehrte.	(ěret) Colěret er (ſie, es) ehrte (würde ꝛc.)
	Plur.

Pluralis.

(ebamus) Colebâmus wir ehrten
(ebatis) Colebatis ihr ehrtet
(ebant) Colebant sie ehrten.

Perfectum.

Sing.
(i) Colui ich habe geehrt
(isti) Coluisti du hast geehrt
(it) Coluit er (sie, es) hat geehrt.

Plural.

(imus) Coluimus wir haben geehrt
(istis) Coluistis ihr habt geehrt
(erunt, ere) Coluerunt (ere) sie
haben geehrt.

Plusquamperfectum (i in eram)

Sing.
(eram) Colueram ich hatte geehrt
(eras) Colueras du hattest geehrt
(erat) Coluerat er (sie, es) hatte geehrt

Plur.
(eramus) Colueramus wir hatten geehrt
(eratis) Colueratis ihr hattet
geehrt
(erant) Coluerant sie hatten
geehrt.

Futurum simplex (o in am).

Sing.
(am) Colam ich werde ehren
(es) Coles du wirst ehren
(et) Colet er (sie, es) wird ehren.

Plur.
(emus) Colemus wir werden
ehren
(etis) Coletis ihr werdet ehren
(ent) Colent sie werden ehren.

Pluralis.

(eremus) Colerêmus wir ehrten
(würden ehren)
eratis Coleretis (ihr ehrt. (w. 2c.)
(erent) Colêrent sie ehrt. (w. 2c.)

Perf. (i in erim)

Sing.
(erim) Coluĕrim ich habe geehrt
(eris) Colueris du habest geehrt
(erit) Coluerit er (sie, es) habe
geehrt.

Plural.
(erimus) Coluerimus wir haben geehrt
(eritis) Colueritis ihr habt g.
(erint) Coluerint sie haben geehrt.

Plusquamperfectum (i in issem)

Sing.
(issem) Coluissem ich hätte geehrt (würde geehrt haben)
(isses) Coluisses du hättest geehrt (würdest geehrt haben)
(isset) Coluisset er (sie, es) hätte
geehrt (würde geehrt hab.)

Plur.
(issemus) Coluissemus wir hätten geehrt (würden 2c.)
(issetis) Coluissetis ihr hättet
geehrt (würdet 2c.)
(issent) Coluissent sie hätten geehrt (würden 2c.)

Futurum (sim mit Part. Fut.)

Sing.
Colturus, { sim ich werde ehren
a, um, { sis du wirst ehren
{ sit er (sie, es) wird
{ ehren

Plur.
Cölturi, { simus wir werden
ae, a, { ehren
{ sitis ihr werdet ehr.
{ sint sie werden ehr.

Futurum exactum Indicativi (*i* in *ero*).

Sing.	Plur.
(*ero*) Coluero ich werde ge= ehrt haben	(*erimus*) Coluerimus wir wer= den geehrt haben
(*eris*) Colueris du wirſt ge= ehrt haben	(*eritis*) Colueritis ihr werdet geehrt haben
(*erit*) Coluerit er (ſie, es) wird geehrt haben	(*erint*) Coluerint ſie werden geehrt haben.

Imperativus oder *Iuſſivus.*

Praeſ. Sing. (*e*) Cole ehre (du)   Fut. Sing. (*ito*) Colito ehre, du ſollſt ehren

(*ito*) Colito er ſoll ehren

Plur. (*ite*) Colite ehrt (ihr).   Plur. (*itote*) Colitote ihr ſollt ehren

(*unto*) Colunto ſie ſollen ehren.

Infinitivus.

Praeſ. und Imp. (*ere*) Colĕre ehren, zu ehren

Perf. und Plusq. (*iſſe*) Coluiſſe geehrt haben, geehrt zu haben (*i* in *iſſe*).

Fut. (*Eſſe* mit Part. *urus*) Eſſe culturus, a, um, (Ac. um, am, um, Plur. I, ae, a, os, as, a) ehren werden.

Gerund. Nom. (*dum*) Colendum *eſt* es muß geehrt werden, man muß ehren

Gen. (*di*) Colendi zu ehren (z. E. begierig)

Dat. (*do*) Colendo zum Ehren (geſchickt)

Ac. (*dum*) (*ad*) Colendum durchs Ehren; in colendo im Ehren.

Supina 1) (*um*) Cultum um zu ehren
2) (*u*) Cultu zu ehren.

Particip. 1) Praeſ. und Imp. (*ens*) Colens welcher ehrt oder ehrte
2) Fut. (*rus*) Culturus, a, um, welcher ehren wird, (mit ſum ich werde ehren ꝛc.)

II, PASSIVUM in der dritten Conjugation. Not. Nur die Verba haben es ganz, die einen Accusativ regiren.

Indicativus.	*Coniunctivus.*
Praefens.	Praefens.
Sing.	Sing.

(*or*) Color ich werde geehrt
(*ris* und *re*) Colĕris (ĕre) du wirst geehrt
(*itur*) Colĭtur er (sie, es) wird geehrt.

(*ar*) Colar ich werde geehrt (möchte geehrt werd.)
(*aris, are*) Colāris, āre) du werdest geehrt (möchtest ꝛc.)
(*atur*) Colatur er (sie, es) werde geehrt (möchte ꝛc.)

Plur.	Plur.

(*Ymur*) Colĭmur wir werden geehrt
(*imini*) Colimĭni ihr werdet geehret
(*untur*) Coluntur sie werden geehrt.

(*amur*) Colamur wir werden g. (möchten ꝛc.)
(*amini*) Colamini ihr werdet g. (möchtet ꝛc.)
(*antur*) Colantur sie werden g. (möchten ꝛc.)

Imperf. (*bam* in *bar.*)	Imperf. (*rem* in *rer*)
Sing.	Sing.

(*zbar*) Colēbar ich wurde geehrt
(*ebaris, are*) Colebaris (are) du wurdest geehrt
(*ebatur*) Colebatur er (sie, es) wurde geehrt.

(*erer*) Colĕrer ich würde geehrt
(*erēris, ēre*) Colerēris (ēre) du würdest geehrt
(*eretur*) Coleretur er (sie, es) würde geehrt.

Plur.	Plur.

(*ebamur*) Colebamur wir wurden geehrt
(*ebamini*) Colebamini ihr wurdet geehrt
(*ebantur*) Colebantur sie wurden geehrt.

(*eremur*) Coleremur wir würden geehrt
(*eremini*) Coleremini ihr würdet geehrt
(*erentur*) Colerentur sie würden geehrt.

Perf. (*sum* mit *Part. Perf.*)	Perf. (*sim* mit *Part. Perf.*)
Sing.	Sing.

Cultus, a, um, {
sum ich bin geehrt worden
es du bist geehrt worden
est er (sie, es) ist geehrt worden.

Cultus, a, um, {
sim ich sey geehrt worden
sis du seyst geehrt worden
sit er (sie, es) sey geehrt worden.

Plur.

Plur.		Plur.	
Culti, ae, a,	ſumus wir ſind geehrt worden eſtis ihr ſeyd geehrt w. ſunt ſie ſind geehrt w.	Culti, ae, a,	ſimus wir ſeynd geehrt worden ſitis ihr ſeynd geehrt w. ſint ſie ſeynd geehrt w.

Plusq. (*Eram* mit *Part. Perf.*)   **Plusq.** (*Eſſem* mit *Part. Perf.*)

Sing.		Sing.	
Cultus, a, um,	eram ich war geehrt worden eras du warſt geehrt worden erat er (ſie, es) war geehrt worden.	Cultus, a, um,	eſſem ich wäre geehrt worden (würde geehrt worden ſeyn) eſſes du wäreſt geehrt worden (würd. ꝛc.) eſſet er (ſie, es) wäre geehrt word. (würde geehrt word. ꝛc.)

Plur.		Plu r.	
Culti, ae, a,	eramus wir wären geehrt worden eratis ihr waret geehrt worden erant ſie waren geehrt worden	Culti, ae, a,	eſſemus wir wären geehrt worden (würden geehrt worden ſeyn) eſſetis ihr wäret geehrt worden (würdet ꝛc.) eſſent ſie wären geehrt worden (würd. ꝛc.)

Futurum ſimplex Indicat. (*am* in *ar.*)

Sing.	Plur.
(*ar*) Colar ich werde geehrt werden	(*emur*) Colemur wir werden geehrt werden
(*eris, ere*) Coléris, (ére) du wirſt geehrt werden	(*emini*) Colemini ihr werdet geehrt werden
(*etur*) Coletur er (ſie, es) wird geehrt werden.	(*entur*) Colentur ſie werden geehrt werden.

Futurum exactum Indicativi (*fuero* mit dem *Part. Perf.*)

Sing.		Plur.	
Cultus, a, um,	fuero ich werde geeh. worden ſeyn fueris du wirſt geehrt worden ſeyn fuerit er (ſie, es) wird geehrt word. ſeyn.	Culti, ae, a,	fuerimus wir werden geehrt worden ſeyn fueritis ihr werdet geehrt worden ſeyn fuerint ſie werden geehrt worden ſeyn

Impe-

Imperativus oder Iuſſivus.

Praeſ. Sing. (*ere*) Colère laß dich ehren.
Plur (*imini*) Colimini laßt euch ehren.
Fatur. Sing. (*itor*) Colitor du ſollſt geehrt werden.
　　　(*itor*) Colitor er (ſie) ſoll geehrt werden.
Plur. (*iminor*) Coliminor ihr ſollt geehrt werden.
　　　(*untor*) Coluntor ſie ſollen geehrt werden.

Infinitivus.

Praeſ. u. Imp. (*i*) Coli geehrt werden, geehrt zu werden (*ere* in *i*).

Perf. u. Plusq. (*Eſſe* mit *Part. Perf.*) Eſſe cultus, a, um, (Ac. um, am, um, Pl. i, ae, a, os, as, a) geehrt worden ſeyn.

Futur. (*Supin.* mit *iri*) Cultum iri werden geehrt werden.
Particip. 1) Perf. und Plusq. (*us*) Cultus, a, um der geehrt worden iſt (war)

　　　2) Futur. (*dus*) Colendus, a, um der geehrt werden muß, (mit ſum, ich muß geehrt werden.)

Not. Das Paſſivum hat kein Futurum Coniunct.

III. **DEPONENS** in der dritten Conjugation. Geht faſt wie das Paſſivum. Hier iſt ein Beyſpiel: Loquor, locutus ſum, loqui.

Indicativus.	*Coniunctivus.*
Praeſens.	**Praeſens.**
Sing.	**Sing.**
Loquor ich rede	Loquar ich rede (möchte reden)
Loquëris (ëre) du redeſt	Loquäris (äre) du redeſt (möchteſt reden)
Loquitur er (ſie, es) redet.	Loquatur er (ſie, es) rede (möchte reden).
Plur.	**Plur.**
Loquimur wir reden	Loquamur wir reden (möchten reden)
Loquimini ihr redet	Loquamini ihr redet (möchtet reden.)
Loquuntur ſie reden.	Loquanrur ſie reden (möchten reden.)

Imperfectum.	Imperfectum;

Sing.　　　　　　　**Sing.**

Loquèbar ich rebete
Loquebāris (are) bu rebeteſt
Loquebatur er (ſie, es) rebete.

Loquèrer ich rebete (würbe re=
ben)
Loquerēris (ēre) bu rebeteſt
(würbeſt ꝛc.)
Loqueretur er (ſie, es) rebete
(würbe ꝛc.)

Plur.　　　　　　　**Plur.**

Loquebamur wir rebeten
Loquebamini ihr rebetet
Loquebantur ſie rebeten.

Loqueremur wir rebeten (würs
ben reben)
Loqueremini ihr rebetet (würs
bet reben)
Loquerentur ſie rebeten (würs
ben reben)

Perf. (ſum mit dem Part. Perf.)　Perf. (ſim mit Part. Perf.)

Sing.　　　　　　　**Sing.**

Locutus, { ſum ich habe gerebet / es bu haſt gerebet / eſt er (ſie,es) hat ger.
a, um,

Locutus, { ſim ich habe gerebet / ſis bu habeſt gerebet / ſit er (ſie, es) habe g.
a, um,

Plur.　　　　　　　**Plur.**

Locuti, { ſumus wir haben ger. / eſtis ihr habt ger. / ſunt ſie haben ger.
ae, a,

Locuti, { ſimus wir haben ger. / ſitis ihr habt ger. / ſint ſie haben ger.
ae, a,

Plusquamp. (eram mit Part. Perf.)　Plusquamp. (eſſem mit Part. Perf.)

Singularis.　　　　　**Singularis.**

Locutus, { eram ich hatte ge= rebet / eras bu hatteſt ge= rebet / erat er (ſie, es) hatte gerebet.
a, um,

Locutus, { eſſem ich hätte ger. (würde ger. hab.) / eſſes bu hätteſt ger. (würdeſt ꝛc.) / eſſet er (ſie.es) hätte ger. (würde ꝛc.)
a, um,

Plur.　　　　　　　**Plur.**

Locuti, { eramus wir hatten gerebet / eratis ihr hattet ge= rebet / erant ſie hatten ge= rebet.
ae, a,

Locuti, { eſſemus wir hätten ger. (würden ꝛc.) / eſſetis ihr hättet ger. (würdet ꝛc.) / eſſent ſie hätten ger. (würden ꝛc.)
ae, a,

Futurum,

Futurum simplex.	Futurum (*sim* mit *Part. Fut.*)
Sing.	**Sing.**
Loquar ich werde reden	⸢ *sim* ich werde re=
Loquēris (ēre) du wirst reden	⎮ den
Loquetur er (sie, es) wird reden Locuturus,	⎮ *sis* du wirst re=
a, um,	⎮ den
	⎮ *sit* er (sie, es)
	⎣ wird reden
Plur.	**Plur.**
Loquemur wir werden reden	⸢ *simus* wir werden
Loquemini ihr werdet reden	⎮ reden
Loquentur sie werden reden Locuturi,	⎬ *sitis* ihr werdet re=
ae, a,	⎮ den
	⎮ *sint* sie werden re=
	⎣ den

Futurum exactum Indicativi (*fuero* mit dem *Part. Perf.*)

Sing.	**Plur.**
⸢ *fuero* ich werde ge=	⸢ *fuerimus* wir werden
⎮ redt haben	⎮ ger. haben
Locutus, ⎬ *fueris* du wirst ger. Locuti,	⎬ *fueritis* ihr werdet
a, um, ⎮ haben ae, a,	⎮ geredt haben
⎮ *fuerit* er (sie, es)	⎮ *fuerint* sie werden
⎣ wird ger. haben.	⎣ ger. haben.

Imperativus oder *Iussivus*.

Praes. Sing. Loquēre rede (du). Pl. Loquimini redet (ihr).

Futur. Sing. Loquitor rede, du sollst reden: Loquitor er soll
reden.

Plur. Loquiminor ihr sollt reden: Loquuntor sie sollen
reden.

Infinitivus.

Praes. und Imp. Loqui reden, zu reden.

Perf. und Plusq. *Esse* locutus, a, um, (Ac. um, am, um,
Pl. i, ae, a, os, as, a) ge=
redt haben.

Fut. *Esse* locuturus, a, um, (Ac. um, am, um,
Pl. i, ae, a, os, as, a) reden
werden.

Gerund. Nom. Loquendum *est* es muß geredt werden, man
muß reden

Gen. Loquendi zu reden (z. E. begierig)

Dat. Loquendo zum Reden (z. E. geschickt)

Ac. (ad) Loquendum zum Reden (z. E. geneigt)

Ab, Loquendo durch Reden: in Loquendo im Reden.

Supina

Supina: 1) in *um*: Locutum um zu reden.
2) in *u*: Locutu zu reden.
Particip.: 1) Praeſ. u. Imp. in *ens*: Loquens, welcher redet (redete)
    2) Perf. u. Plusq. in *us*: Locutus, a, um der geredet hat (hatte)
    3) Fut. Act. in *rus*: Locuturus, a, um der reden wird (mit ſum ich werde reden ꝛc.)
    4) Fut. Paſſ. in *dus*: Loquendus, a, um was geredt werden muß (mit ſum ich muß reden ꝛc.)

E) Vierte Conjugation.

3. E. audio, ivi, itum: haurio, hauſi, ſtum: ſepelio, pelivi, pultum cet.

I. ACTIVUM in der dritten Conjugation.

Indicativus.	*Coniunctivus.*
Praeſens	Praeſens
Sing.	Sing.
(*io*) Audio ich höre	(*iam*) Audiam ich höre (möchte hören)
(*is*) Audis du hörſt	(*ias*) Audias du hörſt (möchteſt hören)
(*it*) Audit er (ſie, es) hört.	(*iat*) Audiat er (ſie, es) höre (möchte hören)
Plur.	Plur.
(*imus*) Audimus wir hören	(*iamus*) Audiamus wir hören (möchten hören)
(*itis*) Auditis ihr hört	(*iatis*) Audiatis ihr hört (möchtet hören)
(*iunt*) Audiunt ſie hören	(*iant*) Audiant ſie hören (möchten hören)
Imperfectum (o in *ebam*)	Imperf. (*re* in *rem*)
Sing.	Sing.
(*iebam*) Audiebam ich hörte	(*irem*) Audirem ich hörte (würde hören)
(*iebas*) Audiebas du hörteſt	(*ires*) Audires du hörteſt (würdeſt hören)
(*iebat*) Audiebat er (ſie, es) hörte.	(*iret*) Audiret er (ſie, es) hörte (würde hören)

Plur

Plur.	Plur.
(*iebamus*) Audiebamus wir hörten	(*iremus*) Audiremus wir hörten (würden hören)
(*iebatis*) Audiebatis ihr hörtet	(*iretis*) Audiretis ihr hörtet (w. hören)
(*iebant*) Audiebant sie hörten.	(*irent*) Audirent sie hörten (w. hören.)

Perfectum.	Perfectum (i in erim)
Sing.	Sing.
(*i*) Audivi ich habe gehört	(*erim*) Audiverim ich habe gehört
(*isti*) Audivisti du hast gehört	(*eris*) Audiveris du habest gehört
(*it*) Audivit er (sie, es) hat gehört	(*erit*) Audiverit er (sie, es) habe gehört
Plur.	Plur.
(*imus*) Audivimus wir haben gehört	(*erimus*) Audiverimus wir haben gehört
(*istis*) Audivistis ihr habt gehört	(*eritis*) Audiveritis ihr habt gehört
(*ērunt*, *ēre*) Audivērunt (*ēre*) sie haben gehört	(*erint*) Audiverint sie haben gehört
Not. auch audii, audiisti, oder audisti, audiit, audiimus, audiistis und audistis, audierunt.	Not. auch audierim, is cet.

Plusquamp. (i in *eram*)	(Plusquamp. (i in *issem*)
Sing.	Sing.
(*eram*) Audiveram ich hatte gehört	(*issem*) Audivissem ich hätte geh. (würde gehört haben)
(*eras*) Audiveras du hattest gehört	(*isses*) Audivisses du hättest gehört
(*erat*) Audiverat er (sie, es) hatte gehört.	(*isset*) Audivisset er (sie, es) hätte gehört.
Plur.	Plur.
(*eramus*) Audiveramus wir hatten gehört.	(*issemus*) Audivissemus wir hätten gehört
(*eratis*) Audiveratis ihr hattet gehört	(*issetis*) Audivissetis ihr hättet gehört
(*erant*) Audiverant sie hatten gehört.	(*issent*) Audivissent sie hätten gehört
	Not. auch audiissem oder audissem, es cet.

Futurum.

Futurum ſimplex (o in *am*). Futur. (*ſim* mit *Part. Fut.*)

<table>
<tr><td>Sing.</td><td>Sing</td></tr>
<tr><td>(*iam*) Audiam ich werde hören</td><td>Auditu-⌠ *ſim* ich werde hören</td></tr>
<tr><td>(*ies*) Audies du wirſt hören</td><td>rus, ⌡ *ſis* du wirſt hören</td></tr>
<tr><td>(*iet*) Audiet er (ſie, es) wird h.</td><td>a, um, ⌡ *ſit* er (ſie, es) wird hör.</td></tr>
<tr><td>Plur.</td><td>Plur.</td></tr>
<tr><td>(*iemus*) Audiemus wir werden hören</td><td>⌠ *ſimus* wir werden hören</td></tr>
<tr><td>(*ietis*) Audietis ihr werdet hör.</td><td>Audituri, ⌡ ae, a, ⌡ *ſitis* ihr werdet hör.</td></tr>
<tr><td>(*ient*) Audient ſie werden hör.</td><td>⌡ *ſint* ſie werden hör.</td></tr>
</table>

Futurum exactum Indicativi (i in *ero*).

<table>
<tr><td>Sing.</td><td>Plural.</td></tr>
<tr><td>(*ero*) Audivero ich werde gehört haben</td><td>(*erimus*) Audiverimus wir werden gehört haben</td></tr>
<tr><td>(*eris*) Audiveris du wirſt gehört haben</td><td>(*eritis*) Audiveritis ihr werdet gehört haben</td></tr>
<tr><td>(*erit*) Audiverit er (ſie, es) wird geh. haben.</td><td>(*erint*) Audiverint ſie werden gehört haben.</td></tr>
</table>

Imperativus oder *Iuſſivus.*

Praeſ. Sing. (*i*) Audi höre (du)   Fut. Sing. (*ito*) Audito höre, du ſollſt hören

                                (*ito*) Audito er ſoll hören

Plur. (*ite*) Audite höret (ihr)   Plur. (*itote*) Auditote ihr ſollt hören

                                (*iunto*) Audiunto ſie ſollen hören

Infinitivus.

Praeſ. und Imp. (*ire*) Audire hören, zu hören

Perf. u. Plusq. (*iſſe*) Audiviſſe gehört haben, gehört zu haben
                (*i* in *iſſe*).

Fut. (*Eſſe* mit *Part. urus*) Eſſe auditurus, a, um, (Ac. um, am, um, Pl. i, ae, a, os, as, a) hören werden

Gerund.   N. (*dum*) Audiendum *eſt* es muß gehört werden, man muß hören

         G. (*di*) Audiendi zu hören (z. E. begierig)
         D. (*do*) Audiendo zum hören (z. E. geſchickt)
         Ac. (*dum*) (*ad*) Audiendum zum hören (z. E. geneigt).
         A. (*do*) Audiendo durch hören: in Audiendo im hören.

                                            Supina.

Supina. 1) (*um*) Auditum um zu hören
   2) (*u.*) Auditu zu hören (z. E. ſchrecklich).

Particip. 1) Praeſ. u. Imp. (*ens*) Audiens welcher hört (hörte)
    2) Fut. (*rus*) Auditurus, a, um welcher hören wird
     (mit ſum, ich werde hören ꝛc.)

II. PASSIVUM in der vierten Conjugation.

Indicativus.	*Coniunctivus.*
Praeſens	**Praeſens.**
Sing.	Sing.
(*ior*) Audior ich werde gehört	(*iar*) Audiar ich werde gehört (möchte gehört werden)
(*iris* und *ire*) Audiris (ire) du wirſt gehört	(*iaris, re*) Audiaris, (are) du werdeſt gehört (möchteſt gehört werden)
(*itur*) Auditur er (ſie, es) wird gehört	(*iatur*) Audiatur er (ſie, es) werde gehört (möchte gehört werden)
Plur.	Plur.
(*imur*) Audimur wir werden gehört	(*iamur*) Audiamur wir werden gehört (möchten geh. werden)
(*imini*) Audimini ihr werdet gehört	(*iamini*) Audiamini ihr werdet gehört (möchtet geh. werd,)
(*iuntur*) Audiuntur ſie werden gehört.	(*iantur*) Audiantur ſie werden gehört (möchten ꝛc.)
Imperfectum (*bam* in *bar*).	**Imperfectum** (*rem* in *rer*).
Sing.	Singul.
(*iebar*) Audiebar ich wurde geh.	(*irer*) Audirer ich würde geh.
(*iebaris, re*) Audiebaris (re) du wurdeſt gehört	(*ireris, re*) Audireris (re) du würdeſt gehört
(*iebatur*) Audiebatur er (ſie,es) wurde gehört.	(*iretur*) Audiretur er (ſie, es) würde gehört.
Plur.	Plur.
(*iebamur*) Audiebamur wir wurden gehört	(*iremur*) Audiremur wir würden gehört
(*iebamini*) Audiebamini ihr wurdet geh.	(*iremini*) Audiremini ihr würdet gehört
(*iebantur*) Audiebantur ſie wurden geh,	(*irentur*) Audirentur ſie würden gehört

Perf.

Perf. (*sum* mit d. *Part. Perf.*)   **Perf.** (*sim* mit dem *Part. Perf.*)

Singul.   Sing.

Auditus, a, om,
- *sum* ich bin gehört worden
- *es* du bist gehört worden
- *est* er (sie, es) ist gehört worden.

Auditus, a, um,
- *sim* ich sey gehört worden
- *sis* du seyst gehört worden
- *sit* er (sie, es) sey gehört worden.

Plur.   Plur.

Auditi, ae, a,
- *sumus* wir sind gehört worden
- *estis* ihr seyd gehört worden
- *sunt* sie sind gehört worden.

Andlti, ae, a,
- *simus* wir seynd gehört worden
- *sitis* ihr seyd gehört worden
- *sint* sie seynd gehört worden.

Plusq. (*eram* mit d. *Part. P.*)   **Plusq.** (*essem* mit d. *Part. P.*)

Sing.   Singul.

Auditus, a, um,
- *eram* ich war gehört worden
- *eras* du warst gehört worden
- *erat* er (sie, es) war gehört worden

Aoditus, a, um,
- *essem* ich wäre geh. worden (würde gehört worden seyn)
- *esses* du wärest geh. worden (würdest geh. ꝛc.)
- *esset* er (sie, es) wäre geh. worden (würde ꝛc.)

Plur.   Plur.

Anditi, ae, a,
- *eramus* wir waren gehört worden
- *eratis* ihr waret gehört worden
- *erant* sie waren gehört worden.

Auditi, ae, a,
- *essemus* wir wären gehört worden (würden gehört worden seyn)
- *essetis* ihr wäret gehört word. (würdet geh. ꝛc.)
- *essent* sie wären gehört word. (würden geh. ꝛc.

Futurum

· Futurum ſimplex Indicat. (*am* in *ar*).

Sing.	Plur.

(*iar*) Audiar ich werde gehört (*iemur*) Audiemur wir werden
werden   gehört werden

(*ieris, re*) Audiĕris (re) du (*iemini*) Audiemini ihr werdet
wirſt gehört werden   gehört werden·

(*ietur*) Audietur er (ſie, es) (*ientur*) Audientur ſie werden
wird gehört werden   gehört werden

Futurum exactum Indicativ. (*fuero* mit *Part. Perf.*)

Sing.	Plur.

Auditus, a, um,

    { *fuero* ich werde geh. worden ſeyn
      fueris du wirſt geh. worden ſeyn
      fuerit er (ſie, es) wird geh. word. ſ.

Auditi, ae, a,

    { *fuerimus* wir werden geh. word. ſ.
      fueritis ihr werdet geh. worden ſeyn
      fuerint ſie werden geh. worden ſeyn.

Imperativus oder *Iuſſivus*.

Praeſ. Sing. (*ire*) Audire laß dich hören

    Plur. (*imini*) Audimini laßt euch hören

Futur. Sing. (*itor*) Auditor du ſollſt gehört werden
            (*itor*) Auditor er (ſie, es) ſoll gehört werden.

    Plur. (*iminor*) Audiminor ihr ſollt gehört werden
            (*iuntor*) Audiuntor ſie ſollen gehört werden.

Infinitivus.

Praeſ. u. Imp. (*iri*) Audiri gehört werden, gehört zu werden

Perf. u. Plusq. (*Eſſe* mit dem *Part. Perf.* Eſſe auditus, a, um,
             (Ar. um, am, um. Pl. i, ae, a, os, as,
             a) gehört worden ſeyn.

Futur. (*Supin.* mit *iri*) Auditum iri werden gehört werden.

Particip. 1) (*us*) Auditus, a, um der gehört worden iſt (war).
         2) (*dus*) Audiendus, a, um der gehört werden muß.
          (mit ſum ich muß gehört werden ꝛc.)

Not. Das Paſſivum hat kein Futurum Coniunctivi.

III. DEPONENS in der vierten Conjugation. Geht
faſt wie das Paſſivum. Hier iſt ein Beyſpiel: Experior,
ertus ſum, eriri, verſuchen, probiren.

Indi-

Indicativus.	Coniunctivus.
Praeſens	Praeſens.
Sing.	Sing.

Experior ich verſuche	Experiar ich verſuche (möchte verſuchen)
Experiris (re) du verſuchſt	Experiaris (re) du verſucheſt (möchteſt verſuchen)
Experitur er (ſie, es) verſucht.	Experiatur er (ſie, es) verſuche (möchte verſuchen)

Plur.	Plur.
Experimur wir verſuchen	Experiamur wir verſ. (möchten verſuchen)
Experimini ihr verſucht	Experiamini ihr verſ. (möchtet verſuchen)
Experiuntur ſie verſuchen.	Experiantur ſie verſ. (möchten verſuchen).

Imperfectum.	Imperfectum.
Sing.	Sing.

Experiebar ich verſuchte	Experirer ich verſuchte (würde verſuchen)
Experiebaris (re) du verſuchteſt	Experireris (re) du verſuchteſt (würdeſt ꝛc.)
Experiebatur er (ſie, es) verſuchte.	Experiretur er (ſie, es) verſuchte (würde ꝛc.)

Plur.	Plur.
Experiebamur wir verſuchten	Experiremur wir verſuchten (würden verſuchen)
Experiebamini ihr verſuchtet	Experiremini ihr verſuchtet (würdet ꝛc.)
Experiebantur ſie verſuchten.	Experirentur ſie verſ. (würd. verſuchen).

Perf. (ſum mit *Part. Perf.*)	Perf. (ſim mit *Part. Perf.*)
Sing.	Sing.

Expertus, a, um,	ſum ich habe verſ. es du haſt verſ. eſt er (ſie, es) hat verſucht.	Expertus, a, um,	ſim ich habe verſ. ſis du habeſt verſ. ſit er (ſie, es) habe verſucht.

Plur.	Plural.

Experti, ae, a,	ſumus wir haben v. eſtis ihr habt verſ. ſunt ſie haben verſ.	Experti, ae, a,	ſimus wir hab. verſ. ſitis ihr habt verſ. ſint ſie haben verſ.

Plusq.

Plusq. (*eram* mit *Part. Perf.*) Plusq. (*eſſem* mit *Part. Perf.*)

Sing.

Expertus, a, um,
- *eram* ich hatte ver=ſucht
- *eras* du hatteſt verſucht
- *erat* er (ſie, es) hatte verſucht

Expertus, a, um,
- *eſſem* ich hätte verſ. (würde verſ. h.)
- *eſſes* du hätteſt ver=ſucht (würd. ver=ſucht haben)
- *eſſet* er (ſie, es) hätte verſ. (wür=de verſ. haben).

Plur.

Experti, ae, a,
- *eramus* wir hatten verſucht
- *eratis* ihr hattet verſucht
- *erant* ſie hatten verſucht.

Experti, ae, a,
- *eſſemus* wir hätten verſucht (würden verſucht haben)
- *eſſetis* ihr hätt. ver=ſucht (würd. ver=ſucht haben)
- *eſſent* ſie hätten ver=ſucht (würd. ꝛc.)

Futurum ſimplex (*or in ar*). Futur. (*ſim* mit *Part. Fut.*)

Sing.

Experiar ich werde verſuchen

Experieris (ere) du wirſt ver=ſuchen

Expe·ietur er (ſie, es) wird verſuchen.

Expertu-rus, a, um,
- *ſim* ich werde verſuchen
- *ſis* du wirſt ver=ſuchen
- *ſit* er (ſie, es) wird verſuchen.

Plur.

Experiemur wir werden ver=ſuchen

Experiemini ihr werdet ver=ſuchen

Experientur ſie werden ver=ſuchen.

Experturi, ae, a,
- *ſimus* wir werden verſuchen
- *ſitis* ihr werdet verſuchen
- *ſint* ſie werden verſuchen.

Futurum exactum Indicativi (*fuero* mit *Part. Perf.*)

Sing.

Expertus, a, um,
- *fuero* ich werde verſucht haben
- *fueris* du wirſt verſucht haben
- *fuerit* er (ſie, es) wird verſ. hab.

Pluralis.

Experti, ae, a,
- *fuerimus* wir werd. verſucht haben
- *fueritis* ihr werdet verſucht haben
- *fuerint* ſie werden verſucht haben.

Impera-

Imperativus oder *Iuſſivus.*

Praeſ. Sing. Experire verſuche (du).
Plur. Experimini verſucht (ihr).
Futur. Sing. Experitor du ſollſt verſuchen: Experitor er ſoll
verſuchen.
Plur. Experiminor ihr ſollt verſuchen: Experiuntor
ſie ſollen verſuchen.

Infinitivus.

Praeſ. u. Imp. Experiri verſuchen, zu verſuchen.
Perf. u. Plusq. Eſſe expertus, a, um (Ac. um, am, um,
Pl. i, ae, a, os, as, a) verſucht haben.
Futur. Eſſe experturus, a, um (Ac. um, am, um,
Plur. i, ae, a, os, as, a) verſuchen
werden.
Gerund. N. Experiendum *eſt* es muß verſucht werden, man
muß verſuchen
G. Experiendi zu verſuchen (z. E. begierig).
D. Experiendo zum verſuchen (z. E. geſchickt).
A. (ad) Experiendum zum verſuchen (z. E. geneigt).
A. Experiendo durchs Verſuchen: in experiendo
im Verſuchen.
Supina. 1) in *um:* Expertum um zu verſuchen.
2) in *u:* Expertu zu verſuchen.
Particip. 1) Praeſ. u. Imp. in *ens:* Experiens welcher verſucht
(verſuchte)
2) Perf. u. Plusq. in *us:* Expertus, a, um der verſucht hat (hatte)
3) Futur. Activ. in *rus:* Experturus, a, um der
verſuchen wird.
4) Futur. Paſſiv. in *dus:* Experiendus, a, um was
verſucht werden muß.

Not. Orior geht zum Theil auch nach der dritten Conjug. z.
E. oriris und oreris, oritur, orimur: *Imp.* otere cet.

F) Coniugatio periphraſtica (umſchreibende) iſt, wenn
das Verbum Sum mit den Participiis in us zuſammen
geſetzt wird.

1) mit dem Partic. Fut. in *rus:* z. E. *ſum, es, eſt* futurus,
a, um ich werde ſeyn; *ſumus, eſtis, ſunt* futuri, ae, a,
wir, ihr, ſie werden ſeyn: ſo auch *eram, eras, erat* cet.
futurus, a, um, i, ae, a: ich wollte ſeyn: Coniunct.
Sim, ſis, ſit futurus, a, um ich werde ſeyn, *eſſem, eſſes, eſſet* futurus cet. Und ſo iſt das bey allen Conjugationen, als

Indicat.

Indicat.

| Amaturus a, um, cet. Moniturus, culturus cet. | *sum* cet. ich werde lieben, erinnern ꝛc.
 eram cet. ich wollte lieben
 fui cet. ich habe lieben wollen
 fueram cet. ich hatte lieben wollen
 ero cet. ich werde lieben oder lieben wollen
 fuero ich werde haben lieben wollen. |

Coniunct.

| Amaturus a, um, cet. Moniturus cet. | *sim* cet. ich werde lieben
 essem cet. ich würde lieben
 fuerim cet. ich habe lieben wollen
 fuissem cet. ich würde geliebt haben ꝛc. |

Infinit.

| Amaturus, a, um Ac. um, am, um Plur. i, ae, a cet. | *esse* lieben werden
 fuisse würden geliebt haben. |

2) mit dem Particip. perf. in tus, sus, xus: Dieß iſt ſchon oben in den vier Conjugationen da geweſen; z. E.

Indicat.

| Amatus, a, um Amati, ae, a | *sum,* auch *fui* ich bin geliebt worden ꝛc.
 eram, auch *fueram* ich war geliebt worden ꝛc.
 ero, auch *fuero* ich werde geliebt worden ſeyn. |

Coniunct.

| Amatus, a, um Amati, ae, a | *sim,* auch *fuerim* ich ſey geliebt worden ꝛc.
 essem, auch *fuissem* ich wäre geliebt worden, würde geliebt worden ſeyn ꝛc. |

Infinit.

| Amatus, a, um, Ac. um, am, um, Pl. i, ae, a, os, as, a | *esse,* auch *fuisse* geliebt worden ſeyn. |

3) mit dem Partic. in dus. Not. Hieher gehören auch die Deponentia.

Indicat.

| Amandus, a, um, Amandi, ae, a: ſo auch Monendus cet. hortandus cet. | *sum* cet. ich muß (ſoll) geliebt werden
 eram cet. ich mußte (ſollte) geliebt werden
 fui cet. ich habe müſſen (ſollen) geliebt werden
 fueram cet. ich hatte müſſen (ſollen) geliebt werden
 ero cet. ich werde müſſen (ſollen) geliebt werden
 fuero cet. ich werde müſſen (ſollen) geliebt worden ſeyn. |

Coniunct.

Amandus, a, um, | sim cet. ich müsse (solle) geliebt werden
amandi, ae, a: | essem cet. ich müßte (solle) geliebt werden
so auch Monen- | fuerim cet. ich habe müssen (sollen) geliebt
dus, hortandus | werden
cet. | fuissem cet. ich hätte müssen (sollen) ge-
| liebt werden.

Infinit.

Amandus, a, |
um, Ac. um, | esse müssen (sollen) geliebt werden
am, um, Pl. i, | fuisse haben müssen (sollen) geliebt werden.
ae, a cet. |

Anmerkungen bey den Verbis.

I. Einige Verba endigen sich als Transitiva oder Intransitiva in o, und auch als Deponentia in or, als adulor adulo, mereor mereo cet.

II. Einige Verba stehen in Einer Endung bald Intransitive ohne Accusativ (folglich haben sie kein Passivum), bald Transitive mit einem Accusativ, als

Intransitive	Transitive
Differo ich bin unterschieden	Differo ich schiebe auf
Moror ich verweile	Moror ich verzögere
Consulo ich sorge für Jem.	Consulo ich frage um Rath; und mehrere.

III. Einige Verba von verschiedner Conjugation haben eben dieselbe erste Personalendung, als: Aggero, as ich häufe, Aggero is herzutragen; Appello, as anreden, Appello, is anlanden: Lego, as senden, Lego, is lesen; Volo, as fliegen, Volo, vis wollen. Hieher gehört auch Colligo, Compello, Colo, Deligo, Dico, Educo, Effero, Fundo, Mando, Obsero, Refero cet.

IV. Verschiedene Verba haben einerley Perfectum, als Consto und Consisto constiti; Insto und Insisto institi;

ſtiti; Aceo und Acuo *acui;* Creſco und cerno *crēvi;* Frigeo und Frigo *frixi;* Fulgeo und Fulcio *fulſi;* Luceo und Lugeo *luxi;* Mulceo und Mulgeo *mulſi;* Paveo und Paſco *pavi;* Pendeo und Pendo *pependi.*

V. Verſchiedene Verba haben einerley Supinum, als Creſco und cerno *cretum;* Maneo und Mando *manſum;* Pendo und Patior *paſſum;* Pango und Paciſcor *pactum;* Sto und Siſto *ſtatum;* Succenſeo und Succendo *ſuccenſum;* Teneo und Tendo *tentum;* Vinco und Vivo *victum;* Verro und Verto *verſam.*

§. 6.

Von den *Verbis Anomalis* oder *Irregularibus.*

Die Verba, die nicht nach den obgedachten vier Conjugationen gehen, heißen Anomala (abweichende) oder Irregularia. Es ſind folgende: Sum mit ſeinen Compoſitis, wohin auch Poſſum gehört, Fero, Volo, Nolo, Malo, Edo, Fio, Eo, Queo, Nequeo, Veneo.

I. Sum: dieſes iſt ſchon oben da geweſen.

II. Poſſum ich kann, iſt aus potis und ſum zuſammengeſetzt, (ſtatt potis ſum) und geht alſo wie Sum: nämlich:

	Indic.		*Coniunct.*
Praeſ.	Poſſum, potes, poteſt, poſſumus, poteſtis, poſſunt.	*Praeſ.*	Poſſim, poſſis, poſſit, poſſimus, poſſitis, poſſint.
Imp.	Poteram, as, at, amus, atis, ant.	*Imp.*	Poſſem, poſſes, poſſet, poſſemus, poſſetis, poſſent.
Perf.	Potui, iſti, it, imus, iſtis, erunt und ēre.	*Perf.*	Potuerim, is, it, imus, itis, int.
Plusq.	Potueram, as, at, amus, atis, ant.	*Plusq.*	Potuiſſem, es, et, emus, etis, ent.
Futurum ſimpl. Potero, is, it, imus, itis, erunt.		*Fut. Coni.* fehlt, weil es kein Part. Fut. hat.	
Fut. exact. Potuero, is, it, imus, itis, int.			

Imperat. fehlt. *Infinit. Praeſ.* und *Imp.* poſſe: *Perf.* und *Plusq.* potuiſſe.

Fut. fehlt, auch fehlen Gerundia und Supina.
Partic. Praes. potens mächtig, wird nur als
ein Adiectivum gebraucht.

Not. Man findet auch im Passivo potestur.

III. Fero, tuli, latum, ferre geht ordentlich nach
der dritten Conjugation; nur wirft es zuweilen das e
oder i heraus, und hat im Inf. Pass. ferri. Nämlich:

a) Das *Activum.*

Indicativus.	*Coniunct.*
Praes. Fero, fers (statt feris), fert (statt ferit), ferimus, fertis (statt feritis), ferunt.	*Praes.* geht ordentlich: Feram, as, at, amus, atis, ant.
Imperf. geht ordentlich: ferebam, as, at, amus, atis, ant.	*Imp.* Ferrem, ferres, ferret, ferremus, ferretis, ferrent (statt fererem cet.
Perf. ordentlich: tuli, isti cet.	*Perf.* ordentlich: tulerim, is cet
Plusq. ordentlich: tuleram, as, cet.	*Plusq.* ordentlich: tulissem, es cet.
Fut. simpl. ordentlich: feram, es cet.	*Fut. Coni.* ordentlich: sim, sis, sit laturus, a, um: Pl. simus cet.
Fut. exact. ordentlich: tulero, is cet.	

Imperativus.	*Infinitivus.*
Praes. Sing. Fer (statt fere) Pl. Ferte (statt ferite)	*Praes. u. Imp.* ferre (statt ferere)
Fut. Sing. Ferto (statt ferito) Ferto (statt ferito) Pl. Fertote (statt feritote), Ferunto.	*Perf. u. Plusq.* tulisse.
	Fut. Esse laturus, a, um (Ac. um, am, um: Pl. i, ae, a, os, as, a)
	Gerund. Ferendum, i, o, um,
	Supina: latum, latu
	Partic. Praes. ferens: *Fut.* laturus, a, um.

b) Das *Passivum.*

Indicativus.	*Coniunctivus.*
Praes. Feror, ferris (statt fereris), fertur, (statt feritur), ferimur, ferimini, feruntur.	*Praes.* ist ordentlich: Ferar, aris (are), atur, amur, amini, antur.

Imp.

Imp. ordentlich: Ferebar, eris, atur, amur, amini, antur.

Imp. wirft das e heraus: Ferrer, ferreris (ĕre), ferretur, ferremur, ferremini, ferrentur.

Perf. ordentlich: Sum, es, eſt latus, a, um, *Pl.* ſumus, eſtis, ſunt lati cet.

Perf. ordentlich: Sim, ſis, ſit latus, a, um, *Pl.* ſimus, ſitis, ſint lati cet.

Plusq. ordentlich: Eram, eras, erat latus, a, um, *Pl.* eramus cet.

Plusq. ordentlich: Eſſem, eſſes, eſſet latus, a, um: *Pl.* eſſemus cet.

Fut. ſimpl. ordentlich: Ferar, eris cet.

Fut. exact. ordentlich: Fuero latus, a, um cet.

Imperativus.

Praeſ. Sing. Ferre ſtatt Ferere
Plur. Ferimini

Fut. Sing. fertor ſtatt feritor
Plur. feriminor
feruntor.

Infinitivus.

Praeſ. u. Imp. ferri.

Perf. u. Plusq. eſſe latus, a, um (Ac. um, am, um, *Pl.* i, ae, a, os, as, a)

Fut. Latum iri

Partic. 1) *Perf. u. Plusq.* latus, a, um.

2) *Fut.* Ferendus, a, um.

IV. Volo ich will, volui, velle: Nolo, nolui, nolle nicht wollen: Malo, malui, malle lieber wollen, gehen alſo:

A) Volo.

Indicativus.

Praeſ. Volo, vis, vult, volumus, voltis, volunt.

Imp. Volebam, as, at, amus, atis, ant.

Perf. Volui, iſti, it, cet.

Plusq. Volueram, as cet.

Fut. ſimpl. Volam, es cet.

Fut. exact. Voluero, is cet.

Imperativus

fehlt.

Coniunctivus.

Praeſ. Velim, is, it, ſimus, itis, int.

Imp. Vellem, es, et, emus, etis, ent.

Perf. Voluerim, is, it cet.

Plusq. Voluiſſem, es, et cet.

Fut. Coniunct. fehlt, weil es kein Partic. Fut. hat.

Infinitivus.

Praeſ. u. Imp. Velle. *Perf. u. Plusq.* Voluiſſe.

Fut. fehlt. Gerundia und Supina fehlen.

Partic. Volens wird insgemein adiective gebraucht.

B) Nolo geht wie Volo.

Indicativus.

Praes. Nolo, non vis, non vult, nolumus, non vultis, nolunt.

Imp. Nolebam, as, at cet.

Perf. Nolui, isti, it cet.
Plusq Nolueram, as cet.
Fut. simpl. Nolam, es cet.
Fut. exact. Noluero, is cet.

Imperativus.

Praes. Sing Noli.
Plur. Nolite.
Fut. Sing. Nolite wolle du nicht.
Plur. Nolitote, Nolunto.

Coniunctivus.

Praes. Nolim, is, it, imus, itis, int.

Imp. Nollem, es, et, emus, etis, ent.

Perf. Noluerim, is, it cet.
Plusq. Noluissem, es cet.
Fut. Coni. fehlt, weil kein Part. in rus da ist.

Infinitivus.

Praes. und *Imperf.* Nolle.
Perf. u. Plusq. Noluisse.
Fut. fehlt. *Gerundia* und *Supina* fehlen.
Partic. Nolens wird Adiectiuve gebraucht.

C) Malo geht auch wie Volo.

Indicativus.

Praes. Malo, mavis, mavult, malumus, mavultis, malunt.

Imperf. Malebam, as, at cet.
Perf. Malui, isti, it cet.
Plusq. Malueram, as cet.
Fut. simpl. Malam, es cet.
Fut. exact. Maluero, is cet.

Imperativus
fehlt.

Coniunctivus.

Praes. Malim, is, it, imus, itis, int.

Imperf. Mallem, es, et cet.
Perf. Maluerim, is it cet.
Plusq. Maluissem, es cet.
Fut. Coni. fehlt, weil kein Partic. in rus da ist.

Infinitivus.

Praes. u. Imp. Malle.
Perf. und Plusq. Maluisse.

V) Edo ich esse geht zwar ordentlich nach der dritten Conjugation. Es nimmt aber auch von dem Verbo sum die Personalendungen an, die sich auf es endigen oder damit anfangen, als:

Indicativus.

Praes. Edo, edis und es, edit und est, edimus, editis und estis, edunt.

Coniunctivus.

Praes. Edam, as, cet. geht ordentlich.

Imp. Edebam cet. ordentlich.

Imp. Ederem und essem, Ede-
res und esses, ederet und
esset, ederemus und esse-
mus, ederetis und essetis,
ederent und essent.

Perf. Edi, isti cet. ordentlich.

Perf. Ederim, is cet. ordentlich.

Plusq. Ederam, as cet. ordentlich.

Plusq. Edissem, es cet. ordentlich.

Fut. simpl. Edam cet. ordentlich

Fut. Coni. geht ordentlich: Sim

Fut. exact. Edero cet. ordentl.

esurus, a, um cet.

Imperativus.

Infinitivus.

Praes. Ede und es, *Pl.* edite
und este.

Fut. Edito und esto: Edito
und esto,
Pl. Editote und estote:
edunto.

Praes. u. *Imp.* edere u. esse.
Perf. u. *Plusq.* edisse.
Fut. esse esurus cet. *Gerund.*
und *Supina* ordentlich:
Edendum cet. Esum cet.
Partic. ordentlich: Edens, Esu-
rus.

Not. So auch die Composita, als comedis und comes
cet. Auch findet man estur statt editur.

VI. Fio, factus sum, fieri werden, gemacht
werden, geschehen, ist das Passivum von Facio statt
Facior. Das Praesens und die davon herkommenden
Tempora gehen wie Audio: nur das Praesens Infinit.
und das Perfectum nebst den daherkommenden Temporibus geht wie ein Passivum.

Indicativus.

Coniunctivus.

Praes. Fio, fis, fit, fimus, fitis,
fiunt.
Imp. Fiebam, as, at cet.
Perf. Factus, a, um sum cet.
Plusq Factus, a, um eram cet.
Fut. simpl. Fiam, es cet.
Fut. exact. Factus, a, um,
fuero cet.

Praes. Fiam, as, at cet.
Imp. Fierem, es, et cet.
Perf. Factus, a, um sim cet.
Plusq Factus, a, um, essem cet.
Fut. Coni. hat es nicht.

Imperativus.

Praes. Fi, fite: *Fut.* fito, fito; fitote, fiunto.

Infinitivus.

Praes. und *Imp.* Fieri werden, geschehen.
Perf. und *Plusq.* Esse factus, a, um, Ac. um, am, um, Pl. i,
ae, a, os, as, a.

Fut.

Fut. factum iri.

Gerundia und *Supina* fehlen.

Particip. 1) *Perf.* und *Plusq.* factus, a, um.

    2) *Fut.* faciendus, a, um.

Not. Fimus, fitis, fis, und der Imperativ wird nicht oft gefunden.

2) Nach fio gehen die Compoſita, als calefio cet. Denn alle Compoſita von facio, die das a behalten, als calefacio cet. haben fio zu ihrem Paſſivo: die aber a in i verwandeln, haben ficior, nach der dritten Conjugation, als efficio, efficior cet.

VII. Eo, ivi (zuweilen ii), itum, ire gehen, geht nach der vierten Conjugation, und weicht in wenigen ab, als:

Indicativus.	*Coniunctivus*
Praeſ. Eo, is, it, imus, itis, eunt.	*Praeſ.* Eam, eas, eat, eamus, eatis, eant.
Imp. Ibam, as, at cet.	*Imp.* Irem, es, et cet.
Perf. Ivi, iſti, it cet.	*Perf.* Iverim, is, it cet.
Plusq. Iveram, as cet.	*Plusq.* Iviſſem, es, et cet.
Fut ſimpl. Ibo, ibis, ibit, ibimus, ibitis, ibunt.	*Fut. Coni.* Iturus, a, um ſim cet.
Fut. exact. Ivero, is, it cet.	

Imperativus	*Infinitivus*
Praeſ. I geh; ite geht	*Praeſ.* und *Imp.* ire gehn
Fut. Ito geh, du ſollſt gehn	*Perf.* und *Plusq.* Iviſſe
Ito er ſoll gehn	*Fut.* Eſſe iturus, a, um cet.
Itote ihr ſollt gehn	*Gerund.* Eundum, i, o, um,
Eunto ſie ſollen gehn.	*Sup.* Itum, Itu o
	Part. 1) *Praeſ.* und *Imp.* Iens, G. euntis.
	2) *Fut.* Iturus, a, um.

Not. 1) Im Paſſivo iſt nur die dritte Perſonalendung gebräuchlich, als Itur man geht, eatur, ibatur, itum eſt man iſt gegangen ꝛc.

2) Nach Eo gehen deſſen Compoſita, als abeo cet. Nur werfen ſie im Perfecto und den daher kommenden Temporibus gerne das v heraus, als abii, abiiſti, abierim, abieram, abiiſſem, abliſſe cet. auch abiſſem, abliſſe. Und ſo in den übrigen, auſer ambio, welches ganz wie audio geht, als ambio, iunt, Coni. ambiam cet. Part. ambiens, G. euntis cet. Auch ſagt man von eo ſelbſt Ii, ieram, iſſem, iero, iſſe.

                                     VIII.

VIII. Queo ich kann, Nequeo ich kann nicht, und Veneo ich werde verkauft, gehen wie Eo: nur fehlt ihnen Einiges; als:

Indicativus	*Coniunctivus*
Praes. Queo, quis, quit, quimus, quitis, queunt.	*Praes.* Queam, as, at, amus, atis, ant.
Imp. Quibam, as cet.	*Imp.* Quirem, es, et cet.
Perf. Quivi, isti cet.	*Perf.* Quiverim, is cet.
Plusq. Quiveram, as cet.	*Plusq.* Quivissem, es cet.
Fut. simpl. Quibo, is, it cet.	*Fut. Coni.* Quiturus, a, um,
Fut. exact. Quivero, is cet.	sim, sis, sit cet.

Imperativus fehlt

Infinitivus

Praes. und *Imp.* Quire. *Perf.* und *Plusq.* Quivisse.
Fut. Esse quiturus, a, um, (um, am, um, Pl. i, ae, a cet.)
Gerundia fehlen. *Sup.* Quitum und Quitu.
Partic. Praes. Quiens. *Fut.* Quiturus,

So geht auch *Nequeo:* man darf nur ne vor-setzen. Auch ist die Contraction üblich, z. E. quisti, quieris, nequisti cet. Not. Von queo kommt, außer queo, queunt, queam, as, at, amus, atis, ant, das übrige nicht sonderlich vor: so ists auch mit nequeo. Man findet auch quea-tur beym Lucrez und quita est beym Terenz.

Veneo geht auch wie eo: man darf nur ven vorsetzen, als:

Indic. Praes. Veneo, venis cet. *Imp.* Venibam und veniebam cet. *Perf.* venivi und venii, veniisti cet. *Plusq.* Venieram cet. *Fut. simpl.* Venibo cet. *Fut. exact.* Veniero cet.

Coniunct. Praes. Veneam, as cet. *Imp.* Venirem cet. *Perf.* Venierim (gewöhnlicher, als veniverim) cet. *Plusq.* Veniissem cet. *Fut. Coni.* fehlt, weil das *Part. Fut.* fehlt.

Imperat. fehlt. *Infin. Praes.* und *Imp.* Venire, *Perf.* und *Plusq.* veniisse. *Fut.* fehlt. *Gerundia, Supina* und *Particip.* fehlen.

G 5

§. 7.

Von den mangelhaften *Verbis* (defectivis).

Mangelhafte Verba (defectiva) ſind, von denen nicht alle Modi, Tempora und Perſonalendungen vorkommen. Hieher könnten unzählige Verba gerechnet werden. Doch wollen wir hier nur diejenigen nennen, die man insgemein anzuführen pflegt:

I. Aio ich ſage, bejahe, ſage ja!

Indic. Praeſ. Aio, ais, ait
     Plur. — aiunt
Imp. Aiebam, as, at, amus, atis, ant.

Coni. Praeſ. aiam, as, at
     Plur. — aiant,

II. Inquam (ſtatt inquio) ich ſage, oder ſage ich:

Indic. Praeſ. Inquam, inquis, inquit, inquimus, inquitis, inquiunt.
Imp. Inquiebam, as, at, amus, atis, ant.
Perf. — — inquiſti: *Pl.* inquiſtis.
Fut. — inquies, inquiet. *Pl.* inquient.
Imper. Praeſ. Inque. *Fut.* Inquito.

Coni. Praeſ. — inquias, iat, *Plur.* — iatis, iant.

III. Memini ich erinnere mich, Odi ich haſſe, Coepi ich habe angefangen, ſind Perfecta und haben alle Tempora, die vom Perfecto herkommen.

a) Memini wird im Deutſchen wie ein Praeſens gebraucht.

Indicativus.
Praeſ. und *Imp.* fehlt.
Perf. Memini, iſti, it cet.
Pusq. Memineram, as cet.
Fut. ſimpl. fehlt: ſtatt deſſen wird das Fut. exact. gebraucht.

Coniunctivus.
Praeſ. und *Imp.* fehlt.
Perf. Meminerim, is, it cet.
Pusq. Meminiſſem, es cet.
Fut. Coni. fehlt, weil das Partic. in rus fehlt.

Fut. exact. Meminero ich werde mich erinnert haben, und ich werde mich erinnern, is, it cet.

Imperat.

Imperat. Praeſ. und *Imp.* fehlt. *Fut.* Memento erinnere dich, memento: Pl. mementote erinnert euch.
Inſin. Praeſ. und *Imp.* fehlt. *Perf.* und *Plusq.* Meminiſſe ſich erinnern.

b) Odi ich haſſe, wird als ein Praeſens gebraucht.

Indicativus.	Coniunctivus
Praeſ. und *Imp.* fehlen.	*Praeſ.* und *Imp.* fehlen.
Perf. Odi ich haſſe, iſti cet.	*Perf.* Oderim, is, it cet.
Plusq. Oderam ich haßte, as cet.	*Plusq.* Odiſſem, es cet.
Fut. ſimpl. fehlt; dafür gebraucht man das Fut. exact.	*Fut. Coni.* Oſurus, a, um ſim cet.

Fut. exact. Odero ich werde gehaſſet haben, und ich werde haſſen, is, it cet.
Imperativus fehlt.
Infinit. Praeſ. und *Imp.* fehlt. *Perf.* und *Plusq.* odiſſe.
  Fut. eſſe oſurus, a, um, Ac. um, am, um cet.
  Gerundia und *Supina* fehlen.
  Partic. Fut. oſurus, a, um. Not. Es hat auch ein
  Partic. Perf. oſus, a, um, der gehaßt hat; man ſetzt auch das Verbum Sum dazu, als ſum oſus, ich habe gehaßt ꝛc.

c) Coepi ich habe angefangen geht ordentlich: nur fehlt ihm Einiges:

Indicativus	Coniunctivus.
Praeſ. und *Imp.* fehlt.	*Praeſ.* und *Imp.* fehlt.
Perf. Coepi, iſti cet.	*Perf.* Coeperim, is cet.
Plusq. Coeperam, as cet.	*Plusq.* Coepiſſem, es cet.
Fut. ſimpl. fehlt: dafür nimmt man das *Fut. exact.*	*Fut. Coni.* iſt ordentlich: Coepturus, a, um ſim, ſis cet.

Fut. exact. Coepero ich werde angefangen haben, und ich werde anfangen, is, it cet.
Imperativus fehlt.
Infinit. Praeſ. und *Imp.* fehlt: *Perf.* und *Plusq.* Coepiſſe.
  Fut. Eſſe coepturus, a, um, Ac. um, am, um cet.
  Gerundia und *Supina* fehlen.
  Particip. Fut. coepturus, a, um. Not. Man hat auch ein *Partic. Perf. Paſſ. Coeptus,* a, um, was angefangen worden. Man ſetzt auch das Verbum ſum, eram cet. dazu, und gebraucht es ſtatt coepi, wenn ein Infinitivus Praeſ. darauf folgt, als domus aedificari coepta eſt.

Not

Not. Man rechnet auch Novi ich kenne mit hieher. Aber das ist von Nosco ich lerne kennen; Noscebam ich lernte kennen, daher Perf. Novi ich habe kennen gelernt, folglich: ich kenne; Noveram ich hatte kennen gelernt, folglich: ich kannte. Doch merke man, daß Novi die Sylbe ve und vi gern herauswirft, als novisti und nosti, novistis und nostis, noverunt und norunt, noveram und noram, novissem und nossem, novisse und nosse cet.

IV. Ausim ich möchte mich unterstehen, und Faxim ich möchte machen, rechnet man auch unter die Defectiva. Sie sind vielmehr alte Perfecta, und haben die Bedeutung des Praesentis, wie dixerim, i. e. dicam.

a) Ausim, (statt des alten auserim, i. e. ausus sim), ausis, ausit, Pl. ausint.

b) Faxim (statt fecerim, i. e. faciam), is, it, imus, itis, int. Fut. exact. Faxo, is, it cet. statt fecero, is cet.

V. Forem ich wäre, würde seyn, fores, foret, Pl. forent; steht statt Futurus essem, esses cet. oder auch blos für essem, esses cet. Infin. Fore steht statt futurum, am, um esse cet.

VI. Salve und Ave sey gegrüßt sind Imperativi von alten Verbis salveo und aveo.

a) Salve, Salvete, Fut. salveto: Inf. salvere. Auch Fut. salvebis.

b) Ave, avete, Fut. Aveto. Infin. Avere. NB. Man rechnet auch Vale lebe wohl, eigentlich sey gesund, hierher, aber das ist von Valeo, welches nicht mangelhaft ist.

VII. Defit es fehlt, Infin. defieri: auch hat Gellius defiunt: auch steht defiet Liv. und defiat Plaut.

VIII. Infit er fängt an. Weiter kommt nichts vor.

IX. Cedo gieb her, sage her, gebt her, sagt her; im Sing. und Plur. Auch sagt Plautus im Plur. cette statt cedite durch die Contraction. Weiter kommt nichts vor.

X. Quaeso ich bitte, Plur. quaesumus: auch kommt bey uralten Scribenten quaesere, quaesit, quaesens, quaesendum vor. Weiter findet man nichts.

XI. Von

XI. Von Dari und Fari wird die erſte Perſonalendung Praeſ. Indic. und Cuniunct. Dor, Der, For, Fer, nicht gefunden.

XII. Scio hat im Imper. nicht ſci; dafür ſagt man ſciro.

XIII. Von Apage oder apage te packe dich weg iſt weiter nichts gebräuchlich. Es iſt auch natürlich. Denn es iſt eigentlich der griechiſche Imper. ἄπαγε.

XIV. Von Ovare frolocken, triumphiren, findet man vielleicht nichts mehr als ovat, ovet, ovaret, ovandi, ovans, ovatus, ovaturus,

§. 8.

Von den unperſönlichen Verbis (Imperſonalibus).

Unperſönliche Verba (Imperſonalia) ſind, von denen nur die dritte Perſonalendung Sing. und zwar ohne Vorſetzung einer grammatiſchen Perſon oder des Nominatis gebräuchlich iſt. Sie ſind doppelter Art:

I. Einige haben eine active Endung, als libet (lubet) es beliebt, licet es iſt erlaubt, piget es graut (mir z. E. vor der Arbeit), taedet es ekelt, luceſcit es wird Tag: hieher gehören auch 1) decet es geziemt; miſeret es jammert, oportet es iſt nöthig, pudet (z. E. me ich ſchäme mich), poenitet es gereut. Doch findet man auch decent, deceant cet. auch, wiewohl ſelten, pudent, pudeo, miſeret ipſe: 2) Tonat es donnert, pluit es regnet, ningit es ſchneyt, fulgurat es blitzt, grandinat es hagelt, veſperaſcit es wird Abend. 3) Folgende, die nur in gewiſſer Bedeutung unperſönlich ſtehen : Intereſt und refert es iſt daran gelegen, vacat es iſt Muße, conſtat es iſt ausgemacht, praeſtat es iſt beſſer, fit es geſchieht, iuvat es ergötzt, attinet es betrifft, conducit es nützt, contingit, accidit und evenit es widerfährt, trägt ſich zu, convenit es ſchickt ſich, expedit es iſt nützlich, ſo auch patet, reſtat, ſufficit cet.

Zu

Zu welcher Conjugation sie gehören, lehrt die Endung, als:

1) nach der ersten: Tonat, tonabat, tonuit, tonuerat, tonabit, tonuerit. *Conj.* tonet, tonaret cet. *Inf.* tonare, tonuisse, so auch fulgurat cet.

2) nach der zweyten: Oportet, oportebat, oportuit cet. *Conj.* oporteat, oporteret cet. *Inf.* oportere, oportuisse. So gehen alle in et, als Poenitet, Poenituit cet. Piget, uit, Decet, uit. Miseret hat *Perf* misertum est. Libet hat libuit und libitum est. Licet hat *Perf.* licuit und licitum est. Taedet hat zwar taeduit: aber dafür gebraucht man lieber Pertaesum est cet.

3) nach der dritten: accidit, contingit cet.

4) nach der vierten: convenit cet.

5) Interest geht wie est, *Imp.* intererat cet. *Conj.* intersit, interesset cet. Refert geht wie fert von fero. *Imp.* referebat cet. *Conj.* referat cet.

Not. Alle Impersonalia haben einen Infinitiv, aber keinen Imperativ; dafür gebraucht man den Conjunctiv, als pudeat te schäme dich. Sie haben auch keine Supina.

II. Einige haben eine passive Endung, aber gen. neutrius, d. i. man kann im Deutschen es vorsetzen, auch man, als curritur es wird gelaufen, man läuft, *Imperf.* currebatur es wurde gelaufen, man lief, *Perf.* cursum est, *Plusq.* cursum erat, *Fut.* curretur cet. *Conjunct.* curratur cet. so auch statur, persuadetur cet. Kurz alle Passiva der Verborum, die keinen Accusativ regiren, müssen so gebraucht werden. Doch können auch die Passiva der Verborum, die einen Accusativ regiren, unpersönlich gebraucht werden, als bibitur es wird getrunken, man trinkt, bibebatur cet. so auch editur, scribitur cet.

Fünfter Abschnitt.
Von den *Participiis.*

Participia sind von Verbis abstammende Beywörter der Substantivorum, die zu ihnen just so, wie die Adiectiva, in gleichem genere, numero und casu gesetzt, folglich eben so declinirt werden. Sie unterscheiden sich von

von ihnen dadurch, daß sie 1) von Verbis abstammen, 2) folglich ein Thun oder Gethan werden anzeigen, 3) an der Rection ihrer Verborum Antheil nehmen, als amo deum und amans deum: amor a deo und amatus a deo: 4) daß sie insgemein den Begriff der Zeit in sich fassen, als amans ein itzt liebender, amaturus ein künftig liebender. Und wegen dieser vierfachen Theilnehmung heißen sie eben Participia, von particeps theilhaftig.

Man bemerke folgendes:

I. Die Participia sind Abkürzungen der Säße, als homo amans deum sit felix steht für homo, qui deum amat, sit cet.

II. Alle Verba in O, sowohl Transitiva als Intransitiva, haben insgemein zwey Participia: 1) *Praes.* und *Imp.* in ns: 2) *Fut.* in rus, a, um. Die Passiva der Verborum, die einen Accusativ regiren, haben auch zwey Participia: 1) *Perf.* und *Plusq.* in us, a, um, 2) *Fut.* in dus, a, um. Hingegen die Passiva von den Verbis, die keinen Accu.... regiren, haben keine Participia. Doch giebts Ausnahmen, siehe unten not. 1. Die Neutropassiva haben dr.. Participia, in ns, us und urus, als Gaudeo, *Gandens*, *gavisus*, *gavisurus*. Die Deponentia, die einen Accusativ regiren, als hortor, sequor cet. haben alle diese vier Participia: 1) *Praes.* in ns, als hortans, sequens: 2) *Perf.* und *Plusq* in us, als hortatus, secutus: 3) *Fut Act.* in rus, als hortaturus, secuturus: 4) *Fut. Pass.* als hortandus, sequendus. Die Deponentia aber, die keinen Accusativ regiren, als utor, fruor cet. haben nur drey Participia, nämlich ns, us und urus, als utens, usus, usurus.

Not. 1) Die Verba, denen das Participium in dus fehlt, haben dennoch die Gerundia in dem, di, do, dum, do.

2) Von manchen Verbis, die keinen Accusativ regiren, findet man zuweilen das Participium in dus, als audendus, carendus, dolendus, urendus, fruendus cet. von audeo, careo, doleo, utor, fruor cet.

3) Von manchen Intransitivis findet man das Perfectum Passivi, welches theils passive steht, als titubata vestigia; so auch erhitas, cessatus, festinatus, laboratus, triumphatus,

tus, successus cet. theils intransitive, als adultus, i.
e. qui adolevit; coenatus i. e. qui coenavit; iuratus
i. e. qui iuravit cet.

4) Manchmal steht das Participium Praes. eines Transitivi passive oder reciproce, als vertens, volvens cet.
z. E. anno vertente, volventibus annis.

5) Auch stehen die Participia Perf. mancher Deponentium
zuweilen Passive, als adeptus erlangt, comitatus begleitet; so auch confessus, detestatus, dignatus, dimensus, emensus, ementitus, mentitus, exsecratus, interpretatus, lamentatus, metatus, moratus, professus
und andere, besonders expertus versucht, pactus bedungen, testatus bezeugt, welche oft passive stehen.

III.   Die Participia werden oft Nomina adiectiva,
Dies geschieht:

1) wenn sie den Begriff der Zeit gänzlich verlieren, als
sapiens weise, tutus sicher 2c.

2) wenn sie mit in, d. i. un, zusammengesetzt sind, als indoctus ungelehrt, infractus unzerbrochen, impatiens,
insipiens cet. Not. Dieses in scheint nicht die Präposition in zu seyn, sondern das sine mit weggelassenem s
oder das griechische ἄν (aus ἄνευ   ἀνελευθέριος: womit unser un übereinkommt.

3) wenn sie die Rection verlieren oder eine andere annehmen, als patiens frigoris, amans dei cet.

4) wenn sie die Vergleichungsstaffeln (Gradus) annehmen, als amans, amantior, amantissimus: egens, entior, entissimus: munitus, ior, issimus: optatus, ior,
issimus: tutus, ior, issimus. Manche haben nur den
Comparativum, als tectus, ior. Manche nur den Superlativum, als deditus deditissimus; meritus meritissimus; persuasum persuasissimum cet.

Sechster Abschnitt.

Von den *Adverbiis.*

I. Adverbia sind die erste Gattung der Wörter, welche weder declinirt, noch conjugirt werden, und insgemein Partikeln (Particulae) heißen.

Adverbia sind eine Art Beywörter, die vornehmlich zu
den Verbis, um die Zeit, den Ort oder sonst einen Umstand
oder

oder eine Beſchaffenheit anzuzeigen, hiernächſt zu den Adiec
ctivis und Adverbiis, zuweilen auch zu Subſtantivis geſetzt
werden, als *heri* aegrotabam, *valde* aegrotabam, valde
doctus, valde bene cet. Ihre Endungen ſind mancherley,
als im, as, i, ies, ic, o, a, us, is, e, er, l, um, quam, que,
x, cet. als ſenſim, cras, toties, ſic, cito, ita, intus cet.

II. Sie ſind theils **Stammwörter** (Primitiva),
theils **Abgeleitete** (derivata). Dieſe kommen theils her
von Verbis, als ſtatim von ſto, theils von Präpoſitionen,
als intus, theils von Subſtantivis, als membratim,
theils beſonders von Adiectivis, und zwar alſo: Die von
den Adiectivis der zweyten Declination herkommen, endi
gen ſich insgemein auf e oder o, als malus male, tutus
tuto: (Doch ſind die mit langem o eigentlich die ablativi,
z. E. tuto von tutum cet.): Die aber von den Adiecti
vis in der dritten Declination herkommen, endigen ſich
insgemein in ter, als fortis *fortiter*, ſapiens *ſapienter*.

III. Sie ſind theils **einfach** (ſimplicia), theils zu
ſammengeſetzt (Compoſita), z. E. hodie aus hoc
und die, ſaepenumero aus ſaepe und numero, magno
pere aus magno und opere, quapropter aus quae und
propter, denuo aus de und novo, ſcilicet aus ſcire licet,
videlicet aus videre licet, ſicut aus ſic und uti, perſae
pe aus per und ſaepe cet.

IV. Man theilt ſie ihrer Bedeutung nach in viele
Claſſen ein, welches keinen ſonderlichen Nutzen hat.
Doch wollen wir einige anführen:

1) Einige zeigen einen Ort an: a) auf die Frage wo?
Hier iſt die Endung i oder ic gewöhnlich, als ibi daſ
ſelbſt; ubi wo? ubique allenthalben, ubicunque es
ſey wo es wolle; hic hier; iſtic, illic dort, daſelbſt;
b) auf die Frage wohin? wo die Endungen uc, o und
orſum (rſum) gewöhnlich ſind, als huc hieher, iſtuc,
illuc dorthin, quo wohin? eo dahin, eodem eben
dahin, quocunque es ſey wohin es wolle, ultro ci
troque hin und her, iſto dorthin, intro hinein, alio
anderwärts; dextrorſum zur Rechten, ſiniſtrorſum
zur Linken, quorſum wohin, deorſum abwärts, ſur
ſum aufwärts ꝛc. c) auf die Frage woher? wo die En
dungen in und de gewöhnlich ſind, als hinc von hier,
iſtinc, illinc von dort, unde woher, undecunque wo

Schell. kleine Gramm.   H   her

her es nur fey, undique von allen Orten her, ali-
u.de anders woher ⁊c.

2) Einige zeigen eine Zeit an, als: quando wenn; quandocunque, quandoque es fey wenn es wolle: cras
morgen hodie heute; nunc nun, igt; iam nun, schon:
mane früh; sero spåt; olim vor Zeiten, einmal; diu
lange; ubi als, da; cum wenn; dum indem; quotidie täglich; nuper neulich; modo vor kurzem, nur;
cum primum sobald als; quam primum eheftens; fimul mit ⁊c, atque, auch ohne beydes, so bald als ⁊c.

3) Einige dienen zum Zählen, als primum erftlich, deinde
hernach oder zweytens, tum hierauf oder drittens,
praeterea auſerdem oder viertens ⁊c so kann man weiter
hin poſtea, porro, infuper und am Ende denique, po-
ſtremo endlich ſetzen. Semel einmal: bis zweymal, ter
dreymal, quater viermal, quinquies fünfmal: fexies,
feptics, octies, novies, decies, vicies, tricies, centies, millies cet. Man rechnet auch hieher faepe, crebro oft, plerumque meiſtentheils, raro felten, ali-
quoties einigemal, toties ſo oft, quoties wie oft?
Iterum zum andern Male, rurfus wieder ⁊c.

4) Einige dienen zum Fragen, als quomodo? qui? wie?
ubi wo? ubinam wo denn? unde woher? quando wenn?
quam diu wie lange? quo wohin? cur, quare warum?
Befonders fragen num, an und ne, als num me amas?
an me amas? amasne me? Liebſt du mich? auch ohne
Frage: nescio an me ames ich weis nicht, ob du ⁊c.
So auch utrum oder ne mit an, bey einer doppelten Frage, als: Utrum amas an odiſti? Amasne an odiſti?
Liebſt du, oder haffeſt du? Und ohne Frage: nescio,
utrum ames (amesne) an oderis, ich weis nicht, ob du
liebſt oder haffeſt.

5) Einige dienen zu Vergleichungen, als ut, uti, ſicut:
ficuti, velut, veluti, quemadmodum, tanquam wie:
gleichwie: tanquam, quaſi als wenn, gleich als wenn,
perinde aeque eben ſo: tam ſo: quam wie: magis mehr;
minus weniger ⁊c.

6) Einige drücken eine Verficherung aus, als nae, profecto, fane fürwahr; utique allerdings; vere in Wahrheit, wirklich; certo, certe. haud, dubie gewiß.

7) Einige drücken eine Vermuthung aus, als forfan,
forfitan, fortaffe, fortaffis vielleicht.

8) Einige verneinen, als non, haud nicht: minime
ganz und gar nicht: nedum geſchweige.

9) Einige verbeffern, als potius vielmehr: imo umgekehrt, ja, vielmehr; quin ja, vielmehr.

10) Ei-

10) Einige ſchließen andere Dinge aus, als ſolum, modo, tantummodo, tantum, dantaxat nur.

11) Einige drucken die Art und Weiſe aus, als bene gut, melius beſſer, optime am beſten, ſehr gut: pulchre ſchön, pulchrius ſchöner, pulcherrime ſehr ſchön, am ſchönſten: audacter kühnlich: prudenter klug: ſapienter weislich: diligenter ſorgfältig: ſtudioſe eifrig: recte recht, richtig: male böſe: ſtulte einfältig; coram mündlich: clam heimlich: omnino gänzlich: docte gelehrt: amice freundſchaftlich: ſimul zugleich: una beyſammen: membratim ſtückweis: celeriter, cito geſchwind ꝛc.

Not. Man rechnet auch viele unter die Adverbia, die eigentlich ablativi ſind, als veſperi Abends: diu bey Tage: noctu bey Nacht: merito billig: vero wahrhaftig, ſo auch certo, falſo, crebro cet. Aber Age, Agite (und Agedum, Agitedum) welches man wohlan! überſetzt, iſt der Imperativus von ago: mach! macht! Ferner quare, quamobrem, quomodo cet. ſind zuſammengeſetzte Wörter aus qua re, quam ob rem, quo modo cet.

V. Viele Adverbia haben die Vergleichungsſtaffeln (Gradus). Hier richten ſich die, welche von Adiectivis abſtammen, nach letztern. Nämlich: 1) endigt ſich der Poſitivus der Adiectivorum auf us, a, um, oder er, a, um, ſo endigt ſich der Poſitivus der Adverbiorum auf e oder o, als doctus docte, pulcher pulchre, certus certo cet. Doch von multus kommt multum, von parvus parum, von humanus humaniter und humane. Iſt der Poſitivus des Adiectivi aber in der dritten Declination, als lenis, felix, ſapiens, acer, ſo endigt ſich der Poſitivus des Adverbii auf ter, als leniter, feliciter, ſapienter, acriter: doch von facilis kommt facile. 2) Der Comparativus des Adverbii iſt mit dem Neutro des Comparativs des Adiectivi einerley, als doctius, melius cet. 3) Der Superlativ des Adverbii iſt dem Superlativo des Adiectivi gleich, auſer daß er das us in e verwandelt, als doctiſſimus doctiſſime, optimus optime. Folglich ſagt man: docte, doctius, doctiſſime; male, peius, peſſime; bene, melius, optime; ſimiliter, ſimilius, ſimillime; fortiter, fortius, fortiſſime; magnifice, entius, entiſſime cet. Wenn daher die Adiectiva die Gradus nicht durch or und ſimus, ſondern durch Zuſetzung des magis und maxime machen, z. E.

egre

egregius, magis egregius, maxime egregius, ſo machen
es die Adverbia auch ſo, als egregie, magis egregie,
maxime egregie: pie, magis pie, maxime pie.

Auch andere Adiectiva, die nicht von Adiectivis
herkommen, haben Gradus, als ſaepe, ſaepius, ſae-
piſſime: diu, diutius, diutiſſime: nuper, nuperrime
ohne Comparativ. Einige haben keinen Poſitiv, als magis, maxime: ocius ociſſime: potius potiſſimum; andere keinen Superlativ, als ſatis, ſatius: tempori bey
Zeiten, (der alte Abl. von tempus), temporius und
temperius zeitiger.

Siebenter Abſchnitt.
Von den Präpoſitionen oder Vorſetzwörtlein.

Präpoſitionen (Praepoſitiones) ſind Wörter, die
andern Wörtern vorgeſetzt werden, um entweder ein
Doppelwort (Comp ſitum) zu machen, oder um einen
Caſum zu regiren, oder in beyder Abſicht. Sie ſind alſo doppelter Gattung.

I. Einige werden bloß einem andern Worte vorgeſetzt,
um ein Doppelwort zu machen: ſtehen alſo nie allein,
und heißen untrennbare Präpoſitionen (inſeparabi-
les). Es ſind folgende: amb, com, dis, re, ſe, ve, ne.

1) Amb um, als ambire herumgehen. Vor den Conſonanten verändert es ſich in an, als anquiro, anceps.

2) Com mit, zuſammen, behält das m vor b, m, p;
als combibo, commeo, compono: vor den übrigen Conſonanten ändert es das m in n, als confringo, con-
iungo cet. Auch wird das m oft in den folgenden Conſonanten verwandelt, als colligo, corruo cet. ſtatt conligo, conruo cet. Vor einem Vocal und h fällt das m
heraus, als coeo, cohabito cet. auſer comedo, comitia: zuweilen verſchlingt das co den folgenden Vocal,
als cogo ſtatt coago.

3) Dis oder di zer, in verſchiedene Theile, als disiicio,
zerſtreuen, digero cet Auch wird das s in f verwandelt, als differo, difficilis cet. ſtatt disfero cet.

4) Re zurück, wieder, als reiicio zurückwerfen, re-
vertor cet. Vor einem Vocal und h nimmt es ein d
an, als redeo, redhibeo.

5) Se beyſeits, als ſepono beyſeits legen.

6) Ve

6) Ve ohne, als ohne Verſtand.

7) Ne bedeutet eine Verneinung, als nefs.

II. Die übrigen helfen zwar auch zum Theil ein Dop=
pelwort machen; ſie können aber auch allein ſtehen, und hei=
ßen daher trennbare (ſeparabiles), und regiren dann ent=
weder einen Accuſativ, oder Ablativ, oder beyde Caſus.

A) Einen Accuſativ regiren folgende:

Ad 1) zu, 2) bey, 3) in Anſehung, 4) gegen ꝛc.

Apud bey.

Ante vor (als vor drey Tagen ꝛc.)

Adverſus und Adverſum gegen, wider.

Cis, citra diſſeit z. E. des Fluſſes.

Circa, circum um (z. E. um die Stadt gehen)

Circiter ohngefähr um, gegen (z. E. Mittag ꝛc.).

Contra 1) gegen oder gegen über, 2) wider.

Erga gegen (z. E. Liebe gegen Gott.)

Extra auſer, auſerhalb.

Intra innerhalb, von Ort und Zeit, binnen.

Infra unter (z. E. unterm Tiſche.)

Inter unter oder zwiſchen: (z. E. unter den Menſchen
ſeyn).

Iuxta neben, nahe bey.

Ob 1) wegen, 2) vor (z. E. vor Augen ſeyn).

Penes bey (wenns eine Gewalt oder einen Beſitz anzeigt).

Per durch (auch bey, iuro per deum).

Pone hinter.

Poſt nach oder hinter.

Praeter auſer oder ausgenommen, (auch wider).

Prope nahe an, nahe bey.

Propter; 1) wegen, 2) neben, nahe dabey.

Secundum 1) nach oder gemäß, 2) nach, (von der
Zeit).

Supra über.

Trans jenſeit (z. E. des Fluſſes).

Verſus gegen oder wärts (z. E. gegen Polen zu).

Ultra jenſeit (z. E. des Fluſſes).

B) Einen Ablativ regiren folgende:

A, ab, abs von. Not. 1) a ſetzt man nur vor einem
Conſonanten, auſer dem h: ab ſteht vor einem Vocal,
und h, auch oft vor andern Conſonanten: abs ſteht nur
zuweilen vor t und q, als abs te, abs quovis: 2) a
(ab) von und de von iſt unterſchieden: a ſteht, wenn
etwas von Jemand gemacht oder gethan worden, es
beſtehe in Sachen oder Worten: z. E. die Welt iſt von
Gott gemacht worden: vom Cicero iſt die Rede gehal=

H 3   ten

ten worden, d. i. er hat sie gehalten: de steht, wenn von so viel ist, als in Ansehung, wegen, oder wenn es jemand betrifft, als: die Leute reden von dir ꝛc.

Absque ohne, ist seltner, als sine.

Clam ohne Wissen.

Coram vor oder in Gegenwart.

Cum mit, nebst.

De von, in Ansehung oder wegen.

E und ex aus: nach oder seit. Not. E steht nur vor einem Consonanten, auser dem h: ex steht vor den Vocalen und allen Consonanten.

Prae 1) vor, d. i. wegen 2) gegen, d. i. in Vergleichung.

Pro 1) für oder an Statt 2) nach z. E. Kräften.

Sine ohne.

Tenus bis an z. E. den Hals.

C) Den Accusativ und Ablativ regiren folgende:

In 1) in, mit dem Accusativ auf die Frage wohin? mit dem Ablativ auf die Frage wo? 2) gegen, mit dem Accusativ, als die Liebe gegen Gott, 3) unter, mit dem Ablativ, als der Gelehrteste unter den Griechen.

Sub 1) unter, auf die Frage wohin? mit dem Accusativ, und auf die Frage wo? mit dem Ablativ: als unter die Bank, unter der Bank: 2) gegen z. E. die Nacht: 3) nahe bey z. E. dem Berge.

Super auser, über.

Subter unter, als unter dem Tische.

Anmerkungen.

I. Von diesen Präpositionen werden auch folgenden andern Wörtern vorgesetzt, um Doppelwörter (Composita) zu machen:

1) Ad, als adfero oder affero; adpono oder appono cet.

2) Ante, als antepono vorziehen.

3) Circum, als circumdo umgeben.

4) Inter, als interpono dazwischen setzen.

5) Ob, als obfero oder offero entgegen tragen, anbieten.

6) Per, als perlego durchlesen: auch bedeutet es sehr, als perdoctus sehr gelehrt.

7) Post, als postpono nachsetzen.

8) Praeter, als praetereo vorbey gehen.

9) Trans, als transjicio oder trajicio hinübersetzen.

10) A, ab, abs, als amitto, abjicio, abscedo.

11) De: wo es herab, ohne oder ein Aufhören bedeutet, als

delabor

delabor herabfallen: demens ohne Verstand: deto-
no aufhören zu donnern.

12) Ex und e, als eiicio herauswerfen, exeo heraus-
gehen: so ist essero statt exsero oder efero: zuweilen bedeutet es in die Höhe, als escendo hinaufsteigen.

13) Prae, wo es einen Vorzug anzeigt, als praeferre
vorziehen, praedives sehr reich.

14) Pro, wo es bald hervor bedeutet, als profero: bald
fort, weiter, als propago fortpflanzen.

15) In, als infero hineintragen. Oft bedeutet es nichts,
als infringo zerbrechen. Man glaubt, es bedeute auch
unn, als indoctus ungelehrt: aber dann scheint es nicht
dieses in, sondern aus dem sine, Gr. ἄνευ, gemacht zu
seyn. Das n wird oft in den folgenden Buchstaben verändert, als illido, irritus.

16) Sub, wo es bald unter bedeutet, als subpono oder sup-
pono: bald unterwärts, bald in die Höhe, bald eine
Nähe.

17) Super, als supersto.

18) Subter, als subterfugio.

II. Viele Präpositionen werden auch ohne ihren
Casum gefunden, und stehen dann als Adverbia, als:

1) Ad, wenn es heißt gegen, bey Bezeichnung einer unge-
wissen Zahl, steht oft bey Geschichtschreibern ohne Accusativ, als: occisis ad quingentis.

2) Ante, wenn es heißt, zuvor, vorher, steht unzähliges-
mal ohne Accusativ, als ante dixi.

3) Adversus (um), wenn es entgegen, dawider bedeutet,
und Citra stehen zuweilen ohne Accusativ.

4) Circa umher, herum, Circiter ungefähr, Contra,
wenn es hingegen, dawider heißt, extra außerhalb,
stehen sehr oft ohne Accusativ.

5) Intra steht selten ohne Accusativ.

6) Infra, wenn es unten heißt, steht zuweilen ohne Accusativ.

7) Iuxta darneben, Propter darneben, Prope nahe, in
der Nähe, Post hernach, stehen sehr oft ohne Accusativ.

8) Pone hinten, hinten nach, steht meistens ohne Accusativ.

9) Praeter außer, secundum nach, (hinten nach) stehen
selten ohne Accusativ.

10) Supra oben, Ultra drüber, weiter, stehen sehr oft
ohne Accusativ.

11) Versus gegen steht sehr oft als ein Adverbium und
hat die Präposition ad oder in bey sich.

12) Clam heimlich, wider Jemands Wissen, steht nicht
selten ohne Ablativ.

13) Co-

13) Coram mündlich, in Gegenwart, Super drüber, stehen oft ohne ihren Casum.

14) Subter unten, steht zuweilen ohne seinen Casum.

III. Man findet auch viele Präpositionen ihrem Casui nachgesetzt, als:

1) Versus und Tenus stehen allezeit hinter ihrem Casu; und cum wird dem me, te, se, nobis, vobis allezeit, und oft dem Ablativ von qui nachgesetzt, als Romam versus, capulo tenus, mecum, tecum, secum, nobiscum, vobiscum, quocum (quicum), quibuscum.

2) Auch andre, als ad, inter, citra, circa, contra, penes, propter, ultra, de, findet man bey den besten Scribenten dem *Pronomini* qui, quae, quod, nachgesetzt. Auch findet man beym Nepos hunc iuxta, Diomedonte coram, und beym Tacitus lucem intra, Scythas inter, urbem iuxta cet. Auch sagt Livius: qui *Faesulas inter Arretiumque* jacent.

Not. Manche rechnen auch secus, usque, palam, simul, pridie, postridie unter die Präpositionen. Aber der Casus, der zuweilen bey ihnen steht, wird eigentlich von einer ausgelassenen Präposition regirt: folglich nennt man sie lieber Adverbia.

Achter Abschnitt.
Von den Conjunctionen oder Bindewörtern.

Coniunctiones sind Verbindungswörter (Bindewörter), d. i. Wörter, dadurch zwey oder mehr Wörter und Sätze verbunden werden. Sie sind mancherley, und heißen

I. *Copulativae*, als:

Et, que, ac, atque und. Steht et zweymal, so heißts sowohl, als auch, oder nicht nur, sondern auch.
Not. Que wird angehängt, als paterque.

Et, etiam, quoque auch. Item auch, ebenfalls: vel auch, sogar.

Nec, neque und nicht, auch nicht: vor vero, enim heißts nicht. Steht nec oder neque zweymal, so heißts insgemein weder, noch.

Tum zweymal, oder cum mit tum heißt so wohl, als auch, oder nicht nur, sondern auch.

II. *Disiunctivae*, als:

Sed sondern. Aut, vel, ve, oder. Steht aut oder vel zweymal, so heißts das erstemal entweder; das
andre

andremal oder: auch kann man dafür zweymal sive oder seu nehmen, oder einmal sive und einmal seu.
Not. Ve wird angehängt, als paterve.

III. *Explicativae*, als:

Seu, sive, oder, bey zwey verschiedenen Namen Einer Person oder Sache, als Pallas seu Minerva.
Ferner scilicet, nimirum, nempe, nämlich, freylich.

IV. *Conditionales*, als:

Si wenn, wofern: sin (mit und ohne autem) wenn
aber, wofern aber (insgemein wenn si vorhergegangen): Siquidem wenn anders, wenn nämlich:
Nisi, ni wenn nicht, wofern nicht: Dummodo
wenn nur, dafür auch dum oder modo gesetzt wird:
dum ne, modo ne, wenn nur nicht.

V. *Adversativae*, als:

At, ast, verum, enimvero, atqui, sed, vero, autem, aber oder allein. Tamen doch, jedoch.
Attamen aber doch, jedoch aber.

VI. *Concessivae*, als:

Etsi, tametsi, quanquam, quamvis, licet obgleich,
obschon. Etiamsi wenn auch. Quantumvis, quamvis wie sehr es auch sey. Ut gesetzt daß. Equidem ich zwar, ich für meine Person, ich wenigstens. Quidem zwar, wenigstens.

VII. *Causales*, als:

Nam, namque, etenim, enim denn. Quia, quoniam, quod, quando weil. Quod daß, wenns
so viel ist, als weil. Ut, quo auf daß, damit.
Ut daß (nach so groß, so sehr rc. nach Bitten.).
Ne, quin, quo minus daß nicht. Quippe als,
z. E. quippe qui als der rc. Cum da, z. E.
da es gewiß ist rc.

VIII. *Conclusivae*, als:

Ergo, igitur, itaque, ideo, idcirco, hinc, inde,
proinde, propterea, quare, quamobrem daher,
dannenhero, demnach, deswegen, also; z. E.
Wir sehen also, daß rc.

   IX. Or-

IX. *Ordinativae*, als:

Primum erstlich, deinde, zweytens, tum, drittens, dann folgt praeterea, postea, porro, insuper oder auch wieder deinde, tum: bis zuletzt postremo, denique endlich. Denn man zählt nicht gern primo, secundo, tertio cet.

X. *Temporales*, die Zeitsätze anfangen, als:

Posteaquam, postquam nachdem, ubi, ut, cum, als, da, dum indem oder in währender Zeit, daß: simul mit ac oder atque, oder auch ohne beydes, sobald als 2c.

Not. Enim, autem, vero, quidem, quoque stehen nicht gern zu Anfang eines Satzes, sondern werden einem oder auch mehrern Wörtern nachgesetzt, als nemo enim cet.

Neunter Abschnitt.
Von den Interjectionen.

Interjectionen (Interiectiones) sind Affectswörtlein, Affecttöne oder Zeichen eines Affects, der Freude, Betrübniß 2c. z. E. im Deutschen o! ach! i gemineh! au! 2c. Eben so im Lateinischen. Man zählt insgemein folgende darunter:

1) Bey der Freude! evax! io! iu!
2) Beym Weinen: heu! hoi! ohe!
3) Beym Beklagen: vae! hei! ah! eheu!
4) Beym Unwillen: eheu! oh! proh! vah! hem! Man rechnet auch hieher malum! (subst.) der Henker! der Geyer!
5) Beym Liebkosen: eia! ey: sodes (statt si audes) i. e. hörst du! wenn du willst! so auch sis (statt si vis. Man rechnet auch hieher quaeso und obsecro ich bitte, amabo ich bitte, eigentlich ich will dich auch lieb haben: welches aber Verba sind.
6) Beym Rufen: heus! i. e. heh! o! eho!
7) Bey gewissen Antworten: wenn man mit der Sprache nicht heraus will: hem!
8) Wenn man etwas lobt oder billigt, als euge, i. e. gut: eia ey!
9) Wenn man sich wundert: hem! ehem! o! vah! hui!
10) Wenn man ausruft: o! ah!

Vier-

Viertes Capitel.
Von den Bedeutungen der Wörter.

Man muß auch die Wörter verstehen, das ist, ihre Bedeutungen lernen. Hierzu kann eine kurze Sprachlehre unmöglich hinlängliche Anleitung geben. Man muß hier ein gut Wörterbuch zu Rathe ziehen. Doch wollen wir uns hier auf zwey Dinge kürzlich ein= lassen, 1) vor einigen falschen Bedeutungen warnen, 2) eine Erleichterung bey Erlernung der Bedeutungen zu verschaffen suchen.

I. Man muß von den Wörtern nicht falsche Bedeutungen lernen, als:

Ambitio ist nicht der Stolz, sondern vielmehr Eitelkeit, Ehrliebe.

Aequor ist nicht das Meer überhaupt, sondern wenn es ruhig ist.

Animal nicht bloß das Thier, sondern jedes belebte Ge= schöpf.

Apparere nicht scheinen, den Schein haben, sondern er= scheinen, sichtbar, offenbar seyn.

Arma sind nur Waffen zur Vertheidigung, als Helm, Schild ꝛc. nicht Waffen zum Angriffe, als Spieß, Degen ꝛc.

Avarus heißt habsüchtig, geldbegierig, nicht überhaupt geizig, karg.

Calamitas nicht jedes Unglück, sondern wo ein wichtiger Verlust ist.

Calumnia ist nicht die Verläumdung, sondern Schicane.

Convincere nicht überzeugen überhaupt, sondern nur einer bösen Sache, als eines Verbrechens, Irrthums ꝛc.

Crimen nicht das Verbrechen an sich (auser etwa bey Dich= tern) sondern das einem vorgeworfen wird, ein Vorwurf, Beschuldigung.

Diligentia nicht der Fleiß, Emsigkeit, sondern die Sorg= falt, Behutsamkeit.

Divertere heißt von einander gehen: devertere einkehren.

Imo bejaht nicht leicht geradezu, sondern heißt insgemein ja vielmehr, umgekehrt, au contraire.

Infans nicht jedes Kind, sondern das noch nicht reden kann.

Laqueus nicht jeder Strick, sondern Fallstrick, Schlinge.

Legem ferre nicht leicht ein Gesetz machen, sondern in Vor= schlag bringen.

Liber!

Liberi sind Kinder, nicht in Rücksicht ihrer Jahre, sondern der Eltern.

Magistratus war ein einzeln Ehrenamt; nicht der Stadtrath.

Omnino heißt insgemein überhaupt, gänzlich.

Opinio die Vermuthung, nicht jede Meinung.

Pietas kann die Liebe gegen Gott, Eltern, Anverwandten ꝛc. seyn.

Provincia ist ein Land, das die Römer mit ihren Staaten vereinigten, durch einen Statthalter regiren und Abgaben daraus einfordern ließen.

Publicani nicht Zöllner, Zolleinnehmer, sondern Generalpächter der römischen Einkünfte.

Publicus nicht leicht öffentlich, vor allen Leuten, sondern was in Rücksicht des Staats, im Namen des Staats ꝛc. geschieht.

Remedium nicht jedes Mittel; sondern wider etwas.

Salus heißt zuweilen Gesundheit, doch öfter der unverletzte Wohlstand eines Menschen, das Wohl, die Sicherheit, Heil.

Si wenn, von einer Bedingung; cum wenn, von der Zeit. Doch steht zuweilen si statt cum.

Tunica ist der Unterrock, die Weste.

Verna ein Sclav, der in des Herrn Hause geboren ist.

Vultus die Gesichtszüge.

II. Zur Erleichterung, die wahre Bedeutung zu finden, dient:

1) daß man auf die Abstammung des Worts sehe, z. E. animal von anima das Leben, folglich, was da lebt: avarus von aveo und aes, also geldbegierig: aequor von aequus gleich, gerade, als die Ebne: mollis ist aus mobilis, also biegsam, beweglich: prudens aus providens, folglich vorsichtig, klug; so auch imprudens unvorsichtig: Ferner ob sie aus dem Griechischen kommen, als museum eig. ein Musenort ꝛc.

2) daß man die Endungen der Wörter verstehe, als:

a) quam bedeutet irgend, als quisquam irgend Jemand; usquam irgendwo ꝛc.

b) cunque bedeutet eine Allgemeinheit, oder es sey, wer, was, wie, wo, wenn es wolle, als quicunque, ubicunque cet.

c) o und uc bedeuten bey Adverbiis wohin? als eo, quo, huc cet. aber inc bedeutet woher? als hinc cet. und ic wo? als hic, illic cet.

d) osus

d) osus und idus zeigen eine Menge oder Fülle an, als piscosus voller Fische, so auch annosus, vinosus, ingeniosus cet. Floridus voll Blumen, so auch herbidus cet.

e) ibilis zeigt eine Leichtigkeit, Würdigkeit, Thunlichkeit an, als: credibilis glaublich, amabilis liebenswerth, flebilis cet.

f) fer oder ferus tragend, als pinifer Fichtentragend.

g) ficus von facio, als beneficus gutthätig rc.

h) eus bedeutet, daß etwas aus dem Metalle, Holze rc. gemacht, atus aber, daß es damit nur überzogen oder versehen, beschlagen sey, als aureus golden, aus Gold, auratus vergoldet, mit Gold beschlagen, so auch argenreus, argentatus; æreus; buxeus aus Buchsbaum rc. Statt eus hat man auch inus, als crystallinus aus Crystall rc.

i) alis bedeutet oft eine Aehnlichkeit, Gleichheit, z. E. regalis königlich, Königen gemäß, z. E. divitiæ regales: aber regius königlich, d. i. einem Könige gehörig.

k) urio (in den Verbis) zeigt meistens ein Verlangen an, als esurio cet.

l) etum und eum, bedeuten einen Ort, Wohnsitz; als dumetum ein Ort, wo Hecken sind, vinetum Weingarten, Weinberg, castanetum cet. Museum ein Musensitz, Studierstube rc. Gynaeceum die Frauenzimmerbehausung, der Harem. Auch arium (scil. vas, stabulum) bedeutet einen Ort, oder ein Behältniß, als aviarium ein Vogelhaus, armarium, sacrarium, atramentarium cet.

m) In den Substantivis verbalibus bedeutet or die Mannsperson, die etwas thut, ix das Frauenzimmer, io und us die Handlung, als victor Sieger, victrix Siegerinn, so auch ultor, ultrix, ultio die Rache, questus das Klagen, lector der Leser, lectio das Lesen rc.

3) Bey den Wörtern, die mehrere Bedeutungen haben, muß man erst die eigentliche und erste Bedeutung lernen; hernach lassen sich die andern leicht davon herleiten: z. E.

Ambire 1) eigentlich herumgehen, z. E. um etwas oder von einem zum andern; daher 2) um ein Amt anhalten, weil die Candidaten herumgiengen, und das Volk persönlich darum baten; oder weil das Herumgehen um etwas ein Verlangen darnach anzeigt: daher Ambitio 1) das Herumgehen des Amts wegen, 2) die Ehrbegierde.

Callidus

Callidus 1) voller Schwielen, z. E. von vieler Arbeit, daher 2) erfahren, listig.

Calamitas 1) der Schaden am Getreide, 2) überhaupt ein Verlust, Unglück.

Egregius 1) aus der Heerde auserlesen, 2) vortreflich.

Offendere 1) unversehens anstoßen, daher 2) finden, antreffen, 3) beleidigen, 4) fehlen. Wer anstößt, der findet, beleidigt ꝛc.

Probus 1) gut, echt, z. E. Gold, 2) rechtschaffen.

Scrupulus 1) ein spitziges Steinchen: dies macht im Schuhe Unruhe, daher 2) Bedenklichkeit, Unruhe des Gewissens.

Not. 1) Die erste Bedeutung ist die Mutter der übrigen, folglich die wichtigste; 2) sie ist von allen Wörtern noch nicht bekannt, oder zuverlässig: daher noch zu erforschen; 3) der Lehrer und ein gut Wörterbuch müssen im Anfang das Beste thun.

Zweyter Theil.

Vom Syntax oder Zusammenfügung der Wörter.

Die Zusammenfügung der Wörter, (Griech. Syntaxis, Syntax) ist auf achterley Art zu betrachten: 1) in Ansehung der Rection, 2) der Rangordnung der Worte, 3) des Numerus, 4) der Verbindung, 5) der Abwechselung, 6) des Ueberflusses, 7) der Kürze, 8) der Verskunst.

Erstes Capitel.

Von Zusammenfügung der Wörter in Ansehung der Rection, d. i. in Ansehung des rechten Casus, Numeri, Generis, Temporis, Modi cet.

Hierbey ist folgendes vorher wohl zu merken: 1) Alles, was wir reden oder lesen, sind Sätze. 2) Ein Satz besteht (wenigstens) aus Einem Subjecte und Einem Prädicate. Subject ist das, wovon etwas gesagt wird: Prädicat ist das, was vom Subjecte gesagt wird. Z. E.

Z. E. der Vater iſt geſtorben. Hier iſt der Vater das Subject, geſtorben das Prädicat. Sage ich dafür: geſtorben iſt der Vater, ſo bleibt doch der Vater das Subject ꝛc.

3) Zuweilen bekommt das Subject ein Beywort, als der gute Vater iſt geſtorben: die gekauften Bücher ſind verloren.

4) Oft vervielfältigen ſich die Subjecte, als: Vater, Mutter und Brüder ſind geſtorben; oder die Prädicate, als: der Vater iſt gelehrt, klug und tugendhaft.

5) Oft wird das Subject von ſeinem Prädicate, durch Einſchaltung eines neuen Satzes, getrennt; als: der Vater, den ich ſo ſehr liebte, iſt geſtorben.

6) In dieſem Capitel wird oft geſagt, ein Wort oder Caſus gehe vorher oder folge oder ſtehe bey einem Worte. Dies iſt nicht ſo zu verſtehen, als ob das Wort in den Schriften der Alten vorher ſtehe oder folge oder dabey ſtehe, ſondern es wird die Conſtructions- oder Rectionsordnung gemeint, d. i. wie die Wörter einander regiren. Z. E. In den Worten: pater filium amat oder amat filium pater folgt amat nach pater, und filium nach amat, nach der Conſtructionsordnung. Ferner: bonus te amat pater: hier ſagt man ſtehe bonus bey pater.

Erſter Abſchnitt.
Einige allgemeine Regeln.

§. 1.
Von der Appoſition.

Wenn zu einem *Subſtantivo* oder *Pronomini Perſonali* (ego cet.) ein anderes *Subſtantivum*, der Erklärung und Beſtimmung wegen, ohne *et* und ohne das *Verbum Sum* geſetzt wird, ſo ſtehen ſie beyde in gleichem *Caſu.* Dies wird Appoſitio genannt. Z. E.

Cicero Conſul hoc fecit: *Ciceronis Conſulis* officium fuit: *Ciceroni conſuli* mandarunt: *Pompeius, vir clarus: Aetna mons: Roma urbs; Romam urbem:. Socer tuus, vir egregius: aquila, regina avium,* convocavit concilium: Hoc me docuit *uſus, magiſter optimus: Ego conſul* hoc feci: *me conſulem* vidiſtis cet.

Not. Doch findet man auch *urbs Patavii: Amnis Eridani: Flumen Rheni* cet.

Anmerk.

Anmerkungen.

1) Diese Appositio ist eigentlich eine abgekürzte Art zu reden, statt qui oder cum mit dem Verbo Sum, als *Cicero Consul* hoc fecit steht für *Cicero, qui Consul erat* (cum Consul esset), *hoc fecit*. Man kann auch tanquam dabey denken, als Cicero, tanquam Consul, hoc fecit, thats als Consul, wie denn tanquam oft dabey zu stehen pflegt.

2) Das hinzugesezte Substantivum muß, wo es möglich ist, mit dem vorhergehenden in gleichem Genere und Numero stehen, als docuit hoc me *usus* (die Uebung), *magister optimus*, nicht *magistra optima*. Hingegen: docuit me *exercitatio, magistra optima*, nicht *magister optimus*. So auch: *aquila, regina* avium, nicht rex: *pecunia, domina* mundi, nicht dominus. Allein zuweilen ists nicht möglich, weil man kein schickliches Wort in demselben Genere und Numero hat: a) im Genere, als: *pecunia, auctor* multarum rerum, weil man nicht auctrix hat: Tempus, *magister* multarum rerum: Scipiones, *duo fulmina*. b) Im Numero, als Athenae *urbs*, weil urbes sich nicht schickt: c) Im Genere und Numero zugleich: *Aesopus deliciae tuae*: Nate, *meae vires* Virgil. Aen. I, 68. Aborigines, *genus* hominum agreste cet. *Sallust*. Langobardi, *gens ferocior* cet. *Vellej*.

Not. Wenn ein Verbum darauf folgt, so richtet sich es nach dem Hauptworte, und nicht nach dem hinzugesetzten: z. E. *Filia*, solatium meum, *mortua* est: Deliciae tuae, noster *Aesopus*, talis *fuit* cet. Cic.

3) Statt des hinzugesetzten Substantivi steht auch unzählligemal ein Adiectivum oder Participium, als: *Scipio, egregius* in bello, suscepit imperium: *Hannibal, patria expulsus*, venit ad cet.

4) Eine sonderbare Art der Apposition ist Liv. *Onerariae, pars* maxima ad Aegimurum, *aliae* adversus urbem ipsam ad Calidas Aquas delatae sunt, statt Onerariarum. Cic. *Pictores* et *poetae* suum *quisque* opus a vulgo considerari vult.

5) *Mea unius culpa* cet. gehört auch zur Apposition.

§. 2.
Von der Uebereinkunft des Subjects und Prädicats.

Wenn zwischen dem Subject und Prädicat das *Verbum Sum* zu stehen kommt, so stehen sie beyde

beyde in gleichem *Caſu*: z. E. *Cicero* fuit *Conſul*: *Cicero* dicitur fuiſſe *Conſul*: ſcio *Ciceronem* fuiſſe *Conſulem*: *tu* es *doctus*: ſcio *te* eſſe *doctum*.

Not. 1) Das Prädicat muß, wo möglich, in gleichem Genere und Numero ſtehen, als: *aquila* eſt *regina* avium, nicht rex: *aquila* dicitur eſſe *regina* avium: dicunt *aquilam* eſſe *reginam* avium. *Uſus* dicitur eſſe *magiſter optimus*: dicunt, *uſum* eſſe *magiſtrum optimum*. *Exercitatio* eſt *magiſtra optima*, dicitur eſſe *magiſtra optima*: dicunt, *exercitationem* eſſe *magiſtram optimam*. Doch, wo es nicht möglich iſt, da ändert ſich Genus und Numerus, als *Athenae* ſunt *urbs* Graeciae: *Athenae* dicuntur eſſe *urbs* cet. Dicunt *Athenas* eſſe *urbem* cet. *Langobardi* ſunt *gens ſera*: *Langobardi* dicuntur eſſe *gens ſera*: Audio, *Langobardos* eſſe *gentem ſeram*.

2) An ſtatt des Verbi Sum ſtehen auch ähnliche Verba, als forem, maneo, und die Paſſiva, welche ein Werden, gemacht werden, genannt werden, ernannt oder erwählt werden zu einem Amte, auch ſcheinen, dafür gehalten oder befunden werden, bedeuten. Z. E. *Tu* fores *beatus*: credo, *te* fore *beatum*. *Deus* manet *ſapiens*: ſcio *deum* manere *ſapientem*: *Tu* factus (redditus) es *doctus*: *pater* dicitur factus (redditus) eſſe *dives*: ſcio, *patrem* factum (redditum) eſſe *divitem*: *Tu* vocaris *Carolus*: ſcio, *te* vocari *Carolum*. *Langobardi* dicuntur eſſe *gens ſera*: audio, *Langobardos* eſſe *gentem ſeram*: *Cicero* electus, creatus, deſignatus (renuntiatus ausgerufen) eſt *conſul*: *Cicero* dicitur electus, creatus, deſignatus (renuntiatus) eſſe *conſul*: Scio, *Ciceronem* electum, creatum, deſignatum (renuntiatum) eſſe *conſulem*. *Pater* videtur (invenitur) *doctus*: Scio, *patrem* videri (inveniri) *doctum*: *Mater* habetur *prudens*: ſcio *matrem* haberi *prudentem*. Not. Doch bey videor und invenior fehlt eigentlich eſſe.

§. 3.
Von Verbindung mehrerer Subjecte oder Prädicate.

Zwey (auch mehr) Subjecte oder Prädicate, wenn ſie durch die Verbindungswörter et cet.) und Vergleichungswörter *tam*, *quam* cet.) verbunden werden, und einerley *Verbum* gemein haben, stehen in gleichem *Casu*: z. E.

1) Nach Verbindungswörtern, als et, ac, que, atque, nec, non solum sed etiam, cum tum oder tum tum cet. z. E. *pater* et *mater*: vidi *patrem* et (ac) *matrem* : Nec *patrem* nec *matrem* odi. Dignus es *honore* et *divitiis*. Doch findet man zuweilen, wenn das Verbum zweyerley Casus regirt, auch doppelte Casus, als homo est *formae pulchrae* et *magno animo* cet.

2) Nach Vergleichungswörtern, als quam nach dem Comparativ oder tam; aeque at (atque); ita ut (wie): tantom quantum cet. z. E. *Pater* est doctior, quam *ego*: scio, *patrem* esse doctiorem, quam *filium*: Caius me aeque amat, ac *tu*: Scio, *te* aeque doctum esse, ac *patrem tuum*.

§. 4

Mit welchem *Casu* man fragt, mit demselben wird auch geantwortet, wenn nämlich kein anderes *Verbum* bey der Antwort steht: z. E. Quis hoc fecit? ego. Cuius est haec penna? fratris. Cui dedisti librum? fratri. Quem quaeris? patrem. Doch zuweilen muß es abgehen, als: Cuium pecus hoc est? patris. Quanti emisti? sex grossis.

Zweyter Abschnitt.

Vom Gebrauch der *Pronominum Sui* und *Suus*.

Die Schwierigkeit diese zwey Pronomina recht zu gebrauchen und von dem eum, ei, eius, eorum zu unterscheiden kommt 1) daher, weil das deutsche er, ihm nicht nur dem eum, ei, sondern auch oft dem se, sibi, und das deutsche sein nicht nur dem suus, sondern auch oft dem eius, eorum entspricht: z. E. Pater scripsit, *se* (daß er) venturum esse: sed ego credo, *eum* (daß er) non venturum. Pater optat, ut *sibi* (ihm) ignoscatur; et ego opto, ut *ei* (ihm) ignoscatur. Pater credit, liberos *suos* (seine) esse sanos; sed ego credo, liberos *eius* (seine) esse aegrotos. 2) Daher, weil die

die Alten selbst nicht accurat hierinn sind, und oft se, sibi und suus setzen, wo sie eum, ei, eius, eorum setzen sollten.

Man merke demnach folgendes:

I. *Sui*, *sibi*, *se*, bezieht sich eigentlich auf das nächste Subject (Nominativ) entweder in eben demselben Satze, als Pater *se* amat liebt sich, wo se auf pater geht, oder in dem vorhergehenden Satze: z. E. Pater rogat, ut *sibi* ignoscatur, daß ihm verziehen werde, hier geht sibi auf das nächste Subject pater, denn in ignoscatur ist kein Subject (Nominativ). Setzte ich ei, so gienge es nicht auf den Vater. Ferner: Pater scripsit, *se* venturum esse daß er (der Vater) kommen werde; setze ich eum, so geht es nicht auf den Vater. Ferner Pater credit, sibi esse curandum daß er (der Vater) sorgen müsse ꝛc. Soll aber das er nicht auf den Vater gehen, so muß es eum, ei heißen, z. E. pater de filio scripsit, eum (der Sohn) venturum: und ei (der Sohn) esse curandum. Ferner Pater credit, filium *sibi* consulturum: hier ist filium das nächste Subject zu sibi, folglich geht sibi auf filium, sage ich aber ei für sibi, so geht es auf den Vater, als das entfernteste Subject. — Dies ist der accurate Gebrauch. Allein wenn keine Zweydeutigkeit da ist, so pflegt das Sui, sibi, se unzähligemal statt ei, eius, eum zu stehen: z. E. mater rogavit patrem, ut ad *se* (matrem) veniret (scil. pater). Pater rogavit filium, ut *sibi* (i. e. patri) libros mitteret. Rogavit me, ut ad *se* venirem.

II. Suus, a, um wird ebenfalls so gebraucht. Es bezieht sich eigentlich auf das nächste Subject; z. E. pater amat liberos *suos*: hingegen ego amo hortos *eius*: Ferner: pater credit, liberos *suos* (i. e. patris) esse sanos: hingegen ego credo, liberos *eius* esse aegrotos. Ferner parentes credunt, liberos *suos* (ihre eignen) esse doctos: nicht eorum; sonst gienge es nicht auf parentes. Denn eius und eorum geht auf das entferntere

Sub-

Subject, als Caius de Titio credit, *eius* (Titii) liberos effe indoctos. Ferner: Pater me rogavit, ut *eius*
(feine) libros infpicerem, nicht fuos. — Jedoch wenn
keine Zweydeutigkeit ist, so pflegt fuus unzähligemal statt
eius, eorum gesetzt zu werden, z. E. pater me rogavit,
ut libros *fuos* infpicerem. So auch: Milo rogavit Ciceronem, ut *fuam* (Milonis) caufam ageret. So fagt
Cic. tum Pythius pifcatores ad fe convocavit, et
ab his petivit, ut ante *fuos* (i. e. Pythii) hortulos pif-
carentur. Und so reden die Alten sehr oft.

> Not. Auch wird fuus 1) nach dem Cafu obliquo des Ob-
> jects gesetzt, als *Patrem fui* liberi oderunt: und 2)
> dem quisque gern vorgesetzt, als *Sua cuique* fors dif-
> plicet cet.

Dritter Abschnitt.

Von Zusammenfügung der *Nominum Adiectivo- rum*, der *Pronominum Adiectivorum* und der *Participiorum* mit *Subftantivis.*

§. 1.

Ein *Nomen Adiectivum*, *Pronomen Adiectivum*
und *Participium* kann ohne ein *Subftantivum* nicht
verstanden werden: sondern dieses muß entweder
bey ihm stehen, oder doch nicht lange vorher gegangen seyn. Not. Ein Nomen Adiectivum, Pronomen adiectivum und Participium steht entweder als ein
Beywort, als: liber bonus ein gutes Buch, liber
meus mein Buch, liber emtus das gekaufte Buch,
oder als ein Prädicat, als liber est bonus das Buch
ist gut, liber est meus das Buch ist mein: liber est
emtus das Buch ist gekauft.

§. 2.

Wenn ein *Adiectivum*, *Pronomen*, oder *Parti-
cipium* zu einem Subftantiv in eben demselben
Satze gesetzt wird, so, daß beyde zugleich ein
Subject

Subject ausmachen, so richtet es sich nach ihm im *Genere, Numero* und *Casu.* Steht es aber nicht mit dem Substantiv in eben demselben Satze, so richtet es sich nach ihm nur im *Genere* und *Numero.* Der *Casus* muß durch das *Verbum* in dem neuen Satze entschieden werden, z. E.

1) In eben demselben Satze, als: Cicero fuit *orator magnus et clarus.* Homines *mortui* debent sepeliri. Vidi *multos homines.* Fruimur *voluptate vera.* Vidi *hunc hominem.* Ubi est *pater tuus?*

2) Nicht in eben demselben Satze, als: Hic est *liber* meus: ubi habes *tuum?* scil. librum. Hier richtet sich *tuum* nach liber nur im Genere und Numero. *Pater mortuus* est: *eum* cras sepeliemus. Tu abundas *libris:* ego *nullos* habeo. Tu laudas *amicos* tuos: ego faveo *meis.* Besonders gehören hieher: Qui, qualis, quantus, als: Laudo *homines*, *qui* virtuti student: *Amici* mortui sunt, *quibus* usus sum: Praeclarae sunt *res*, *quas* deus creavit: *Libris* talibus uteris, *quales* vix alibi reperiuntur: Caesar tantas *res* gessit, *quantas* vix ab alio geri potuerint.

Not. Doch kann es von ohngefähr treffen, daß alle diese Adiectiva und Pronomina und Participia mit dem vorhergehenden Substantivo auch im Casu übereinkommen, wenn nämlich kein neues Verbum hinzukömmt, oder das neue Verbum einerley Casum verlangt, als Tu habes *multos libros,* ego *paucos.* Opus est tibi *libris,* *quibus* mihi non opus est. *Pater* heri mortuus est, *is* cras sepelietur. *Homines* laudantur, *qui* virtuti student. Laudo *homines, quos* virtus delectat. Tu habes *tales libros, quales* alii non habent. Caesar *tantas res* gessit, *quantas* alius gerere non potuit.

Anmerkung.

Besonders ist der vielfache Gebrauch des *Pronom.* qui, quae, quod zu merken:

1) Es richtet sich nach dem vorhergehenden Nomine oder auch Pronomine im Genere und Numero, nicht aber im Casu, als faveo *iis, qui* virtutem amant: laudo *eos, qui* virtutem amant: felix est *homo, quem* deus amat. Doch kömmts oft von ohngefähr auch im Casu überein, als: faveo *iis, quibus* tu faves: amo *eos, quos* tu amas: Felix est *homo, qui* a deo amatur. Dieß ist der gemeinste und bekannteste Gebrauch.

2) Es

2) Es wiederholt nicht selten das Substantiv, auf welches es sich bezieht, z. E. Caes. B. G. I, 6. Erant omnino duo *itinera*, quibus *itineribus* domo exire possent, wo itineribus unnöthig war. Ibid. 29. ultra eum *locum*, quo in *loco* Germani consederant cet.

3) Es nimmt das Substantiv, nach welchem es sich richten sollte, gern zu sich, und wird dann ein Beywort; z. E. statt narrabo tibi eam *rem*, quam audivi, sagt man: *quam rem* audivi, eam tibi narrabo: statt narrabo tibi *rem*, de qua audivi, sagt man: de *qua re* audivi, *eam* tibi narrabo. Die Alten reden gern so: z. E. Cic. ad Div. II, 1. §. 6. ut, *quam exspectationem* tui hic concitasti, *hanc* sustinere possis statt: ut hanc (i. e. eam) exspectationem cet. Offic. 1, 31. ad *quas res* aptissimi erimus, in *iis* potissimum elaborabimus statt: in *iis rebus*, ad quas apt. cet. Schwerer ist Liv. I, 1. in *quem* primum egressi sunt *locum*, Troia vocatur statt: Locus, in quem cet. Not. Eben so machen es quantus, qualis, quot, z. E. man sagt gern: *quantae res* a nemine gestae sunt, *tantas* Caesar gessit statt: *tantas res* gessit, quantae a cet. So auch *quales libros* pauci habent, tales tu habes statt habes *tales libros*, quales pauci cet. So auch *quot bella* alii vix legerunt, tot Pompeius gessit statt Pompeius *tot bella* gessit, quot alii cet.

4) Es bezieht sich zwar auf das vorhergehende Substantiv, nimmt aber zur Erklärung ein anderes, und zwar verwandtes, Substantiv zu sich, das vom erstern oft im Genere und Numero unterschieden ist; z. E. Cic. ad Div. II, 10. §. 4. cum venissem ad *Amanum*, qui *mons* mihi communis est cet. wo mons hätte wegbleiben können. Caes. B. G. I, 10. a *Tolosatium* finibus absunt, *quae civitas* est in provincia, statt qui (Tolosates) sunt cet. Sall. Iug. 17. ab ortu solis (habet) declivem *latitudinem*, *quem locum* Catabathmon incolae appellant. Ibid. 36. in. ante *comitia*, *quod tempus* haud longe aberat cet. Ibid. 75. ipse ex *flumine*, *quam proximam* oppido *aquam* supra diximus cet. Not. So wird auch hic, is, ille, iste gebraucht.

5) Man findet auch, wiewohl selten, daß es sich nach dem vorhergehenden Worte nicht nur in gleichem Genere und Numero, sondern auch im Casu, richte, obgleich das folgende Verbum dergleichen nicht regirt, als Cic. ad Div. V, 14. §. 2. cum scribas et aliquid agas *eorum*, *quorum* consuesti, gaudeo statt quibus. Dieß ist nach Art der Griechen. Doch muß man die Stellen nicht hieher ziehen, wo der Casus von dem vorhergehen-

den

den zu verſtehenden Verbo regirt wird, z. E. Cic. Or.
11, 45. non facile eſt perficere, ut iraſcatur *ei*, *cui*
tu velis, iudex cet. hier fehlt iraſci iudicem bey cui.
Cic. ad Div. 1, 9. §. 6. magnus animorum factus eſt
motus cum *eorum*, *quorum oportuit*, ſtatt quorum
oportuit motum fieri.

6) Man findet auch, daß ſich das qui nicht nach dem
Genere des Worts, darauf es ſich bezieht, ſondern nach
dem Genere des folgenden Prädicats richtet; z. E. Cic.
Sext. 42. *conventicula* hominum, *quae* poſtea *civitates
nominatae* ſunt. Ibid. *domicilia coniuncta*, *quas urbes*
dicimus. Cic. Leg. 1, 7. *animal* hoc providum, —
plenum rationis, *quem* vocamus *hominem*. Sall. eſt
locus in Carcere, *quod Tullianum* appellatur. Liv. *Bri-
xiamque*, *quod caput* gentis erat. Doch findet man dieſes insgemein nur a) bey den Verbis ſeyn, nennen,
dafür halten: b) wenn das Prädicat dem qui ſogleich
nachgeſetzt wird. Eben dies geſchieht mit Subſtantivis
zuweilen, als Cic. non omnis *error ſtultitia* eſt *di-
cenda* ſtatt *dicendus*: Liv. I, 1. gens *univerſa Veneti
appellati* ſtatt *appellata*.

7) Oft richtet ſich qui nach einem ausgelaſſenen, aber
leicht zu verſtehenden Worte in gleichem Genere und
Numero, als: ſunt, *qui* dicant, ſcil. homines. Dies
iſt ſehr gewöhnlich. Beſonders fehlt is, ea, id, wenn
qui, quae, quod in gleichem Caſu mit ihm ſteht, als:
errat, *qui* hoc credit; oder *qui* hoc credit, errat, wo
is bey errat fehlt: ſo auch errant, *qui* hoc credunt;
oder *qui* hoc credunt, errant, wo ii fehlt: ſo auch: ego
amo, *quos* tu amas, wo eos fehlt: ego faveo, *quibus*
faves, wo iis fehlt. Auch bezieht es ſich auf das aus-
gelaſſene ego, tu, nos, vos, als ſapiens *es*, *qui* hinc abſis.

8) Zuweilen richtet ſich qui, quae, quod nach dem vorhergehenden Worte nur in gleichem Genere, als Cic. Mil.
4. ſi *tempus* eſt ullum iure hominis necandi, *quae* (ſc.
tempora) multa ſunt, dergleichen es viele giebt.

9) Man findet auch Stellen, wo ſich das qui quae quod
nach dem vorhergehenden Worte nur dem Sinne nach richtet, folglich nicht immer das Genus behält, z. E. Cic.
Catil. II, 10. *quartum genus* eſt — turbulentum, *qui*
iampridem premuntur: ſtatt quod premitur; bey qui
denkt man homines, das in genus liegt. Cic. ad
Div. I, 9. §. 34. illa *furia*, *qui* cet. wo der Clodius
verſtanden wird. Terent. ubi *illic* eſt *ſcelus*, (der
Schelm) *qui* me perdidit? Salluſt. in favorem *nobi-
litatis* (i. e. nobilium) veniret; *quorum* (nobilium)
pars cet. Beſonders merke man: Cic. *noſtrum* conſilium laudandum eſt, *qui* — noluerim: hier bezieht ſich

J 4

qui

qui auf noſtrum, i. e. meum. Terent. omnes laudare
fortunas *meas*, *qui* gnatum haberem cet. Cic. nullis in
aliis — *ſermonibus* verſatus ſum; *quae* nec poſſunt ſcri-
bi. nec ſcribenda ſunt: *quae* (ſcil. negotia) ſtatt qui:
Nep. *teſtarum ſuffragiis*, *quod* (ſc. negotium) illi os-
traciſmum vocant. Sall *Coniuravere* pauci — in quibus Catilina. De *qua*, quam breviſſime potero, dicam:
bey qua muß man coniuratione denken, daß in coniuravere liegt. Sall. Iug. 40. in abundantia earum *rerum*,
quae (ſtatt quas, ſc. negotia) prima mortales ducunt.
Härter iſt Cic. Seneĉt. 3. Saepe interfui *querelis* meo-
rum aequalium — — *quae* C. Salinator — Albinus,
homines conſulares, deplorare ſolebant. Sall. Vigilias
ipſe circumire non diffidentia *futuri*, *quas* imperaviſſet ſtatt futuri, quod attinet ad ea, quae imperaviſſet.

10) Qui quae quod, wenn es ſich auf etliche Subſtantiva
von allerhand generibus, beſonders wenn ſie lebloſe
Dinge anzeigen, beziehet, ſteht insgemein im Neutro pluralis, als Cic. Off. III. 5. *voluptas*, *vita*, *divitiae*,
quae quidem contemnere cet. Sall. Cat. 31. ex ſumma
laetitia et laſcivia, *quae* diuturna quies pepererat cet.
Ci . Seneĉt. 13. delectabatur crebro *funali et tibicine*,
quae ſibi — ſumſerat: Man darf quae nur durch quas
res erklären, oder negotia dabey denken. Eben ſo ſetzt
man haec, illa cet. ſtatt hae res, has res cet.

11) Wenn qui, quae, quod ſich auf einen ganzen Gedanken oder Satz beziehet, ſo ſteht das Neutrum *quod*, oder
auch *id quod*, z. E. *amas virtutem*, *quod* (i. e. te
amare virtutem) valde laudo: Terent. *in tempore veni; quod* rerum omnium eſt primum. Beziehet es ſich
auf mehr Gedanken (Sätze), ſo ſteht das Neutrum
Pluralis, als *Amas virtutem, colis parentes: quae* valde laudanda ſunt. Bey *quod* fehlt etwa negotium,
bey *quae* fehlt negotia. Doch braucht auch nicht negotia dabey gedacht zu werden. Eben ſo wird hoc, id,
illud, iſtud und haec, ea, illa, iſta gebraucht.

12) Sonderbar, aber ſehr gewöhnlich, ſind die Formeln:
qui tuus eſt in me amor: quae tua eſt humanitas:
qua es humanitate und ähnliche: d. i. vermöge deiner
Liebe gegen mich, vermöge deiner Menſchenliebe,
ſtatt: pro amore tuo, qui in me eſt, pro tua humanitate cet. Cic. ad Div. VII, 2. §. 2. qui meus amor
in te eſt. Ibid. XIII, 78. quae tua natura eſt nach
deinem Naturell. Sulp. in epp. Cic. qui illius in te
amor fuit. Dolab. ibid. IX, 9. qua eſt humanitate
Caeſar, vermöge der Menſchenliebe des Cäſars.

13) Qui

13) Qui, quae, quod ſteht oft a) ſtatt ut ego, ut tu,
ut nos, ut vos, ut is durch alle Caſos und Numeros,
als dignus es, *qui* ameris, ſtatt ut tu cet. dignus
ſum, *qui* amer ſtatt ut ego cet. ſo auch mater eſt digna, *quae* ametur, oder quam amemus: digni eſtis,
qui amemini; digni ſumus, *quos* (i. e. ut nos) ametis: dignus es, *cui* credam cet. b) ſtatt cum ego,
cum tu, cum nos, cum vos, cum is, durch alle Caſus und Numeros, als: quid me prodis, *qui* te ſer-
vaverim? da ich dich erhalten habe?

14) Der Ablativus fem. *qua* ſteht oft, ohne daß er ſich
auf ein vorhergehendes Wort bezieht? dann fehlt parte: und man überſetzt es: wo, oder auf der Seite,
wo; z. E. Liv. 1, 38. urbem, *qua* nondum munie-
rat, cingere parat. Sall. Cat. 57. ſub ipſis radicibus
montium conſedit, *qua* illi deſcenſus erat. So ſteht
auch *ea*, ſcil. parte: Sall. Iug. 38. locum hoſtibus
introeundi dedit: *eaque* Numidae irrupere.

15) Qui, quae, quod kann das Subject aller drey Perſonen ausdrücken, folglich zu allen Perſonalendungen
geſetzt werden, als: non is ſum, *qui* glorier: non is
es, *qui* glorieris: non ii ſumus, *qui* gloriemur: dignus ſum, *qui* amer, dignus es, *qui* ameris cet.

16) Qui ſteht oft für quis; z. E. Nep. domino navis,
qui ſit, aperit.

17) Statt qui quae quod ſteht oft ſi quis, ſi qua, ſi
quid, cet. wenn bedingungsweiſe oder von einer ungewiſſen Sache die Rede iſt, als Cic. Verr. 1, 4. non
iſtum magis in ſe ſcelus concepiſſe, quam eos, *ſi*
qui iſtum — liberarint, ſtatt eos, qui iſtum cet. Offic. 1, 41. fit enim, neſcio quomodo, ut magis in aliis
cernamus, *ſi quid* delinquitur; ſtatt id, quod delinq.

§. 3.

Die *Pronomina* hic, iſte, ille, is, quis cet. wenn
ſie als Subjecte ſtehen, richten ſich gern in Anſehung des *Generis* und *Numeri* nach dem Subſtantiv, das in eben dem Satze als ein Prädicat
ſteht; z. E.

Hic eſt pater meus das oder dieſes iſt mein Vater,
nicht hoc: ſo auch: *Haec* eſt mater mea das oder dieſes
iſt meine Mutter: *Hi* ſunt liberi mei dieſes ſind meine Kinder: ſo auch: *ille* eſt pater meus jenes iſt mein
Vater: *illa* eſt mater mea: *illi* ſunt liberi mei: ſo

auch

auch *quis* est pater? *quae* est mater? cet. welches ist der
Vater? welches ist die Mutter? Liv. *eaque ipsa* causa
belli fuit, und dieses eben war die ꝛc. Cic. *is* denique
honos mihi videri solet, das scheint mir erst eine Ehre
ꝛc. Virg. *hic* labor est das ist Arbeit.

§. 4.

Einige *Adiectiva*, und die *Pronomina relativa*
qui, hic, is cet. stehen zwar bey einem Substantiv in gleichem *Genere*, *Numero* und *Casu*, beziehen sich aber oft nicht auf dasselbe, sondern auf
ein Substantiv, das dabey gedacht werden muß.

1) Adiectiva, als primus, ultimus, extremus, intimus,
summus, medius cet. Z. E. prima urbs, statt prima urbis
pars: extrema urbs statt pars extrema urbis cet. als habitare in *prima urbe* im ersten Theil der Stadt wohnen:
Cic. in *insula extrema* am Ende der Insul: Liv. ad *pri-
mam auroram* beym Anbruch der Morgenröthe: So
sagt man gern: in *medio mari* mitten im Meer, in *media urbe* cet. So auch: in *summa domo*, i. e. in summa
parte domus.

2) Pronomina, als: *ea* fama statt fama *eius rei:* Terent.
Andr. I, 1, 27. *hac* fama impulsus, i. e. fama *huius rei.*

§. 5.

Man findet auch, daß die Alten zuweilen das
Adiectivum zum unrechten Substantiv gesetzt haben, z. E.

Cic. quod *aedificationis tuae* consilium mea commen-
datione nolebam impediri, statt tuum: Liv. I, 9. accu-
santes *violati* hospitii foedus statt violatum: Ibid. ꝛc. sed
ad *maiora* initia rerum ducentibus fatis statt maiorum.

§. 6.

Die *Adiectiva*, auch *Pronomina*, werden oft
statt der *Genitivorum* gebraucht, z. E.

Laus aliena i. e. aliorum Cic. ad Div. V, 8. §. 3. Causa *regia* i. e. regis Ibid. I, 1. *Puerili specie* dicitur vikus
i. e. pueri Cic. Divin. II, 22. *Senili* fuisse prudentia i. e.
senis Ibid. Nomen *Ascanium* i. e. Ascanii Liv. I, 1.
Evandrius ensis i. e. Evandri Virg. Aen. X, 394. So
auch iniuria mea, tua cet. statt mei, tui gegen mich ꝛc.

§. 7.

§. 7.

Es fragt ſich, ob zu einem Subſtantiv zwey *Adiectiva* ohne die Verbindungspartikeln et, ac cet. geſetzt werden können. Man merke:

1) Wenn dieſe beyden Adiectiva eine Beſchaffenheit anzeigen, z. E. groß, klein, lang, ſchön, keuſch ꝛc. ſo müſſen ſie durch et, ac cet verbunden werden, als longam et latam menſam, nicht longam latam cet. Auſer im Affect; z. E. o rem praeclaram, inſignem, admirandam!

Not. Doch findet man bey den Alten zwey ſolche Adiectiva auſer dem Affect ohne die Verbindungspartikeln et, ac cet. z. E. Nep. Eum. 13. ext. hi *militari honeſto* funere, — humaverunt. Cic. Man. 9. *magnis adventiciis* auxiliis. Cic. Phil. I, 13. *cariſſimus* tuus *parvulus* filius: Cic. Phil. V, 15. *periculoſiſſimum civile* bellum: Ibid. bellum *acerbiſſimum civile*: Tuſc. II, 11. *malam domeſticam* diſciplinam. Vielleicht kommt dies daher, weil manches Adiectivum ſchon ſo oft mit dem Subſtantiv verbunden worden iſt, als civile bellum, domeſtica diſciplina cet. daß man ſie beyde faſt für Ein Wort angeſehen hat.

2) Man kann aber zwey Adiectiva gar wohl ohne et, ac cet. zu einem Subſtantiv ſetzen, wenn das eine eine Beſchaffenheit; das andere eine Anzahl, Menge, Wenigkeit, Landesmannſchaft oder einen Ort anzeigt, oder ein Nomen proprium oder Pronomen iſt, als *multi divites* parentes: *omnes honeſti* homines: *multi romani* milites: *nulla alia* res: *hanc* rem *praeclaram* admiror: *Mithridaticum* bellum *magnum*. Ja in dem Falle, wenn das eine nur die Beſchaffenheit anzeigt, können drey und mehrere ohne Verbindungspartikel ſtehen, als: *multos magnos Carthaginienſes* imperatores: *hos multos magnos* Imperatores cet. So ſagt Cic. ad Div. I, 9. §. 62. *nullum meum minimum* dictum: und Ibid. VI, 6. §. 24. *externos multos claros* viros.

§. 8.

Oft ſtehen *Adiectiva* und *Pronomina* durch den Sprachgebrauch ohne *ſubſtantiva,* folglich *ſubſtantive,* z. E.

Mortales die Sterblichen, ſc. homines: dextra, ſc. manus: Fera, ſc. beſtia: So auch die Neutra, als Omne, omnia Alles: Utile, utilia das Nützliche: Cuncta, Pulchra, Haec, hoc cet. So auch Meum eſt, tuum,

tuum, z. E. meum est discere cet.   Viele nehmen auch
Adiectiva, Participia cet. zu sich, theils als Beywör=
ter, als : familiarissimus meus, iusta sunebria. multa
utilia cet. theils als Prädicate, als honestum est utile:
multa sunt legenda cet.   Ja manche Neutra regiren
sogar einen Genitiv, als multum laudis, id rei cet.

§. 9.

Oft stehen bey *Infinitivis Pronomina* als Bey=
wörter, öfter aber *Adiectiva* als Prädicate, z. E.
Scire *tuum* dein Wissen: Discere est *pulchrum:*
Dulce et decorum est pro patria mori: *facile* est vide=
re: *meum* est discere cet.

§. 10.

Die *Participia* stehen zuweilen allein, folglich
nicht als Beywörter oder Prädicate, z. E.
1) Partic. in *ns*, als: amantes die Liebenden. Liebha=
ber.
2) Nominativus Partic. Perf. passivi Gen. neutr. beym
Livius sehr oft, z. E. VII, x. diu non *perlitatum* te=
nuerat dictatorem daß nicht geopfert worden war,
das hatte den Dictator aufgehalten.
3) Ablativus absolutus eben dieses Participii, z. E. Liv.
tum demum palam *facto* nachdem es bekannt ge=
worden war. Auch stehen Adiectiva bisweilen so:
Liv. haud cuiquam *dubio*, opprimi posse.   Cicero
scheint nicht so zu reden.
4) Neutrum Partic. in *dum*, oder Gerundium necessi=
tatis, als est *scribendum*, est *eundum*.

§. 11.

Auch steht zuweilen ein *Adiectivum* bey den
Namen der Buchstaben, den *Imperativis, Ad=
verbiis* und andern Wörtern, die nicht declinirt
werden, wenn sie *substantive* stehen, z. E.
Mensa est *dissyllabum* : *triste* vale : O *parvum, cla=
rum* mane.

§. 12.

Einige *Pronomina* stehen zuweilen überflüssig,
als:
1) Ille bey quidem, als: Habeo libros, non *illos* qui=
dem multos, sed tamen pulchros. Cicero redet gern so.

2) Hoc,

2) Hoc, id, illud, iſtud ſtehen vor dem Accuſativ mit dem Infinitiv oft überflüſſig; als: *Hoc*, (*id*, *illud*) credas, me omnia facturum. Auch quod vor ſi. niſi, zuweilen auch utinam, wenn ein Punct ſich damit anfängt: folglich dient es zur Verbindung, iſt alſo nicht ganz überflüſſig.

§. 13.

Das *Pronomen* is, ea, id wird oft mit et oder que bey Erklärung eines Subſtantivs in gleichem *Caſu* wiederholt, und drückt das Deutſche und zwar aus:

Z. E. Habeo multos libros *et eos* pulchros. So ſteht auch nec ſtatt et non: certa flagitii merces, *nec ea* parva. Beziehet es ſich aber auf ein Verbum oder einen ganzen Satz, ſo ſteht id, als: *exſpectabam tuas literas, idque* cum multis, Cic.

§. 14.

Zwey *Subſtantiva* bey Einem *Adiectivo*, *Pronomine* oder *Participio*, als einem Beyworte.

Die Römer ſetzen aus Liebe zur Deutlichkeit nicht gern zu zwey mit *et* verbundenen *Subſtantivis*, zumal von verſchiedenem *Genere*, ein einziges *Adiectivum*, *Pronomen* oder *Participium* als ein Beywort, ſondern wiederholen lieber daſſelbe oder ein ähnliches: oder ſie verbinden wenigſtens die *Subſtantiva* durch ein doppeltes et, z. E.

Habeo *multas* villas et *multos* agros: habeo *multas* villas, non *paucos* agros: habeo *pulchram et* domum *et* villam.

Doch verbinden ſie auch zuweilen die beyden *Subſtantiva* mit Einem et. Dann ſteht das Beywort entweder vor dem erſtern Subſtantiv, oder nach dem letztern, und richtet ſich nach dem nächſten, z. E.

Habeo *multos* agros et villas, oder villas et *agros multos*, oder *multas villas* et agros, oder agros et *villas multas*. So auch: habeo chartam et *pennam praeclaram*, oder *praeclaram chartam* et pennam; folglich iſt nicht recht geſagt: habeo agros *multos* et villas, oder villas *multas* et agros. Doch findet man auch
Stellen,

Stellen, wo sich das hintenstehende Beywort nach dem
vordersten Substantiv richtet, als Liv. gens est, cui
natura, *corpora* animosque *magna* magis quam *firma*,
dederit: wo nicht hier magna und firma vielleicht Prä=
dicate sind.

§. 15.

Zwey (auch mehr) Subjecte zu einem *Adiectivo*,
Pronomini oder *Participio*, als einem Prädicate.

Wenn die Alten zu zwey, auch mehrern *Sub=
iectis* ein einzig Prädicat setzen, es sey ein *Adie=
ctivum*, *Pronomen* oder *Participium*, so kommts
darauf an, 1) ob die Subjecte von gleichem *Ge=
nere* sind, 2) ob sie im *Singulari* oder *Plurali* ste=
hen.

1) Sind die Subjecte von gleichem Genere, so steht das
Prädicat mit dem Binde = Verbo *Sum*, *Fio* (und an=
dern Verbis, die einen Nominativ regiren) im Plurali,
und zwar in gleichem Genere, als *Pater et frater sunt
sani: charta et penna sunt amissae. Furtum et homi=
cidium sunt turpia (punita)*. Not. Doch kann nach
leblosen Subjecten das Prädicat mit dem Binde = Verbo
Sum cet. im Singulari bleiben, wenn es bey jedem Sub=
jecte besonders sich denken läßt, z. E. *charta et penna
est amissa: furtum et homicidium est turpe:* doch wie=
derholt man lieber in diesem Falle das et, als: *Et char=
ta et penna est amissa: Et furtum et homicidium est
turpe*. Auch bey Personen und andern belebten Geschöp=
fen kann das Prädicat mit dem doppelten et folgen,
als: *Et Pater et frater est sanus*. Statt des doppelten
et können auch andere ähnliche doppelte Verbindungs=
partikeln stehen, als tum tum, cum tum, non minus
quam, aeque ac, non magis quam, non tantum sed
etiam cet. Z. E. *Tum charta tum penna est amissa:
Cum pater tum frater est sanus: charta aeque ac pen=
na est amissa*. Denn nach dergleichen doppelten Ver=
bindungspartikeln, als et et, tum tum cet. muß der
Singularis folgen.

2) Sind die Subjecte von verschiednem Genere und Sin=
gularis Numeri, so steht das Prädicat mit dem Binde =
Verbo eigentlich im Plurali, und richtet sich bey beleb=
ten Geschöpfen, besonders Personen, in Ansehung des
Generis nach dem Masculino, als *Pater et mater sunt
sani, mortui:* Bey leblosen Dingen aber steht es im
Neutro, als: *Ager et domus sunt direpta: calamus
et*

et *charta* ſunt *amiſſa:* Doch bey lebloſen Dingen kann
das Prädicat mit dem Binde= Verbo im Singulari blei=
ben; dann richtet es ſich in Anſehung des Generis nach
dem nächſten Subjecte, als: *ager et domus direpta* eſt,
oder *domus et ager direptus* eſt. Doch gehen hiervon
folgende Stellen ab: Cic. ad Div. X, 25. §. 2. operam
tuam, navitatem, *animum* in rempublicam celeritati
praeturae *anteponendam* cenſeo. Ibid. ep. 24. §. 3.
amor tuus ac *iudicium* de me utrum — ſit *allaturus*,
wo ſich das Prädicat auf das entferntere Subject be=
zieht: richtiger wäre anteponendum und allaturum.

NB. Will man aber die obgedachten doppelten Ver=
bindungspartikeln et et, tum tum, cet. gebrauchen,
ſo muß der Singularis ſtehen, und zwar im Genere des
nächſten Subjects; z. E. Et ager et domus eſt amiſſa,
oder Et domus et ager eſt amiſſus: dies iſt beſonders
bey lebloſen Dingen üblich.

3) Sind die Subiecte von verſchiednem Genere und Pluralis Numeri, ſo ſteht das Prädicat mit dem Binde=
Verbo im Plurali, und richtet ſich a) wenns belebte
Geſchöpfe, beſonders Perſonen, ſind, in Anſehung des
Generis nach dem Maſculino: als: *Fratres et ſorores*
ſunt *ſani, amandi* cet. b) wenns lebloſe Dinge ſind,
ſo ſtehts entweder im Neutro, als: *agri et domus* ſunt
direpta: oder richtet ſich zuweilen nach dem letzten Sub=
jecte, als: *agri et domus* ſunt *direptae,* oder *domus
et agri* ſunt *direpti.* Sind aber mehr als zwey Sub=
jecte, und von dreyerley Genere, ſo ſteht nur das Neutrum, als: Cic. Offic. I, 32. *regna, imperia, nobili-
tates, honores, divitiae* in caſu *ſita* ſunt. So iſts auch,
wenn die Subjecte zugleich von verſchiedenem Numero
ſind, als Sall. Cat. 5. huic — *bella inteſtina, rapi-
nae, diſcordia civilis grata* ſuere, und c. 20. *divitiae, decus, gloria* in oculis *ſita* ſunt. Doch richtet
es ſich auch nach dem letzten Subjecte, wenn es im
Plurali ſteht, als Sall. gloria *opesque inventae.* c)
Zeigt das eine Subject Perſonen an, ſo richtet ſich das
Prädicat zuweilen nach demſelben, zuweilen ſteht es im
Neutro, als Sall. *ipſi* (Numidae) atque *ſigna mili-
taria obſcurati* ſunt: und c. 17. *quae loca et natio-
nes* — minus *frequentata* ſunt.

Anmerkungen.

1) Man findet auch, beſonders bey Geſchichtſchreibern,
daß ſich das Prädicat nicht nach dem Genere und Numero des Subjects, ſondern nach deſſen Idee richtet.
Hieher

Hieher gehört a) Liv. X, 1. *capita* (i. e. principes) coniurationis virgis *caesi* cet. und mehrere. b) Besonders geschieht das bey den Mehrheitswörtern (Collectivis), als pars, quisque, cohors cet. z. E. Liv. V, 40. *pars* per agros *dilapsi*. Ibid. suam *quisque* spem — *exsequentes*. Sall. Iug. 58. magna pars *vulnerati*.

2) Zuweilen folgt auf ein Subject Singularis Numeri, das mit einem andern Subjecte durch cum verbunden ist, das Prädicat im Plurali, z. E. Nep. *Demosthenes cum ceteris* in exsilium erant *expulsi*.

§. 16.

Zuweilen richtet sich das *Adiectivum*, als Prädicat, nicht nach dem Substantiv, als seinem Subjecte, sondern steht im *Neutro*; dann muß *negotium* gedacht werden, z. E.

Virg. *Triste Lupus* stabulis ist eine traurige Sache. Ovid. *Turpe* senex miles, *turpe* senilis *amor*. Cic. praesertim cum omnium *mors* sit *extremum*.

§. 17.

Statt der *Adiectivorum* stehen zuweilen andre Wörter, als:

1) ein Substantivum, z. E. *victor* equus das siegende Roß, Virg. So steht oft nemo statt nullus, z. E. Terent. Eun. III, 5, 1. *nemo* homo est. Cic. ad Div. III, 5. hominem *neminem*: Ibid. XII, 27. equiti romano *nemini*.

2) Nescio quis, quae, quod steht oft für *ignotus, a, um*: z. E. vidi hominem, nescio quem.

3) Auch stehen Adverbia statt der Adiectivorum, z. E. sic sehr oft für talis, z. E. *sic* vita hominum est, *Cic. Rosc. Am.* 30. sic hic est so ist er, *Ter. And.* V, 4, 16. Härter ist heri *semper* lenitas, Terent. And. I, 2, 1. statt *sempiterna*.

§. 18.

Von den *Pronominibus* hic, ille, iste, ipse merke man:

1) hic bezieht sich auf eine nahe Sache oder Person, ille auf eine entfernte; z. E. cum patre locutus. *Hunc* interrogavi, nicht illum. Wenn die Rede daher von

zwey

zwey Sachen oder Personen gewesen, so bezieht sich ille auf die erste, hic auf die zweyte, z. E. virtus et doctrina praeclara est: *hanc* (doctrinam) omnes cupiunt, *illam* (virt.) contemnunt: oder *illam* contemnunt omnes, *hanc* cupiunt. Doch findet man Stellen, wo hic auf die erste Sache oder Person, ille auf die zweyte sich bezieht. Kommen drey Sachen oder Personen vor, so nimmt man noch iste, welches sich auf die mittelste bezieht; z. E. Marius, Sulla et Caesar feliciter pugnarunt: *ille* cum Cimbris, *iste* cum Mithridate, *hic* cum Pompeio.

2) ipse, wenn es bey andern Pronominibus steht, bleibt gern als Subject im Nominativ (auser wenn der Accusativ mit dem Infinitiv stehen muß, dann wird es der Accusativ), wenn gleich diese Pronomina in andern Casibus stehen, als: mihi *ipse* faveo, nicht ipsi: so auch me *ipse* amo: tibi *ipse* faves: se *ipse* amat: auser im Gegensatze, z. E. alios amas, te *ipsum* odisti: doch sagt auch Cicero ad Div. I, 1. in. mihi ipse bey einem Gegensatze. Wie denn auch me ipsum, te ipsum, se ipsum cet. auch auser dem Gegensatze vorkommt, z. E. Cic. Nat. D. II, 3. extr. se ipsos diis devoverent.

§. 19.

Die Beywörter, sowohl *Adiectiva*, als *Pronomina* und *Participia*, werden oft von ihren *Substantivis* getrennt, z. E.

Tuo unius *studio*. Cic. ad Div. I, 9. §. 28. eum sententiae nostrae *magnum* in senatu *pondus* haberent.

Not. Ja zuweilen stehen sie im folgenden Satze, als Cic. Verr. IV, 27. *vasa* ea, quae *pulcherrima* apud eum viderat, und öfter: Virg. Aen. X, 381. non replenda est curia *verbis*, quae tuto tibi *magna* volant.

§. 20.

Von den *Adiectivis Numeralibus* merke man noch:

1) Unus steht a) bey den substantivis plur. numeri im Plurali, als *unae* nuptiae: b) bey den superlativis der Vergrößerung wegen, als *unus* doctissimus der gelehrteste, oder überflüssig, wie das deutsche ein.

2) Von den Cardinalibus steht a) unter hundert entweder die kleinere Zahl der größern mit et vor, oder ohne et nach, als septem et triginta, quinquaginta quinque cet. Doch findet man auch zuweilen die kleinere Zahl der größern mit et nachgesetzt, als quinquaginta et qua-

Schell. kleine Gramm.   K

quatuor beym Plautus ꝛc. b) Steigt die Zahl über hundert, so steht die grössere Zahl mit oder ohne et voran, als centum et septem: centum quindecim cet. Not. Auch umschreiben die Dichter zuweilen die Cardinalia durch Adverbia numeralia, als bis sex statt duodecim cet.

3) Von den Ordinalibus steht ohne Unterschied bald die grössere bald die kleinere Zahl voran, mit und ohne et, als sexto et vicesimo anno: tertius decimus cet. Doch steht die Zahl, die hundert ausdrückt, zuerst, als septingentesimo sexagesimo quinto.

Not. Zu den Ordinalibus wird quisque statt omnis gesetzt, um die Allgemeinheit auszudrücken, z. E. *septimus quisque* dies sacris faciendis est destinatus: *Decimum quemque* occidi iussit: *Tertio quoque* mense proficiscitur: *Millesimus quisque* vix ista facere potest. Aber quisque muß allemal nachstehen. Dieß ahmen die superlativi und quotus nach, als: *optimus quisque* der rechtschaffenste; *quotus quisque* hoc credit? Wie viel glauben das?

4) Die Distributiva stehen a) eigentlich um anzuzeigen, wie viel jedem insbesondre zukomme, als: dedit nobis *binos* libros er hat jedem von uns zwey Bücher gegeben: b) bey den substantivis, die nur im Plurali gebraucht werden, stehen sie statt der Cardinalium, als binae nuptiae, binae literae zwey Briefe, bina castra cet. Doch stehen sie auch zuweilen, besonders bey Dichtern, bey andern Substantivis, die einen Pluralem haben.

5) Mille ist im Singulari ein Adiectivum, als mille homines cet. Doch steht es auch substantive, als Nep. Milt. 5. ea *mille* misit *militum.* Aber millia ist ein substantivum und bedeutet mehr Tausende, als duo millia militum.

6) Die Zahl, die über hundert tausend oder tausendmal tausend geht, wird mit den Adverbiis numeralibus vermehrt, als decies centum millia, oder decies centena millia.

7) Statt millies millena sagen die Alten lieber decies centum (oder centena) millia: so auch vicies centum (centena) millia statt bis millies millena cet.

8) Decies sestertium heißt bey den Alten zehnmal hundert tausend Sestertii. so auch vicies sestertium zwanzigmal hundert tausend Sestertii: centies sestertium hundertmal hundert tausend Sestertii. Um dies zu verstehen, merke man: a) ein Sestertius ist eine Münze, und beträgt ohngefähr einen Kaisergroschen: aber ein Sestertium ist eine

eine Summe Gelds, und beträgt tauſend *Seſtertios.* b)
Bey den Adverbiis numeralibus in ies iſt Seſtertiom alle-
mal der Singularis Gen. neutrius. Folglich wäre decies
Seſtertium oder H. S. eigentlich ſo viel als zehn tauſend
Seſtertii; aber es bedeutet zehnmal hundert tauſend *Se-*
ſtertios. Nämlich es iſt centies dabey ausgelaſſen. Dieſes
Wort Seſtertium wird in allen Caſibus ſo gebraucht, z. E.
dos decies *ſeſtertii* oder H. S. von zehnmal hundert tau-
ſend *Seſtertiis:* Accepi decies *ſeſtertium* (Accuſ.) oder
H. S. So auch emi decies *ſeſtertio* oder H. S.

Vierter Abſchnitt.

Vom Gebrauch des Nominativs.

Es giebt einen doppelten Nominativ, der wohl zu
unterſcheiden iſt: a) der eine ſteht vor dem Verbo (in
der Conſtructionsordnung) und iſt das Subject oder der
Hauptnominativ (Subjectsnominativ), nach dem ſich
das Verbum richtet. b) Der andere ſteht nach dem
Verbo (der Conſtructionsordnung nach) und iſt der
Prädicatsnominativ, weil er das Prädicat oder doch
deſſen Beſtimmung iſt. Weil ſie nicht immer bey den
Alten in ihrer eigentlichen Ordnung ſtehen, ſo ſind ſie
oft ſchwer zu erkennen und zu unterſcheiden.

§. 1.

Vom Subjects = oder Hauptnominativ.

I. Jeder Satz muß ſich mit einem Subject oder
Subjectsnominativ anfangen: z. E. *pater* eſt doctus, oder doctus eſt *pater.* In beyden Sätzen iſt pater das Subject. *Virtus* nos reddit felices, oder Felices nos reddit *virtus.*

Ausnahme. Oft fehlt dieſer Subjectsnominativ:

A) Wo er leicht zu verſtehen iſt, da läßt man ihn
weg, z. E.

1) Die *Nominativos* Ego, Tu, Nos, Vos läßt man insgemein weg, als: amo te; amamus te cet.

K 2　　　　　　　　Not.

Not. Doch müssen diese Pronomina stehen, a) wenn ein Nachdruck darin ist, d. i. wenn sie mit einem Accente ausgesprochen werden, als *Egone* sum? bin ichs? *Tu fecisti!* du hasto gethan, (und kein andrer) *Nos consules desumus* Cic. Cat. 1, 1. b) Bey Gegensätzen als: *Ego* sum pauper, *tu* dives. *Frater tuus me amat, tu me odisti. Ego reges eieci, vos* tyrannos introducitis.

2) *Ille, is* und andere Nominativi werden weggelassen, wenn sie kurz vorher gegangen, oder doch aus dem Context leicht zu verstehen sind: z. E. pater te amat et in perpetuum amabit. statt et *is* in perpe. cet. Locutus sum cum Caio. Rogavit me cet. Doch wenn ein Nachdruck oder Gegensatz in diesen Nominativis liegt, so müssen sie stehen.

Not. Hart ist folgende Auslassung des Nominativs Liv. XLV, 20. omnibus sermonibus muneribusque et praesens est cultus Attalus et proficiscentem prosecuti sunt : *scil.* Romani. Und dergleichen kommen mehrere vor, sind aber nicht nachzuahmen.

3) Der Nominativ fehlt auch in den sehr gewöhnlichen Formeln aiunt, dicunt, ferunt, man sagt, scil. homines. So findet man auch zuweilen credunt, arbitrantur man glaubt, admirantur man bewundert 2c.

4) Bey der dritten Personalendung des Verbi sum fehlt oft der Nominativ, wenn qui, quae, quod darauf folgt, als in folgenden Formeln: est, qui dicat; sunt, qui dicant; fuerunt, qui dicerent cet. wo homo (oder aliquis) und homines (oder nonnulli) fehlt.

5) Oft fehlt is, ea, id, wenn qui, quae, quod darauf folgt, oder vorher geht, als: *Felix est*, qui deum amat: Qui deum amat, *felix est. Errant*, qui hoc credunt: Qui hoc credunt, *errant*.

B) Bey gewissen Verbis fehlt allezeit ein Nominativ, und es kann keiner dabey verstanden werden, als:

1) Bey der dritten Personalendung des Singularis der passivorum von den Verbis, die keinen Accusativ regieren, als: parcitur mihi ich werde verschont, parcitur tibi, fratri, nobis, vobis cet. Parcebatur mihi, fratri cet. So auch persuadetur mihi, tibi, patri, nobis cet. ich, du der Vater, wir werden überzeugt 2c. Persuasum est mihi, tibi cet. und so durch alle Tempora.

2) Bey dem Neutro Particip. Fut. passivi, wenn es unpersönlich steht, und das Gerundium necessitatis genannt wird, als est eundum oder eundum est es muß gegan-

gegangen werden, oder man muß gehen; ſo auch ſcribendum eſt, erat, fuit cet. Not. Dieſes Gerundium iſt allezeit das Prädicat; daher die rechte Ordnung iſt eſt eundum, eſt ſcribendum, nicht eundum eſt cet.

3) Bey den unperſönlichen Verbis mit activer Endung, als poenitet, pudet, miſeret, taedet, auch ningit, tonat, pluit, decet, oportet, piget cet. wohin auch intereſt und refert gehören. Z. E. poenitet me ich bereue, pudet me ich ſchäme mich, taedet te es eckelt dir, decet nos es geziemt uns, oportet patrem ſcribere der Vater muß ſchreiben ꝛc.: intereſt patris, refert mea, es liegt dem Vater, es liegt mir daran.

Not. Doch findet man auch decet mit dem Nominativ, als *forma* viros *neglecta* decet: *ea decent*: ſo auch zuweilen oportent, pudent, pudeo: auch *conditio* me poenitet, *miſeret ipſe* ſui cet.

C) Der Nominativ fehlt in der Formel venit mihi in mentem *rei*, *diei*, *temporis* cet. wo der Genitiv ſtatt des Nominativs ſtehet. Denn man kann eben ſowohl ſagen: venit mihi in mentem *res*, *dies*, *tempus* cet. Man glaubt, der Genitiv werde vom ausgelaſſenen negotium regirt: und negotium rei, diei, temporis ſey ſo viel, als res, dies, tempus cet.

D) Statt dieſes Nominativs findet man auch einen Accuſativ, beſonders wenn qui oder quis folgt; z. E. Terent. Eun. IV, 3, 11. *Eunuchum*, quem dediſti nobis, quantas dedit turbas: Virg. Aen. I, 577. *Urbem*, quam ſtatuo, veſtra eſt; wo der Accuſativ durch ꝗod attinet ad erklärt werden kann. Oft wird er aber vom folgenden Verbo regirt, als Cael. B. G. I, 39. *rem frumentariam*, ut ſatis commode ſupportari poſſet, timere dicebant. Coel. in Epp. Cic. noſti *Marcellum*, quam tardus ſit; Terent. ſcin *me*, in quibus ſim gaudiis?

E) Zuweilen muß der Nominativ aus dem vorhergehenden Satze genommen, zuweilen aus dem folgenden errathen werden; a) aus dem vorhergehenden, als ſcin *me*, in quibus *ſim* gaudiis? Ter. ſtatt ſcin, in quibus *ego* ſim cet. Noſti *Marcellum*, quam tardus *ſit* Coel. ad Cic. VIII, 10. ſo auch Liv. et, in quem — egreſſi ſunt locum, Troia *vocatur* ſtatt *hic* Troia vocatur.

vocatur. b) aus dem folgenden Liv. I, 14. vaſtatur
agri, quod inter urbem ac Fidenas eſt ſtatt id agri,
quod cet.

Man merke noch beym Subjectsnominativ.

1) Zuweilen ſtehen bey den Alten mehrere Subjectsnominativi, davon der eine das Ganze, der andre einen Theil
anzeigt: Liv. XXX, 24. *Onerarias, pars* maxima ad
Aegimurum — *alias* adverſus urbem — delatae ſunt
ſtatt Onerariarum. Man kann es auch als eine Appoſition
anſehen, und iſt auch oben unter dieſem Namen angeführt
worden.

2) Statt qui, quae, quod ſteht oft, wenn bedingungsweiſe geredet wird, ſi quis, ſi qua, ſi quid cet. Da denn is
ea id vorhergeht, folgt oder fehlt, z. E. Cic. Verr. V,
25 iſte — *ſi qui* ſenes aut deformes erant, eos in hoſtium numero ducit ſtatt *qui ſenes* cet. Cic ad Div. IX,
11. non tam id laboro, ut, *ſi qui* mihi obtrectent, a te
refutentur.

3) Der Pluralis von qui, quae, quod, wenn er, als ein
Subject, das Prädicat pauci oder multi nach ſich hat,
ſteht allezeit im Nominativ, obgleich der Deutſche den Genitiv nimmt, als cave inimicos, *qui multi* ſunt deren es
viel giebt: ſo auch: amici, *qui pauci* ſunt. Steht aber
pauci und multi als ein Theil des qui, ſo wird qui in quorum verwandelt, als amici, quorum pauci (multi) adhuc vivunt, von denen ꝛc. So iſt auch quot eſtis und
quot ſunt veſtrum, quot ſunt homines und quot ſunt
hominum unterſchieden; ſiehe bald II, 3.

4) Ipſe bleibt bey den Pronominibus perſonalibus gern im
Nominativ, als mihi ipſe, me ipſe, ſibi ipſe cet. nicht
mihi ipſi cet. auſer in Gegenſätzen. S. vorher Abſchn. 3.

§. 18.

II. Das Subject oder der Subjectsnominativ
verlangt nach ſich das *Verbum* in der ihm zukom-
menden Perſonalendung. Nämlich im Singulari folgt
auf ego die erſte, auf tu die zweyte, auf die übrigen
Nominativos die dritte: ſo auch im Plurali auf Nos die
erſte, auf Vos die zweyte, auf die übrigen Nominativos die dritte: z. E. ego amo, tu doces, pater legit:
Nos amamus, Vos docetis, Parentes legunt.

Not. 1) Dieſe Perſonalendungen folgen auch, wenn gleich
die genannten Subjectsnominativi (Perſonen) zuweilen
fehlen, z. E. amo, doces, amamus, amatis: qui hoc
credunt, (ii) errant.

2) Qui

2) Qui quæ quod vertritt alle Perſonen, kann alſo alle Perſonalendungen annehmen: z. E. *ego, qui* te pro amico *habui,* erravi. Tu, *qui* literas amas, felix es. Vos, *qui* virtutem odiſtis, eſtis infelices. Nos, *qui* virtutem *amamus,* ſumus felices. So auch dignus ſum, *qui amer:* dignus es, *qui ameris:* digni ſumus, *qui amemur* cet. So auch non is ſum, *qui glorier:* non is es, *qui velis* cet. non ii ſumus, *qui gloriemur* cet.

3) Quot, wenn es nach der ganzen Anzahl fragt, hat alle Perſonalendungen des Pluralis bey ſich: z. E. *quot ſumus* wie viel ſind unſer? (zuſammen), nicht noſtrum: ſo auch *quot eſtis* wie viel ſind euer? *quot ſunt* illi homines: So iſts auch mit der Antwort: *nos ſumus* decem unſer ſind zehn: *vos eſtis* viginti: *illi ſunt* centum. Etwas anders iſt quot ſunt noſtrum, veſtrum, illorum? noſtrum ſunt decem cet. dann drückt es nur einen Theil aus: wie viel ſind unter uns, euch ꝛc. unter uns ſind zehn.

4) Der Subjectsnominativ ſteht nicht nur vor dem Verbo finito, d. i. vor dem Theile des Verbi, welcher Perſonalendungen hat, folglich vor dem Indicativo und Coniunctivo, ſondern auch unzähligemal vor dem Imperfecto Infinitivi: doch nur in Erzählungen. Z. E. Ego currere ich lief; Caesar proficisci marſchirte ꝛc. Cæſ. *Cæſar* Aeduos frumentum *flagitare.* Sall. *pauci* ex amicis auxilio *eſſe.* Cic. Verr. 11, 76. *hærere* homo, *verſari, rubere.* Virg. *nos* pavidi *trepidare* metu. Man nennt es den Erzählungsinfinitiv (infinitivum narratorium, nicht, wie viele, hiſtoricum). Man glaubt, er werde vom Verbo *cœpi* regirt. Doch das ſchickt ſich nicht immer, z. E. Sall. Iug. 92. *milites* neque pro opere *conſiſtere* — neque — ſine periculo *adminiſtrare* cet. wo eher potuerunt, als coeperunt, zu verſtehen wäre. Vielleicht haben die Alten gar kein Verbum dabey gedacht. Auch ſteht zuweilen cum vor, als Sall. *cum* tamen barbari nihil remittere cet.

III. Der Subjectsnominativ verlangt auch nach ſich das *Verbum* in gleichem *Numero:* z. E. *literae ſunt ſcriptae* der Brief iſt geſchrieben worden: nuptiae ſunt factae cet.

Not 1) Nach den Mehrheitswörtern (Collectivis), als pars, multitudo cet. folgt oft bey den Alten das Verbum im Plurali, weil ſie auf die Idee geſehen, als: Liv. *pars* maior *receperunt* ſeſe. Sall. pleraque *nobi-*

litas

litas (i. e. nobiles) — *credebant.* Virg. *pars epulis one-*
rant menſas et plena *reponunt* pocula. Plaut. quid huc
tantum hominum *incedunt?* ſo viel Menſchen? Man
kann auch hieher die Subſtantiva rechnen, die mit cum
verbunden werden, als *dux cum principibus capiuntur* cet.

2) Man findet auch Stellen, wo das Verbum ſich nicht
nach dem Subject oder Subjectsnominativ, ſondern
nach dem Prädicat richtet, welches eigentlich ein Fehler
iſt, den vermuthlich die Vorſetzung des Prädicats ver-
anlaſſet hat; z. E. Ter. Amantium *irae* amoris *integ-*
ratio eſt ſtatt *ſunt:* Ovid. Art. III. 222. *Veſtes,* quas
geritis, *ſordida lana fuit.*

3) Man findet auch Stellen, wo das Verbum ſich nicht
nach dem Subjects = oder Hauptnominativ, ſondern
nach dem dabey befindlichen Erklärungsworte (Appoſition) richtet, als Plin H. N. XXXI, 2. *Tungri, civi-*
tas Galliae. fontem *habet* inſignem ſtatt habent. Cicero und ſeine Zeitgenoſſen thun dies nicht leicht. Jedoch
iſt folgende Stelle von ihm zu merken Off. 1, 41. Ut
piƈtores et *ii,* qui ſigna fabricantur, et vero etiam
poƍtae ſuum *quisque* opus a vulgo conſiderari *vult*
ſtatt volunt: hier iſt quisque Schuld daran.

IV. Das Subject oder der Subjectsnominativ verlangt auch nach ſich das Prädicat oder den Prädicatsnominativ in gleichem Numero und Genere. S. hiervon unten §. 2. n. II. und III.

V. Das Subject (Subjectsnominativ) iſt

1) insgemein ein Subſtantiv, als: *pater* docet: *filii* diſ-
cunt.

2) Oft ein Adjectiv, als: *multi* credunt; *honeſta* ſunt
ſequenda.

3) Oft ein Pronomen, als: *ille* fecit: *hoc* eſt bonum cet.

4) Oft ein Infinitiv a) ohne Caſum, als: *errare* eſt humanum: *diſcere* eſt ſuave: Hieher gehören beſonders folgende Exempel, wo der Infinitiv, als Subject, hinten
ſteht: meum eſt *diſcere:* patris eſt *docere:* venit mihi
in mentem *vereri* cet. b) mit ſeinem Caſu, auch allem,
was dazu gehört, als: *vacare* culpa magnum eſt ſola-
tium: *Didiciſſe* fideliter artes emollit mores nec ſinit
eſſe feros. So auch Boni paſtoris eſt *tondere* pecus,
non *deglubere:* Patris eſt *alere* liberos.

5) Oft ein ganzer Satz, als: a) der Accuſativ mit dem
Infinitiv, als: *Te non iſtud audiſſe* mirum eſt: Cic.
facinus

facinus eſt *vinciri civem romanum.*   b) Hieher ſcheinen auch Sätze mit ut zu gehören, als neceſſe eſt, *ut homo moriatur.   Accidit, ut pater moreretur.*

6) Auch das Participium Neut. generis beym Livius, als VII. 8. diu non *perlitatum* tenuerat dictatorem. XXVIII. 26. cum ab obviis *auditum*, poſtero die omnem exercitum — proficiſci, non modo omni metu - liberaret eos cet.

7) Zuweilen Adverbia, als iam clarum *mane* feneſtras intrat. *Perf.*

8) Auch zuweilen andre Wörter, wenn man nicht auf ihre Bedeutung ſieht, als: amo eſt activum: amor eſt paſſivum: *mus* eſt monoſyllabum cet.

VI. Zwey oder mehr Subjecte (oder Subjectsnominativi) *Singul. Numeri* verlangen das *Verbum* nach ſich im *Plurali*, als: *pater* et *mater* adhuc vivunt: *charta* et *penna ſunt* amiſſae, beſonders wenn ein Subject im Plur. ſteht, als: *vita, mors, divitiae, paupertas* omnes homines — *permovent,* Cic.

Not. 1) Bey lebloſen Dingen folgt unzähligemal der Singularis des Verbi, als *charta* et *penna* amiſſa eſt. *Mens* et *ratio* et *conſilium* in ſenibus *eſt*, Cic. *Tempus neceſſitasque* poſtulat, Cic.   Not. Auch geſchieht es zuweilen, wenn unter vielen Subjecten eins im Plurali iſt, wenn es nur nicht zuletzt ſteht: Liv. I, 47. *Dii te penates patriique* et patris *imago* et *domus regia* et in domo *regale ſolium* et nomen *Tarquinium creat vocatque* regem.

2) Ein Mehrheitswort (Collectivum), als *pars,* quisque cet. hat bey den Alten zuweilen nach ſich das Verbum im Plurali, z. E. *turba ruunt: pars caeduntur.* ſ. oben n. III, 1.

3) Nach einem Subjecte Sing. Numeri, das mit einem andern durch cum verbunden iſt, findet man auch zuweilen das Verbum im Plurali: Liv. XXI, 60. *dux cum aliquot principibus capiuntur* ſtatt *capitur.* Sall. Iug. 101. *Bocchus cum peditibus* — aciem *invadunt.* Nep. Phoc. 2. *Demoſthenes cum ceteris* — *erant* expulſi.

4) Eine beſondere Stelle iſt Liv. I, 32. Hier ſpricht der Fetialis: *Ego populusque Romanus* — bellum *indico.*

VII. Gehen zwey (auch mehrere) Subjectsnominativi von verſchiednen grammatiſchen Perſonen

nen

nen (*ego, tu, pater* cet.) vor dem *Verbo* vorher, so richtet sich der Pluralis des *Verbi* in Ansehung der Personalendung nach der vorzüglichern, d. i. die erste Person (*ego*) hat den Vorzug vor der zweyten (*tu*), die zweyte vor der dritten. Z. E.

Ego et *tu sumus* felices, oder *Tu* et *ego sumus* cet. *Ego* et *pater* profecti *sumus*. Si *tu* et *Tullia valetis*, Cic.

Not. Doch gilt dies nur, wenn der ganze Satz beyden Subjecten gemein ist. Ist dies nicht, d. i. steht bey jedem Subjecte noch ein besonderes Wort, z. E. ein Adverbium, ein Accusativ ꝛc. so richtet sich das Verbum bloß nach dem nächsten Subjecte in Ansehung des Numeri und der Personalendung, z. E. *Ego* misere, *tu* feliciter *vivis*, oder *Ego* misere *vivo*, *tu* feliciter. Hier wäre vivimus falsch. So auch: *Ego* multos *habeo* libros, *frater* paucos, oder *Ego* multos libros, *frater* paucos *habet*: nicht habemus.

VIII. Nach zwey Subjecten numeri singul. steht das Prädicat im Plurali, und richtet sich bey belebten Geschöpfen, wenn die genera verschieden sind, nach dem Masculino, bey seblosen Dingen aber steht es im Neutro, oder richtet sich nach dem nächsten, oder kann auch mit dem Verbo im Singulari stehen. S. oben Abschn. III. §. 15.

§. 2.
Vom Prädicatsnominativ.

I. Nach einigen *Verbis* steht auch ein Nominativ, der das Prädicat ausdrückt, und daher der Prädicatsnominativ heißt. Das sind lauter Verba, die seyn oder werden bedeuten, oder dieses seyn oder werden in sich schließen. Nämlich:

1) Sum und forem: z. E. Deus *est iustus*: Tu *fores felicior*, si *esses doctior*. So auch Ira *furor brevis est*.

2) maneo: z. E. Deus manet *iustus*.

3) fio werden, gemacht werden: existo, evado, werden: reddor gemacht werden (zu etwas), z. E. Non omnes homines *fiunt docti*. Non omnes *redduntur felices*. Nep. postquam *ephebus factus est*. Cic. ego hole causae *patronus* exstiti: Cic. perfectus *Epicureus* evaserat.

4) Die

4) Die Paſſiva, die da bedeuten genannt oder benannt, titulirt werden. Dergleichen ſind a) nominor, vocor, dicor, und die ſeltnern nuncupor, uſurpor, perhibeor ich werde genannt, heiße, z. E. Tu vocaris (nominaris) Carōlus. Cic. Laelius is, qui *ſapiens* uſurpatur. Plaut. Mercurius, Iovis qui *nuntius* perhibetur. b) appellor, ich werde zubenamt, titulirt, bekomme den Beynamen, z. E. Alexander, qui *Magnus* appellatur: Deiotarus appellatus eſt *rex*. Hieher gehört auch ſalutor und audio, welche, wiewohl ſelten, bey Dichtern ſtatt appellor ſtehen, z. E. Hor. cur ego - *poeta* ſalutor? Hor. *rexque paterque* audiſti coram.

5) Die Paſſiva, die da bedeuten, zu einem Amte erwählt, ernannt, oder (nach römiſcher Art) ausgerufen werden. Dergleichen ſind z. E. legor, eligor, deſignor ich werde ernannt (z. E. zum Conſul): renuntior ich werde ausgerufen (z. E. als Conſul) ꝛc. als: Cicero creatus eſt *conſul*: deſignatus eſt praetor; renuntiatus eſt *conſul*.

Not. Die Activa aller bisher angeführten Paſſivorum regiren auf gleiche Weiſe einen doppelten Accuſativ, als: Reddidi *te* felicem: Romani *Ciceronem* creaverunt *conſulem*: Vocant *me Carolum* cet.

6) Die Paſſiva, die da bedeuten, für etwas gehalten, befunden, erkannt werden oder ſcheinen, als credor, exiſtimor, putor, habeor, iudicor, numeror, videor, cognoſcor, deprehendor, invenior, reperior cet. z. E. Pater tuus creditur (exiſtimatur, habetur) doctus: Frater videtur *aſtutus*. Socrates inventus (repertus) eſt *innocens*. Soror tua iudicatur *docta*. Aber bey allen dieſen Paſſivis (ausgenommen habeor) fehlt eſſe, und hiervon wird eigentlich der Nominativ regirt; als Pater creditur (eſſe) doctus: Frater videtur (eſſe) *aſtutus* cet. wie denn dieſes eſſe ſehr oft dabey ſteht.

Not. Auch die Activa dieſer Paſſivorum haben einen doppelten Accuſativ bey ſich, als: habeo (credo, puto, exiſtimo) *te* doctum: Invenerunt patrem *fortem* als tapfer ꝛc. Doch wird ebenfalls (auſer bey habeo) eſſe verſtanden; wie es denn ſehr oft dabey ſteht, als Credo, te *eſſe doctum*: Iudico. patrem *eſſe ſapientem* cet.

II. Das Prädicat richtet ſich nebſt dem Binde-Verbo nach dem Subjecte in Anſehung der *Numeri*. z. E. *homo* eſt *mortalis : homines ſunt mortales : bona* ſunt

prae-

praeferenda malis. Auſer, wo im Prädicat kein Pluralis zu denken, z. E. *mali cives* ſunt (vocantur) *ſentina* reipublicae: *aedificia coniuncta* vocantur *urbs.*

> Not. Die Mehrheitswörter (Collectiva) haben zuweilen das Prädicat im Plurali. als *pars* in crucem *acti*, pars bestiis *obiecti* (ſunt) Sall. Eben dieß geſchieht zuweilen nach einem Subjecte Singul. Numeri, wenn es mit einem andern durch cum verbunden worden, als Nep. *Demoſthenes cum ceteris — erant* expulſi. S. kurz vorher unter n. V. und oben Abſchn. 3. §. 15. Daß nach zweyen Subjecten das Prädicat im Plurali, aber auch in gewiſſen Fällen im Singulari ſtehe, davon ſiehe oben Abſchn. 3. §. 15.

III. Das Prädicat, wenn es ein *Adiectivum*, *Pronomen* oder *Participium* iſt, richtet ſich im *Genere* nach dem Subjecte: z. E. *pater* eſt *doctus: mater* eſt *mortua: hae veſtes* ſunt *noſtrae.*

> Not. Auch wenns ein Substantivum iſt, thut es dieſes, wo es möglich iſt, z. E. *aquila* eſt *regina*, nicht *rex: uſus* eſt dicendi *magiſter : exercitatio* eſt *optima magiſtra.* Doch oft iſts nicht möglich, z. E. *pecunia* eſt *auctor* multorum malorum. ſ. hiervon oben Abſchn. I. §. 2. Daß das Prädicat, wenn es zu zwey oder mehrern Subjecten von verſchiedenem Genere geſetzt wird, ſich theils nach dem Subject gen. maſculini, theils nach dem nächſten Subject richte, theils aber auch im Neutro ſtehe, davon ſ. oben Abſchn. 3. §. 15.

IV. Es ſteht auch nach andern *Verbis* ein Nominativ, der zwar nicht das Prädicat, aber doch eine Beſchaffenheit, nähere Beſtimmung, oder Art und Weiſe des im *Verbo* liegenden Prädicats ausdrückt, und gewiſſermaßen eine Appoſition iſt, wobey *tanquam* ſich verſtehen läßt: z. E.

> Virg. apparet liquido *ſublimis* in aere Niſus. Cic. a parentibus *parvus* ſum procreatus; a vobis natus ſum *conſularis.* Cic. Mur. 6. nemo fere ſaltat *ſobrius* cet. Cic. venit in decemprimis *legatus* in caſtra Capito. Liv. capite arma *frequentes.* Cic. carus omnibus exſpectatusque venies. Virg. cum corpora - - *reſupinus* frangeret. Sall. Iug. 14. *laeti* pacem agitabamus. So ſagt man : cecidit pronus. Hieher gehören viele Adiectiva, die ſtatt
der

der **Adverbiorum** ſtehen, als **primus, ultimus, ſolus,
und unus** cet. ſtatt **primum, ultimum, ſolum** cet. als
pater *primus* dixit: frater diſceſſit *ultimus:* ego remanſi
ſolus: ingleichen die poetiſchen, als **nocturnus, matutinus, veſpertinus** ſtatt **noctu, mane, veſperi:** Virg.
lupus — *nocturnus* obambulat. Aeneas ſe matutinus
agebat.

V *Opus* vonnöthen, nöthig, dienlich, ſteht
als ein Prädicat beym *Verbo ſum*, und hat die Perſon, der etwas nöthig iſt, im Dativ, und die
Sache, die ihr nöthig iſt, im Nominativ oder
Ablativ

3. E. *Liber* mihi opus eſt, oder opus eſt mihi *libro:*
ferner *libri* mihi opus ſunt, oder opus eſt mihi *libris.*
Not. Wenn die Sache im Nominativ ſteht, ſo richtet ſich
das Verbum darnach, und ſteht alſo bald im Singulari,
bald im Plurali; ſteht ſie aber im Ablativ, ſo bleibt das
Verbum allezeit im Singulari.

Anmerkungen.

1) Statt des Nominativs oder Ablativs der Sache ſteht auch
der Infinitiv, auch Accuſativ mit dem Infinitiv, auch ut,
als: Non opus eſt *affirmare:* nihil opus eſt, *te exſpe-
ctare:* opus eſt, *ut* lavem *Plaut.*

2) Auch findet man opus mit einem Genitiv der Sache, z. E.
Liv. XXII. 51. ad conſilium penſandum temporis opus
eſſe. Man führt auch an Planc. ad Cic. in Epp. Cic. ad
Div. X. 8. ſed aliquantum nobis temporis et *magni laboris* et multae impenſae *opus* fuerunt. Allein vielleicht
ſoll labores geleſen werden. Hieher muß man nicht die
Stellen ziehen, wo opus das Werk, die Sache bedeutet
oder zu bedeuten ſcheint, als Ovid. Art. II, 14. Caſus in-
eſt illic: hic erit *artis opus.*

3) Auch findet man opus mit einem Accuſativ der Sache bey
ſich, z. E. quid iſti *ſuppoſitum puerum* opus eſt? Plaut.
Truc. I, 5. 7. So auch Ibid. V, 10. puero opus eſt cibum. Man findet auch z. E. *quid* opus eſt mihi vita,
und ſi quid eſt, *quod* opera mea opus ſit vobis: Aber
das iſt kein Accuſativ der nöthigen Sache; es fehlt ad.
Sonderbar aber iſt opu- bey facto: z. E. quaeritur, *quid*
facto opus ſit. Nep. Eum 9 ſo auch *quod* facto eſt opus.
Hier fragt es ſich, ob es der Nominativ oder Accuſativ
ſey. Iſts der erſtere, ſo wäre facto in Anſehung des
Thuns: iſts der letzte, ſo müßte er von facto (ſtatt
factu) regirt werden.

VI. Uſus

VI. Usus (subst.) von nöthen; nöthig, kommt bey Dichtern und Comödienschreibern vor, und hat eben so, wie opus, die Person, die nöthig hat, im Dativ, und die Sache im Ablativ, als: Virg nunc *viribus usus.* Auch glaubt man, es stehe auch der Nominativ der Sache, Plaut. Curcul. III, 13. usus est pecunia. Doch kann dies auch der Ablativ seyn.

Fünfter Abschnitt.

Vom Gebrauch des Genitivs.

Der Genitiv steht 1) nach Substantivis, 2) nach Adiectivis und Pronominibus, 3) nach Verbis, 4) nach Adverbiis, 5) nach Präpositionen und Interjectionen.

§. 1.

Vom Genitiv nach *Substantivis.*

Der Genitiv wird gern von einem Substantiv regirt: insgemein auf die Frage wessen? auch oft wovon? wornach? ꝛc. Dies geschieht:

I. Wenn der Genitiv ein Thun anzeigt, folglich active steht.

Hierbey fragt man insgemein wessen? als peccatum *hominis* des Menschen: victoria *Caesaris:* Orationes *Ciceronis:* pugna *militum:* facta *virorum fortium:* Sermo *Furnii.* Hieher gehört auch Vulnus *Ulyssis,* i. e. die Ulysses gemacht hat Virg. Aen. II, 436.

II. Wenn der Genitiv einen Besitz oder ein Haben anzeigt, folglich *possessive* steht. Auch hier wird insgemein gefragt: wessen? als: liber *patris:* vestes *matris:* filius *Ciceronis:* fides *nuntii:* odium *patris:* amor *matris:* virtus *hominis.* Hieher gehört auch res *rationum* Cic. Verr. I, 14. i. e. Dinge, welche die Rechnung in sich begreift, berechnete Dinge.

Not:

Not. Bey dieſen zwey Fällen (unter I und II) findet kein Genitiv der *Pronominum* ego, tui, ſui, nos, vos Statt: ſondern hier müſſen die *Poſſeſſiva* meus, tuus, noſter, veſter ſtehen: z. E. peccatum meum mein Fehler, nicht mei: ſo auch factum tuum, noſtrum cet. Veſtis mea, tua cet. Amor meus, tuus cet. (Amor mei, ſo auch odium mei, tui cet. bedeutet etwas ganz anders, ſ. n. III, 1.).

Jedoch findet man zuweilen die *Genitivos* mei, tui, ſui cet. ſtatt meus, tuus, ſuus cet. doch geſchieht es insgemein nur, wenn noch ein Genitiv dabey ſteht, z. E. Cic. ad Div 11, 6. exr. eam autem *tui unius* ſtudio me adſequi poſſe confido. Plaut. Pſeud. 1, 1, 3. *duorum* labori — *hominum* paruiſſem lubens, *mei*, te rogandi, et *tui*, reſpondendi mihi. Suet. Caeſ. 30. exſpectationem, quam de adventu *ſui* fecerat ſtatt ſuo. So ſieht auch veſtrum Plaut. Men. V, 8, 56. *veſtrum* patri filii quot eratis? Sall. Cat. 33. §. 3. ſaepe maiores *veſtrum* cet. nach Kortens Ausgabe.

III. **Wenn der Genitiv** *obiective* **ſtehet, d. i. die Perſon oder Sache, auf die die Handlung hinübergeht, anzeigt: dann wird er im Deutſchen insgemein durch eine Präpoſition ausgedrückt. Dergleichen Genitivi ſind**

1) Mei, tui, ſui, noſtri, veſtri (von Ego und tu): z. E. amor mei, tui, ſui, noſtri, veſtri die Liebe zu mir, dir, ſich, uns, euch; So auch odium mei, tui cet. der Haß gegen mich, dich 2c. Deſiderium mei, tui, ſui cet. die Sehnſucht nach mir, dir 2c. ſtudium mei, tui cet. der Eifer gegen mich 2c. So muß man allezeit reden, und nicht amor meus, tuus cet. Not. Und doch ſtehen zuweilen dafür die Pronomina Poſſeſſiva meus, tuus, ſuus, noſter, veſter, z. E. iniuria *mea* das Unrecht gegen mich, Sall. Iug. 14. ſo auch iniuria *ſua* gegen ſich, Ib. Cat. 51. So auch obſervantia *tu* Reſpect gegen dich, Planc. ad Cic in Epiſt. Cic. ad Div. X, 24. negligentia *tua* Nachläſſigkeit gegen dich, Terent. Heavt. 11, 2, 26: odium *tuum* gegen dich, ſtatt tui, *ibid.*

Not. Statt *mei*, tui cet. kann man auch eben ſo gut ſagen in me, adverſus me, erga me, als amor erga (in) me: odium in (adverſus) me cet.

2) Auch thun dieß die Genitivi der Subſtantivorum und Pronominum relativorum, als hic, ille, is, iſte, qui, idem cet. z. E. amor *dei* gegen Gott: odium *patris* gegen den Vater: timor *illius* die Furcht vor ihm; memoria *fratris*

an den Bruder: cura *liberorum* für die Kinder: studium *rei* Eifer gegen die Sache: desiderium *patris* nach dem Vater: notitia *rei* Renntniß von der Sache: iniuria *patris* gegen den Vater: spes *salutis* zur Rettung: potestas *rei* Gelegenheit zu einer Sache 2c. welche sehr gewöhnlich sind. Es giebt auch schwerere, als: ira *belli*, i. e. propter bellum: iudicium *Verris* gerichtliche Untersuchung wegen des Verres: comitia *praetorum*, i. e. darin Prätoren gewählt werden: proditio *hominis* gegen einen Menschen: negligentia *deum* i. e. erga deos cet.

Not. Doch dürfen diese Genitivi nicht stehen, wenn eine Zweydeutigkeit zu befürchten. Denn sie könnten auch active verstanden werden, z. E. amor *dei* die Liebe Gottes: odium *patris* des Vaters. Folglich muß der Context zu Rathe gezogen werden. Ist eine Zweydeutigkeit zu befürchten, so setzt man lieber erga, in cet. als amor in deum cet.

IV. Der Genitiv wird auch von etlichen *Substantivis* regirt, die keine zu seyn scheinen; dergleichen sind instar, nihil, und die *Ablativi* causa, gratia, ergo.

1) *Instar*, als amo te *instar* patris wie einen Vater: Virg. *instar* montis equum aedificant: *scil.* ad. Zuweilen scheints der Nominativ zu seyn, als Cic. Plato mihi unus *instar* est omnium millium.

2) Nihil, als *Nihil* pecuniae kein Geld: nihil librorum. So auch nihil pulchri, mali cet. nichts schönes 2c. Doch findet man auch nihil mit dem folgenden Adiectivo in gleichem Casu, z. E. nihil reconditum, nihil exspectatum Cic. Orat. 1, 31. Natura solitarium nihil amat, Cic. Amic. 23 extr. und öfter.

3) Causa und gratia wegen, als patris *causa*, huius rei *causa* oder *gratia* cet. Man setzt es auch gern zu den Pronominibus possessivis, als *mea* causa meinetwegen, tua, sua, nostra, vestra *causa* deinetwegen 2c. So auch mea *gratia*, tua, sua, nostra, vestra *gratia* meinetwegen 2c. Not. *Causa* und *gratia* werden insgemein nachgesetzt, als patris causa, (gratia), mea *causa* cet. doch findet man auch causa nicht selten vorn, als Terent. Eun. I, 2, 122. *causa virginis* feci.

4) Ergo wegen (Gr. ἔργω), z. E. Nep. Paus. 1. victoriae *ergo*: Virg. Illius *ergo* venimus.

V. Der Genitiv der Wörter, die eine Anzahl, Geschlecht oder ein Ganzes anzeigen, wird von *Substantivis* regirt, die einen Theil oder eine Gattung davon ausdrücken; z. E.

Magnu

Magna pars hominum. Nihil harum rerum nichts von dieſen Dingen. *Pars civitatis. Nemo noſtrum, veſtrum* von uns, euch: (nicht noſtri, veſtri). *Multitudo hominum* eine Menge Menſchen. *Res huius generis. Tria millia captivorum.* Hieher gehört Plin. H N. IX, 10. *piſcium feminae* maiores, quam mares, unter den Fiſchen: Suet. Claud 28. *Libertorum* praecipue ſuſpexit *Poſiden.* Not. Dies ahmen die Adiectiva und Pronomina nach; ſ. §. 2. n. 11. und 111.

VI. Der **Genitiv** eines **Subſtantivs** wird von einem andern Subſtantiv regirt, um die **Geſtalt, Beſchaffenheit, Zeit** ꝛc. auszudrücken, insgemein auf die Frage **wovon?** Not. Doch dieſer Genitiv hat gern ein Beywort (Adiectivum, Pronomen oder Participium) bey ſich: z. E.

1) **Eigenſchaft**, als Puer *bonae indolis*: Homo *boni ingenii*: Adoleſcens *ſummae audaciae*, Sall. Vir *exempli recti*, Liv. Homo *expertae virtutis, magnae doctrinae*: Vir *magni nominis*: Homo *ingenui vultus*. Hieher gehört Cic. Non *multi cibi* hoſpitem accipies, ſed *multi ioci.*

2) **Geſtalt**, als mulier *formae pulchrae.*

3) **Werth, Rang**, als homo *parvi pretii, imi ſubſellii* viros, *Plaut.* — So auch homo *nihili.*

4) **Gewalt**, als homo *ſui iuris.*

5) **Gewicht**, als lapis *centum librarum.*

6) **Zeit**, als exſilium *decem annorum.*

7) **Länge, Größe, Dicke, Breite** ꝛc. als foſſa *pedum viginti*, Caeſ.

8) **Auch** gehören hieher mehrere auf die Frage **wovon?** res *ingentis operis* von großer Arbeit, Liv. V, 5. Tu *trium literarum* homo, i. e. fur. *Plaut.*

Not. Doch kann in vielen von den angeführten Wörtern eben ſo wohl der Ablativ ſtehen, wenn man praeditus begabt denken kann: z. E. Adoleſcens *eximia ſpe*, Cic, ad Div. I, 7. Homo *antiqua virtute* ac *fide*. Ter. Ad. III, 4, 79. Adoleſcens *ſumma virtute* et *humanitate*, Caeſ. B. G. I, 47. Femina *eximia pulchritudine*, Cic. Divin. 1, 25. Mulier *egregia forma* atque aetate integra, Ter. And. I, 1, 45. Adoleſcentula *forma bona, vultu modeſto* cet. Ibid. 91. Zuweilen muß der Ablativ ſtehen, weil kein Genitiv da iſt, als homo *magno natu* von hohem Alter.

Schell. kleine Gramm.   L   VII. Der

VII. Der Genitiv der Wörter, welche Dinge, die worin enthalten sind, anzeigen, steht bey *Substantivis*, die das Gefäß oder Behältniß bedeuten, worin diese Dinge enthalten sind; z. E. navis *auri* ein Schiff mit Gold, Cic. Es scheint plena zu fehlen: so auch cadus *vini*: pyxis *veneni* cet.

VIII. Zuweilen steht die sogenannte Apposition im Genitiv: doch nur bey leblosen Dingen, z. E. Cic. in urbe *Antiochiae*: Sall. ad oppidum *Laris* statt Larim. So kommt flumen *Rheni*, fons *Arethusae*, oppidum *Patavii* cet. vor. So sagt man auch: est mihi nomen *Petri*. Auch scheint hieher zu gehören: Nep. Alc. 9. quinquaginta talenta *vectigalis*, und Ibid. Timoth. 1. mille et ducenta talenta *praedae*.

IX. Der Genitiv steht zuweilen beym Substantiv, um anzuzeigen, wozu die Sache dient oder gebraucht wird, z. E. apparatus *urbium oppugnandarum*, Liv. Talenta *dotis* duo, Ter. Vasa abaci, Cic. Verr. IV, 16. Vasa aliquot abacorum, Ibid. 25.

Anmerkungen.

1) Oft regirt ein Genitiv den andern, z. E. Cic. causa *intermissionis literarum*: Liv. I, 38. *fratris* hic filius erat *regis*. Liv. praef. iuvabit tamen *rerum gestarum* memoriae *principis terrarum populi* pro civili parte et me ipsum consuluisse.

2) Oft regirt ein Substantiv zwey verschiedene Genitive zugleich, von denen insgemein einer active oder possessive, der andere obiective zu erklären, z. E. *patris* studium *literarum*. Cic. *Sullae* et *Caesaris pecuniarum* translatio a iustis dominis ad alienos. Cic. ad Div. IX, 8. *superiorum temporum* fortuna *reipublicae*. Nep. quod sibi *Agamemnonis belli* gloriam videretur consecutus.

3) Oft wird der Genitiv von seinem Substantiv getrennt: Liv. quia *consulendi* res non dabat *spatium*. Liv. XXVIII, 30. quinqueremis romana — unius (sc. triremis) praelata impetu *lateris alterius* detersit. Dieß geschieht auch bey Adiectivis, als Cic. ad Div. I, 9. §. 37. de — fortissimo viro meoque iudicio *omnium* magnitudine animi et constantia *praestantissimo* cet.

4) Oft

4) Oft ſteht ſtatt des Genitivs ein Adiectivum, z. E. laus *aliena*, i. e. aliorum, Cic. ad Div. V, 8. *Evandrius* enſis i. e. Evandri, Virg. ſo auch oratio Ciceroniana, crudelitas Sullana cet. S. ohne Abſchn. 3. §. 6.

5) Zuweilen regiren die Subſtantiva verbalia ſtatt des Genitivs den Caſum der Verborum, von denen ſie abſtammen, z. E. Plaut. quid tibi *hanc curatio* eſt *rem?* So auch Cic. *obtemperatio ſcriptis legibus inſtitutisque* populorum: Caeſ. *domum reditionis* ſpe ſubiata.

6) Oft wird der Genitiv von einem Subſtantiv regirt, das aus den vorhergehenden Worten herausgenommen werden muß, als: Cic. Arch. 11. nullam virtus aliam *mercedem* — deſiderat, praeter *hanc* laudis et gloriae, ſc. *mercedem.* Verr. Act. I, 12. eos velle fidei diligentiaeque *periculum* facere, qui *innocentiae abſtinentiaeque* feciſſent.

7) Oft ſcheint das Subſtantiv zu einem Genitiv zu fehlen; aber man muß es doppelt nehmen; als haec *veſtis* eſt patris, ſc. veſtis.

8) Oft fehlt das Subſtantiv, das den Genitiv regirt, gänzlich: dann muß Context und Geſchichte lehren, welches zu verſtehen ſey, z. E.

a) Oft fehlt aedes: z. E. *a Veſtae, ad Veſtae, ad Caſtoris, ad Iuturnae, ad Dianae, ad Iovis* cet. beym Cicero, Terentius, Livius ꝛc.

b) Zuweilen fehlt uxor, filius, filia, ſervus, diſcipulus cet. z. E. Virg. Aen. III, 319. *Hectoris* Andromache, ſc. *uxor.* Cic. ad Div. IX, 10. Sophia *Septimiae,* ſc. *filia.* Terent. And. 11, 2, 20. forte ibi *huius* video Byrrhiam, ſc. *ſervum.* Theophraſti Strato, Cic. ſcil. *diſcipulus.*

c) Zuweilen fehlt homo, als Nep. Cat. 1. primum ſtipendium meruit *annorum decem ſeptemque.* Plaut. unde is, *nihili?* Suet. *ſomni breviſſimi* erat.

d) Oft fehlt res oder negotium, i. e. res, z. E. Plaut. dii immortales! *mercimonii lepidi?* Beſonders nach eſt, als *magni animi* eſt contemnere divitias. *Sapientis* eſt iniuriam perferre. Eſt *aequorum* hinnire cet. das von ſ. unten §. 3. unter n. I, 2, 3.

e) Zuweilen fehlt cauſa, gratia, als Ter. Ad. 11, 4, 6. ne id *aſſentandi* magis facere exiſtimes. Beſonders redet Tacitus gern ſo, als Ann. 11, 59. Germanicus Aegyptum proficiſcitur *cognoſcendae antiquitatis,* ſo auch III. 9 und 27.

f) Sonderbar ſcheint die Stelle des Lentulus in Epp. Cic. ad Div. XII, 15. naves onerarias, quarum minor nulla erat *duum millium amphorum* cet. Allein es fehlt

quam,

quam, und der Genitiv steht auf die Frage wovon? so sagt Livius minores octonum denum annorum, i. e. jünger, als von achtzehn Jahren. Doch steht auch der Genitiv zuweilen nach dem Comparativ statt des Ablativs nach griechischer Art, z. E. ne minus quinum millium cet. Liv. XXX, 17. extr. So sagt auch Plin. H. N. VII, 30. omnium triumphorum lauream adepte, maiorem. Doch versteht hier Perizonius laureis.

§. 2.

Vom Genitiv nach den *Adiectivis*, auch zum Theil *Pronominibus*.

I. **Nach vielen *Adiectivis*. sonderlich, die eine Begierde, Eifer oder Abscheu, ein Wissen, Geschicklichkeit oder Ungeschicklichkeit, ein Eingedenkseyn oder Uneingedenkseyn, ein Theilnehmen, ein reich oder arm, voll oder leer seyn, und unzähligen andern, steht ein Genitiv, der insgemein im Deutschen durch nach, an, oder in Ansehung zu erklären ist.**

1) Die eine Begierde, einen Eifer, oder das Gegentheil bedeuten: z. E. *cupidus* oder *avidus laudis* nach Lob: *studiosus literarum* eifrig nach der Gelehrsamkeit: sum *studiosissimus tui* ich bin dir sehr geneigt: *curiosus rerum novarum* der sich um Neuigkeiten bekümmert, neugierig. *Fastidiosus literarum latinarum* Cic. der einen Ekel hat vor 2c. Hieher gehören auch *amans patriae, appetens gloriae, fugiens laboris* cet.

Not. Doch findet man auch a) avidus mit ad und in, als avidus *ad rem*: avidus *in novas res* cet. bey guten Scribenten, b) studiosus mit dem Dativ, Plaut. Mil. III, 1, 206. qui nisi *adulterio*, studiosus *rei nullae alias* est.

2) Die ein Wissen, Bewustseyn, Geschicklichkeit oder das Gegentheil anzeigen, als conscius mitwissend, bewust, inscius, nescius und ignarus unwissend, praescius vorherwissend, peritus, auch zuweilen prudens und consultus erfahren, imperitus und zuweilen imprudens unerfahren worin, rudis unwissend, unerfahren, ungeschickt; auch doctus und indoctus cet. 3. E. Sum *conscius huius rei*. *Praescia futuri* vates, Virg. *Nescia mens hominum fati sortisque futurae*, Virg. *Peritus iuris*

iuris et literarum, Cic. *Imperitus rerum*, Caeſ. *Rudis literarum graecarum.* Iuris conſultus. *Inſcius, ignarus rerum omnium.* *Rudis rei militaris.* Prudens rei militaris, Nep. Con 1. *Imprudens harum rerum*, Ter. Eun. 1, 1, 56. *Doctiſſima ſandi*, Virg. *Indoctus pilae*, Horat.

Not. Man findet auch a) peritus und conſultus mit dem Ablativ, beſonders iure: b) rudis *in re*: z. E. Cic. ad Div. IV, 1: auch ohne in, als Ovid. *arte rudis:* auch mit ad, als Liv. *ad bella* rudis; c) conſcius mit dem Dativ der Sache, als Cic. Cluent. 20. *conſcium illi facinori* fuiſſe. Cic. *huic facinori — conſcia:* cf. Ovid. Met. VII, 194.

3) Die da bedeuten eingedenk oder uneingedenk ſeyn, als *mortis memor, immemor.*

4) Die da bedeuten ein Theilnehmen oder das Gegentheil, als particeps. ſocius, conſors theilnehmend, exſors, expers. nicht theilnehmend: z. E. Sum *particeps praedae*, ich nehme Theil an der Beute. Sum *ſocius* oder *conſors laboris.* Es *exſors amicitiae, expers periculi.* Oft bedeutet expers ohne, als expers humanitatis ohne Menſchenliebe ꝛc. Auch ſteht expers zuweilen mit dem Ablativ, als Sall. Cat. 33.

5) Die da bedeuten mächtig oder vermögend ſeyn über etwas, oder das Gegentheil, als *compos mentis* des Verſtandes mächtig: impos animi der es nicht iſt. *Impotens irae* der ſeinen Zorn nicht mäßigen kann.

6) Die da bedeuten einen Reichthum, Ueberfluß, Fruchtbarkeit, Mangel, ein leer oder frey ſeyn von etwas. Doch haben dieſe ſowohl den Genitiv, als Ablativ bey ſich: doch insgemein einen häufiger, als den andern.

a) Reichthum, Menge, Fülle Ueberfluß ꝛc. z. E. *Plenus* insgemein mit dem Genitiv, als *plenus rimarum* ſum Ter. zuweilen mit dem Ablativ, als Plaut. *ſplendore nienum.* *Refertus* insgemein mit dem Ablativ, zuweilen mit dem Genitiv, als Cic. *referto praedonum* mari *Abundans* insgemein mit dem Ablativ, zuweilen mit dem Genitiv, als Virg. Ecl. 11, 20. *lactis abundans.* Dives mit dem Genitiv und Ablativ, als Virg. *dives pecoris;* Hor. *dives agris.* Onuſtus mit dem Ablativ, ſelten mit dem Genitiv. Ferax mit dem Genitiv Ovid. terra *ferax Cereris*, mit dem Ablativ Plin. V. ep. 15. ſaeculum *ferax bonis artibus.* *Fertilis* mit dem Genitiv Liv. Gallia *frugum hominumque fertilis;* mit dem Ablativ Virg. Fecundu mit dem Ablativ Plaut. mit dem Genitiv Tac. Satur mit dem Genitiv Ter. ſum *omnium rerum* ſa-

tur;

tur; mit dem Ablativ Perf. *satur anseris extis.* Locuples mit Abl. Cic. *oratione locuples*; mit Genit. Virg. Auch rechnen einige hieher *maße*, als *macte virtute* beym Livius und Virgil, *macte animi* beym Virgil. Obs aber hieher gehöre, zweifeln wir.

b) Mangel, Bedürfniß, leer, bloß, frey seyn ꝛc. z. E. *Inops* hat beyde Casus, als Cic. *inops humanitatis*; Cic. *inops verbis*; auch mit a. Cic. *inops ab amicis.* Egenus und pauper haben beyde Casus, als Sil VIII, 12. *egenus cunctarum rerum:* Tac. *egenum commeatu* castellum. Hor. *pauper aquae:* Ib. *macro pauper agello.* Liber, Vacuus und Nudus ist häufig mit dem Ablativ, oder auch mit a, als liber *labore*, und *a labore;* Vacuus *periculo* und *a periculo;* Nudus *re* und *a re;* selten mit dem Genitiv, als Hor. liber *laborum:* Sall. ager *frugum* vacuus: Id loca nuda *gignentium. Indigus* mit dem Genit Virg. Georg. II, 418; mit dem Abl. Lucr. V, 224. *Inanis* steht insgemein mit dem Genitiv, selten mit dem Ablativ. *Sterilis* steht selten mit einem Casus, als mit dem Genit. Tac mit dem Abl. Plin. Paneg. *Viduus* steht zuweilen mit dem Ablativ, selten mit dem Genitiv. Hieher gehören extorris und exsul, welche insgemein den Ablativ bey sich haben: auch steht extorris mit *a* Liv. V, 3. Hor. Od. II, 16, 19. steht exsul *patriae;* aber hier ists wohl ein Substantiv. Auch gehören hieher expers und exsors, welche n. 4. da gewesen. Ferner cassus, welches bloß den Ablativ hat. Einige rechnen auch captus hieher, z. E. oculis, mente cet. Aber es scheint hieher nicht zu gehören.

7) Ferner stehen beym Genitiv

a) Die Adiectiva verbalia in ax: z. E. tempus *edax rerum* Ovid. *Vini cibique capacissimum* Liv. IX, 16. *Tenax propositi* vir Hor. *Fugacissimus gloriae* Senec. Ben. *Pervicax recti* Tac. Not. capax steht beym Dativ Plin. II, ep. 17. villa *usibus capax:* aber da heißts gerdumlich zu ꝛc.

b) Die Participia in ns, wenn sie Adiectiva werden, als amans mei, amantissimus tui. *Patiens frigoris, inediae, laboris* cet. und *impatiens frigoris, inediae* cet. Homo mei *observantissimus. Appetens gloriae. Fugiens laboris,* Caes. *Fugitans litium,* Ter. *Diligens veritatis,* Nep. *Sitientem virtutis* tuae, Cic. *Audiens imperii,* Plaut. Not. audiens gehorsam steht auch oft mit dem Dativ, wenn der Ablativ dicto vorhergeht, als Nep. Iphic. 2. *dicto* audientes fuerunt *duci.*

8) Hieher

8) Hieher gehören noch unzählige andere Adiectiva, die zuweilen mit einem Genitiv, der durch ratione oder in negotio in Ansehung zu erklären ist, gefunden werden, als:

a) Die einen Kummer, Schrecken, Zweifel, Muth, eine Vorsicht, List, Trägheit ꝛc. bedeuten; als *Anxius futuri* Ovid. *Aeger animi* Liv. *Securus odii* Tac. *Dubius animi* Virg. *Ambiguus consilii* Tac. *Callidus temporum* Tac. *Interritus leti* Ovid. *Impavidus somni* Sen. *Timidus procellae* Hor. *Trepidus rerum suarum* Liv. *Ferox linguae* Tac. *Fidens animi* Tac. *Haud segnis occasionum* Tac. *Socors rerum* Ter. cet.

b) Die eine Freygebigkeit, Verschwendung, Kargheit anzeigen, als *liberalis pecuniae* Sall. *Vini somnique benignus* Hor. *Prodigus aeris* Hor. *Profusus sui* Sall. *Pecuniae suae parcus, publicae avarus* Tac. cet.

c) Noch andere, als *integer vitae scelerisque purus* Hor. *Solers cunctandi* Sil. *Egregius animi* Virg. *Praestans animi* Virg. *Praeclarus eloquentiae* Tac. *Praecipuus circumveniendi* Tac. *Insons publici consilii* Liv. *Constans fidei* Tac. *Felix curarum* Stat. *Modicus virium* Vell. *Irritus spei* Curt. *Ingens animi* Tac. *Manifestus sceleris* Sall. *Laeta laborum* Virg. *Fortunatus laborum* Virg. *Maturus animi* Virg. *Reus culpae* Liv. *Noxius coniurationis* Tac. *Innoxius consilii* Curt. *Fervidus ingenii* Sil. *Assuetus tumultus Gallici* Liv. *Insuetus laboris* Caes und mehrere. Not. Die meisten kommen nur bey Dichtern oder spätern Scribenten vor, wenige im Cäsar, Livius oder Terentius. Assuetus und Insuetus steht lieber mit dem Dativ, auch steht assuetus mit dem Ablativ, Cic. Insons auch mit dem Ablativ, als *crimine* Liv. Reus auch mit de. Purus mit a cet. Ueberhaupt stehen die meisten unter num. 8. vorkommenden lieber mit Präpositionen, oder mit einem Ablativ, als mit dem Genitiv, z. E. constans in fide, aeger animo cet. Auch dignus hat zuweilen einen Genitiv.

9) Einige Adiectiva, die sonst den Dativ regiren, haben auch den Genitiv bey sich, als besonders similis, dissimilis, proprius, communis, hiernächst consimilis, adfinis, alienus, fidus, superstes, par, dispar, welche nur zuweilen oder selten mit dem Genitiv gefunden werden. Z. E. *similis es patris: dissimilis es mei: Commune animantium omnium est* cet. Cic. (wo es nicht Substantive

£ 4   steht).

steht). *Libertas* est *propria romani nominis.* Adfines (i. e. participes) *illarum rerum* esse i. e. Antheil dar= an nehmen Ter. Haec sunt *aliarum rerum aliena* Lu= cret. *Regina tui fidiſſima* Virg. *Dignitatis ſuperſtitem* Cic. *Diſpar ſui* Cic. *Par huius* erat Lucan. *Conſimilis veſtrum* Ter.

II. Der **Genitiv** des **Pluralis** der *Subſtan= tivorum*, *Adiectivorum* und *Pronominum* steht oft statt der **Präposition** *ex, de, inter, in* (unter), wenn *Adiectiva* oder *Pronomina* vorher gehen, die als ein **Theil** des im **Genitiv** stehenden **Worts** betrachtet werden. Man übersetzt diesen Genitiv insgemein durch unter, aus, von. Dergleichen vor= hergehende Wörter sind:

1) Die Numeralia, als *unus horum* einer von diesen: *mil= leſimus hominum* der tausendste unter den 2c.

2) Uter, alter, neuter, uterque, alius und alii, solus, unus, ullus, nullus, quis, qui, is (derjenige), quis= quis, quicunque, quiſque, quiſquam, aliquis, multi, plurimi, plerique, nonnulli, pauci, quot, quotcun= que, quotus, tot und ähnliche; ferner ille und hic (im Gegensatze), und die Superlativi. Z. E. *Uter horum* fecit? *Uter noſtrum (veſtrum)* vult? *Alter fratrum* est felix, alter infelix. *Neuter horum* fecit: *neutrum li= brorum* cupio: *neuter noſtrum (veſtrum)* dixit. *Uter= que* fratrum beyde Brüder; uterque noſtrum, veſtrum, wir beyde, ihr beyde. *Alius doctorum* negat, alius ad= firmat Einer von den Gelehrten läugnet 2c. oder *Alii doctorum* negant, alii adfirmant Einige von den 2c. *Omnium rerum ſola* virtus mihi placet. Si *ullus* erudi= torum est cet. *Nullus eruditorum* hoc credit. *Quis* oder *Quisnam hominum* id credat? *Qui hominum* talia facit, is felix est: *quos* eruditorum vidi, ii dixere. *Hominum eos* amo, qui virtutem colunt. *Quisque (quicunque) ho= minum* hoc dixit, is erravit. Vix *qui/quam eruditorum* id adfirmare potuit. *Aliquis illorum* dixit: si quis ve= ſtrum credit cet. *Multos eruditorum* novi. *Pauci* sunt *doctorum*, qui id negent. *Quiſque noſtrum* id videt. *Plurimi teſtium* illud negarunt. *Plerique mortalium* sibi nimis confidunt. *Nonnulli illorum* mortui sunt. *Pauci horum* vivunt. *Quot hominum* sunt, qui id cre= dant? *Quotus noſtrum* talia audeat? *Doctorum hic* ita sentit, ille aliter; *doctorum illi* hoc negant, quod hi adfirmant. Socrates fuit *doctiſſimus Graecorum.* Virtus est *omnium rerum pulcherrima.*

Anmer=

Anmerkungen.

1) Man findet auch zuweilen cuncti und omnes, und andere
Adiectiva, die wirkliche Beywörter sind, mit einem solchen
Genitivo Pluralis, z. E. Liv. XXXI, 45. Attalus —
Macedonum fere omnibus et quibusdam Andriorum —
persuasit. Hor. *superis deorum gratus et imis* statt diis.
Hor. Sat. II, 2, 60. *aliosve dierum festos.* Virg. Aen.
IV, 576. *sequimur te, sancte deorum.* Plin. H. N. VIII.
c. 48. *nigrae lanarum* nullum colorem bibunt. Ib. XI,
51. *degeneres canum* caudam sub alvum reflectunt. Curt.
Captivae feminarum. Dieß ist nach der Griechen Art. Fast
ähnlich ist *uterque fratrum, nostrum, vestrum,* beyde
Brüder, wir beyde, ihr beyde, welches überaus ge=
wöhnlich ist.

2) Zuweilen steht dieser Genitiv, nach Art der Griechen, oh=
ne ein Adiectiv: dann versteht man unus oder aliquis, als
Hor. fies *nobilium* tu quoque fontium. Plaut. cedo sig=
num, si *harum Baccharum* es, scil. *una.*

3) Daß an Statt dieses Genitivs auch de, ex, inter, in
(mit Ablat.) gesetzt werden könne, versteht sich, als unus
e multis, de multis, inter multos cet.

4) Der Genitiv von nos und vos muß hier nostrum, ve=
strum, nicht nostri, vestri seyn.

5) Ist das in den Genitiv übergehende Substantiv ein Mehr=
heitswort (Collectivum), z. E. civitas, Graecia cet.
so steht der Genitiv Singularis, z. E. princeps *senatus,*
primus *municipii* cet.   Doch sind die Präpositionen ge=
bräuchlicher, auser wenn ein Substantiv dabey steht, als
Nep Ham. 2. *valentissima totius Africae oppida:* da denn
der Genitiv mehr vom Substantiv regirt wird. Sonderbar
ist die Stelle Cic. Off. 1, 13. *totius* autem *iniustitiae* nulla
capitalior est, quam eorum, qui cet. von allen Unge=
rechtigkeiten ist keine gefährlicher, als rc.

6) Das deutsche unter, aus, von bleibt oft weg, als mul=
ti hominum, viel Menschen: *pauci doctorum* wenig
Gelehrte.   So heißt uterque nostrum, vestrum wir
beyde, ihr beyde; nicht beyde unter uns rc.

7) In der Rede von zweyen fragt man nicht quis wer? son=
dern uter? Und man antwortet mit neuter, nicht mit nul=
lus, z. E. wenn vom Cicero und Virgil die Rede ist: *uter*
eorum fuit Graecus? *neuter.*

8) Vom Superlativ merke man:
a) Er richtet sich im Genere nach dem Subjekte, als:
Cic. Indus, *qui* est omnium fluminum *maximus,*
nicht *maximum.*

b) In der Rede von zweyen setzt der Römer allezeit den Comparativ statt des deutschen Superlativs, z. E. wenn ich vom Cicero und Virgil frage: welcher ist der beste unter ihnen: Uter eorum est *melior?* nicht *optimus:* so auch utra manuum est *agilior?* Daher regirt dieser Comparativ alsdenn, wie der Superlativ, einen Genitiv, als Nep. Dion. 1. filias, nomine Sophrosynen et Areten: *quarum priorem* Dionysio — nuptum dedit. So sagt man von zwey Söhnen: natu *maior, minor* der älteste, jüngste.

III. *Einige Neutra Adiectivorum* und *Pronominum Singularis numeri* stehen *substantive* mit einem Genitiv sowohl eines Substantivs, als Adjectivs und Pronomens. Sie heißen tantum so viel, quantum wieviel; aliquantum, plus, multum, plurimum, reliquum, dimidium, medium, nimium, aliud, quid mit seinen *Compositis* aliquid, quidquid, quidquam cet. hoc, id, illud, istud, quod. Doch merke man den Unterschied:

1) Einige davon stehen allezeit substantive, als: tantum, quantum, aliquantum, plus, auch insgemein quid, mit seinen *Compositis* aliquid, quidquam cet. und quod, wenn es statt quantum steht. Z. E. *Tantum studii* so viel Eifer. *Quantum temporis* impendisti? wieviel Zeit hast rc. So auch habeo *tantum librorum, quantum hominum* vix vidisti soviel Bücher, als du kaum rc. *Aliquantum temporis* eine ziemliche Zeit. *Plus temporis.* *Quid negotii* habes? *Quid mulieris* uxorem habes? *Ter.* So auch aliquid temporis einige Zeit. *Quidquid rerum* gessit, id laudatur was er nur für Thaten gethan hat, die werden rc. *Quidquam novi* irgend etwas neues. Alles ist sehr gewöhnlich. So auch quod (von qui) für quantum, z. E. Cic. Off. 1, 6. quod in rebus honestis — *curae operaeque* ponetur, id iure laudabitur so viel Sorge rc. So auch quod eius so viel hierin. Und es fragt sich, ob nicht überall statt des berühmten quoad eius z. E. fieri poterit, lieber quod eius gelesen werden solle. Doch steht quid und aliquid auch nicht selten adiective, z. E. quid honestum, *Liv.* aliquid extremum, *Cic.*

Not. a) Tantum, wenn es substantive, d. i. allein oder mit einem Genitiv steht, heißt allemal so viel. Bedeutet es aber so groß, so ist es ein Adjectiv, und richtet sich, wie tantus, tanta, nach seinem Substantiv im Casu, Numero

mero und Genere; z. E. tantus labor, tanta cupiditas,
tantum ſtudium ſo groſe Arbeit, Begierde, ſo groſer
Eiſer. Aber tantum laboris, cupiditatis, ſtudii ſo viel
Arbeit, Begierde, Eiſer. So iſts auch mit quantum
ſubſtantive gebraucht, und quantus, a, um: z. E.
quantus labor, quanta cupid.tas, quantum ſtudium
wie groſe 2c. Hingegen quantum laboris, cupiditatis,
ſtudii wie viel 2c.

b) Gleich wie quid mit ſeinen Compoſitis *aliquid* cet. insᵈ
gemein ſubſtantive ſteht, ſo ſteht hingegen quod (von
quis) mit ſeinen Compoſitis allezeit adiective, als quid
negotii und quod negotium: aliquid temporis und aliquod tempus cet.

2) Die übrigen *Neutra*: multum, plurimum, reliquum,
dimidium, medium, nimium, aliud, hoc, id, iſtud,
illud (oder iſtuc, illuc), quod (von qui), wenn es
nicht für quantum ſteht 2c. ſtehen nicht allezeit ſubſtantive, ſondern es iſt willführlich, ſie insgemein adiective
oder ſubſtantive zu gebrauchen, z. E. ich kann ſagen
multum *tempus* und *temporis*; plurimum *negotium* und
negotii, reliquum *tempus* und *temporis*, dimidium *ne-*
gotium und *negotii*, medium *tempus* und *temporis*, nimium *tempus* und *temporis*, aliud *commodum* und *com-*
modi, ſo auch hoc, id, iſtud, illud *tempus* und *tempo-*
ris: auch mit andern Generibus, als multum *noctis* und
multa nox cet. ſo auch hoc *literarum* und *has literas*,
id *rei* und *ea* res cet. ſo ſteht quod voluntatis Cic. Inv.
II. 2. ſtatt quae voluntas. Doch ſagt man lieber multum, plurimum, nimium *temporis*, als tempus. So
ſagt man gern *id aetatis* ſtatt ea aetate. Hingegen ſagt
man nicht *hoc patris, matris* ſtatt hic pater cet. Und
überhaupt ſetzt man die *Neutra* hoc, id cet. nur, wenn
von Sachen die Rede iſt. So ſteht dimidium, wenn es
die Hälfte bedeutet, gern ſubſtantive, als dimidium *fa-*
cti: wenn es aber halb bedeutet, und nicht ſubſtantive
gedacht werden kann, da ſtehts adiective, als ▓▓nidia
pars, nicht dimidium partis. Hingegen ſteht medium
lieber adiective, als in *medio mari*, nicht maris; in
media urbe, nicht in *media urbis* cet.

Anmerkungen.

a) Wenn die unter n. 1 und 2. angeführten *Neutra* tantum,
quantum, quid, hoc cet. einen Genitiv regiren, und
dieſer Genitiv ein Adiectivum gen. neut. iſt, das ohne
Subſtantiv ſteht, als tantum *boni*, quid *mali* cet. ſo
muß dieſer Genitiv aus der zweyten Declination, nicht
aber

aber aus der dritten seyn, z. E. man sagt wohl *aliquid boni*, *quidquam mali* cet. aber nicht *aliquid tristis*, *quidquam talis*, sondern *aliquid triste*, *quidquam tale* cet. Auch sagt man nicht *qnid alius?* sondern *aliud*. Doch wenn ein Genitiv der zweyten Declination dabey steht, so steht auch ein Genitiv der dritten, z. E. *aliquid boni et utilis*: so steht Liv. V, z. si *quidquam* in vobis, non dico *civilis*, sed *humani* esset.

b) Alle diese Neutra, die, wie gesagt, einen Genitiv regiren, werden nur im Nominativ und Accusativ so gebraucht, z. E. ich sage wohl *tantum librorum* habeo, *multum pecuniae* mihi est cet. aber nicht *tanto librorum* utor cet. Not. Man müßte denn die Formeln *eo loci, quo loci* cet. hieher ziehen.

c) Unter diese Adiectiva, die einen Genitiv regiren, gehört auch *mille*, welches nicht selten einen Genitiv bey sich hat, als Nep. Milt. 5. ea *mille* milit *militum*.

d) Man findet auch, besonders bey Poeten, einige Neutra Adiectivorum und Participiorum mit einem Genitiv, als *strata viarum*, i. e. stratae viae: so auch abdita rerum cet.

§. 3.
Vom Genitiv nach *Verbis*.

I. Der Genitiv steht auf vielfältige Art bey dem Verbo *esse*.

1) Bey Beschreibung einer Person oder Sache nach ihrer Gestalt, Eigenschaft, Wichtigkeit, Werthe, Alter, oder sonst einer Beschaffenheit, wo denn vielleicht ein Substantiv, als homo, femina, negotium cet. zu verstehen, z. E. hic homo *est magni ingenii*: haec mulier *est egregiae formae*. Nep. qui *eiusdem aetatis fuit*. Ter. tam *nulli consilii sum*. Nep. quod *alienae erat civitatis* Liv. non *magni certaminis* ea dimicatio fuit Suet. erat brevissimi somni. Liv. se *potestatis suae esse* respondebant. Nep. Alc. 8. se *nullius momenti* apud exercitum fore. Hieher gehören alle Genitivi von §. 2. n. VI. Es darf nur esse statt des Nominativs vorgesetzt werden.

Not a) Zuweilen fehlt das Verbum esse, als Suet. *cibi plurimi* traditur, sc. *fuisse*.

b) Da oben §. 2 n VI. erinnert worden, daß statt des Genitivs in vielen Fällen auch der Ablativ stehe, so ist das hier auch so, als hic est *antiqua virtute, magno ingenio*, sc. praeditus.

2) Be

2) Beſonders gehören hieher folgende und ähnliche Redensarten, wo negotium oder opus zu fehlen ſcheint: eſt
moris es iſt der Gewohnheit gemäß. Cic. Verr. I,
26. *moris eſſe Graecorum*. Caeſ. Eſt hoc *gallicae conſuetudinis*. Beſonders ſagt man gern: *eſt ſapientis,
ſtulti* cet. es iſt die Sache eines Weiſen, Thoren ꝛc.
oder es iſt weiſe, thörig. Cic. *cuiusvis hominis* eſt errare; *nullius*, niſi *inſipientis*, in errore perſeverare.
Cic. Off. I, 23. *fortis et conſtantis* eſt non perturbari
in rebus aſperis, und bald darauf: hoc *animi*, illud
etiam *ingenii magni* eſt cet. Ibid. 26. ut adverſas res,
ita ſecundas immoderate ferre *levitatis eſt*. So auch
boni paſtoris eſt tondere pecus, non deglubere. Ueberall kann man negotium oder opus verſtehen. So iſt
auch mit den Pronominibus, als canere non *eſt meum,
tuum* cet. iſt nicht meine Sache. Hieher gehört Cic.
ad Div. V, 20. §. 9 non eſt *id rationum* gehört nicht
zur Rechnung, eigentlich iſt keine Sache der Rechnung: Ibid. §. 23. non *mei erroti* (eſt), ſed *tui*, ſc.
negotium iſt nicht die Sache meines ꝛc. darin habe ich
mich nicht geirrt, ſondern du. Zuweilen ſteht negotium dabey, als Cic. ad Div. III, 11. non *horum temporum*, non *horum hominum* atqne *morum negotium*.
Hieher kann man auch die Formeln rechnen, wo ſonſt officium verſtanden wird, z. E. *liberorum* eſt colere parentes: *parentum* eſt alere liberos, weil negotium am
Ende ſo viel iſt, als officium.

Not. Oft fehlt das *Verbum* eſſe nach den Verbis glauben,
als Cic. *fortis animi* ducendum eſt, ſc. eſſe negotium.
Nep. quod non *liberalis*, ſed *levis* (eſſe) arbitrabatur,
pollicere cet.

3) Eſſe ſteht gern mit dem Genitiv, wenn eine Schuldigkeit
oder Pflicht angezeigt wird, als: *parentum eſt* alere liberos: *liberorum eſt* colere parentes. Hier fehlt vielleicht
officium, oder auch negotium in eben der Bedeutung, ſo
ſagt man auch *eſt meum, tuum, noſtrum, veſtrum* es iſt
deine, meine, unſre Pflicht. Not. Oft fehlt eſſe bey den
Verbis glauben, z. E. *parentum* duco alere liberos ſtatt
duco parentum eſſe: ſo auch liberos alere *parentum* eſt
ducendum, ſc. eſſe: ſo auch *meum* duxi, *tuum* duxi
cet. ich habe es für meine Pflicht gehalten.

4) Eſſe, wenn es heißt dienlich, beförderlich ſeyn, ſteht
beym Livius und Salluſtius mit dem Genitiv in Begleitung des Participii futuri paſſivi, als Liv. quam (con-
cordiam) *diſſolvendae* maxime *tribuniciae poteſtatis* reu-
tur *eſſe*, und öfter. Sall. *regium imperium, quod initio*
conſer-

conſervandae libertatis — fuerat: vielleicht fehlt negotium. Hieher könnte man ziehen Caeſ. B. G. IV, 2. *haec
(lumenta) quotidiana exercitatione, ſummi ut ſint laboris efficiunt.*

5) Eſſe ſteht beym Genitiv, wenn es bedeutet Jemand
zugehören, Jemands Eigenthum ſeyn: und zwar a)
mit totus, als Cic. iam me *Pompeii totum eſſe* ſcis; Liv.
hominum, non cauſarum, toti erant, und öfter: b) ohne totus; Liv. III, 38. *ſuarumque rerum erant,* amiſſa
publica: Liv. *plebes cum iam unius hominis* eſſet cet.
Sall. *periculoſe a paucis emi, quod multorum eſſet.*

II. Bey den *Verbis* ſchäzen, (als aeſtimo,
facio, pendo, auch zuweilen puto und habeo) und ge-
ſchäzt werden, (als aeſtimor, fio, pendor, ſum)
ſtehen folgende *Genitivi* des Werths 1) *Adiectivorum:* magni, maximi, pluris, plurimi, parvi, minoris, minimi, tanti, tantidem, quanti, quanticunque,
quantivis, wo vermuthlich pretii fehlt, 2) *Subſtantivorum:* nauci, nihili, flocci, pili, penſi, teruncii, aſſis; und 3) huius. Not. maioris ſagen die Alten hier
nicht. Z. E.

Aeſtimare (facere) magni hoch ſchäzen, parvi
geringe, minoris geringer, pluris höher, tanti ſo
hoch ꝛc. *Tu virtutem parvi aeſtimas. Quanti me
facis (aeſtimas)? Tu me non tanti aeſtimas (facis),
quanti ego te aeſtimo (facio). Dolorem facit nihili.*
So auch *flocci* non facere (pendere), non *nauci habere,* non *pili facere,* non *penſi ducere* für nichts halten, für eine Kleinigkeit halten. So auch non *teruncii* (aſſis) facere nicht einen Heller werth achten:
non *huius facere* nicht ſo viel werth achten, (als man
z. E. in der Hand hält). So auch Parvi putare, pluris putare. So auch *Aeſtimari (fieri, pendi)* magni,
parvi, pluris cet. So auch *magni eſſe* in großem
Werthe ſeyn: *pluris eſſe* in größerm Werthe ꝛc.
Not. Facere und aeſtimare ſind mit ihren Paſſivis und
dem eſſe die gewöhnlichſten: auch pendo iſt ſehr gewöhnlich, weniger aber puto und habeo.

Woher dieſe Genitivi regirt werden, iſt ſchwer zu ſagen. Es ſcheint negotium oder res zu fehlen: z. E.
Aeſtimo libros *magni* ſteht ſtatt *aeſtimo libros* tanquam
negotium (rem) *magni* pretii; ſo iſts mit parvi cet.
Eben ſo iſts mit Pendo. Facio te *magni* ſteht für *Facio te* negotium (rem) *magni* pretii, ich mache dich
zu einer Sache von großem Werthe, d. i. ich ſchäze
dich

dich hoch. So auch bey puto und duco; nur hier fehlt eſſe; z. E. *parvi te puto* (duco) ſteht für puto (duco) te eſſe negotium (rem *parvi* pretii. So auch bey ſum und den Paſſivis, z. E. *es magni* ſtatt *es* negotium *magni* pretii: *fio magni* ſtatt *fio* negotium (res) *magni* pretii.

Anmerkungen.

1) Man findet auch zuweilen vendo und emo mit gedachten Genitivis der *Adiectivorum* magni, parvi, pluris cet. z. E. magni vendere, (emere) theuer verkaufen, parvi wohlfeil, pluris theurer, tanti ſo hoch ꝛc.

2) Auch ſcheint hieher zu gehören die Formel aequi conſulo, boni conſulo, aequi bonique facio oder conſulo zufrieden ſeyn mit etwas, ſich etwas gefallen laſſen; z. E. Ter. *iſtuc* (iſtud) *aequi bonique facio;* es ſcheint zu ſtehen ſtatt *iſtud facio* negotium *aequi bonique* pretii. Ovid. *conſule* miſſa *boni;* es ſcheint zu ſtehen ſtatt *conſule* (i. e. iudica) *miſſa* eſſe negotia *boni* pretii. Perizonius verſteht negotii ſtatt pretii.

3) Noch iſt zu merken, daß man auch findet aeſtimare *magno* (ſc. pretio) hoch ſchätzen, Cic. und aeſtimare *nonnihilo* ein wenig ſchätzen, Cic.

III. Die *Verba* memini, recordor, reminiſcor ich erinnere mich, und obliviſcor ich vergeſſe, haben die Sache, der man ſich erinnert oder die man vergißt, im Genitiv oder Accuſativ bey ſich; z. E.

Memini, recordor, reminiſcor, obliviſcor *rei* und *rem.* Recordor, reminiſcor, obliviſcor *hominis* und *hominem.* Woher der Genitiv regirt werde, weiß man nicht. Einige verſtehen memoriam oder recordationem, welches wunderbar iſt: andere negotium, z. E. memini *diei,* ſcil *negotium,* i. e. diem. Doch vielleicht fehlt gar nichts.

Not. 1) Man glaubt insgemein, memini ſtehe nie mit dem Accuſativ der Perſon, ſondern nur mit dem Accuſativ der Sache. Allein man irrt: z. E. facito, ut me, memineris, *Plaut.* Ecquem longo meminiſtis in aevo, *Ovid.* Auch Cicero ſagt: memineramus Cinnam nimis potentem und öfter.

2) Recordor ſteht auch *m...* de, d. i. eigentlich in Anſehung: z. E. Cic et petimus (ab auditoribus), ut *de* ſuis liberis aut parentibus — *recordentur.*

3) Memini,

3) Memini, wenn es heißt erwähnen, hat nicht leicht den Accusativ, sondern insgemein de bey sich, z. E. *meminisse de* aliqua re: auch zuweilen den Genitiv, als Quintil. neque — *huius rei* meminit poeta cet.

4) Moneo und admoneo haben auch das, woran man Jemand erinnert, bey sich im Genitiv oder im Ablativ mit de, seltner im Accusativ. Doch es gehört nicht hieher. S. Abschnitt VII, §. 3. n. XVI.

5) Die Verba sich erinnern und vergessen haben auch einen Accusativ mit dem Infinitiv bey sich, als memior me dicere cet.

6) Man rechnet auch hieher die gewöhnliche Redensart venit mihi in mentem *diei, hominis* cet. Aber sie scheint nicht hieher zu gehören. Der Genitiv steht statt des Nominativs *dies, homo* cet. der Tag, Mensch kommt mir in die Gedanken; und es scheint negotium zu fehlen, nämlich *negotium diei, hominis* ist so viel, als dies, homo. Andere verstehen recordatio oder memoria: aber das schickt sich nicht.

IV. Bey den *Verbis* beschuldigen, anklagen, verdammen und lossprechen steht das Verbrechen, dessen man beschuldigt, und wegen dessen man angeklagt oder verdammt, oder wovon man losgesprochen wird, oft im Genitiv; welcher vermuthlich von causa, oder besser von crimine oder nomine (wegen, in Ansehung), regirt wird. Z. E.

Accufare, incufare cet. aliquem *furti: Arceffere pecuniae captae* Sall. so auch *arceffere capitis* Cic. *Infimulatus proditionis* Caef.: *Poftulare repetundarum* Suet.: *Damnatos* esse *caedis* Cic. Verr. 1, 28: *Capitis damnatos* Nep. Phoc. 3: *Abfolutum* esse *improbitatis*: Iudex absolvit *iniuriarum* Auct. ad Her. II, 15: *Capitis abfolutus* Nep. Milt. 7. Daß crimine oder nomine ausgelassen sey, sieht man daraus, weil es zuweilen dabey steht, als Nep. Alc. 4. absens *invidiae crimine accufaretur*: Cic. Verr. V, 5. *nomine fceleris* — condemnati.

Not. 1) Man findet auch statt des Genitivs oft de; als Coel. in Cic. epp. ad Div. VIII, *reum fecit de vi*: Ibid. *de repetundis* eum *poftulavit.* Besonders setzt man nomen deferre mit de, z. E. de ambitu. Ferner condemnari *de alea* Cic. Phil. II, 23; *damnari de repetundis* Cic. Cluent.

Cluent. 41. Auch ſteht damnare oft mit dem Ablat. capite. Aber die Verba des Anklagens, Beſchuldigens
ſtehen nicht leicht mit dem Ablativ des Verbrechens
ſelbſt, (z. E. repetundis), aber mit dem Ablativ nomine (d. i. wegen) und crimine (d. i. wegen der Beſchuldigung, des Vorwurfs) ſehr oft. So ſteht ab-
ſolvere und liberare nicht mit dem Ablativ des Verbrechens, aber wohl mit crimine. Denn ein Menſch kann
wohl von der Beſchuldigung (crimine), aber nicht vom
Verbrechen befreyt und losgemacht werden. Auch ſteht
oft damnari und accuſari crimine, aber nicht criminis,
wie ſich von ſelbſt verſteht.

2) Auch gehört hieher Damnari voti ſeines Wunſches ge-
währt werden, eigentlich zu Bezahlung ſeiner Gelüb-
de verurtheilt (verdammt) werden, Nep. Timol. 5.
Auch ſteht damnare votis Virg.

3) Accuſare heißt auch mit dem bloßen Accuſativ ſich über
Jemand oder etwas (freundſchaftlich) beſchweren, oder
beklagen, oder tadeln: z. E. aliquem, alicuius negli-
gentiam. Dies gehört nicht unter dieſe Regel.

V. Verſchiedene *Verba*, die einen gewiſſen Affect, als A n g ſ t, S c h a m, R e u e ꝛc. bedeuten,
haben theils insgemein, theils zuweilen einen Genitiv bey ſich, als:

1) Einige Verba, die da bedeuten ſich ängſten, ungewiß
ſeyn, haben zuweilen den Genitiv animi (i. e im Ge-
müthe) oder auch den Ablat. animo oder animis bey ſich;
z. E. Ter. Clitipho *pendebit animi.* Cic. *pendemus animis.* Ter. *diſcrucior animi.* Cic. audio, te *animo
angi.* Hieher ſcheint auch zu gehören ſatagere rerum
ſuarum genug mit ſich zu thun haben, ſeine Noth
haben mit ſich. Ter.

2) Die Verba faſtidio, miror und vereor ſtehen zuweilen
mit einem Genitiv, als Plaut. faſtidit *mei.* Virg. Aen.
Iuſtitiaene prius *mirer* belline *laborum.* Ter. neque
huius ſis veritus feminae primariae. Es iſt nach Art
der Griechen geredet: denn ſonſt regiren dieſe Verba lieber den Accuſativ.

3) Miſereor und miſereſco haben insgemein einen Genitiv,
als Nep. cum — *aetatis miſereventur.* Virg *Arcadii mi-
ſereſcite regis.* Selten einen Dativ, z. E. Hygin. Fab.
58. cui Venus poſtea miſerta eſt. Aber miſeror und
commiſeror beklagen haben einen Accuſativ, als Cic ut
non queam ſatis — *eventum fortunamque miſerari.* Nep.
ut commiſeratus ſit fortunam Graeciae. Selten einen
Genitiv, z. E. miſerari formae, Iuſtin. XLIII, 4.

Schell. kleine Gramm.　　　M　　　4) Bey

4) Bey den Impersonalibus *poenitet*, *piget*, *pudet*, *taedet*, *miseret* steht aufer dem Accusativ des Subjects oder Person, die die Reue, Scham, den Ekel, das Mitleis den empfindet, das Object, d. i. das, worüber man Reue, Scham, Ekel, Mitleiden ꝛc. empfindet, im Genitiv, z. E. *Poenitet me facti* ich bereue die That, *poenitet me fortunae* ich bereue mein Schicksal, bin damit nicht zufrieden. *Piget me laboris* mich verdreust die Arbeit, mir graut vor der Arbeit. *Pudet me tui* ich schäme mich deiner, und auch vor dir. *Taedet me laboris* mir ekelt vor der Arbeit. *Miseret me tui* ich habe Mitleiden mit dir, mich jammert deiner. *Ter. fratris me pudet pigetque*. Sall. *mé civitatis morum piget taedetque*. Alles ist sehr gewöhnlich, woher aber der Genitiv regirt werde, wissen wir nicht. Einige verstehen verwandte Wörter, als poenitentia bey poenitet, pudor bey pudet, pigritia bey piget, misericordia bey miseret, taedium bey taedet. Dies ist unschicklich. Andere verstehen factum, respectus, negotium cet. Unter diesen scheint respectus die Rücksicht, besonders negotium am schicklichsten zu seyn; nämlich *negotium peccati me poenitet* stünde statt *peccatum me poenitet*, i. e. macht mir Reue; *negotium facti me pudet* statt *factum me pudet*, macht mir Scham, und so in den übrigen. Allein pudere heißt nicht Scham verursachen, denn Plautus sagt einmal pudeo: so mag auch poenitere, pigere, taedere cet. nicht bedeuten Reue, Verdruß, Ekel, Mitleiden verursachen. Vielleicht haben die Alten bey diesen Genitivis an kein Supplement gedacht, besonders da im Ter. Heavt. steht: ita me dii amabunt, ut nunc *Menedemi vicem miseret me*: wo das Object vicem im Accusativ steht.

Not. a) Statt des Genitivs steht auch oft der Infinitiv, als poenitet me *vivere*, auch ein Accusativ mit dem Infinitiv, als Plaut. me *piget* parum *pudere te*.

b) Man findet einige von diesen Verbis persönlich gebraucht, d. i. daß ein Nominativ des Subjects vorhergeht oder ausgelassen worden; doch ist das insgemein ein Pronomen neut. generis, als hoc me *poenitet* cet. Ter. Ad. I, 2, 4. quem neque *pudet quidquam*: daher steht dieses Pronomen beym Infinitiv im Accusativ, als Cic. Inv. II, 13. facinus, *quod poenitere* fuerit necesse. Auch steht zuweilen ein anderer Nominativ, als Plaut. Stich. I, 1, 40. me *haec conditio* nunc non poenitet? Ja der Pluralis *haec* steht voran: Ter. non te *haec pudent*? Ja Plautus sagt: ita nunc *pudeo*.

c) Auch

e) Auch miſereſcit und miſeretur ſteht, wiewohl ſelten, unperſönlich, und hat nebſt dem Accuſativ des Subjects
einen Genitiv des Objects, als Ter. nunc *te miſereſcat
mei.* Cic. Lig. 5. cave, *te fratrum — miſereatur.*

VI. Bey den *Verbis* wohnen, ſeyn, ſich
aufhalten und andern, wobey man fragt wo? ſtehen einige Subſtantiva im Genitivo Singulari, als

1) Die Namen der Städte (auch Dörfer) in der erſten und
zweyten Declination Singul. numeri. z. E. fui *Romae* in
Rom: habito *Lipſiae:* vixi *Berolini:* moratus ſum
Londini. Hingegen ſtehen die Namen der Städte plur.
numeri oder aus der dritten Declination im Ablativ. als
fui *Athenis, Carthagine* cet. Not. a) Wenn dieſen Genitivis ein Nomen Appellativum nachgeſetzt wird, ſo
ſteht es im Ablativ, als fui *Lipſiae, urbe* celeberrima.
b. Auch die Namen vieler Inſeln findet man im Genitiv,
als *Cic.* an *Rhodi* malles vivere: *Cic. Corcyrae* fui-
mus: *Caeſ.* Pompeium *Cypri* viſum: *Nep.* ſe domum
Cherſoneſi habere.

2) Hieher gehört auch domi zu Hauſe, welches unzähligee-
mal vorkommt, als ſum *domi* cet. Man findet auch die
Pronomina meae, tuae, ſuae, noſtrae, veſtrae dabey,
nicht leicht aber ein Adiectivum, auſer *alienae* im Gegenſatz des *tuae:* Cic. nonne mavis — *domi tuae* eſſe,
quam *alienae?*

Not. Statt domi kann auch in domo ſtehen, wenn der Genitiv des Beſitzers oder die *Pronomina* mea, tua, ſua,
noſtra, veſtra dabey ſtehen. Es kömmt oft ſo vor.

3) Auch ſteht militiae und belli oft auf die Frage wo? ſtatt
in militia, in bello: doch nur, wenn es bey domi als ein
Gegenſatz ſteht, als Cic. quorum virtus fuerat *domi
militiaeque* cognita: Cic. Off. II, 24. vel *belli,* vel *domi.*

4) Auch ſteht humi insgemein ſtatt in humo, als iacere
humi: auch ſtatt in humum, als cadere *humi,* ponere
humi kömmt oft vor: ſo auch fundere *humi* Virg. Aen.
I, 197. So ſteht auch terrae für in terram Virg. Aen.
XI, 87.

5) Auch viciniae ſtatt in vicinia: Plaut. *proximae viciniae* habitat.

VII. Bey den Imperſonalibus *Intereſt* und *refert,*
es liegt daran, iſt daran gelegen, iſt dreyerley zu
bemerken:

1) Die Perſon oder das Subject, dem es an etwas gelegen
iſt, ſteht im Genitiv; auſer den Pronominibus *ego, tu,*

ſui,

sui, nos, vos: denn da wird allezeit *mea, tua, sua, nostra, vestra,* (auch zuweilen *cuia* statt *cuius*) gesetzt, welches die Accusativi Plur. sind, z. E. Interest *patris* es liegt dem Vater dran: *mea magni intererat* es lag mir viel dran: *tua parvi intererit,* dir wird wenig dran liegen. Cic. Phil. I, 9. quis est, *cuius interset* cet. Refert steht insgemein mit gedachten Accusativis *mea, tua* cet. z. E. *refert mea* nihil es liegt mir nichts dran, seltner mit dem Genitivo.

Not. Bey diesem Genitivo und Accusativo scheint negotia zu fehlen, und negotia scheint bey interest von dem inter und bey refert vom ausgelassenen ad regirt zu werden; folglich a) *interest omnium recte facere* steht statt inter negotia *omnium est* recte facere: und interest mea statt est inter mea negotia cet. b) *Refert illorum recte facere* steht statt *refert se ad illorum* negotia *recte facere,* und refert mea statt refert se ad mea negotia es bezieht sich zu meinen Geschäften, Dingen.

2) Wie viel oder wie wenig einem an einer Sache gelegen ist, das wird a) theils durch allerhand Adverbia, und andere Wörter ausgedrückt, als multum, permultum, plus, plurimum, valde, parum, paulum, magis, maxime, minus, minime, vehementer, magnopere: quantopere, tantum so viel, quantum so viel als, wieviel, nihil, quiddam, aliquid cet. Z. E. *parum* patris *interest:* nihil mea *refert* cet. b) theils durch folgende *Genitivos* gen. neutrius: magni viel, permagni sehr viel, tanti so viel, quanti wie viel, oder so viel als, pluris mehr, parvi wenig: wobey pretii zu verstehen, als *interest mea magni* es liegt mir viel dran.

Diese Genitivi werden auch von dem ausgelassenen negotia regirt, z. E. *interest mea magni patrem esse sanum* steht für inter mea negotia *magni pretii est patrem esse sanum* des Vaters Gesundheit gehört unter meine wichtigen Dinge, i. e. es liegt mir viel an des Vaters Gesundheit: *interest* omnium parvi, an hoc fiat steht für inter omnium negotia parvi pretii est, an cet. So auch Refert mea magni statt *refert se ad mea negotia magni pretii.*

Not. Der Deutlichkeit wegen sagt man nicht gern z. E. interest regis magni viel, sondern lieber hier multum, oder valde: weil es auch heißen kann: es liegt dem großen Könige dran.

3) Woran einem gelegen ist, das darf nicht mit dem Ablativ ausgedrückt werden, z. E. sanitate an der Gesundheit, sondern a) entweder mit dem Infinitiv, z. E. interest

tereſt mea magni *eſſe ſanum*, *diſcere* an der Geſund=
heit, am Lernen, b) oder mit dem Accuſativ und In=
finitiv, als intereſt mea magni *patrem eſſe ſanum* an
des Vaters Geſundheit, c) oder durch ut; Cic. Att.
XI, 12. mea magni intereſt, te *ut* videam, d) oder
durch allerhand Fragwörter, quis, quid, ubi, an,
utrum, quando, quomodo, unde cet.

Not. a) Man findet auch ſehr oft Pronomina neutr. gene=
ris, als hoc, id, illud, quid, aliquid, quiddam cet.
bey intereſt und refert, um theils die Sache, an der
gelegen iſt, auszudrücken, z. E. Cic. Att. XI, 22. il=
lud mea magni *intereſt*: theils auf die Frage: wie=
viel iſt dran gelegen? Cic. Att. X, 4. *quid* autem il=
lius intereſt, — ubi fis? ſtatt quanti. Cic. ad Div. V,
12. ad properationem meam *quiddam* intereſt cet.

b) Auch findet man bey intereſt und refert die Präpoſition
ad: 1) bey intereſt, z. E. Cic. ad Div. V. 12. *ad*
noſtram laudem non multum video intereſſe, und öf=
ter. Man darf nur ad durch in Anſehung erklären.
2) Bey refert: z. E. Plaut. quid id *ad* meam rem re=
fert. Dies iſt nichts ſonderbares, denn oben iſt geſagt
worden, daß ad eigentlich ſtehen ſolle.

VIII. Verſchiedene *Verba*, die ſonſt lieber den
Ablativ oder einen andern *Caſum* regiren, haben
zuweilen, nach Art der Griechen, einen Ge=
nitiv.

1) Einige Verba, die da bedeuten erfüllen, voll ſeyn, ſät=
tigen, und ſonſt lieber einen Ablativ regiren, als imple=
re, complere, explere, replere, ſaturare cet. Cic. ol=
lam *denariorum* implere. Liv. V, 28. multitudinem *re=
ligionis iuſtae* implet. Plaut. *erroris* ambo ego illos
complebo. Virg. animumque *expleſſe ultricis flammae.*
Plaut. hae res *vitae* me ſaturant. Ter. tu *iſtius* obſa=
turabere.

2) Verba, die da bedeuten bedürfen, Mangel haben, und
lieber einen Ablativ regiren, beſonders egeo und indigeo:
Cic. Att. VII, 22. *egeo conſilii* und öfter. Cic. Or. I,
34. *artis indigent* und öfter. Careo ſteht mit dem Ge=
nitiv Ter. Heavt. II, 3, 20. praeterquam *tui carendum*
quod erat; und nicht leicht öfter.

3) Deſino, Deſiſto, abſtineo ſtehen bey Dichtern zuweilen
mit dem Genitiv, als Hor. *deſine querelarum.* Id *abſti=
neto irarum* cet. Virg. *deſiſtere pugnae.*

4) Regno,

4) Regno, z. E. Hor. Od. III, 30, 11. Dauuus *agrestium regnavit populorum*. Doch haben einige Handschriften *regnator*.

5) Purgare, z. E. Hor. Sat. II, 3, 27. *morbi te purgatum illius*.

6) Potior steht oft mit dem Genitiv; Sall. Cat. 47. *urbis potiri*.

7) Auch vielleicht mehrere. Doch muß man hier kritische Ausgaben haben, z. E. Hor. Od. II, 13, 38. steht *laborum decipitur*; aber Bentley lieset *laborem*.

§. 4.
Vom Genitiv nach *Adverbiis*.

I. Oft findet man einen Genitiv bey folgenden *Adverbiis*, die eine Anzahl, Menge, oder Wenigkeit anzeigen: satis, abunde, parum, adfatim, partim, z. E. *satis temporis*. Ter. *satis iam verborum* est. Sall. *parum sapientiae*. Die übrigen sind selten: Virg. *terroris te fraudis abunde* est. Liv. auxilia, *quorum adfatim* erat. Cic. Off. II, 21. *eorum ipsorum partim* eiusmodi sunt cet.

Not. 1) Woher kommt der Genitiv? Da Partim für partem (und dies für pars, steht, so kann dies leicht einen Genitiv regiren. Bey den übrigen scheint in negotio, i. e. in Ansehung, zu fehlen; folglich stünde z. E. *satis iam verborum est* für *satis iam est* in negotio *verborum*.

2) Die obgedachten Adverbia können auch ohne Genitiv stehen, ja sie stehen ohne ihn weit häufiger: z. E. *satis multa dixi*. Cic. si *satis* consilium haberem. Urbs est *partim* direpta, *partim* incensa.

II. Viele *Adverbia* des Orts, besonders ubi, ubinam, ubicunque, ubivis, quo, quovis, quoquo, aliquo, usquam, nusquam, haben die *Genitivos* gentium, terrarum, loci, locorum, des Nachdrucks wegen bey sich, z. E.

Cic. *ubi terrarum* sumus? Cic. *ubi terrarum esses*, ne suspicabar quidem. Cic. *ubinam gentium* sumus? Cic. *ubicunque terrarum* sunt. Liv. abire, *quo locorum* possent. Plaut. *quo* venerim *loci*. Cic. *quo loci* esset, i. e. quo loco. Ter. *quoquo* hinc asportabitur *terrarum*. Plaut. *quoquo* abducta est *gentium*. Ter. fratrem invenio *nusquam gentium*.

Not.

Not. Man glaubt, der Genitiv werde regirt vom ausgelaſſenen *in negotio* in Anſehung. Vielleicht hat *quo,
aliquo* cet. welche eigentlich von quid cet. ſind, deswegen den Genitiv, weil ihn quid cet. hat.

III. Ibidem, adhuc, interea, poſtea haben zuweilen den Genitiv loci, locorum bey ſich, aber ohne
Nachdruck, folglich überflüſſig, z. E.

Plaut. *ibidem loci* res erit, i. e. eodem loco. Id.
ut *adhuc locorum* feci. Ter. te *interea loci* cognovi.
Sall. *poſtea loci.* Bey *interea, poſtea* (ſtatt inter ea,
poſt ea) ſcheint negotia, und bey ibidem, adhuc
ſcheint in negotio zu fehlen.

IV. Longe und minime haben zuweilen gentium
mit einem Nachdrucke bey ſich; z. E.

Cic. tu autem abes *longe gentium* : i. e. weit
in der Welt. Ter. *minime gentium* in der Welt
nicht, bey Leibe nicht. Perizonius verſteht in negotio.

V. Tunc ſtcht mit temporis etlichemal beym Juſti-
nus: wo temporis überflüſſig iſt. Auch findet man bey
ihm tum temporis.

VI. Hic, huc, eo, eodem ſtehen bey mancherley
Genitivis:

1) wenn ſie von einem wirklichen Orte gebraucht werden,
ſo ſteht zuweilen loci oder viciniae dabey. Ter. vidi vir-
ginem *hic viciniae*, i. e. in vicinia. Id. commigravit
huc viciniae, in viciniam. So ſteht *eo loci* ſtatt eo loco
beym Tacitus, und *eodem loci* ſtatt eodem loco beym
Sueton.

2) Beſonders haben huc, eo, eodem, wenn ſie tropiſch
ſtehen, und ſo weit bedeuten, wohin auch quo wie weit
2c. gehört, zuweilen loci oder auch einen andern Genitiv
bey ſich; z. E. Curt. VII, 1. *huc malorum* ventum eſt ſo
weit iſts im Unglück gekommen. Liv. XXV, 8. *eo conſuetudinis* adducta res eſt, ſo weit in der Gewohnheit.
So ſagt man *eo* dementiae, audaciae, doctrinae cet.
progredi, procedere, venire, pervenire es ſo weit in
der Albernheit, Kühnheit, Gelehrſamkeit bringen:
ſo auch *quo* dementiae cet. progreſſus es, perveniſti
cet. wie weit haſt du es 2c. Cicero ſagt *eo loci,* aber
auf die Frage wo? Sext. 31. res erat *eo loci,* i. e.
in eo loco. So auch anderswo *eodem loci* ſtatt
loco. Not. Die Wörter huc, eo, eodem, quo

M 4   ſcheinen

scheinen die Ablativ, auch theils die alten Dativi von hoc, id, idem, quod zu seyn, folglich einen Genitiv zu regiren, weil hoc, id, idem, quod einen regirt.

VII. Quoad (eig. in so fern, so lange) steht zuweilen mit *eius*, und bedeutet alsdenn so viel hierin; z. E. *quoad eius* fieri possit beym Cicero. Perizonius versteht aliquid bey eius. Da aber quod so oft für quantum so viel steht, und in dem Falle einen Genitiv regirt, (s. oben §. 2. n. III, 1.) so fragt es sich, ob nicht in dem Falle quod für quoad zu lesen sey.

VIII. Pridie und Postridie haben oft bey sich eius diei, welches eigentlich wegbleiben könnte, z. E. Cic. ad Div *pridie eius diei.* Gaes. B. G. I, 23. *postridie eius diei.* Sonst haben sie lieber den Accusativ, z. E. *pridie Calendas Apriles, Maias* (nicht Aprilis Maii, wie in schlechten Ausgaben der Alten steht.) So steht Cic *postridie ludos Apollinares:* Liv. *postridie idus Quintiles.*

Not. Nach Pridie und Postridie kann auch quam folgen, als Cic *pridie, quam* haec scripsi Cic. *postridie, quam a vobis discessi,* und öfter: gleichwie das quam nach ähnlichen steht, als *postero die, quam illa erant acta: Post diem tertium, quam dixerat.*

§. 5.
Vom Genitiv nach Präpositionen und Interjectionen.

Der Genitiv steht auch zuweilen nach Präpositionen und Interjectionen, von denen er aber nicht regirt werden kann:

I. Nach Präpositionen, z. E. ad Castoris, sc. aed dem cet s. davon oben §. 1, n. IX, 8. So steht auch tenus mit einem Genitiv, z. E. crurum tenus, wo vielleicht sine fehlt, weil es zuweilen dabey steht.

II. Nach Interjectionen, als Catull. *O mihi nuntii beati!* wo vielleicht negotium fehlt.

Sechster.

Sechſter Abſchnitt.
Vom Gebrauch des Dativs.

Der Dativ ſteht insgemein auf die Frage wem? auch wozu? oder zu weſſen Vortheil? z. E. proximus ſum egomet *mihi:* Pater dedit *mihi* librum: accepi librum *dono:* Non *omnibus* dormio. Genauer aber zu reden, ſteht er beſonders bey Adiectivis und Verbis, je doch auch bey andern Wörtern, daher wir nach der Reihe gehen wollen.

§. 1.
Vom Dativ nach *Subſtantivis.*

Der Dativ ſteht bey Subſtantivis auf die Frage wem? z. E.

Plaut. *lupus* eſt homo *homini.* Cic. *illi* ſemper — pacis *auctor* fui.

Beſonders ſteht er oft ſtatt des Genitivs, wenn man wem? denken kann; z. E. Cic. ego *huic cauſae patronus* exſtiti. Cic. *Marcello* ſum *teſtis.* Liv. *veniam errori* petendo. Id *libertati praeſidia* petitis. Sall. Cat. 40. quem *exitum tantis malis* ſperarent? Mart. *noſtro comes — Flavo.* Hieher gehören die Amtsnamen triumviri reip. conſtituendae: praetor iuri dicundo cet.

§. 2.
Vom Dativ nach *Adiectivis.*

Der Dativ ſteht oft bey Adiectivis auf die Frage wem? oder wozu? oder auch andere Fragen. Hieher gehören folgende Adiectiva:.

1) Die da bedeuten nützlich oder ſchädlich, als utilis, inutilis, ſalutaris, noxius, perniciofus, periculofus, exitiofus cet. doch ſagt man auch *utilis ad rem.*

2) Die da bedeuten ähnlich, unähnlich, gleich, ungleich, als ſimilis, diſſimilis, abſimilis, aequalis, par, diſpar, imt ar, conſentaneus, gemäß, übereinſtimmend; auch rechnet man hieher diverſus, ſecundus der einem nach ſteht, diſcolor, abſonus. Not. ſimilis, diſſimilis haben auch ſehr oft einen Genitiv, zumal wenn die Aehnlichkeit der Seele ausgedrückt wird, auch zuweilen par, diſpar,

wie oben Abschn. V, §. 2. n. I, 9. erinnert worden: auch sagt man consentaneus cum, z. E. veritate.

3) Die da bedeuten zu etwas geschickt, passend, als aptus, habilis, idoneus, accommodatus: doch kann bey allen diesen auch ad stehen. Hieher gehört auch bonus gut zu etwas, als mons *pecori bonus alendo*: auch alienus nicht passend.

4) Die da bedeuten angenehm, unangenehm, empfindlich, beschwerlich, als gratus, iucundus, acceptus, dulcis, suavis, ingratus, iniucundus, molestus, gravis, acerbus cet.

5) Die da bedeuten günstig, ungünstig, werth oder schätzbar, entgegen oder zuwider, gehässig, feindselig, feind, als: amicus, carus, propitius, infestus, infensus, inimicus, contrarius, alienus cet.

6) Die da bedeuten leicht oder schwer, als facilis, difficilis, arduus, durus, gravis: it. invius cet.

7) Die da bedeuten geneigt, fertig, bereit zu etwas, als *proclivis sceleri, promtus seditioni, paratus rei*. Doch ist dafür ad gewöhnlicher.

8) Die da bedeuten nahe, angränzend, als finitimus, vicinus, besonders propior, proximus, welche beyde auch mit dem Accusativ stehen.

9) Proprius, communis, affinis theilnehmend, welche auch einen Genitiv haben; s. oben Abschn. 5. §. 2. n. I, 9. Auch superstes, fidus, die auch zuweilen einen Genitiv haben: s. ebend. Ferner *cognatus*.

10) Necessarius, obnoxius, honestus, turpis, foedus: ferner die Verbalia in bilis, als flebilis cet.

§. 3.
Vom Dativ bey dem Pronomen *idem.*

Das Pronomen *idem* steht, wiewohl selten, nach Art des griechischen αὐτός mit einem Dativ, z. E. Hor. Art. 467. invitum qui servat, *idem* facit *occidenti* statt idem facit, quod facit occidens.

§. 4.
Vom Dativ nach *Verbis.*

I. Der Dativ steht nach vielen Verbis auf die Frage wem?

1) Bey unzählichen Intransitivis (Neutris), d. i. die keines Accusativs fähig sind, als gratulor, suadeo, dissuadeo,

obedio,

obedio, pareo, obtempero, obſequor, faveo, placeo, diſpliceo, auxilior, adſum, deſum, occurro, cedere, concedere weichen cet.

2) Bey unzähligen Tranſitivis (Aktivis), d. i. die einen Accuſativ ihrer Natur nach regiren, ſteht außer dieſem Accuſativ noch ein Dativ, z. E. *opto tibi* felicitatem: *debeo tibi* vitam: *impero, praecipio, mando tibi* aliquid: *do, tribuo tibi* rem: *dedo me tibi: trado* urbem *hoſtibus: impendo* tempus *literis: concedo tibi* rem: *narro, nuntio, indico, ſignifico, demonſtro, oſtendo, declaro, dico, ſcribo tibi* aliquid, *probo* aliquid *alicui: rapio, abripio, adimo, ſubtraho* rem *alicui: mitto, comparo, pario, paro* rem *alicui* cet.

3) Bey gewiſſen unperſönlichen Verbis, als libet oder lubet, licet z accidit, contingit, evenit, conducit, expedit, convenit, es ſchickt ſich, ſufficit, praeſtat, ferner placet mihi, videtur mihi cet.

Not. a) Nach licet folgt auch zuweilen ſtatt des Dativs der, Accuſativ mit dem Infinitiv, als non licet, *me* eſſe otioſum: Cic. Off. 1, 26. haec praeſcripta *ſervantem licet* magnifice — *vivere.*

b) Convenit inter nos heißt wir ſind einig.

c) Hieher gehört latet es iſt unbekannt, z. E. mihi, Cic. Catil. 1, 6. Auch ſtehts mit dem Accuſativ.

d) Decet, das ſonſt einen Accuſativ hat, wird auch, wiewohl ſelten, mit dem Dativ gefunden, als Ter. Ad. V, 8, 5. *nobis decet.*

II. Der Dativ ſteht bey vielen *Verbis* auf die Frage wozu? z. E.

Venire *auxilio*; accipere *dono*; dare *dono.* Beſonders gehört hieher a) eſſe, wenn es gereichen, dienlich ſeyn bedeutet, als hoc eſt *laudi,* turpitudini, dies gereicht zum Lobe, zur Schande: ſo auch eſt argumento, ſigno, honori, impedimento, perniciei, exitio, riſui, curae, utilitati, damno, oneri, decori, dedecori cet. b) Die Verba duco, do, tribuo, *verto,* wenn ſie bedeuten, etwas ſo oder anders auslegen, z. E. *vitio dare* als einen Fehler auslegen, *laudi vertere* als ein Lob auslegen 2c.

Not. Da alle dieſe Verba nicht nur den Dativ der Sache auf die Frage wozu? ſondern auch den Dativ der Perſon, auf die Frage wem? bey ſich haben können, ſo kommen folglich oft zwey ſolche Dativi zuſammen, als Venio *tibi auxilio.* Miſi librum *tibi dono*: reliquit *mihi* pileum *pignori; hoc mihi* eſt *magna laudi : ignavia tibi* erit dedecori:

cori: haec res *patri* fuit *magnae utilitati*: nihil *nobis*
effe poteft *maiori impedimento*: virtus *mihi* eft *fummae*
voluptati: hoc *mihi* eft *curae, oneri, argumento* cet.
Hoc omnes *tibi* vertunt *vitio*: Dant *mihi vitio*: *Laudi* in Graecia ducitur *adolefcentulis* cet.

Anmerkungen.

1) Diefe Dativi beym Verbo *duco* werden nicht von duco
regirt, fondern vom ausgelaffenen effe: denn duco heißt
glauben, z. E. hoc *duco mihi damno*, fcil. effe: *laudi*
ducitur *adolefcentulis*, fcil. effe.

2) Man muß das effe nicht immer gereichen überfetzen,
fondern auch machen, feyn, und durch andre Verba,
als: eft *mihi magnae laetitiae* macht mir große Freude, erfreut mich fehr, ift mir fehr erfreulich: *eft laudi* es ift löblich, *magnae laudi* fehr löblich: *eft turpitudini* macht Schande, fchändet ꝛc. *hoc eft mihi curae*
dafür forge ich ꝛc.

3) Der Dativ der Sache, auf die Frage wozu? fcheint
bey effe vom ausgelaffenen aptus, oder idoneus regirt zu
werden. Bey vettere fteht z. E. vitio ftatt in vitium
zu einem Fehler drehen.

Not. Hieher gehört auch effe, wenn es ein Vermögen oder
Können anzeigt, z. E. fum folvendo ich kann bezah-
len, fo auch fum oneri ferendo. Hier fcheint ebenfalls
aptus oder idoneus zu fehlen.

III. Der Dativ fteht auch bey den *Verbis* auf
die Frage: zu weffen Genuß, Nutzen, Schaden? oder wem zu gefallen? für wen?
z. E.

Cic. non *omnibus* dormio. Cic. fin quid offenderit,
fibi totum, nihil *tibi* offenderit. Cic. factus eft conful
fibi fuo tempore, *reipublicae* paene fero. Cic. *tibi* gratulor, *mihi* gaudeo. Plaut. *mihi* quidem efurio, non
tibi. Plaut. id *tibi* faciam, *mihi* bibam.

IV. Der Dativ fteht oft bey *effe*, wenn es
durch haben überfetzt wird, z. E.

Liber *eft mihi* ich habe ein Buch: Libri *funt mihi*:
Eft mihi otium: *Eft mihi* nomen Iohannis: *Innocentiae* plus periculi, quam honoris, *eft*: An nefcis lon-
gas *regibus effe* manus?

Not.

Not. Bey der Redensart est mihi nomen steht der Name im Nominativ oder Genitiv oder Dativ; z. E. est mihi nomen *Petrus, Petri, Petro.*

V. Der Dativ steht auch bey folgenden *Verbis*, bey denen man nicht wem? oder wozu? sondern wen? oder auf andre Art fragt: parco, benedico ich lobe, maledico ich schimpfe, fluche, studeo, persuadeo, medeor, irascor, caveo ich schaffe Sicherheit, oder sorge, nubo, invideo, arrideo, prospicio, consulo, ich sorge, succenseo, z. E.

> *Parcere pecuniae, hostibus; Cui ego benedico, ei tu maledicis: Studeo virtuti, literis: Persuadebis mihi nunquam: Mederi morbo: Irascor tibi: Cavere clientibus, sibi: Tullia nupsit (nupta est) Dolabellae: Haec res mihi arridet: Non decet aliis invidere: Deos nostrae felicitati prospexit, consuluit: Cur mihi succenses?* Not. Man findet auch nuptam esse cum aliquo, z. E. Cic. ad Div. XV, 3. in.

VI. Der Dativ steht oft nach Art der Griechen, besonders bey Dichtern, statt einer Präposition, z. E.

1) Statt a: und zwar a) bey Verbis, die da bedeuten verschieden seyn, nicht dazu passen, als discrepare, dissidere, distare cet. Z. E. Hor. *vino et lucernis* Medus acinaces *discrepat,* i. e. a vino. Id. quantum simplex hilarisque *nepoti discrepet.* Id. differt *sermoni.* Id. quid *distent* aera *lupinis;* b) abhalten, als arcere, defendere cet. Virg. hunc *arcebis gravido pecori.* Id. solstitium *pecori defendite;* c) besonders nach den Passivis, z. E. Ovid. Barbarus hic ego sum, quia non *intelligor ulli.* Dies letztere thun nicht blos Dichter, sondern auch die prosaischen Scribenten, und zwar theils nach dem particip. fut. passivi und gerundio necessitatis, wo insgemein der Dativ steht, als deus est *mihi amandus;* literae *tibi* sunt scribendae, statt a me, a te: theils auch zuweilen bey andern Theilen des Passivi, als Cic. ad Div. I, 9. §. 60. nunquam *praestantibus viri laudata est* — permansio. Id. Off. III, 9. honesta *bonis viris quaeruntur.*

2) An Statt ad oder in, und zwar doppelt, a) auf die Frage wohin? z. E. Virg. it clamor *coelo,* i. e. ad coelum: dies ist nur bey Dichtern üblich; b) auf die Frage: wozu? z. E. Virg. vosmet *rebus servate secundis.*

cundis. Liv. me ducem *bello gerendo* creavere. Hieher gehören die obigen Formeln: accipere *dono*, vertere *vitio*, aptus *rei*, est *honori* cet.

3) An Statt apud, z. E. purgare (excusare) se *alicui* sich bey Jemand entschuldigen, ist sehr gewöhnlich. Hieher gehört Ter. tu *mihi* illam laudas? Cic. Amic. 27. *mihi* quidem Scipio vivit.

4) An Statt cum. Hieher gehören a) bey den Dichtern, die Verba streiten, sechten, als certare, pugnare cet. Virg. solus *tibi* certet Amyntas. Id. *placidone* etiam pugnabis amori? Id. stat conferre *manum Aeneae:* Id. *congressus Achilli:* b) die Verba vereinigen und ähnliche. Z. E. iungere hat beym Cicero und andern insgemein den Dativ, als *iungere* equos currui: auch sagt man coniungere aliquid *alicui rei,* doch gewöhnlicher *cum* re. Andre aber, als coire, concumbere cet. stehen bloß bey Dichtern mit dem Dativ. c) Loquor steht zuweilen beym Dativ; Plaut. Poen. IV, 2, 63. me esse *locutum cuiquam:* d) auch Comparare und conferre vergleichen, z. E. Cic. Sen. 5. *senectuti comparat:* Off. !, 22. Lycurgi *disciplinae conferendi.* Auch contendere vergleichen steht mit dem Dativ Horat. Epist. I, 10, 26.

5) An Statt in bey abdo: z. E. abdere se *literis*, Cic. *lateri* capulo tenus *abdidit* ensem, Virg.

VII. Der Dativ steht bey einigen *Verbis*, die mit den Präpositionen ad, ante, circum, con, de, e, in, inter, ob, post, prae, pro, re, sub, super zusammengesetzt sind. Theils steht er auf die Frage wem? theils muß er durch die Präposition, mit der das Verbum zusammengesetzt ist, erklärt werden. Dergleichen Verba sind theils Transitiva (Activa), theils Intransitiva (Neutra), als:

Ad: als *adsuescere rei: adesse alicui* dienen: *adhaerere rei:* Virg. Aen. II, 385. *adspirat primo fortuna labori:* Liv. II, 49. Tuscus ager *romano adjacet. Adiicere* oculum *rei,* Cic. Verr. II, 15: so auch calcaria *adhibere equo, adferre* vim *alicui* cet. doch sagt man auch *adhibere* aliquid *ad aliquid.* Auch adsuescere aliqua re, z. E. genus pugnae, quo adsueverant, Liv. XXXI, 35: auch mit ad, z. E. ad homines, Caes. B. G. VI, 28.

Ante: als anteponere, anteferre aliquid *alicui rei* cet.

Circum: als *circumfundi alicui* einen umgeben: *circumdare urbi* murum cet.

Con:

Con: als *comparare* rem *rei*, vergleichen: doch steht häufiger cum re: auch *componere parvis magna* vergleichen. Virg.

De: als deeße nicht dienen, *alicui*: *deferre* aliquid, z. E. honores, munus *alicui*, antragen, überbringen; doch sagt man auch ad *aliquem*.

E: als *eripere* aliquem *periculo*; doch sagt man auch *e periculo*.

In: als *iniicere alicui* manus: *Inferre* bellum *alicui*: *Iniicere alicui* spem, metum, terrorem cet. *Imponere* fastigium *operi*: *Immisceri rei*: auch *incidere portis* zu den Thoren hereinstürzen, Liv.

Inter: als intereße beywohnen, *concioni*, *orationi*, *pugnae* cet. *Interpone tuis* interdum gaudia *curis*: *Interdicere alicui*, z. E. usum purpurae, und aqua et igni.

Ob: als *obequitare muris*: *obversari oculis* (auch ante oculos): *Obsistere alicui*: *opponere* se *alicui*: caput periculo obiicere: *offerre* rem *alicui*.

Post: als *postponere* se *alicui*.

Prae: als *praeeße exercitui*, *reipublicae*: *Praeficere* oder praeponere aliquem *rei*, *castris* cet. *Praepono*, *praefero* me *tibi* cet. Auch stehn praeeße, praeponere ohne Dativ.

Pro: als *prospicere*, *providere rei*.

Re: als *remittere* aliquem *alicui*, und ad *aliquem*.

Sub: als *alicui subvenire*, *succurrere*: *Subiicere* aliquid *alicui*.

Super: als *supereße alicui* überleben.

VIII. Die Verba *adulor*, *allatro*, *antecedo*, *anteeo*, *antesto*, *antevenio*. *anteverto*, *attendo*, *illudo*, *incesso*, *insulto*, *occumbo* haben in Einer Bedeutung nicht nur den Dativ, sondern auch wegen der Präposition den Accusativ. Eben diese beyden Casus haben *curo*, *deficio*, *despero*, *medicor*, *moderor*, *praecedo*, *praecurro*, *praeeo*, *praesto*, *praestolor*, *praeverto*, *studeo*, *tempero*.

Adulor schmeicheln, *alicui* Nep. und *aliquem* Cic.

Allatro anbellen, *alicui* und *aliquem*. Der Accusativ ist häufiger und also vorzüglicher.

Antecedo übertreffen, *alicui* und *aliquem*.

Anteire übertreffen, Cic. Tusc. I, 3. qui *iis* aetate anteit. Cic. Off. II, 10. *anteire ceteros* virtute.

Antesto oder *antisto* übertreffen, *alicui* und *aliquem*. Der Dativ scheint vorzüglicher.

Antevenio zuvorkommen, übertreffen, *alicui* und *aliquem*.

Anteverto zuvorkommen, *alicui* und *aliquem*. Der Dativ scheint vorzüglicher.

Attendo

Attendo Achtung geben, *rei* und *rem*, auch *ad rem*. Die beyden letzten Arten sind die gewöhnlichsten.

Illudo verspotten, *alicui* und *aliquem*, auch *in aliquem*, z. E. Terent.

Incesso ankommen, befallen, Liv. IV, 57. *cura patribus incessit* den Senat befiel ein Kummer: Liv. I, 56. *capido incessit animos iuvenum* es kam die Prinzen eine Begierde an. Auch sagt Ter. And. IV, 3, 9. *nova religio in te incessit*.

Insulto verspotten, *alicui* und *aliquem*. Der Dativ scheint hier vorzüglicher. *Insultare fores* an die Thür springen.

Occumbere morti und *mortem* sterben: jenes steht Virg. dieses Cic.

Curo sorgen, steht insgemein mit dem Accusativ; sehr selten mit dem Dativ, z. E. Plaut. Truc. I, 2, 34. *tuo vestimento et cibo curas*.

Deficio fehlen, z. E. *tempus deficit mihi* und *me*; der Accusativ ist gewöhnlicher.

Despero verzweifeln, keine Hoffnung mehr haben, *rei* und *rem* an einer Sache verzweifeln; auch *de re*: auch *sibi*, *se*, *de se*.

Medicor heilen, *alicui* und *aliquid*.

Medeor mäßigen, regiren, als *moderari animo, irae*, mäßigen: *moderari rem rusticam* regiren, einrichten. Es scheint, daß moderari mäßigen, bezähmen lieber den Dativ, und moderari regiren lieber den Accusativ habe.

Praecedo 1) vorausgehen steht mit dem Accusativ Virg. Aen. IX, 48. 2) übertreffen, *alicui* und *aliquem*.

Praecurro vorherlaufen, übertreffen, *alicui* und *aliquem*.

Praeire vorbeten, vorsagen, was der andere nachsagen soll, wird so gebraucht: *praeire alicui voce*: *praeire verba* und *verbis*. Folglich steht die Sache, die man einem zum Nachsprechen vorsagt, im Accusativ: die Person aber im Dativ.

Praesto übertreffen, *alicui* und *aliquem*.

Praestolor warten auf Jemand, *alicui* und *aliquem*.

Praeverto zuvorkommen: *rei* einer Sache, Caef. B. G. VII, 33. *Praevertere ventos* cursu pedum Virg Aen. VII, 807. den Winden zuvorkommen, folglich die Winde übertreffen.

Studeo hat insgemein einen Dativ, als *rei* cet. Doch findet man einmal *studere literas* Cic. Sen. p. red. 6. welches sonderbar ist. Man findet es zwar auch mit *hoc, id, nihil* cet. Aber auf solche Neutra ist nicht viel zu rechnen: denn diese stehen für allerhand Casus. Doch hat Gräv und Ernesti in gedachter Stelle des Cicero *studere literis* aufgenommen.

Tempero

Tempero 1) mäßigen, zähmen, ſchonen, z. E. linguae, lacrymis die Zunge, die Thränen mäßigen, zähmen: iras den Zorn mäßigen Virg. Aen. 1, 57: ſociis die Bundsgenoſſen ſchonen: 2) regiren, z. E. rempublicam Cic. ratem Ovid. Folglich ſcheint es, wenn es regiren, lenken heißt, lieber den Accuſativ zu haben.

Not. Man zieht auch hieher Antecello, Praecello, Praevenio, Adverſor. Aber a) Antecello übertreffen, ſteht insgemein nur im Dativ, z. E. Cic. mit dem Accuſativ Tacit. b) praecello übertreffen, ſteht mit dem Dativ und Accuſativ Tac. c) Praevenio zuvorkommen ſteht mit dem Accuſativ Liv. VIII, 16. *praevenirent deſiderium* plebis, vom Dativ weis ich kein Beyſpiel. d) Adverſor ſteht allezeit mit dem Dativ. Es ſteht zwar mit dem Accuſativ beym Tacitus. Aber die Gelehrten glauben, es müſſe averſari geleſen werden.

IX. Viele *Verba* haben in einerley, oder doch verwandten Bedeutung bald den Dativ, bald einen andern Caſum, als:

Abdicare magiſtratum oder ſe magiſtrato das Amt niederlegen, es geſchehe mit oder ohne Zwang.

Adſcribere *civitati, in civitatem, in civitate* in eine Stadt als Bürger aufnehmen, Cic.

Adſpergere *alicui aliquid* etwas an einen ſprützen, und *aliquem re* einen mit etwas beſprützen, z. E. adſpergere *viro labeculam* Cic.: *hunc* vitae *ſplendorem maculis adſpergis* Cic.

Affertur oder adfertur mihi und ad me es kommt Nachricht an mich, ich bekomme Nachricht Cic.

Auſcultare alicui und aliquem, einen anhören, auf einen hören, ihm Gehör geben oder gehorchen.

Confidere *rei* und *re* ſich verlaſſen auf etwas, vertrauen, als *ſuae virtuti* und *ſua virtute.*

Donare *alicui aliquid* ſchenken, und *aliquem re* beſchenken.

Excellere *ceteris* übertreffen, Cic.: *inter omnes* ſich hervorthun Cic.

Exuere ausziehen alicui (ſibi) *veſtem* und aliquem (ſe) *veſte.* Wenn es aber berauben heißt, ſo ſteht nur aliquem re: als caſtris cet. Man ſagt auch exuere *humanitatem.*

Habitare *in loco* wohnen, und *locum* bewohnen.

Impertior (o) mittheilen *alicui laudem,* und Theil nehmen laſſen, aliquem re: daher impertire *aliquem ſalute* und *alicui ſalutem* grüſſen.

Incidere eingraben, einſchneiden, eintzen, *rei, in rem, in re.* Auch ſagt man incidere pennas die Federn verſchneiden, ſp̶ die Hoffnung benehmen ꝛc.

Induere anziehen *sibi (alicui) vestem* und *se (aliquem) ve-ste.* Besondere Redensarten sind: *falsam sibi scientiae persuasionem induere: se mucrone induere: in florem induere.*

Inspergere hineinstreuen: Plinius sagt *folia inspergere potionibus,* Cato: *oleam sale inspergito.*

Interdicere untersagen rechnet man auch hieher. Aber man sagt ingemein *alicui aliquid* oder *alicui aliqua re:* selten *aliquem aliqua re.*

Intercludere verhindern, benehmen *alicui fugam* und *aliquem frumento commeatuque.* Beydes steht im Cäsar.

Mitto *tibi* oder *ad te,* z. E. *literas.* Beydes steht Nep. Att. 20.

Nubere *viro,* heyrathen, auch sagt man *nuptam esse cum aliquo* mit einem Manne verheyrathet seyn, Cic.

Scribere *alicui* und *ad aliquem.*

X Viele Verba haben in verschiedner Bedeutung verschiedne Casus:

Aemulari *aliquem* oder *aliquid* mit Eifer nachahmen, nacheifern, ist sehr gewöhnlich: hingegen aemulari *alicui* oder *cum aliquo* erklärt man beneiden, als Cic. quod *iis aemulemur* cet. Liv. periculum sit, ne *mecum aemuletur.* Aber in beyden Stellen scheint es zu bedeuten nacheifern, oder mit Mißgunst nacheifern: schlechthin beneiden scheint aemulari nicht zu bedeuten. Daher scheint aemulari *aliquem, alicui, cum aliquo* einerley zu seyn.

Accedo tibi ich pflichte dir bey. Hoc *tibi* accedit *ad illud* dieses kommt dir noch zu jenem hinzu, du bekommst noch dieses auser jenem. Accedere *ad aliquem* hinzugehen: *ad rempublicam* dem Staate zu dienen anfangen, z. E. durch das erste Ehrenamt rc.

Caveo *tibi* ich schaffe dir Sicherheit, stelle Caution; sorge für dich durch Abwendung eines Schadens: te ich hüte mich vor dir.

Consulo *tibi* ich sorge für dich: te ich frage dich um Rath: *in* te crudeliter ich verfahre grausam wider dich.

Cupio *tibi* ich bin dir gewogen: aliquid begehre etwas.

Deficit *mihi* und *me* es fehlt mir, z. E. liber. Deficere *ab aliquo* von Jemand abfallen.

Do *alicui* literas ich gebe Jemand einen Brief mit (zur Bestellung), *ad aliquem* literas ich schreibe an Jemand. Doch steht auch dare *alicui* literas an Jemand schreiben Cic. ad Div. XVI, 3.

Horreo

Horreo *tibi* ich erschrecke deinetwegen: aliquid ich erschrecke vor etwas, z. E. periculum. Horrere aliqua re starren von etwas, z. E. ager horret *hastis*.

Impono *alicui aliquid* ich lege auf Jemand etwas, auch *aliquid in* aliqua re, z. E. in cervicibus. Imponere alicui Jemand betrügen.

Incumbo *rei* sich auf etwas stemmen: in rem oder ad rem sich große Mühe worin geben.

Interest 1) es ist ein Unterschied, z. E. *inter* hominem et bestiam: auch *stulto* intelligens quid *interest*? Ter. 2) es ist daran gelegen, z. E. patris, mea, tua cet. 3) interesse rei oder in re beywohnen, z. E. einem Gastmahle.

Manet *mihi* res die Sache bleibt mir. Manet *me* mors, poena cet. der Tod wartet auf mich steht mir bevor.

Merere *sibi* aliquid sich etwas verdienen: merere *equo* zu Pferde dienen (als Soldat): merere und mereri *de* sich verdient machen um rc.

Metuo *tibi* ich bin deinetwegen in Furcht: te ich fürchte dich.

Peto *mihi* ich hole mir z. E. lignum: *aliquem* oder *aliquid* ich gehe los auf etwas, es sey freundlich, oder feindlich: locum, urbem auf einen Ort, Stadt zu gehen, reisen: *ab aliquo aliquid* etwas von Jemand verlangen, Jemand um etwas bitten.

Praebere *alicui rem* geben, se fortem sich tapfer beweisen.

Praestare 1) übertreffen, alicui und aliquem; 2) *aliquid* gut für etwas seyn, für etwas stehen, z. E. damnum, culpam. Auch sagt man a re; 3) beneficia alicui Wohlthaten erweisen; 4) se fortem sich tapfer bezeigen.

Prospicio ich sorge, alicui: ich sehe vorher, aliquid.

Quaerere *sibi aliquid* sich etwas suchen: *aliquem* suchen: ex aliquo, ab aliquo (selten de aliquo) Jemand fragen: de re oder homine einer Sache oder Jemands wegen fragen, oder Untersuchung anstellen, auch in aliquem wider Jemand Untersuchung anstellen.

Recipio *tibi* ich gebe dir die gewisse Versicherung; me in locum ich flüchte an einen Ort: aliquid ich bekomme wieder, auch ich nehme etwas über mich, z. E. einen Proceß.

Referre *alicui* aliquid etwas einem erzählen, auch zurück bringen: referre ad aliquem aliquid und de re, Jemand etwas vortragen, oder zu Rathe ziehen wegen etwas. Refert mea, tua cet. es liegt mir daran rc.

Renuntiare *rei* aufkündigen, abdanken, z. E. muneri: alicui hinterbringen: *aliquem* consulem Jemand als Consul ausrufen.

Respondere *alicui* Jemand antworten; *aliquid* etwas: ad aliquid auf etwas.

Solvo *tibi* pecuniam ich zahle dir Geld: solvo te ich befreye dich, z. E. metu: solvere navem fortsegeln.

Timeo *tibi* ich bin deinetwegen in Furcht: te ich fürchte dich.

Vacare *a re* und re leer, frey seyn von etwas: rei auf etwas seine ganze Mühe wenden, sich legen.

Valere *rei* dienlich seyn zu etwas ist selten: re durch etwas viel ausrichten. Hoc valet *in te* das gilt dir.

Not. Varro sagt: denarii dicti, quod *denos aeris valebant*, und Plinius: scrupulum valet *sestertiis vicenis*, wo der Werth bezeichnet wird.

XI. Oft stehen bey den *Verbis* die *Dativi* mihi, tibi, sibi, nobis, vobis überflüssig, z. E.

Plaut. fur *mihi es*. Cic. an ille *mihi* liber cet. Cic. at *tibi* repente — *venit* ad me Caninius. Ter. suo *sibi* gladio hunc iugulo. Id. quid ait tandem *nobis* Sannio? Liv. haec *vobis* ipsorum militia fuit. *Not.* Jedoch haben sie insgemein eine Beziehung auf die Sache und zeigen eine Theilnehmung an.

XII. Nach dem Infinitiv esse folgt zuweilen der Dativ des Prädicats, wenn der Dativ des Subjects vorhergegangen, z. E.

Cic. licuit esse *otioso* Themistocli: Cic. mihi *negligenti* esse non licet, statt otiosum, negligentem. Auch geschieht das besonders bey spätern Scribenten nach andern Infinitivis, z. E. *destinari, fieri* cet.

§. 5.

Vom Dativ nach einigen Partikeln.

I. Der Dativ steht bey einigen *Adverbiis* auf die Frage wem? als prope, propius, proxime, obviam, besonders denjenigen, die von den Wörtern abstammen, welche einen Dativ regiren, als congruenter, convenienter, amice, z. E.

Virg. *propius stabulis*: Cic. obviam *mihi* venisti: Cic. *congruenter naturae convenienterque* vivere: Cic.

Cic. vivere *vitae* hominum *amice.* Not. Doch ſteht prope, propius, proxime öfter mit einem Accuſativ.

II. Der Dativ ſteht bey einigen Interjectionen, als hei, vae, ecce, hem cet., von denen er aber vielleicht nicht regirt wird, z. E.

Virg. *hei mihi!* Plaut. *vae miſero tibi!* Cic. *ecce tibi* Seboſus. Plaut. *hem tibi* talentum argenti da haſt du ꝛc.

Siebenter Abſchnitt.

Vom Gebrauch des Accuſativs.

§. 1.

Vom Accuſativ nach *Subſtantivis.*

I. Die Pronomina *id, quod* cet. ſtehen nach einigen Subſtantivis, z. E.

Homo *id aetatis* ſtatt ea aetate iſt ſehr gewöhnlich, es ſcheint ad, i. e. in Anſehung, zu fehlen. Ohne homo ſteht quid ſo, Plaut. *quid tibi aetatis* videor? wo homo zu verſtehen. Ter. *idne* eſtis *auctores* mihi? darzu rathet ihr mir?

II. Einige ſubſtantiva Verbalia haben den Accutivum Verborum bey ſich, z. E.

Plaut. quid tibi *hanc curatio* eſt *rem?* Plaut. quid tibi huc *receptio* ad te eſt *meum virum?*

§. 2.

Vom Akkuſativ nach *Adiectivis.*

I. Bey den *Adiectivis,* die da bedeuten lang, breit, groß, weit, hoch, dick ꝛc. ſtehen die Subſtantiva, die dieſes Maaß oder dieſen Raum ausdrücken, im Accuſativ, z. E.

Foſſa eſt centum *pedes longa:* turris eſt *alta* centum *cubitos* cet. Man findet zwar auch einen Genitiv Caeſ B. Civ. II, 10. *muſculum pedum ſexaginta longum,* aber er ſcheint von muſculum abzuhängen.

N 3   II. Auch

II. Auch steht nach griechischer Art, be
ders bey Dichtern, nach Adiectivis der Accu
statt des Ablativs, z. E. *Omnia Mercurio sin*
Virg. *Nuda pedem*, Ovid.

§. 3.
Vom Accusativ bey *Verbis*.

I. Unzählige Verba regiren ihrer Natur na
einen Accusativ.

Das sind a) Verba in o, die eine auf ein Obj
hinübergehende Handlung anzeigen, und daher Transi
va (Activa) genannt werden, und ein ganzes Passivu
haben; b. Verba in or, oder Deponentia, die ebenfal
eine solche Handlung anzeigen.

Bey diesen Verbis steht nun der Accusativ insgemein

1) auf die Frage wen? oder was? Hieher gehören amo
odi: complector: quaero suchen: invenio, reperio
do, tribuo, dono: mitto: amitto, perto: habeo: su
mo, capio, accipio: possideo, teneo: scio, nescio,
ignoro, calleo gut verstehen: emo, vendo: aestimo:
edo, bibo: doceo, erudio, instituo: lego: facio, ago,
gero: hortor, moneo: punio: audio, video, cerno,
gusto, olfacio, sentio: peto holen, langehen auf :c.
voco: rogo, oro, posco, desidero, flagito: pono,
colloco: decerno: volo, nolo, malo, opto: *pello*:
spero: scribo: fero, porto: tego: verbero: cogito,
iudico cet.

Doch gehen folgende ab, und haben keinen Accusativ
bey sich, ob man gleich fragt wen? parco, benedico,
maledico, persuadeo, medeor, nubo, invideo, als
welche einen Dativ regiren, (s. oben beym Dativ);
und utor, fruor, fungor, vescor, welche einen Ablativ regiren (s. unten beym Ablat.).

2) Auf die Frage wem? als invo, adiuvo, celo, effu-
gio, sequor: auch rechnet man hieher imitor, ich ahme
nach, weil einige sagen dir, andre dich.

3) Auf andre Fragen, als caveo ich hüte mich te vor dir:
fugio te ich fliehe vor dir: *desidero rem* ich sehne mich
nach der Sache: appeto *rem* ich trachte nach der Sache:
timeo und metuo *te* ich fürchte mich vor dir: vereor *te*
ich scheue mich vor dir; curo *rem* ich sorge für :c.

despero

despero *vitam* ich verzweifle an :c. Praesto *damnum* ich stehe für :c.

Not. Zuweilen steht statt des Accusativs'de, als expono *vitam* und de *vita*: referre ad senatum *rem* und *de re*.

II. Viele Verba nehmen den Accusativ zu sich wegen der Präposition, mit der sie zusammengesetzt sind. Hieher gehören

1) Einige Transitiva (Activa), die auser ihrem natürlichen Accusativ noch einen Accusativ wegen der Präposition zu sich nehmen, als *transducere copias Rhenum*, wo copias vom Verbo transitivo und Rhenum von trans regirt wird: so auch *Hellespontum copias traiecit*, Nep.

Not. Man findet zuweilen die Präposition wiederholt, als Caes. ne multitudinem — *trans Rhenum* in Galliam *transduceret:* so auch *in animum inducere* cet.

2) Besonders haben unzählige Verba, die an sich Intransitiva sind, d. i. keine auf ein Object hinübergehende Handlung anzeigen, folglich an sich keines Accusativs fähig sind, einen Accusativ wegen der Präposition, damit sie zusammengesetzt sind, wie im Deutschen anfallen, durchgehen :c. Z. E. *Adire aliquem: Accedere aliquem:* Gentes, quae *mare illud adjacent: Circumsistere aliquem: Circumvenire aliquem: Inire consilium, societatem: Invadere urbem: Invenire aliquid: Obire urbes, provinciam, diem: Obsidere, oppugnare urbem: Oppetere mortem: Praeterire urbem, rem: Subire periculum: Transire fluvium: Transilire muros* cet.

Anmerkungen.

a) Hier kommt alles auf den Sprachgebrauch an: z. E. Man sagt wohl adire aliquem, obsidere urbem cet. aber deswegen nicht aliquem adesse, obstare cet.

b) Die meisten der oben angeführten Verborum haben auch ein ganzes Passivum in allen Personalendungen, als: locus aditur, aditus est cet.; Hostes invadebantur: inventus sum cet. woraus erhellet, daß man sie als wirkliche Transitiva betrachtet hat. Sehr wenige sind ausgenommen, z. E. adiacere: man sagt nicht *mare adiacetur* gentibus.

c) Man findet auch bey einigen die Präposition wiederholt, als *Adire ad* magistratus: *Accedere ad* rempublicam: *invadere in* collum cet.

3) Auch einige Deponentia haben wegen der Präposition, mit der sie zusammengesetzt sind, einen Accusativ, den sie ohne

N 4   sie

sie nicht haben könnten, als *aggredi aliquid: ingredi viam.*

4) Auch bey einigen Passivis steht wegen der Präposition, mit der sie zusammengesetzt sind, der Accusativ, z. E. Caes. ne maior multitudo *Rhenum transduceretur:* Cic. locum sum *praetervellus:* Virg. *urbem adserimur.*

5) Daß verschiedne mit ad, ante, circum, in, inter, ob, post, sub, super zusammengesetzte Verba einen Dativ, und die Verba adulor, allatro, antecedo, anteeo, antesto, antevenio, anteverto, attendo, illudo, incesso, insulto, occumbo sowohl den Accusativ, als Dativ, bey sich haben, davon siehe beym Dativ Abschn. 6. §. 4. n. VII. und VIII.

III. Einige Verba, die nicht nur an sich Intransitiva, sondern auch mit Präpositionen, die den Ablativ regiren, zusammengesetzt sind, haben den Accusativ bey sich, z. E.

Convenire aliquem ist sehr gewöhnlich: so auch *coire societatem* Cic Rosc. Am. 31. *Urbem excedere* Liv. II, 37: *praevenire aliquem* Liv. VIII. 16: *Aversari aliquem* ist sehr häufig: *Erumpere nubem* Virg. Aen. I, 580: *Evadit ripam* Ibid. VI, 425. Hieher gehören deficio, despero, praecedo, praecurro, praeeo, praesto, (übertreffen), praestolor, praeverto, welche sowohl einen Accusativ, als Dativ, bey sich haben: s. Abschn. 6. §. 4. n. VIII.

IV Daß medicor, moderor, tempero, curo, studeo, und in verschiedner Bedeutung aemulor, ausculto, caveo, consulo, cupio, maneo, prospicio, recipio, renuntio, solvo, timeo und andere sowohl einen Dativ, als Accusativ, bey sich haben, davon ist oben Abschnitt 6. §. 4. n. VIII. und X. geredet worden.

V. Bey vielen Intransitivis (Neutris) steht nach Art der Griechen ein Accusativ.

Hier muß man zwischen den gewöhnlichen und ungewöhnlichen Fällen einen Unterschied machen. Man merke sich: der Accusativ ist entweder mit dem Verbo einerley Ursprungs, oder nicht.

1. Oft wird zum Verbo der Accusativ eines Substantivi von einerley Ursprung überflüssig gesetzt, als erro errorem,

rorem, pugno pugnam, iuro iusiurandum, vivo vitam, ſervio ſervitutem, furo furorem, ludo luſum,
prandeo prandium, ſomnio ſomnium cet. Doch ſteht
insgemein ein Beywort dabey, es ſey ein Adiectivum,
Pronomen oder Participium, z. E. pugnare *pugnam
acerrimam* oder *hanc pugnam*: vivo *vitam triſtem,
beatam*: gaudeo *gaudium verum*: mirum ſomniavi
ſomnium: *conſimilem* luſerat *luſum* cet. Plautus läßt
zuweilen das Beywort weg, als Mil. II, 6, 2. quam
ſi *ſervitutem* non *ſerviat.* Einige glauben, der Accuſativ werde von einer ausgelaſſenen Präpoſition regirt:
aber vielleicht haben die Alten keine gedacht, ſondern dieſe Intranſitiva als Tranſitiva gebraucht, wie wir ſagen:
den Tod eines Helden ſterben ꝛc.

Not. Die Stellen Ter. Andr. V, 5. ext. hunc *mea ga-
viſurum* eſſe *gaudia*; Coel. in Cic. Epp. ad Div. VIII,
2. ut *ſuum gaudium gauderemus*, gehören nicht hieher:
hier fehlt propter. Noch weniger gehören hieher Cic.
ad Brut. 3. Antonii *ſellam ſecuti ſunt*, und Cic Arch.
1. Pueritiae *memoriam recordari ultimam.*

2) Oft ſteht ein anderer Accuſativ dabey, bey dem ſich
eine Präpoſition theils verſtehen, theils nicht leicht verſtehen läßt.

a) Wo ſich eine Präpoſition leicht verſtehen läßt; z. E.
1) *propter*: als quid clamas? quid rides, *Num id* la-
crumat virgo? Ter. Eun. V, 1, 13: *id* indignari Liv.
XXIV, 8: doluerunt *meum caſum* Cic. Sext. 69. ſo
auch *aliquid horrere, deſperare* cet. ſo auch ardebat
Alexin Virg. Ecl. II, 1. 2) *Per*: z. E. Ovid. *ſtygias
iuravimus undas*: Cic. ſi Xerxes *maria ambulaſſet*,
terram navigaſſet: Vielleicht gehört auch hieher *proficiſci
magnum iter* ad Athenas, Prop. und *paſci ſylvas* et
ſumma Lycei, Virg.

b) Wo ſich nicht leicht eine verſtehen läßt, z. E. *Hoc* dubito, ſi *id* dubites cet. iſt ſehr gewöhnlich. Virg. Georg. III, 421. *ſibila colla tumentem*, ſtatt collis ſibilis,
wo vielleicht ad in Anſehung zu verſtehen: Virg. *cetera*
parce bello; und ſo öfter: Cic. Xenophon *eadem* fere
peccat Beſonders gehören hieher die Verba riechen,
ſchmecken, welche auf die Frage wornach? bey den
beſten Scribenten mit dem Accuſativ ſtehen, als *redolere
vinum, antiquitatem; ſapere crocum.* Auch ſcheint hieher zu gehören magnam, maximam partem, großen,
größten Theils, welches oft vorkommt, als *Cic.* Stoici
magnam partem in his — occupati ſunt.

Sonderbar sind aliquid clamo, crepo, queror, festino cet. als Plaut. Mil III, 1, 57 neque *publicas res clamo*, nec *leges crepo*. Ovid. Met. IX. 303. *verba queror*, i. e. querendo profero: Ibid. XI. 574. *festinat vestes*, i. e. festinanter conficit. Noch sonderbarer ist Iuven. *bacchanalia vivunt*, und Hor. *Satyrum movetur*, i. e vivendo exprimunt bacchanalia, movendo f. saltando exprimit Satyrum.

Not. Man findet von diesen Intransitivis zuweilen die Passiva, und zwar persönlich, woraus erhellet, daß die Alten sie als Transitiva angesehen haben, als Ovid. *tertia vivitur aetas*: Mart. *tota mibi dormitur hyems*: Cic. *multa peccantur*: Tac. *nec virgines festinantur*.

VI. Auch steht bey *Passivis* sehr oft, zumal bey Dichtern, ein Accusativ statt des Ablativs, z. E.

Virg. *redimitus tempora lauro*: Virg. *humeros oleo perfusa*: Virg. *evincti tempora taeniis*: Virg. *picti scuta*: Virg. *suras evincta cothurno*: Hor. *membra sub arbuto stratus*: so auch *fractus membra, arma indutus* cet. vielleicht fehlt ad in Ansehung.

VII. Bey den Verbis leben, sich aufhalten und andern steht auf die Frage wie lange? das Substantiv, das die Länge der Zeit ausdrückt, im Accusativ, z. E. *Tres annos* ibi *fui, vixi, moratus sum, mansi*: Cic. *biduum* Laodiceae *fui*. Es fehlt per, wie denn dieses per sehr oft dabey steht.

VIII. Bey den Verbis entfernt seyn, fortgehen und andern steht auf die Frage wie weit? das Substantiv, das das Maaß des Raums oder der Entfernung ausdrückt, im Akkusativ, als absum *tres passus* a te: Cic. cum abessem ab Amano *iter* unius diei.

Doch findet man auch den Ablativ spatio dabey, als Planc. ad Cic. *bidui spatio abest*: zuweilen fehlt spatio, als Cic. Att. V, 16. quae *aberant bidui*.

IX Bey vielen unpersönlichen *Verbis* steht ein Akkusativ der Person:

1) Bey poenitet, pudet, piget, taedet, miseret steht die Person, die da bereut, sich schämt, die etwas verdrießt,

drießt, eckelt, jammert, im Accuſativ, als poenitet *me* ich bereue, pudet *me* ich ſchäme mich, piget *me* es verdrießt mich, graut mir (z. E. vor der Arbeit), taedet *me* es ekelt mir, miſeret *me* es jammert mich. ich habe Mitleiden Daß dieſe Verba den Genitiv deſſen, das man bereut, deſſen man ſich ſchämt, ekelt ꝛc. bey ſich haben, auch zuweilen perſönlich vorkommen, z. E. conditio me poenitet, pudeo cet. und daß miſereſcit und miſeretur auch zuweilen unperſönlich ſtehen, als te miſereſcat mei, te fratrum miſereatur, davon ſ. Abſch. V, §. 3. n V, 4.

2) Bey derer, dedecet ſteht der Accuſativ der Perſon, als decet *me* es geziemt mir, dedecet *me* es geziemt mir nicht. Doch ſteht der Dativ einmal Ter Ad. V, 8 ,5. ita *nobis decet.* Die Sache ſtehr im Infinitiv; doch zuweilen im Nominativ; dann ſteht das Verbum perſönlich, als Ovid. *Forma* viros *neglecta decet:* Cic. Offic. l, 31. extr. quam ſe aliena deceant. Ovid. Nec dominam *motae decuere comae.* Cic Offic. I, 41. in. ſi quid dedeceat in cet.

3) Auch rechnet man hieher fugit, praeterit, iuvat, welche auch zuweilen unperſönlich ſtehen, als fugit me und praeterit me ich weis nicht, iuvat me es ergötzt mich. Auch rechnet man hieher latet es iſt unbekannt, welches zuweilen einen Accuſativ bey ſich hat. Daß es auch einen Dativ zuweilen bey ſich habe, iſt oben beym Dativ erinnert worden.

X. Daß die *Verba memini, recordor, reminiſcor* und *obliviſcor* nicht nur einen Genitiv, ſondern auch einen Akkuſativ bey ſich haben, ſteht bereits Abſchnitt V, §. 3. n. III.

XI. Die Participia *oſus, exoſus, peroſus, pertaeſus* ſtehen mit einem Akkuſativ, z. E. Ovid *taedas exoſa iugales:* Liv. Plebs conſulum *nomen peroſa* erat: Suet. *pertaeſus ignaviam ſuam.* Doch ſteht pertaeſus auch mit dem Genitiv Tac. *lentitudinis pertaeſa.*

Not. Auch haben einige Verbalia in bundus den Accuſativ ihrer Verborum bey ſich, als Gell. *populabundus agros:* Liv. *vitabundus caſtra.*

XII. Bey den Verbis gehen, reiſen, kommen, und ähnlichen ſtehen die Namen der Städte, deßgleichen domus und rus auf die Frage wohin? im Akkuſativ; wo vermuthlich in zu verſtehen, z. E. *proficiſci Romam, rus: domum redire.*

Not.

Not. 1) Man findet auch ad bey ben Städten: z. E. ad Romam venire, proficisci cet. dies bedeutet aber bey Rom ankommen, nach Rom zu reisen, ohne Absicht sogleich hineinzugehen.

2) Bey domum stehen auch die Pronomina meam, tuam, suam, nostram, vestram, nicht leicht andere Adiectiva. Auch kann in davor stehen; als *in domum suam recipere.*

3) Man rechnet auch humus hieher: aber hier steht insgemein in: Man sagt z. E. cadere *in humum* oder *humi.* Doch sagt Horatius Od. IV, 14, 34. stravit humum.

4) Bey den Namen der Länder aber bleibt in, als proficisci *in Italiam:* doch lassen es die Dichter oft weg: auch zuweilen prosaische Schriftsteller, besonders bey Insuln, als Cic. *Sardiniam venire:* Nep. *Aegyptum proficisci* cet.

XIII. Das Verbum *Esse* steht oft bey *id aetatis,* d. i. von dem Alter, z. E. Cic. et *id aetatis* iam *sumus.*

XIV. Zuweilen steht bey einem Verbo transitivo ein Wort im Accusativ, das eigentlich nicht zum Verbo, sondern zum folgenden Satze gehört und im Nominativ stehen sollte: z. E. Caes. B. G. I. 39. aut *rem frumentariam*, ne satis commode supportari posset, timere dicebat statt *ut res frumentaria* satis cet. Ter. *Illum*, ut vivat, optant. Not. Sonderbar ist folgendes: Virg. *Urbem*; quam statuo, vestra est: Ter. *Eunuchum*, quem dedisti nobis, quantas dedit turbas. Noch seltsamer redet Plautus, z. E. Rud. IV, 3, 23. *vidulum*, cuius ille est, novi hominem statt novi hominem, cuius iste vidulus est. Man kann quod attinet ad verstehen.

XV. Einige Verba Transitiva haben ausser ihrem Accusativ noch einen andern Accusativ, der durch keine Präposition zu erklären. Dergleichen sind:

1) Die Verba machen, als facio, reddo: z. E. *facere aliquem doctum, consulem: reddidisti me felicem.*

2) Die Verba nennen, benennen, tituliren, als Vocant *me Carolum: Alexandrum* appellant *Magnum.* Not Ihre Passiva haben auch einen doppelten Nominat.; s. Abschn. 4. §. 2. n. 1.

3) Das Verbum habeo, z. E. aliquem doctum ich halte Jemand für gelehrt: man sagt auch: pro docto. Daher im Passivo: Pater habetur doctus und pro docto.

4) Die

4) Die Verba ernennen, erwählen zu einem Amte 2c. als *designo aliquem consulem* ernenne Jemand zum Consul: *aliquem creare consulem* erwählen zum 2c. *aliquem renuntiare praetorem* ausrufen als 2c. Ihre Passiva haben einen doppelten Nominativ, s. Abschn. 4. §. 2. n. I.

Not. Man rechnet auch hieher die Verba glauben oder dafür halten, als *puto, existimo* cet. deßgleichen *cognosco, deprehendo, reperio, declaro* cet. 3. E. *putant te doctum, cognovi te fortem*: Cicero *Murenam consulem declaravit* cet. Aber hier fehlt *esse*, folglich ists der Accusativ mit dem Infinitiv. Not. Ihre Passiva haben auch einen doppelten Nominativ, (doch fehlt auch *esse*), s. Abschn. 4. §. 2. n I.

5) *Praebere se* und *Praestare se* sich beweisen, z. E. *fortem* tapfer, *virum* als einen Mann 2c.

6) Auch einige andere Verba, z. E. hinzufügen, als *adiungere aliquem sibi comitem*: Cic. *petivit, ut se ad amicitiam tertium adscriberent*. Es ist eine Apposition, und scheint *tanquam* zu fehlen, *tanquam* comitem, *tanquam tertium*, wie es denn auch oft dabey steht.

XVI. Bey einigen Verbis Transitivis steht auser dem Accusativ der Person noch ein Accusativ der Sache, vielleicht wegen einer ausgelassenen Präposition.

Dergleichen sind *celo*, ich verhehle, die Verba lehren oder unterrichten, erinnern, bitten, fordern, fragen, als *doceo, edoceo, dedoceo, erudio, moneo, admoneo, rogo, oro, exoro, precor, flagito, exigo, posco, reposco, interrogo, consulo, percontor*, Doch ists bey einem gewöhnlicher, als bey dem andern: auch ist noch manches dabey zu beobachten, wie die Exempel lehren werden:

1) *Celare aliquem aliquid* kommt oft vor, auch *de re*.

2) Bitten, fordern, verlangen: Hier steht unzähligemal *rogare* oder *orare aliquem aliquid*. Es scheint *propter* oder *ob* zu fehlen. So auch *poscere aliquem aliquid* einen um etwas bitten, etwas von Jemand fordern. Virg. *pacem te poscimus* omnes: Cic. qui *parentes pecuniam posceret*. So auch Cic. et *eum simulacrum reposcerent*. Cic. Dom. 6. *me frumentum flagitabant*.

Not. *Petere* bitten, begehren steht nicht mit dem Accusativ der Person, sondern man sagt: *Petere aliquid ab aliquo*:
und

und dieß thun mehr Verba des Bittens und Forderns,
als poſco, repoſco, flagito, efflagito, poſtulo, precor, deprecor, contendo, exigo *aliquid ab aliquo*,
welches oft vorkommt. Auch findet man zuweilen oro,
rogo, obſecro, quaero *ab aliquo*. Auch findet man oro
cum aliquo, *Plaut.* ſtatt aliquem Not. Jedoch ſteht
peto mit doppeltem Accuſativ. Ovid. Met. VII, 96.
petit hoc Aeetida munus, nach Burmanns Ausgabe.

3) **Lehren, unterrichten.** Hier ſteht a) doceo oft mit
zwey Accuſativis, als doceo *te Muſicam*: auch wenn
es erzählen heißt, als docere aliquem caoſam: doch ſagt
man in letztrer Bedeutung öfter *de aliqua re* b) Edoceo ſteht mit zwey Accuſativis Sall. Cat 4x. *eadem —
ſenatum edocet:* ſonſt nur mit dem Accuſativ der Sache
ohne Perſon, oder mit dem Accuſativ der Perſon ohne
Accuſativ der Sache, die mit de ausgedrückt wird. c)
Dedoceo ſteht mit zwey Accuſativis Cic. Fin. I, 6. *illam* (Geometriam) *ipſam* (Polyaenum) *dedocere.* d)
Erudire ſteht ſelten mit dem Accuſativ der Sache, als
Ovid. *natum damnoſas erudit artes,* lieber ſagt man
artibus oder in artibus. Hieher gehören inſtituere, informare, inſtruere, imbuere, die keinen Accuſativ der
Sache leiden, ſondern man ſagt: *aliquem aliqua re:*
auch ſteht doceo einmal ſo Cic. Socratem *fidibus docu-
it,* doch vielleicht fehlt canere. Wenn aber erudire heißt
Nachricht geben, ſo ſagt man aliquem de aliqua re.

4) **Erinnern, als monere, admonere cet.** Dieſe Verba
ſtehen zwar allezeit mit dem Accuſativ der Perſon, aber
ſelten mit dem Accuſativ der Sache, auſer mit den Pronominibus *hoc, id, illud, quod, quid, quidpiam* cet.
Dieſe ſtehen oft dabey. Selten aber der Accuſativ eines
Subſtantivs, als Sall. Iug. 79. *eam rem locus admo-
nuit.* Noch ſeltner wird man beyde Caſos zuſammen antreffen. Lieber ſagt man monere, admonere cet. *aliquem* de aliqua re und alicuius rei.

5) **Fragen, forſchen, als rogare** *aliquem ſententiam* um
ſeine Meynung (Stimme) fragen: iſt ſehr gewöhnlich:
in andern Fällen lieber de re. So ſtehen auch andere
Verba des Fragens, als interrogo, conſulo, percontor, zuweilen nebſt dem Accuſativ der Perſon auch mit
dem Accuſativ der Sache, z. E. conſulere aliquem aliquid. Doch ſagt man lieber aliquem de aliqua re. Auch
ſagt man oft percontari ab oder ex aliquo aliquid: ſo
auch ſcitari ab auch ex aliquo und ſcitari aliquid: aber
ſelten beydes beyſammen.

Not.

Not. Bey obgedachten Verbis, die auſer dem Accuſativ der
Perſon auch einen Accuſativ der Sache bey ſich haben,
bleibt dieſer Accuſativ auch bey ihren Paſſivis.   Doch iſt
dieſer Accuſativ insgemein ein Pronomen neutrius generis,
oder nihil, multa und pauca, z. E. Cic. ſin *quidquam*
eſſem admonitus: Cic. *multa admonetur:* Ovid. *pauca*
docendus eris cet.   Doch ſteht auch zuweilen ein Subſtantivum, als Hor. doctus *iter melius:* Liv. vir omnes belli *artis edoctus:* Sall. Cato *rogatus ſententiam:* Ovid.
ſequtes poſcebatur humus. Von celari mit dem Accuſativ
einer Subſtantivs iſt kein Beyſpiel bekannt. Nepos ſagt
auch Alc. 5. *id Alcibiadi* diutius *celari* non potuit.

XVII. Nach dem Jnfinitiv des Verbi ſum und
aller Verborum, die einen Nominativ regiren,
ſteht das Prädicat im Akkuſativ, wenn das Subject im Akkuſativ ſteht, als: ſcio, *patrem* eſſe *do-*
ctum: audio, *te* creatum iri *conſulem* cet.   Auch nach
videri, als video, tibi *hanc rem miram:* doch fehlt
hier eigentlich eſſe.

XVIII. Der Akkuſativ des Subjectes ſteht auch
ſehr oft vor dem Jnfinitiv, ſtatt des Nominativs
deſſelben mit ut, quod, quin, an: z. E. ſcio, *te*
vivere: velim, *patrem venire.*

Man nennt dies insgemein den Accuſativ mit dem
Jnfinitiv.   Wie und wann eigentlich dies geſchehe, wird
unten Abſchn. X, §. 5. n. IV. C. gezeigt werden.

XIX. Es ſteht zuweilen ein Akkuſativ ohne ein
Verbum, der aber von einem ausgelaſſenen Verbo
regirt zu werden ſcheint.   Dies geſchieht 1) wo das
Verbum nur zu wiederholen iſt, z. E. eventum ſenatus,
quem videbitur (*dare*) dabit, Liv. VI, 26. den zu
geben ihm belieben wird: 2) beſonders im Affecte:
z. E.

1) quid *multa?* ſcill. dicam.

2) qoid? i. e. ferner, in Ciceros Reden, wenn noch eine
  • Frage darauf folgt: als quid? nonne cet.

3) Die Formel quid? quod, die man insgemein Ja überſetzt: ſie ſteht ſtatt *quid de eo* dicam, *quod* cet.

4) Hieher

4) Hieher gehört der sehr gewöhnliche Affectsaccusativ beym Ausrufen; *me miserum! te felicem!* wo man vide, adspice, videte, adspicite zu verstehen pflegt: doch will das nicht immer passen.

§. 4.
Vom Accusativ bey Präpositionen.

Welches die Präpositionen sind, die den Accusativ regiren, ist oben Th. I. Cap. III. Abschn. 7. gesagt, auch dabey erinnert worden, daß einige dem Accusativ nachgesetzt werden, auch ohne ihn stehen.

§. 5.
Vom Accusativ bey Interjectionen.

Bey einigen Interjectionen findet man einen Accusativ, der aber nicht von ihnen, sondern vielleicht von einem ausgelassenen Verbo regirt wird, z. E. *Ah!* me miserum! *O!* me miserum! *O!* te felicem! *O!* terram beatam! *Vah!* consilium callidum! *Heu!* me miserum! So auch *ecce* me: *en quatuor aras* Virg. Auch findet man *proh* deûm atque hominum! i. e. um des Himmels willen! wo so gar der Accusativ fidem fehlt. Was für ein Verbum zu verstehen, wissen wir nicht. Viele verstehen vide, videte, adspice, adspicite. S. vorher §. 3. n. XVIII.

Achter Abschnitt.
Vom Gebrauch des Vocativs.

Der Vocativ steht, wenn man einen ruft oder anredet. Es stehen auch oft Interjectionen davor, als: Virg. *o! socii! ah! Corydon* cet. Sie regiren ihn aber nicht: denn oft stehen sie ohne ihn, und er ohne sie.

Neunter Abschnitt.
Vom Gebrauch des Ablativs.

Der Ablativ soll nach vieler Meinung allezeit von einer Präposition regirt werden, sie mag dabey stehen, oder ausgelassen seyn.

§. I.

§. 1.

Vom Ablativ nach einigen Präpositionen.

Die Präpositionen, die einen Ablativ regiren, sind bereits oben Th. 1. Abschn. 7. angeführt, auch dabey das nöthigste erinnert worden, z. E. daß a und e nur vor Consonanten auser dem h: ab und ex vor Vocalen und Consonanten gesetzt werden, und abs nur vor t und q stehe. Besonders merke man sich a, de und cum.

A heißt 1) nicht nur von, sondern auch in Ansehung, als firmus *a* peditatu, instructus *a* re, laborare *a* re: 2) es steht, wenn es von bedeutet, nicht nur bey Passivis, sondern auch bey Intransitivis, wenn sie passive Bedeutung haben, auch Transitivis, als Cic. *salvebis a* meo Cicerone: Cic. anima *calescit a* spiritu: Quintil an *a* reo *vapulasset:* Quintil. *ab* hoste *venire* (i. e. vendi): Ovid. *occidit* (i. e. occisus est) *a* forti Achille: vielleicht gehört hieher *bene audire ab* aliquo. Auch bey Substantivis, als Cic. *plaga ab* amico est levior, quam *a* debitore.

De heißt sehr oft wegen, in Ansehung, z. E. hac de causa.

Cum mit, nebst, zeigt eine Begleitung oder Gesellschaft an, wenn man z. E. mit Jemand redet, streitet, arbeitet rc. als pugnare, loqui, ire *cum* aliquo: so auch homo deprehensus *cum* sica: *cum* imperio esse: sedere *cum* tunica: librum legere *cum* voluptate: *cum* prima luce surgere cet. Wenn cum weggelassen wird, steht §. 2. n. 1.

§. 2.

Vom Ablativ ohne Präposition, überhaupt.

Der Ablativ steht oft wegen ausgelassener Präposition, auf die Frage womit? wodurch? wovon? worin? woraus? woran? wornach? worauf? weswegen? wofür? wo? woher? wenn?

Not. Diese Fragen erfordern Behutsamkeit und Einschränkung. Sie passen nicht immer; zuweilen passen etliche Fragen bey Einer Sache, z. E. confidere homine sich auf Jemand verlassen, ein Zutrauen zu Jemand haben. Hier könnte ich fragen worauf? und auch wozu? Ueberhaupt muß man bey diesen Fragen auf die

Schell. kleine Gramm.   O   erste

erſte Bedeutung eines Worts ſehen. Z. E. bey Informare
artibus muß ich fragen wodurch? denn informare heißt
bilden, und nicht worin? denn informare heißt nicht
unterweiſen.

I. Womit? Hier ſteht der Ablativ ohne cum, wenn
keine Geſellſchaft oder Begleitung angezeigt wird, und
das deutſche mit nicht mit nebſt vertauſcht werden kann:
Dies geſchieht folglich:

1) Wenn ein Werkzeug auszubrücken iſt, mit dem etwas
verrichtet wird, z. E. cernere oculis: gladio aliquem in-
terficere: manibus apprehendere: Hor. Naturam ex-
pellas furca, tamen uſque recurret: Virg. malo me Ga-
latea petit.

Not. Doch ſind folgende Stellen zu merken: Cic. ad Div.
II, 10. cum meis copiis omnibus vexavi Amanienſes:
Plaut. Aul. V, 2, 3. ubi ſim aut qui ſim, nequeo cum
animo certum inveſtigare.

2) Wenn ein Mittel angezeiget wird, womit oder wodurch
etwas geſchiehet, als precibus plus proficimus: Ter.
omnia prius experiri verbis, quam armis, ſapientem
decet.

3) Nach den Verbis ausrüſten, verſehen, zieren, bela-
den, beſchenken, erfüllen ꝛc. als inſtruere milites armis: ornare parietem tabulis pictis: obruere hominem
lapidibus: cumulare beneficiis: donare libris: implere
ſpe cet. Auch gehört hieher inſtruere, wenn vom Unterricht die Rede iſt, als aliquem ſapientia, artibus, ausrüſten, nicht unterweiſen: auch gehört hieher praeditus,
z. E. ingenio: refertus omnibus rebus. Doch ſteht auch
inſtructus cum Liv. I, 51. quin inſtructus cum armato-
rum manu armatusque venturus ſit: allein inſtructus
(wohlbereitet, mit allem verſehen) gehört nicht zu
cum.

Not. Oft fehlt praeditus, als homo ea aetate, magno
ingenio cet.

4) Nach contentus, als nemo ſua ſorte contentus.

5) Nach facere in der Formel: quid homine facias? was
ſoll man mit dem Menſchen machen? ſo auch pecunis.
Auch im Paſſivo: quid me fiet? was wird mit mir werden? doch findet man auch cum oder de dabey.

6) In gewiſſen Fällen iſts gleichviel cum zu ſetzen oder wegzulaſſen, nämlich wenn es keine rechte Begleitung oder
Geſellſchaft, und doch auch kein rechtes Werkzeug oder
Mittel, ſondern mehr die Art und Weiſe anzeigt, als
magna cum voluptate legi literas und magna voluptate:
feci

feci hoc *magna cum cura* und *magna cura: cum prima luce* und *prima luce* proficiſci: *tua cum pace* dicam und *pace tua.*

7) Oft fehlt cum bey Geſchichtſchreibern, wo doch eine Geſellſchaft angezeigt wird, doch vielleicht nur wenn von Truppen die Rede iſt, als *Cæſ.* Cæſar equitatu p æmiſſo, ſubſequebatur *omnibus copiis* und öfter. *Nep.* anderi adverſus ſe tam *exiguis copiis* dimicare. *Liv.* poſtero die *omnibus copiis* Conſul in aciem deſcendit. Auch Cicero ſagt: obvius fit ei Clodius expeditus, *nulla rheda, nullis impedimentis, nullis comitibus.*

Not. Man muß hier auf die Verba ſehen; z. E. ich bin mit dir verbunden, *junctus tibi ſum;* er iſt mit mir böſe, *ſuccenſet mihi* cet.

II. Wodurch? wenn nämlich ein Mittel oder Urſache oder Werkzeug angezeigt wird. Alsdenn kann der Ablativ ſtehen, als *induſtria et ingenio* homo fit doctus: *virtute* reddimur felices: *ſperando* malum fit lenius: *docendo* diſcimus: *nulla vi* expulſus. Doch kann auch überall per ſtehen, auſer bey den Gerundiis.

Not. 1) Die Frage wodurch? gilt hier nur die Sachen, nicht die Perſonen, z. E. ich kann nicht ſagen, durch meinen Bruder, durch Gott, bin ich glücklich geworden, *fratre meo* cet. Doch ſagt Cicero: ſervos, *quibus* ſylvas publicas depopulatus erat, i. e. per quos. 2) Wenn bey der Frage wodurch? kein Mittel, Urſach, Werkzeug angezeigt wird, ſo muß per ſtehen, z. E. durch die Stadt laufen, reiten ꝛc.

Uebrigens ſcheint dieſer Ablativ vom ausgelaſſenem cum oder a regirt zu werden: wie denn dieſes a zuweilen dabey ſteht, als *Ovid.* Candidus in nauta turpis color, aequoris *unda* debet et *a radiis* ſideris eſſe niger.

Not. Hieher gehören auch 1) informare aliquem *artibus,* denn es heißt bilden, nicht unterweiſen, 2) delectari, oblectari *re,* ergötzt werden durch etwas; 3) florere, z. E. *laude, divitiis* cet. in Anſehen ſeyn durch ꝛc.

III. Wovon? Hier muß ein Unterſchied gemacht werden:

1) Wenn die Frage wovon? mit wodurch? verwechſelt werden kann, ſo ſteht der Ablativ ohne Präpoſition, als

pingue-

pinguescere *glandibus* von Eicheln: perire *fame*, *veneno* von Gift: macrescere *invidia*: lassus *cura*: fessus *eundo*: aeger *curis*: corpus manat *sudore*: horrere *frigore*: vivere *rapto*. Doch sagt man auch vivere *ex rapto*: fessus *de via* Cic. So auch de lucro vivere, wenn es heißt durch Jemandes Barmherzigkeit sein Leben behalten, Cic.

2) wenn aber die Frage wovon? nicht so viel ist, als wodurch? so muß a oder de stehen: und hier kömmts darauf an, ob der Sprachgebrauch es wegzulassen erlaubt. a) Das de fällt nicht leicht weg, als homines loquuntur *de bello*: hae *de re* audivi cet. b) Das a steht auch meistens, als pater *a me* amatur; hic locus distat *ab urbe*, *a monte* cet. ivi *ab urbe*, *a monte* cet. *ab adolescentia*, *a pueritia* von Jugend an ⁊c. Es giebt wenig Fälle, wo es wegbleiben kann, als 1) wenn das Verbum schon die Präposition a (ab) hat, als abesse *loco*, abire *monte*: doch kann auch a bleiben. 2) bey den Namen der Städte, domus, rus und humus, als venire *Roma*, *domo*, *rure*; surgere *humo*: doch findet man auch a zuweilen bey den Städten und bey domus 3) Bey den Verbis abhalten, befreyen, frey oder ledig seyn, wo a stehen und wegbleiben kann, als arceo te *ab aditu* und *aditu*: libero te *periculo* und *a periculo*: vacare *a labore* und *labore*: so auch liber und vacuus. 4) Bey esse, wenn es zu Beschreibungen dient, als esse *magno natu*, *summa dignitate*, *pulchra specie*, *bono ingenio*, wo a nicht stehen kann, denn es fehlt praeditus. 5) Bey den Participiis *natus*, *satus*, *ortus*, *genitus*, als *Iove* satus, *dea* nate cet. 6) Bey allen Adiectivis, die zur Beschreibung dienen, als *ruber crine*, *niger ore*, *pulcher corpore*, wo der Ablativ mehr durch in Ansehung zu erklären. 7) Oft lassen die Dichter, zuweilen auch andere Scribenten, das a weg, als *monte* fugere, *urbe* pelli cet.

Not. Wenn von so viel ist, als aus, so steht ex, e, als vom Himmel kommen, von der Gefahr errettet werden, von Herzen ⁊c Ist das von so viel, als unter, so steht der Genitiv, auch ex, de, in, inter, als quis *vestrum*? nihil *harum rerum* cet.

IV. Worin? Hier muß insgemein in stehen, als in urbe esse cet. Nur zuweilen bleibt es weg, besonders, wenn es so viel ist, als in Ansehung, z. E.

1) Bey etlichen Adiectivis, als rudis *arte*, auch *in arte*, auch *artis*: so auch peritus, consultus *iure*, auch iuris.

2) Angi

2) Angl *animo* (in der Seele): *valere animo: cadere animis.*

3) Levare aliquem *re,* erleichtern in einer Sache, z. E. *onere, moleſtia.*

4) Bey einigen Verbis unterrichten, als *imbuere, inſtituere, erudire* aliqua re. Not. *informare, inſtruere* gehören nicht hieher: ſ. vorher in womit und wodurch.

5) Bey *eſſe* ſeyn, ſich befinden, im tropiſchen Verſtande, wenn ein Beywort (z. E. Adiect. oder Pronom.) dabey iſt: dann kann *in* ſtehen und auch wegbleiben, als *eſſe in magno dolore* und *magno dolore; eſſe in magna ſpe* und *magna ſpe* cet.

6) Bey den Verbis übertreffen, z. E. *praeſtare* aliquem aliqua re; doch ſagt man auch in re.

7) Beym Citiren zuweilen, als *tertio capite, quarto verſu:* doch iſt in gewöhnlicher.

8) Bey den Städten im Plurali oder in der dritten Declination, als ſui *Carthagine, Athenis.*

9) Die Dichter laſſen oft in weg, als *media urbe: medio* tutiſſimus ibis: auch thun es zuweilen proſaiſche Schriftſteller.

10) Wenn eine Zeit angezeigt wird, als *hieme: pace et bello,* wo auch in gebräuchlich: ſ. unten die Frage wenn?

V. **Woraus?** Hier kann ex oder e ſelten weggelaſſen werden: man muß ſagen *ex* urbe fugere, *e* feneſtra, *e* nihilo nihil fit cet.: auſer 1) wo ſchon ex oder e dabey ſteht, als *excedere urbe, eiici urbe,* wo ex auch ſtehen kann: 2) bey dem Verbo conſtare beſtehen, z. E. homo conſtat *anime et corpore;* wo ex auch ſtehen kann: 3) bey den Städten, als *Roma* fugere cet. 4) wenn aus ſo viel iſt, als durch, als deſiderio aus Sehnſucht, amore aus Liebe ꝛc. 5) die Dichter laſſen oft ex weg, als *ſylva* fugere, *monte* currere. Auch thun es Proſaiker nach gewiſſen Verbis, beſonders pello und moveo, z. E. pellere patria Nep. und civitate Cic. movere tribu aus der Tribus ſtoſſen Cic. Or. II, 67. ſo auch ſenatu, Cic. ſo auch poſſeſſione, Cic.

Not. Die Redensart ſich aus etwas nichts machen, gehört nicht unter dieſe Frage.

VI. **Woran?** Hier geht der Ablativ nur an, wenn das an ſo viel iſt, als in Anſehung, z. E. aeger *pedibus, oculis:* firmus *equitatu,* auch *ab* equitatu: *natu minor, minimus, maior, maximus:* magnus *ingenio; crine ruber,*

ruber, niger *ore*, previs *pede*: contremisco *corpore*: *pedibus* non valere: abundare, carere (Ueberfluß, Mangel haben) *aliqua re*: praestare alicui doctrina: laborare Noth leiden, an etwas, als re frumentaria, pedibus cet. Delectari re sich an etwas ergötzen gehört nicht hieher; denn es heißt eigentlich ergötzt werden.

Not. Hingegen schickt sich in vielen Fällen der Ablativ auf die Frage woran? nicht; z. E. die Stadt liegt am Berge: an mir lag es nicht: ich erkenne dich am Kleide: ich habe an dir einen Vater! an Büchern ist mir viel gelegen 2c.

VII. Wornach? Hier paßt der Ablativ nur, wenn das nach so viel ist, als in Ansehung, als primus *ordine*: vicinior *loco*: qui prior *tempore*, potior *iure*: hic est mihi *aetate* filius, *beneficiis* pater, *amore* frater: Cic. ynici irrident. quod ea, quae *re* turpia non sint, *nominibus* ac *verbis* flagitiosa dicamus, der Sache nach, dem Namen nach· Liv. callida et audacia consilia *prima specie* laeta sunt — *eventu* tristia: so auch *mea sententia* nach meiner Meynung, *meo iudicio* nach 2c. wo auch de sehr gewöhnlich ist. Hieher gehört auch metiri *re* und *ex re* nach etwas beurtheilen.

In andern Fällen kann nicht leicht der Ablativ auf die Frage wornach? stehen, z. E. ich trachte nach Gelehrsamkeit, appeto cet.: Du kamst nach dem Bruder: Ich schreibe nach den Regeln: nach der Stadt eilen, nach Rom reisen: du bist der nächste nach dem Könige: nach der Mahlzeit.

VIII. Worauf? Hier paßt der Ablativ nur bey den Verbis, sich verlassen, vertrauen auf etwas, z. E. confidere, niti, auch fretus: doch sagt man auch confido rei, nitor in re.

Weiter muß die Frage worauf? in Ansehung des Ablativs nicht ausgedehnt werden. Z. E. man sagt nicht: mense auf den Monat: operam dare *re* Mühe wenden auf 2c. Exspectare *aliquo* auf Jemand: liceri *re*: adscendere *arbore*: est *platea* er ist auf 2c.

IX. Wes-

IX. Weswegen? Hier ſteht 1) insgemein propter, ob, cauſa, als *propter*, *ob* lucrum, lucri *cauſa*, 2) oft dafür de, als hac *de* cauſa. 3) Der Ablativ mit den Participiis *ductus*, *adductus*, *motus*, *incitatus* cet. z. E. fecit *amore ductus*, *avaritia incitatus* cet. 4) Der Ablativ der Affectswörter Liebe, Haß, Begierde ꝛc. ohne dieſe Participia, wo im Deutſchen oft aus ſteht, als *fecit odio, amore, cupiditate*. Auch zuweilen der Ablativ andrer Wörter, als Sall. quod *ſaevitia temporis* et *opportunitate* loci neque capi neque obſideri poterat, i. e. wegen ꝛc. Beſonders bey den Verbis der Freude, Betrübniß, des Zorns ꝛc. als gaudere, laetari, dolere, commoveri *aliqua re*.

Not. Bey licet heißt wegen per; *per morbum* mihi non licet proficiſci. So ſagt man auch nicht capere voluptatem *re* ein Vergnügen haben wegen (über) etwas, ſondern ex re.

X. Wofür? Das für, wenn es ſo viel iſt, als an Statt, heißt pro, und dieſes pro muß insgemein ſtehen; *pro libro* dabo tibi pecuniam. Doch bey den Wörtern kaufen, verkaufen, vermiethen ſteht der Preis im Ablativ ohne pro, vendere *tribus drachmis, magno pretio, parvo pretio*; ſ. unten n. III, 12.

Hingegen: wofür hältſt du mich? ich kann vor Thränen nicht reden: mir graut vor der Arbeit piget cet. gehören nicht hieher.

XI. Wo? Hier ſteht der Ablativ nur bey den Städten numeri pluralis und in der dritten Declination, und bey rus: als Cic. *Athenis* mortuus eſt: Nep. Alexander *Babylone* morbo conſumtus eſt: *rure (ruri) vivere, eſſe* cet.

Not. a) Doch findet man zuweilen in bey den Städten, als Suet. *in Philippis:* b) daß die Städte in der erſten und zweyten Declination Singul. numeri, ingleichen domus und humus, auf die Frage wo? im Genitiv ſtehen müſſen, iſt Abſchn. 5. §. 3. n. VI. gezeigt worden.

Hingegen bey den Namen der Länder, Inſuln und bey andern Wörtern ſteht in, als *in Italia, in monte* cet. Doch laſſen die Dichter dieſes in oft weg; z. E. *Italia tota,*

monte

monte summo: dieß thun auch zuweilen prosaische Schrift-steller, z. E. Sall. saepe aggressus *itinere* suderat.   Nep. magnis in laudibus fuit *tota Gracia*: Cic. *omnibus locis*: *terra marique* bellum gerere: besonders bey loco und statu, z. E. res est *difficili* loco, *meliore loco* cet.

XII Woher? auch wovon? von welchem Orte? Hier ist der Ablativ eigentlich nur erlaubt bey den Städten, bey domus, rus, humus: wo e allezeit weg-bleiben muß, z. E. venire *Roma, Carthagine, Athenis, domo, rure*: surgere *humo*. Hingegen bey den Namen der Länder und andern Wörtern muß e oder ex stehen, als venire e *Gallia*, ex *hortis*, cet.

Not. Doch ists hier bey den Alten zuweilen umgekehrt.

1) Bey den Namen der Städte, bey domus, humus fin-det man auch a, als: Cic. *ab Alexandria* profectus: Caes. discessit *a Brundisio*: Liv. *ab Roma* redii: Cic. tanquam ex domo: Virg. *ab humo* convellere sylvam.

2) Hingegen fehlt die Präposition a) bey den Ländern, z. E. Nep. Cassander *Macedonia* pulsus est: Liv. li-terae *Macedonia* allatae: b) bey andern Wörtern, be-sonders bey pellere, movere, cedere, z. E. *pellere* ali-quem *patria, civitate, urbe, sedibus* kömmt oft bey prosaischen Schriftstellern vor, so auch *movere loco, tri-bu, senatu* cet. und *cedere loco*. Bey Dichtern ist die Weglassung des a, ex oder de noch gewöhnlicher, z. E. Virg. *finibus* omnes profiluere *suis*: Id. advolvunt ingentes *montibus* ornos. Besonders fehlt die Präpo-sition, wenn sie schon beym Verbo steht, als *abesse lo-co*, s. davon §. 3. n. III, 2.

XIII. Wenn? Hier fehlt in, z. E. *hoc tempore, superiori anno, proximo, triennio: die quinto decessit:* Cic. *triduo* audietis: Cic. ut *byeme* naviges: Liv. cum solis *occasu* ad lacum pervenisset: Sall. vel *pace* vel *bello* clarum fieri licet. Besonders merkwürdig sind: ludis, am Tage der Schauspiele, so auch gladiatori-bus, comitiis, nuptiis: alles dieses ist gewöhnlich.

Doch steht zuweilen in dabey, als Ter. *in paucis diebus* Chrysis moritur: Liv. hoc me *in pace* patria mea expulit: Liv. *in tali tempore:* Cic. ut qui *in maximo bello* pacem velle se dixisset. ·

Anmer-

Anmerkungen.

1) Zu dieſem Ablativ gehört auch der Ablativ des Participii mit und ohne ein Nomen oder Pronomen: a) mit einem Nomine oder Pronomine, als: patre *moriente, mortuo: volente* deo: me *cupiente*. Statt des Participii ſteht auch ein Subſtantivum oder Adiectivum, als Cicerone *conſule*, Cicerone et Antonio *conſulibus*, me *Praetore*, patre *conſcio*, me *inſcio* cet. b) ohne ein Nomen oder Pronomen, welches ſeltner iſt, als Liv. XXXIV, 31. ibi *permiſſo*, ſeu dicere prius ſeu audire mallet, ita coepit tyrannus da ihm war freygeſtellt worden ꝛc. Auch ſteht ein Adiectiv ſtatt des Participii, Liv. XXVIII, 17. haud cuiquam *dubio*, quin cet. da es Niemand zweifelhaft war ꝛc.

2) Man muß nicht glauben, als ob auf die Frage wenn? allezeit der Ablativ folgen müſſe: er folgt nur, wenn die Präpoſition in dabey gedacht wird. Die Frage wenn? wird ſonſt auch auf verſchiedene Arten ausgedrückt:

a) Durch intra, wenn genau gerechnet wird; als: *intra biduum* morietur.

b) Mit ad, z. E. Cic. noſtra *ad diem dictam* fient auf den beniemten Tag.

c) Mit per, wenn man hindurch denken kann, als *per tres dies* te non vidi.

d) Mit in, z. E. quanti coenas *in menſem*? wie viel giebſt du monatlich Tiſchgeld? quanti habitas, doceris *in menſem*?

e) Mit dem Accuſativ id, als *id* temporis zu der Zeit.

f) Mit de, wenn eine Handlung angezeigt wird, die von einer gewiſſen Zeit an geſchieht, z. E. Caeſ. Caeſar *de tertia vigilia* ad hoſtes *contendit*: Id. Caeſar *mittit* complures equitum turmas eo *de media noĉte*: Cic. *multa de noĉte* eum *profectum* eſſe ad Caeſarem: Id. *vigilas de noĉte*: Id. Cum curiam *multa de noĉte* occupaviſſent: Hor. Ut iugulent homines, *ſurgunt de noĉte* latrones.

g) Mit ante, wenn das Wörtlein vor auszudrücken iſt, wofür auch ſub und abhinc ſtehen, als ſub veſperam gegen Abend: abhinc tres annos oder tribus annis vor drey Jahren.

h) Mit poſt, wenn das Wörtlein nach auszudrücken iſt; dafür ſteht auch ex, wenn es ſo viel iſt, als

D 5 ſeit,

seit, als *ex illo tempore* seit der Zeit, *ex quo* seit dem, daß 2c. auch *sub*, als Cic. *sub eas (literas) statim recitatae sunt tuae*: auch sagt man *interiectis* **tribus diebus, longo tempore interiecto** cet.

§. 3.

Vom Ablativ ohne Präposition insbesondre.

I. Der Ablativ steht bey etlichen Substantivis.

1) Bey Beschreibung einer Eigenschaft, der Gestalt, des Alters 2c. Doch pflegt gern ein Beywort, es sey ein Adiectivum, Pronomen oder Participium, dabey zu stehen, als *homo magno natu, pulchra forma* cet. wo vielleicht *praeditus* oder *cum* zu verstehen. Nep. *filius maximo natu:* Caes. *summa virtute et humanitate adolescentem:* Ter. *mulier egregia forma et aetate integra:* Ter. *antiqua homo virtute ac fide:* Cic. *accepi tuam epistolam vacillantibus literulis:* Cic. *Gracchus, clarissimo patre.* Auch ohne ein Beywort, aber in anderer Bedeutung Caes. *rex Ptolemaeus, puer aetate* den Jahren nach: s. oben die Frage wornach? Auch gehört hieher *clypeus aere* von Erz, Virg.

2) Bey *opus* und *usus* vonnöthen steht die nöthige Sache im Ablativ, aber auch, wenigstens beym ersten, im Nominativ. S. oben Abschn. IV. §. 2. p. 157.

II. Der Ablativ steht bey etlichen Adiectivis.

1) Bey *dignus* und *indignus:* als *dignus laude: filius patre dignus* vel *indignus: beneficiis indignus.* Doch steht auch zuweilen der Genitiv, als Balb. ad Cic. *suscipe curam et cogitationem dignissimam tuae virtutis;* und öfter. Folgt ein Verbum, so folgt *qui,* zuweilen *ut,* zuweilen der Infinitiv, als *dignus qui ametur; ut ametur; amari.*

2) Bey *macte,* als Virg. *Macte nova virtute* puer: Liv. *juberem macte virtute esse (te):* Liv. *macti virtute este.* Zuweilen steht der Genitiv, als Stat. *macte animi.*

3) Bey *alienus* nicht passend, nicht gemäß, z. E. Cic. *quod esset alienum nostra dignitate:* doch es fehlt *a,* welches sonst oft dabey steht.

4) Bey vielen Adiectivis, die bereits oben bey den Fragen angeführt sind, als *contentus re; liber labore* und *a labore: vacuus re* und *a re: fretus aliqua re.*

5) Bey

5) Bey venalis, carus theuer: Hor. otium non *gemmis venale*: Quod non opus eſt, *aſſe carum* eſt.

6) Bey magnus, grandis, maior, maximus, minor, minimus ſteht der Ablativ natu, um das Alter anzuzeigen, als *maior natu* filius: zuweilen fehlt natu.

7) Auch adſuetus oder aſſuetus ſteht nicht nur mit dem Genitiv und Dativ, ſondern auch mit dem Ablativ. ſ. oben S. 167.

8) Beſonders ſteht bey den Comparativis ein dreyfacher Ablativ:

a) Erſtlich der Ablativ der Sache oder Perſon, mit der eine Vergleichung angeſtellt wird. Nämlich man läßt quam weg, und ſetzt dafür das folgende Subject, welches entweder ein Nominativ, oder ein Accuſativ (nach dem Inſinitiv) iſt, in den Ablativ: z. E. tu es doctior *patre*: video, te eſſe feliciorem *fratre*. Nichts iſt gewöhnlicher. Hieher gehören die abgekürzten Redensarten ſpe citius, opinione celerius, triſtior ſolito, iuſto longior cet. z. E. rediiſti *ſpe citius*: tu es *triſtior ſolito* cet. Not. 1) auch werden die Comparativi der Adverbiorum ſo gebraucht, z. E. nihil *citius* areſcit *lacryma*: und hieher gehören eben die Redensarten ſpe citius, opinione celerius. 2) Es geſchieht dieſes auch nach den durch magis umſchriebnen Comparativis, als Cic. nullum officium *referenda gratia magis neceſſarium* eſt. 3) Auch findet man den Accuſativ des Objects mit quam in den Ablativ verwandelt, z. E. neminem *Lycurgo maiorem* Lacedaemon genuit, *Valer. Max.* 4) Man glaubt, dieſer Ablativ werde vom ausgelaſſenen prae regirt. 5) Zuweilen wird quam weggelaſſen, und es ſteht doch nicht der Ablativ, dies geſchieht beſonders nach plus, amplius, minus, z. E. Liv. hoſtium *plus* quinque millia caeſi: Ter. *plus* quingentos colaphos infregit mihi: Cic. *amplius* ſunt ſex menſes: Liv. conſtabat, non *minus* ducentos equites fuiſſe. Dies kann nachgeahmt werden. So ſteht auch longius, z. E. longius ab urbe mille paſſuum, *Liv.* auch magis, *Cic.* Roſc. Am. 14. in.

b) Zweytens ſteht oft dabey ein Ablativ der Sache, worin man Jemand übertrifft, als: *eloquentia* tu es *me* clarior.

c) Drittens ſteht dabey ein Ablativ des Maaßes, nämlich, um wie viel einer größer oder kleiner ſey, oder um wie viel einer den andern übertrifft oder übertroffen wird. Dieſer Ablativ iſt entweder ein Sub-

Substantiv, als est *cubito uno longior* mie um eine Elle: oder verschiedne Adiectiva und Pronomina neutrius generis: z. E. *dimidio* um die Hälfte: *multo* um vieles: *paulo* und *parvo* um ein weniges: *aliquanto* um ein ziemliches: *tanto* um so viel als, oder *desto*, *quanto* um wie viel, um so viel als, oder je: *nimio* um allzuvieles: *hoc* oder *eo* desto: *quo* je. Z. E. est *dimidio* longior: tu *multo* doctior es me: *paulo* felicior te sum: *parvo* plures Liv. X, 45: *aliquanto* erudelior illo: *tanto* modestior esse debes, *quanto* doctior es desto bescheidner, je gelehrter ꝛc.: *Quanto* sumus superiores, *tanto* nos submissius geramus: Liv. *nimio* plus quam velim, nostrorum ingenia sunt mobilia: *hoc* (eo) felicior me es, *quo* doctior es. Auch bey dem mit *magis* umschriebnen Comparativ, als *eo* magis res fuit mirabilis, *quo* magis repentina erat. Not 1) Diese Ablativos der Adiectivorum zählen viele unrecht unter die Adverbia; 2) statt der Ablativorum *aliquanto*, *tanto*, *quanto*, stehen oft die Accusativi *aliquantum*, *tantum*, *quantum* gleichsam adverbialiter, als *quantum* doctior, *tantum* felicior: *aliquantum* longior cet. 3) statt *multo* kann man auch *longe* sagen, als *longe* doctior weit gelehrter: gleichwie dieses *multo* und *longe* auch zu den Superlativis der Vergrößerung wegen gesetzt wird, als *longe* doctissimus, *multo* iucundissimus.

Anmerkung.

Alius ein andrer ahmt zuweilen den Comparativ nach, das ist, man findet zuweilen statt des *quam* einen Ablativ darauf, als Brut. et Cass. ad Cic. nec quidquam *aliud libertate communi* quaesiisse Hor. neve putes *alium sapiente bonoque* beatum: Phaed. si accusator *alius Sejano* foret.

III. Der Ablativ steht bey vielen Verbis:

I) Bey *Esse* unzähligemal: doch besteht der Ablativ insgemein aus einem Substantiv und beygefügtem Adiectivo, Pronomine oder Participio:

a) Bey Beschreibung einer Sache oder Person nach ihren Eigenschaften, Gestalt, Alter ꝛc. wo das esse insgemein mit seyn von, seyn in oder mit haben übersetzt wird, als: *sum bono ingenio, aegro corpore, summa virtute, ea aetate* cet. wo vielleicht *praeditus* fehlt: Ter. nam iam *ea aetate* sum, ut cet. Cic. fac *animo magno*

magno fortique ſis: Cic. ea ſtultitia non fuiſſem: Cic.
ſi eſſem ea perfidia: Cic. ſimus ea mente: Caeſ. eſſe
ſumma audacia, magna apud plebem gratia: Caeſ.
cum tenuiſſima valetudine eſſet: Sall. nemo tam egre-
giis factis erat: Sall. bellum varia fortuna fuit:
Zuweilen fehlt eſſe, als Cic. pari' me ſtudio erga te
cognoſces

b) Auch in andern Fällen, wenn eſſe ſeyn oder ſich befinden bedeutet, aber nicht von einem eigentlichen Orte die
Rede iſt, z. E. ſum ſpe bona, ſummo honore cet. wo
praeditus oder in vielleicht fehlt: Cic. fuit tota in Graecia
ſummo honore et nomine: Cic. res difficili loco videtur
eſſe: Cic. Incredibili ſum ſolicitudine: Cic quanto fuerim dolore, meminiſti: Cic. rem eſſe inſigni infamia:
Nep. credens minore ſe invidia fore. Doch ſteht auch
nicht ſelten in dabey, als Liv. Capitolium in ingenti periculo fuit. So ſagt Cicero eſſe in ſummo honore, in
magna invidia, in magna ſpe, in ſumma exſpectatione. in maiore diſcrimine.

Fehlt aber das Beywort (Adiect. oder Pronom. oder
Particip.), ſo muß in dabey ſtehen, als eſſe in ſpe,
in honore, in amore, in deliciis, in deſiderio rei, in
vitio, in opere, in gratia, in exſpectatione rerum
cet. welches alles beym Cicero und andern guten
Schriftſtellern oft vorkommt. Hier wäre es hart, das
in wegzulaſſen.

II.) Der Ablativ ſteht ohne Präpoſition bey
etlichen Verbis, die mit den Präpoſitionen a (ab,
abs), ex (e), de und ſuper zuſammen geſetzt ſind;
als abſcedere loco und a loco: exire urbe und ex urbe:
eiicere urbe und ex urbe: decedere officio und de officio, ſo auch vita und de vita, auch ex hominum con-
ſpectu, und ex Africa: abire magiſtratu und ex oculis, e vita: abdicare ſe magiſtratu: excedere vita und
e vita: egredi urbe und ex urbe: pedem porta non
efferre cet. Hieher gehören exſolvere aliquem periculo; abſtinere aliqua re: abundare re: ſuperſedere re
cet. Hier kommt viel auf den Sprachgebrauch an, z.
E. inceſſe re ſagt man nicht leicht, ſondern in re oder
rei cet.

Anmerkungen.

1) Doch ſtehen alle dieſe Ablativi nur auf die Frage wovon? woher? oder woraus? Bey andern Fragen ſtehen

hen andere Präpositionen und Casus, z. E. *descendere in forum: domum abire: in* ora hominum *abire: degredi in* campum, *ad* pedes: *deducere in* portum: *evocare ad* colloquium: *exire ad bellum* cet.

2) Man findet excedere, exire, egredi auch mit dem Accusativ, z. E. Liv. *urbem excedere:* Liv. *modum excedere:* Virg. corpore *tela exit:* Sall. *flumen* non *egrediar:* Ob trans, ultra, oder extra zu verstehen sey, wissen wir nicht. Ja es steht extra zuweilen dabey, als Nep *egredi extra* vallum: Liv. *extra* vallum *excedere.* — Auch findet man mehr Verba, die mit einer Präposition, welche den Ablativ regirt, zusammengesetzt sind, beym Accusativ, als abhorren, aversor, praevenio, despero: auch haben einige sowohl den Accusativ, als Dativ, als *deficere, praecedere, praecurrere, praeire, praestare* übertreffen, *praevertere,* andre nur den Dativ, von welchen allen oben beym Dativ Abschnitt 6. §. 4. v. VII, VIII, IX, X, gehandelt worden.

III. Der Ablativ steht ohne Präposition nach den *Verbis,* welche bedeuten Ueberfluß oder Mangel haben an etwas: a) Ueberfluß, als abundare, redundare, adfluere oder affluere, circumfluere, scatere Ueberfluß haben, aliqua re: b) Mangel, als egeo und indigeo ich bedarf, habe nöthig re: careo ich habe Mangel, habe nicht, misse etwas, z. E. pecunia, culpa, amicis, senatu cet. Vacare leer oder frey seyn von etwas, seyn ohne etwas, z. E. culpa, periculo cet. Man sagt auch vacare *a re,* z. E. *a metu* cet. Aber vacare *rei* heißt einer Sache allein obliegen, z. E. literis. Deficere abnehmen, schwach werden, z. E. viribus, animo; auch im Passivo Cic. *deficitur consilio* et *ratione* wird verlassen von 2c. d. i. es fehlt ihr an Klugheit und 2c.

Not. Egeo und indigeo stehen auch oft mit dem Genitiv, als Cic. *egeo consilii:* Ter. quasi tu *huius indigeas patris.* Auch careo steht mit dem Genitiv Ter. praeterquam *tui quod carendum erat,* vielleicht aber nicht öfter. Auch scateo und abundo, wiewohl selten. — Auch findet man careo, egeo, scateo mit dem Accusativ eines Pronominis gen. neut., als id, quod, quidquam cet. z. E. Plaut. nec *quidquam eges.*

IV. Der

IV. Der Ablativ steht ohne Präposition bey den *Verbis* erfüllen, beschweren, belästigen, sättigen, überhäufen, bereichern auf die Frage womit? Dergleichen Verba sind impleo, compleo, expleo, oppleo, suppleo, satio, saturo, farcio, refercio, ingurgito, cumulo, augeo, locupleto, obruo cet. z. E. *cumulare* aliquem *beneficiis,* *obruere lapidibus cet.* Siehe eben die Frage womit?

Doch stehen einige davon, als impleo, compleo, expleo, saturo, obsaturo, nach Art der Griechen, zuweilen mit dem Genitiv auf die Frage womit? als Plaut. me *complevit flagitii* et *formidinis.* Cic. ollam *implere denariorum* cet.

V. Die *Verba* befreyen, losmachen 2c. haben einen Ablativ auf die Frage wovon? Doch haben auch einige a dabey: Z. E. *liberare aliquem periculo* und *a periculo; solvi legibus : exsolvere se suspicione : relaxare se occupationibus : expedire se aerumnis, ab omni occupatione.* Hieher rechnet man auch) levare aliquem *re* erleichtern, Erleichterung verschaffen in einer Sache. Alle diese Verba können auch den Accusativ der Sache haben, als *solvere funem, debitum : exsolvere rem : levare onus* cet.

VI. Die *Verba* berauben haben den Ablativ der Sache, der man beraubt wird; als *privare, spoliare* aliquem *re* cet. auch im Passivo: *privari rebus, orbari parentibus, spoliari armis.*

VII. Teneor ich bin an etwas gebunden, zu etwas verpflichtet, hat den Ablativ bey sich; als *legibus, poena, iureiurando* cet. Not. mit dem Genitiv, z. E. *cupiditatis eiusdem tenerentur* Cic. Leg. III, 13. extr.

Not. 1) teneor mit dem Infinitiv, :. E. facere, ist bey den Alten nicht gebräuchlich; 2) auch obstringi steht mit dem Ablativ, z. E. Cic. ut *me* omnium officiorum *religione obstrictum* arbitrarer daß ich mich verbunden hielt zu 2c.

VIII. Ad-

VIII. Adficio oder afficio hat auſer dem *Accuſa-*
tiv der Perſon einen Ablativ der Sache, als *adfi-*
cere aliquem *dolore, laetitia. praemiis. teſtimonio,*
poena, ignominia; laude. honore. muneribus. benefi-
ciis cet. So auch im Paſſivo *adfici laetitia, dolore* cet.

IX. Induo, exuo, dono, impertio, adſpergo, in-
ſpergo, intercludo, circumdo, prohibeo haben entweder den Accuſativ (der Perſon) mit dem Ablativ
der Sache, oder den Dativ (der Perſon mit dem
Accuſativ der Sache, z. E. *induo. exuo me veſte*
und *mibi veſtem: donare aliquem libro* und *alicui lib-*
rum: impertire aliquem ſalute und *alicui ſalutem:*
adſpergo te labe und *tibi labem: circumdo urbem*
muro und *urbi murum: probibeo te re*, auch *a re*,
und *tibi rem: intercludo aliquem frumento*, Caeſ.
und *multitudini fugam*, Caeſ.

> Not. Wenn induo und exuo nicht vom eigentlichen Aus-
> oder Anziehen, z. E. der Kleider, geſagt werden, ſo
> haben ſie nur den Accuſativ der Perſon mit dem Ablativ
> der Sache, als *induere ſe vallis; exuere hoſtem caſtris.*

X. Florere in guten Umſtänden oder im
Anſehen ſeyn und laborare Noth haben
ſtehen unzähligemal mit dem Ablativ; als *florere*
divitiis ſehr reich ſeyn, *exiſtimatione, dignitate fa-*
ma, aetate cet. Auch ſagt man *laborare a re* oder
ex re.

XI. Cerni und verti ſind in folgender Bedeutung zu merken: res cernitur *eo* und *in eo* die Sache
beſteht darin: res vertitur *in eo* (nicht leicht *eo*) die
Sache beruht darauf. Beydes kommt oft vor.

XII. Bey den *Verbis* kaufen, verkaufen,
pachten, miethen, verdingen und ähnlichen
ſteht der Ablativ auf die Frage wofür? oder wie
theuer? Z. E. *emi* librum *tribus imperialibus:* ſo
auch licet es iſt feil, z. E. *tribus denariis* cet.

Beſon-

Besonders gehört hieher der Ablativ pretio, z. E.
Ter. spem *pretio* non *emo* für Geld; besonders mit
den Adiectivis *magno, permagno, tanto, quanto,
parvo, plurimo, minimo, vili, paululo, nimio,
dimidio, tantulo, duplo* cet. z. E. *parvo* (*vili*) *pretio* emere, vendere locare cet. wohlfeil: *magno pretio* emere, vendere cet. theuer.

Dieser Ablativ pretio wird bey gedachten adiectivis gern weggelassen, z. E. *parvo, vili* emere, vendere cet. wohlfeil: *magno* emere cet. theuer; so auch
vendere quam *plurimo, tantulo, minimo*, sc. pretio.
Ja zuweilen stehen statt dieser Ablativorum *magno,
parvo, quanto* cet. die Genitivi *magni, parvi, pluris, tanti quanti* cet. Z. E. Cic. emit homo *tanti,
quanti* Pythius voluit so theuer, als 2c. Cic. vendo
meum frumentum non *pluris* (theurer) quam ceteri,
fortasse etiam *minoris*. Not. Man findet auch dafür
Adverbia, als *care, carius* emere, vendere: Besonders ist zu merken: *bene* emere wohlfeil: *bene* oder
recte vendere theuer: *male* emere theuer, *male* vendere wohlfeil.

Man merke hierbey noch einige ähnliche Verba.

1) Stare, d. i. so und so hoch zu stehen kommen, kosten,
steht auch mit dem Ablativ des Werths, z. E. Liv.
multo sanguine ea Poenis victoria *stetit*. Liv. *centum
talentis* eam rem Achaeis *stetisse;* so auch *stare magno
pretio* hoch zu stehen kommen, viel kosten Hor. und
stare parvo ohne *pretio* Virg. Mit dem Genitiv steht
es Senec. nulla pestis humano generi *pluris stetit.*

2) Constare kosten, kommt auch oft vor, als *minoris* weniger. Cic. dimidio *minoris constabit*. Ovid. pretiosa
odia et *constantia magno.*

3) Esse, wenn es heißt gelten, d. i. für einen Preis
verkauft werden, steht auch mit dem Ablativ eines Substantivs, z. E. denario, sestertiis, und auch mit dem
Genitiv eines Adiectivi neutr. gen. als Cic. *tanti est*
illo tempore medimnus so viel gilt 2c. Cic. *fuit sestertiis duobus* galt zwey Sesterze. Auch mit andern
Genitivis, z. E. *denarium* Cic. Off. III, 23. an emat
denario, quod *sit* mille *denarium.* So steht auch esse

tropisch mit den Genitivis *magni*, *quanti* cet. Z. E.
magni esse apud aliquem in großem Ansehen stehen. S.
eben beym Genitiv Abschn. 5. §. 3. n. II.

XIII. Aestimare aliquem oder aliquid J e m a n d
oder e t w a s s c h ä z e n, t a x i r e n, steht a) mit ex
nach, z. E. ex aliqua re nach einer Sache: auch ohne ex, z. E. pecunia, nach dem Gelde, Cic. b) ohne
ex, mit bloßem Ablativ, wenn der W e r t h angezeigt
wird; als Nep. ea lis quinquaginta *talentis* aestimata
est. Cic. modius est *sestertiis tribus aestimatus*: so
auch aestimare *magno*, sc. pretio hoch taxiren; und
hernach tropisch hochschäzen, z. E. virtutem: doch in
solchen tropischen Fällen stehen lieber die Genitivi *magni*, *parvi*, *pluris*, *minoris* cet. S. oben beym Genitiv Abschn. 5. §. 3. n. II.

Not. So auch ponderare, metiri aliquid aliqua re etwas
nach etwas beurtheilen, erwegen: z. E. Cic. consilia
eventis ponderare: Nep. magnos homines *virtute* me-
timur, non *fortuna*. Doch sagt man auch metiri *ex re*.

XIV. Collocare pecuniam in re anwenden, anle-
gen, z. E. in fundo cet. Doch sagt man auch pecuniam *collocare fenore*; sumere *fenore*.

XV. Fidere, confidere und niti s i c h v e r l a s s e n,
haben den Ablativ, als fortuna auf d a s G l ü c k.

Doch hat fido und confido auch den Dativ, als
confido *fortunae*: und niti steht mit in, als *in te*
nititur salus reipublicae: auch mit ad oder in, wenn
es streben heißt.

XVI. Laetor und gaudeo s i c h f r e u e n, haben auf
die Frage worüber? oder weswegen? den Ablativ:
z. E. laetor tuo adventu: gaudeo *hac re*.

Es fehlt de; wie man es denn bey gaudeo und laetor findet; Eben so sagt man: gaudio *exsultare*, tri-
umphare.

Not. a) Beym Cicero steht auch *utrumque laetor*; und *illud*
inprimis *laetandum* esse video, wo propter fehlt. Aber
Substantiva findet man nicht im Accusativ dabey.

b) Laetor

b) **Laetor** ſteht Virg. Aen. XI, 289. beym Genitiv, aber in Geſellſchaft des memini: *nec veterum memini laetorve malorum:* doch ſcheint mehr memini ihn zu regiren.

c) Man rechnet auch hieher delectari und oblectari *re* ſich an etwas ergötzen: aber das ſind eigentlich paſſiva: durch etwas ergötzt werden, folglich ſich ergötzen.

XVII. Gloriari, ſich rühmen, prahlen mit etwas, hat den Ablativ mit und ohne de; z. E. de doctrina und doctrina.

Man ſagt auch *in re*, doch vielleicht nur, wenn man ſich einer Sache rühmt, die man beſitzt, z. E. in virtute, in doctrina.

Hieher gehört auch ſe iactare ſich rühmen, prah- len, ſich viel wiſſen, re und de re: auch ſagt man iactare *rem*, z. E. doctrinam mit der Gelehrſamkeit prahlen, eigentlich ſich verlauten laſſen, erwähnen.

XVIII. Vivo ich lebe, wird nach verſchiedner Bedeutung auf verſchiedne Art zuſammengeſetzt: z. E.

Vivere in re ſein Leben worin oder womit zu- bringen, als in literis: vivere cum aliquo Umgang haben mit Jemand: Vivere re ſein Leben erhalten durch etwas; z. E. cibo, ſo auch rapto: doch ſagt man auch ex rapto: auch de lucro vivere ſein Leben Jemands Verſchonung zu danken haben.

XIX. Stare aliqua re bey etwas feſt bleiben, be- harren, z. E. promiſſis, condicionibus: ſo auch *de- creto* ſenatus beym Ausſpruch des Senats bleiben, ihn beobachten. Es fehlt *in*, welches zuweilen da- bey ſteht, als Liv. IV, 44. *ſtetitque in* eadem ſenten- tia. Not. Etwas anders iſt ſtare *ab* aliquo oder a *partibus* aliquius.

XX. Adſuesco ſteht mit dem Dativ, mit ad und mit dem Ablativ, z. E. labori, ad laborem, labore.

XXI. Utor, fruor, fungor, potior, veſcor, dig- nor, ſtehen mit dem Ablativ.

a) Utor ich gebrauche, bediene mich, habe, gehe um mit Jemand, z. E. *libris, occaſione, amicis.* So auch die Compoſita abutor und deutor.

b) Fruor ich genieße, z. E. *voluptate, vita, otio*: ſo auch perfruor.

c) Fungor ich verwalte, verrichte, z. E. *munere, officio.* So auch die Compoſita: defungi, z. E. *vita, periculo, poena*: perfungi, z. E. *honoribus, munere, bello.*

d) Potior ich bemächtige mich, erlange, z. E. *urbe, occaſione, victoria, votis.*

e) Veſcor ich eſſe, genieße, z. E. *lacte, pane, aura* cet.

f) Dignor ich würdige, z. E. *aliquem honore, laude* cet.

Anmerkungen.

1) Potior ſteht auch mit dem Genitiv a) *rerum*, wenn es die höchſte Gewalt oder Oberherrſchaft anzeigt. Hier ſagen die Alten allezeit potiri *rerum*, nie *rebus*, z. E. Sulla *rerum* eſt potitus; b) Auch mit andern Genitivis, z. E. Nep. *imperii potitus eſt*: Cic. poſſe te *illius regni potiri*: Sall. ſe tertium, cui fatum foret *urbis* (Romae) potiri. Auch ſteht potior mit dem Accuſativ: Cic. gentem aliquam *urbem noſtram potituram*: Nep. qui *ſummam* imperii *potirentur.*

2) Fungor ſteht zuweilen mit dem Accuſativ, z. E. beym Plautus, Terentius und Nepos. Auch ſteht fungendus beym Cicero: ad *munus ſuum fungendum.*

3) Utor ſteht mit dem Accuſativ beym Cat. R. ruſt. und Varr. R. ruſt. Auch abutor Ter. *operam abutitur.* Auch ſteht *omnia utenda* beym Cicero, und ad haec utenda beym Ter.

4) Fruor ſteht mit dem Accuſativ beym Ter. Cato de re ruſt. und beym Apulejus. Auch ſagt Cicero: tenendum eſſe *eius fruendae* modum.

5) Veſcor ſteht mit dem Accuſativ beym Tibull, Plinius, Tacitus.

Not. Es gehören noch mehr Verba zum Ablativ; doch laſſen ſie ſich durch die Fragen womit? wodurch? ꝛc. erklären. Nur muß man hier die Verba wörtlich verſtehen. Denn überſetzt man z. E. deſtitui ſpe ſogleich keine Hoffnung haben, urbem obſidione cingere eine Stadt blokiren, urbem obſidione liberare entſetzen, ſo ſieht man nicht, woher der Ablativ komme.

IV. Vom

IV. Vom Ablativ bey *Adverbiis.* Hier merke man: der Ablativ kann eigentlich nicht von ihnen herrühren, z. E. longo *poſt* tempore nach langer Zeit, oder vielmehr lange Zeit hernach. Hier ſteht der Ablativ auf die Frage wenn? und es fehlt in. So iſts mit multis *abhinc* diebus. Sonderbar iſt die Stell. Virg. Aen. VIII, 114. *Unde domo?* ſcil. venitis; aber domo ſcheint von a, i. e. in Anſehung regirt zu werden.

Zehnter Abſchnitt.

Vom Gebrauch der Theile des *Verbi,* als der Perſonalendungen, des *Numeri, Modi* cet.

§. 1.

Von den Perſonalendungen des *Verbi.*

I. Vor der erſten Perſonalendung Singular. numeri kann nur Ego, vor der zweiten nur Tu, vor der dritten die übrigen Nominativi Sing. Num. als Subjecte ſtehen. Im Plurali kann vor der erſten nur Nos, vor der zweiten nur Vos, vor der dritten die übrigen Nominativi Num. plur. als Subjecte ſtehen. Fehlt demnach dieſer Nominativ, ſo muß er gedacht werden, als: Conſul *feci,* ſc. *ego:* praetor feciſti, ſc. *tu* cet.

Not. Doch iſt hiervon qui ausgenommen. Dieſes Pronomen kann vor allen Perſonalendungen ſtehen, als ego, *qui te amo, non poſſum* cet. *Tu, qui me amas,* debes cet. So auch dignus ſum, *qui amer:* dignus es, *qui ameris:* digni ſumus, *qui amemur.* So auch ego non is ſum, *qui credam:* Tu non is es, *qui credas,* und ſo fort.

II. In allgemeinen Sätzen, die ſich im Deutſchen mit man anfangen, als man ſagt, man iſt ꝛc. gebraucht man folgende Perſonalendungen:

1) Die dritte Num. plur. ohne Subject, als: unt, dicunt, ſcil. homines, oder auch zuweilen rhetores, philoſophi cet.

2) Die

2) Die dritte Num. Singul. passivi, als creditur, dicitur, fertur cet. So auch im Plurali: tales res non amantur solche Dinge liebt man nicht.

3) Auch die erste im Plurali, wenn von einer Sache die Rede ist, an der wir, die wir reden oder schreiben, Antheil nehmen können oder wollen, als hinc *videmus* hieraus sieht man: non decet ea vituperare, quae non *intelligamus* was man nicht versteht.

4) Auch die zweyte Num. Singularis, als: si vis fieri doctus, debes cet. Wenn man ꝛc. Besonders beym Infinitiv, als: non decet ea vituperare, quae non *intelligas*: non decet ea alios docere, quae non *didiceris*.

§. 2.

Vom *Numero* des *Verbi.*

Daß der Numerus des Verbi sich nach dem Numero des Subjectsnominativs richte; daß oft nach den Collectivis das Verbum im Plurali stehe; z. E. turba ruunt: daß die Alten zuweilen den Numerum des Verbi nach dem Prädicat eingerichtet haben, z. E. amantium *irae* amoris *integratio est*, dies alles ist nebst mehrern oben Abschn. 4. §. 1. gezeigt worden.

§. 3.

Von den sogenannten *Generibus* der *Verborum.*

Daß bey den Transitivis (Activis), auch zuweilen bey den Intransitivis (Neutris) ein Accusativ stehe, ist oben Abschn. 7. §. 3. gelehrt worden. Man merke noch:

1) Das Transitivum steht ohne Casum, wenn keiner nöthig ist, als amat er liebt, ist verliebt: Cur non *scribis?*

2) Einige Transitiva stehen zuweilen Passive oder reciproce, z. E. Liv. iam *verterat* fortuna, scil. se, oder statt versa est: Caes. hyems iam praecipitaverat, sc. se.

3) Daß die Participia perfecti Temp. vieler Deponentium zuweilen passive stehen, ist oben im ersten Theil Cap. 3. Abschn. 5. erinnert worden.

§. 4.

§. 4.
Von den *Temporibus.*

Hier merke man den rechten Gebrauch und die rechte Folge der Temporum:

I. Vom Gebrauch der *Temporum* an sich:

1) Das Praesens redet von einer itzigen Sache, als si quis *dicat* wenn Jemand sagen möchte. Velim ich wollte: Utinam veniat! o, daß er doch käme! Ut veniat gesetzt er käme: etsi non is sim ob ich gleich nicht der seyn möchte.

2) Das Imperfectum redet von einer unvollendeten Handlung, als heri meditabar: besonders steht es, wenn eine andre Handlung dazwischen gekommen ist, als dum pater moriebatur, ego *scribebam.* Doch setzen es die Alten auch oft bey bey einer bloß geschehenen Sache, statt des Perfecti, als Caesar proficiscebatur, wie im Deutschen.

3) Das Perfectum zeigt eine gänzlich vollendete Handlung an, doch so, daß keine andre sogleich darauf erfolgt ist, als Pater mortuus est. Daher gebrauchen es die Römer gern bey Erzählungen, wenn sie bloß anzeigen wollen, was geschehen; da die Deutschen gern im Imperfecto erzählen. Doch gebrauchen es die Alten auch zuweilen, wenn sie damit eine darauf folgende Handlung verbinden, folglich statt des Plusquamperfecti, als cum hoc *audivi, gavisus sum.*

4) Das Plusquamperfectum zeigt nicht nur an, daß die Handlung vollendet, sondern auch, daß noch eine andre drauf erfolgt ist: z. E. vix hoc *factum erat,* cum pater venit. Cum hoc *audissem,* gaudebam Cum pater *venisset,* ei dixi. Die Deutschen gebrauchen hier oft das Imperfectum: da ich das hörte, da der Vater kam, und setzen dabey zuweilen *audirem, veniret,* aber unrecht.

5) Das Futurum simplex, z. E. amabo cet. redet bloß von einer zukünftigen Handlung, als cras *proficiscar:* ubi *proficiscar,* ad te veniam.

6) Das Futurum exactum, als amavero, amatus fuero, cet. zeigt zwar auch eine zukünftige Handlung an, die aber wegen der darauf folgenden Handlung als vergangen betrachtet wird, als si profectus fuero, mox redibo. Der Deutsche gebraucht hier oft das Futurum simplex, als wenn ich verreisen werde, statt werde verreiset seyn: so auch, wenn ich davon hören werde.

werde, so will ich dirs sagen; wenn der Vater kom,
men wird, so wollen wir ihn fragen, statt werde ge,
hört haben, gekommen seyn wird. Hier muß man
nicht sagen audiam, veniet, sondern audivero, venerit.
Not. Doch bey den Verbis, die kein Futurum simplex
haben, als memini cet. steht dafür das Futurum exactum.

Hierbey merke man noch folgendes:

1) In Briefen richten sich die Römer gern nach der Person,
an die sie schreiben, folglich a) gebrauchen sie das Imper,
fectum statt des Praesentis in Dingen, die zwar zur Zeit,
da sie schreiben, gegenwärtig, aber einer Veränderung
unterworfen sind, z. E. die Leute erzählen, es geht ein
Gerücht, ich bin krank, ich will morgen verreisen
2c. homines *narrabant*, rumor *erat*, aegrotabam, volebam proficisci oder profecturus *eram*. Aber bey univer,
änderlichen Dingen bleibt das Präsens, als deus est iustus;
b) sie setzen, wenn sie ihrem Freunde etwas schicken, das
Perfectum, wo der Deutsche das Praesens nimmt, als
mitt tibi librum: Ich schicke dir (hier) das Buch.

2) Das Praesens steht sehr oft, wie im Deutschen, in Er,
zählungen, besonders lebhaften, von vergangnen Dingen
statt des Imperfecti oder Perfecti; z. E. Caesar legatis
imperat befahl oder befiehlt: proficiscitur, consilium
convocat cet. Dadurch wird die Handlung dem Leser ge,
genwärtig.

3) Das Praesens steht oft statt des Futuri, a) wenn man von
einer künftigen Sache zuverlässig spricht, oder im Affect
redet, hanc rem non *accipis*: cras apud fratrem como.
b) Wenn das Verbum kein Futurum Infinit. hat, als spero, me hoc facere *posse*: doch geschieht es auch zuweilen,
obgleich ein Futurum da ist, als spero, me mox rem
accipere.

4) Oft steht das Perfectum Coniunctivi für das Praesens
Coniunctivi in diesen Formen: *dixerit* aliquis es möchte
Jemand sagen: Vix *crediderim*: ne *feceris*: si quis
dixerit cet.

5) In der Formel memini me *dicere*, *legere* cet. statt di-
xisse cet. ist dicere, legere nicht das Praesens, sondern
Imperfectum. Dieß lehrt die Sache selbst und die Stelle
des Cicero ad Div. III, 10. §. 19. ad me *adire* quosdam
memini, qui *dicerent*; nämlich weil dicerent folgt.

6) Das Futurum steht oft für das Praesens Imperativi, als
valebis, salvebis, facies cet. statt vale cet.

Not.

Not. Dies ist der gewöhnliche Gebrauch der Temporum. Allein die Tempora werden auch zuweilen auf eine harte und ungewöhnliche Art gebraucht, z. E. Virg. Aen. II, 599. et ni mea cura *resistat*, iam flammae *tulerint* cet. statt restitisset, tulissent cet. Ibid. VI, 292. ni docta comes — *admoneat, irruat* et — *diverberet umbras* statt admonuisset, irruisset, diverberasset.

II. Von der rechten Folge der *Temporum.*

A) Nach ut daß, ne, quo, besonders quo minus statt ne, quin, qui quae quod, cum und andern Partikeln folgt gern auf das Praesens und Futurum das Praesens, und auf das Imperfectum, Perfectum und Plusquamperfectum das Imperfectum. Doch muß hier immer auf die eigentliche Bedeutung der Temporum Rücksicht genommen werden: folglich wird es mancherley Ausnahmen geben.

1) Das *Praesens* folgt auf das *Praesens;* wenn nämlich von einer gegenwärtigen Sache die Rede ist, als a) nach *ut: rogo te, ut venias.* Schwerer ist, wenn ein Conjunctiv vorher geht, als velim, ut *illud mox fiat,* nicht fieret: si *accidat,* ut pater *moriatur* wenn es sich zutrüge, daß der Vater stürbe, sterben sollte; so auch nemo *est* tam stultus, ut non *intelligat:* non spero *fore,* ut mei *obliviscaris,* (denn fore ist hier das Praesens.) Si quis *optaverit* (statt optet), *ut* hoc *fiat:* denn dergleichen Perfecta werden wie Praesentia angesehen; b) nach *ne:* timeo, ne pater *veniat:* si forte *timeas,* ne pater *veniat* kommen möchte: vix *timuerim* (statt timeam), ne pater *veniat;* c) nach *quo:* si me *impedias,* quo minus *scribam* wenn du mich verhindern solltest, daß ich nicht schriebe: audio, te *impediri,* quo minus *scribas:* d) nach *quin:* non *dubito,* quin pater hoc *sciat:* nemo *dubitat,* quin hoc efficere *possis: suadeo* tibi illud, non, quin *sciam,* te rem aeque intelligere; e) nach *qui quae quod:* si qui *sint,* qui *dicant* wenn es einige gäbe, die da sprächen: non puto hominem *esse,* qui discere *nolit;* f) nach *quis, quid, utrum, an, cur, ubi, quomodo, quando* cet. Z. E. si *scias,* quid *velim;* si *quaeras,* an hoc efficere *possim:* scribis te *mirari,* quomodo filius tuus doctus fieri *possit,* si pecunia non *abundet.*

Not. Jedoch folgt oft das Perfectum oder Futurum, wenn von einer vergangenen oder zukünftigen Sache die Rede ist.

a, Per-

a) Perfectum, z. E. hinc *sequitur*, ut Cicero erraverit: opto, ut salvus Lipsiam *veneris*: timeo, ne libros *amiserim*: non *dubitas*, quin hoc *fecerim* cet. b) Futurum, z. E. hinc *sequitur*, ut frater tous nunquam *rediturus* sit: wiewohl das sit auch das Praesens ist.

Auch zuweilen das Imperfectum oder Plusquamperfectum, als *dic* mihi, quid *faceres*, si latrones te invaderent: *dic* mihi, quid *fecisses*, si latrones te invasissent.

2) Das *Praesens* folgt auf das *Futurum*: dies ist nach ut, ne, quo, quin insgemein so, als *coges* me, ut tandem *dicam* sagen werde: *efficies*, ut nemo te *amet* lieben wird: Cic. neque unquam literas *mittam*, quin *adiungam* eas, quas tibi reddi velim, daß ich nicht auch einen Brief an dich mit einschließen sollte, nicht adiungerem. So auch allezeit nach qui in den Formeln: erant, qui *dicant* sagen werden: *reperientur* (invenientur), qui id negent.

Doch folgt auch, wo es die Idee erfordert, a) das Perfectum, z. E. si pater eras non redierit, *timebo* forsan, *ne perierit*: non *dubitabo*, quin Caesar Pompeium vicerit: b) das Futurum, z. E. cras tibi *dicam*, an pater ante nundinas *venturus* sit; wo dies nicht für das Praesens zu halten. c) Das Imperfectum, z. E. *dicam* tibi, quid *facerem* oder *facturus essem* thun würde; d) Plusquamperfectum, als: *dicam* tibi, quid *fecissem* gethan hätte, würde gethan haben.

3) Das *Imperfectum* folgt auf das *Imperfectum*: dies geschieht insgemein, als: rogabat me, ut *venirem*: me *impediebas*, quo minus *scriberem*: interrogabat me, cur *nollem* facere: heri *nesciebam*, quid *ageres*, nicht *agas*; Cic. literas accepi, quae me *docerent*, quid *ageres* machest. Hieher gehört: non sperabam *fore*, ut me *oblivisceris*. Denn fore (Praes. und Imperf.) ist hier das Imperfectum.

Doch folgt das Plusquamperfectum, wenn es die Idee erfordert, als: optabas, ut illa res nunquam *accidisset*, timebam, ne *periisses* cet.

4) Das *Imperfectum* folgt auf das *Perfectum*: dies geschieht gemeiniglich, obgleich im Deutschen oft das Praesens oder Perfectum folgt, z. E.

a) nach ut: z. E. rogavi patrem, ut librum *emeret*: persuasit mihi, ut *facerem* gethan habe: fecisti, ut miser *essem* gewesen bin: tot libros mihi *misisti*, ut non omnes legere *possem*, nicht *potuerim*; doch Cicero und Nepos setzen oft das Perfectum, z. E. Nep. Ages. 5. tantum *abfuit* ab insolentia, ut *commiseratus sit*, cet.

Doch

Doch giebts Fälle, wo theils das Perfectum, theils das Praeſens, theils das Futurum ſtehen muß; 1) das Perfectum der Deutlichkeit wegen, z. E. tu virtutem semper tantopere *amaſti*, ut tantum flagitium committere non *potueris*: hier könnte poſſes überſetzt werden, könnteſt, können möchteſt: 2 Oefter das Praeſens, wenn die Wirkung oder Folge nur auf die gegenwärtige Zeit paßt, z. E. hic homo bona sua ita *diſſipavit*, ut nunc pauperrimus *ſit* (iſt): hier würde eſſet bedeuten: ſeyn möchte: *consecutus sum* id, ut omnes me *laudent*, mich itzt loben: aber laudarent heißt: mich (damals) lobten. 3) Das Futurum, z. E. perfidia tua *effeciſti*, ut nemo tuis verbis in poſterum fidem *habiturus ſit*.

b) Nach ne: z. E. semper timui, ne id *accideret*: *dixi* hoc propterea, ne *crederes* cet. nicht credas. Doch folgt das Plusquamperfectum, wenn es der Sinn erfordert, als heri timui, ne pater *periiſſet*.

c) Nach quo: z. E. impeditus sum, quo minus id *facerem*, gethan habe, nicht *fecerim*: non *reſcripſi*, non, quo ceſſator eſſe *ſolerem*.

d) Nach quin: z. E. nunquam dubitavi, quin tibi *eſſem* cariſſimus dir ſey, nicht ſim: nemo *dubitavit*, quin id perficere *poſſes*.

e) Nach qui in den Formeln: *fuerunt*, qui *dicerent* es hat Leute gegeben, die geſagt haben: ſo auch *reperti*, *inventi ſunt*, qui *dicerent*; *fuit*, *repertus eſt*, qui *diceret*: dignus fuit, qui amaretur: audivi, te ex *locutum*, quae nemini *placerent*, nicht placeant. Erfordert es die Idee, ſo ſteht auch das Plusquamperfectum, als dicunt, libros *combuſtos eſſe*, quos nuper *emiſſes*.

f) Nach quis, quid, ubi, quam wie, an cet. Z. E. ſero *cognovi*, quis eſſet wer er wäre, ſey, oder iſt: dixi tibi, quid *vellem*, *cogitarem*, was ich will, denn Ic: Cic. nam quam fortiter *ferres* (ertrügeſt, erträgſt) communes miserias, non *perſpexit*: *dixit* mihi, ubi *habitaret*, *dormiret*, nicht habitet, dormiat Doch wenn eine vergangne Sache auszudrücken iſt, ſo ſteht das Perfectum oder Plusquamperfectum, als *dixit* mihi, quid *ſcripſerit*, ubi *habitaverit*, oder ſcripſiſſet, habitaſſet.

Memini, novi cet. werden als Praeſentia angeſehen; ſo auch die Perfecta Coniunctivi, die ſtatt der Praeſentium ſtehen, z. E. ſi *rogaveris*, ut *veniam*: forſan ex me *quaeſieris*, quid *ſentiam* cet.

5) Das

5) Das *Imperfectum* folgt auf das *Plusquamperfectum:*
a) nach *ut:* si mihi *suasisses,* ut id *facerem:* nemo
praeter te *effecisset,* ut patria quieta uteremur, nicht
uti essemus: hanc gratiam tibi *retulissem,* ut omnia,
quae haberem, tibi *darem,* nicht dedissem. Aber auch
das *Plusquamperfectum,* z. E. omnes optaverant, ut
mortuus esset gestorben wäre; b) nach *ne:* timueram,
ne in morbum *inciderem;* c) nach *quo:* si tu me *im-
pedivisses,* quo minus rem *perficerem,* nicht *perfecissem;*
d) nach *quin:* nunquam *dubitaveram,* quin rem *per-
ficeres;* e) nach *qui:* fuerant (homines), qui dicerent gesagt hatten: si *fuissent,* qui hoc *facerent* gethan hätten; f) nach *quis, quid, cur, an, ubi* cet.
Z. E. cum *vidissem,* quid *sentiret,* nicht sentiat: *audiveram,* qualis *esset,* nicht sit. Doch verlangt der Sinn
auch das *Plusquamperfectum,* als audiveram, qualis
fuisset gewesen wäre; quaesiverant ex me, ubi *fuis-
ses* cet.

B) Es giebt eine andere Folge der Temporum, wenn
sie durch die Bindewörter et, ac cet. verbunden
werden. Hier richtet sich alles nach den Ideen der
Zeiten; folglich können nicht nur einerley Tempora
verbunden werden, als te *amo* et *colo,* sondern auch
verschiedene; z. E. *amavisti* me et adhuc *amas:* scio
et intellexi: cum *scirem* et ex aliis *cognovissem:*
amo te et per omnem vitam amabo cet.

§. 5.
Von den *Modis.*

I. Der *Indicativus* steht, wenn von einer Sache
mit Zuverlässigkeit geredet wird, und keine Partikel, die den Conjunctiv regirt, vorhergeht.

Folglich haben die Partikeln etsi, tametsi, quamquam, si, nisi, ehe quam, simul ac, quamvis obgleich, cum wenn, quando, ubi cet. und alle Fragwörter, wenn sie wirklich fragen, einen Indicativum:
z. E. etsi *scio* gaudeo, cum te *video* cet. Doch können alle diese Wörter, ja noch mehrere, unter gewissen Umständen den Conjunctivum haben; davon siehe
unten n. II. C.

II. Der *Conjunctivus* steht

A) Ohne

A) Ohne Partikeln, wenn von einer Sache, als einer ungewiſſen, glaublichen, zu wünſchenden oder einzuräumenden geredet wird, welches die Deutſchen durch mögen, zuweilen dürfen oder können, wenn beydes ſo viel als mögen iſt, auszudrücken pflegen. Z. E. *dicat* aliquis es möchte Jemand ſagen: *veniat* er mag (möchte) kommen; diu *vivat:* at pater interea *moriatur:* dicerem ich würde ſagen; ſo auch mit Partikeln: quamquam non *dicerem, ſi ſcirem.*

B) Nach den Partikeln: ut, ne, quo, quin, utinam, o ſi, licet, quaſi gleich als wenn, cum da, quamvis wenn auch noch ſo, an ob, utrum ob, dum, donec und quoad bis, auch) qui quae quod, wenn es ſtatt ut oder cum ſteht.

1) *Ut* oder *uti:* a) daß, z. E. rogo, ut veniat; b) daß doch bey wünſchen, als ut veniat! c) auf daß oder damit; d) geſetzt daß, als Ut pater veniat, quid facies? *Ut* deſint vires, tamen eſt laudanda voluntas; e) daß nicht nach den Verbis fürchten, beſorgen, als time, *ut* pater vivat. Not. Das Adverbium *ut* wie, als, da, gehört nicht hieher.

2) Ne a) daß nicht, damit nicht; b) daß nach den Verbis fürchten, beſorgen, als *timeo, ne* pluat: *timeo, ne* non pluat. c) es dient auch zum Schwören, als *ne* vivam, ſi tibi concedo ich will des Todes ſeyn ꝛc.

3) Quo 1) damit; 2) mit minus heißt es daß nicht nach den Verbis hindern, z. E. impeditus ſum, *quo minus* ſcriberem ſtatt ne ſcriberem, welches auch recht iſt; c) als wenn, z. E. dico hoc, non, *quo* putem cet.

4) Quin ſteht a) für ut non daß nicht, z. E. non fieri poteſt, *quin* virtus homines reddat felices: wo auch ut non recht iſt; parum abeſt, *quin* credam; b) für quod non daß nicht, als wenn nicht, z. E. Suadeo tibi hoc, non, *quin* credam, te ipſum eſſe ſapientem: beſonders nach non dubito, non dubium eſt cet.; c) ſtatt qui non, z. E. quis eſt, *quin* credat? Nemo eſt, *quin* credat. Not. Wenn aber quin bedeutet a) ja vielmehr, b) warum nicht, ſo regirt es einen Indicativ, und gehört nicht hieher.

5) Utinam und o ſi o daß doch, o wenn doch, um einen Wunſch auszudrücken, als utinam pater diu vivat!

6) Licet

6) Licet obschon, obgleich, ist eigentlich das Verbum es
ist erlaubt, und es fehlt ut; z. E. licet verum sit ob es
gleich wahr ist oder seyn möchte; steht für licet ut verum sit.

7) Quasi gleich als wenn, z. E. tu taces, *quasi nescias*:
tu tacebas, *quasi nescires*: tu taces, *quasi* nihil *audive-
ris*: tu tacebas, *quasi* nihil *audivisses*.   Not. heißt aber
quasi bloß wie, so hat es den *Indicativum*.

8) Quum oder cum da, wenn dieses da eine Ursache anzeigt? z. E. *cum sciam*, te esse doctum, quaero cet.
da ich weis rc. Zuweilen läßt sich dieses da mit weil oder
obschon vertauschen. Not. Cum wenn oder da, wenn
es eine Zeit anzeigt, hat insgemein den Indicativum,
doch aber auch oft das Imperfectum und Plusquamperfectum Coniunctivi, als *cum scirem*, *audissem*.

9) Quamvis wenn auch noch so (aus quam und vis), z.
E. *quamvis sis miser*, tamen non es me miserior du
magst noch so elend seyn rc. statt sis miser, quam velis.
Aber quamvis obschon hat einen Indicativ.

10) An ob: num ob: Utrum ob (oder *ne* enclit.) worauf
an, i. e. oder ob, gern folgt: ferner alle Fragewörter,
wenn sie nicht gerade zu fragen, sondern nach einem Satze
stehen: so auch ut wie, quemadmodum cet. wenn sie einem Satze nachstehen, z. E. nescio, *an* pater *venturus
sit*: nescio, *utrum vivat*, *an* mortuus *sit*: dic mihi,
quid velis, *quis sis*, *ut res acta sit*.

11) Dum bis, donec bis, quoad bis, dummodo wenn
nur (wofür auch dum allein oder modo allein stehen kann).
Hingegen dum indem, donec und quoad so lange als,
stehen mit dem Indicativo: auch findet man dum, donec
und quoad bis, beym Indicativo.

12) Qui quae quod hat außer den drey gewöhnlichen Fällen,
wo alle Partikeln einen Coniunctivum bey sich haben (s.
sogleich unter C) noch besonders in folgenden Fällen denselben.

a) Nach den Verbis esse, reperiri, inveniri und ähnlichen, wenn sie das Prädicat vorstellen, da denn qui mit
seinem Verbo das Subject vorstellt, als sunt, *qui dicant*: fuerunt, *qui dicerent*: erunt, *qui dicant*: reperti sunt, *qui dicerent*.   Doch findet man auch den
Indicativ.

b) Wenn qui quae quod statt ut ego, ut tu, ut is, ea,
id (durch alle Casus) gesetzt wird, z. E. misit mihi libc-
rum, *quem legerem* statt ut eum legerem: besonders
nach dignus, als dignus sum (es, est) qui amer (ameris, ametur): digna est virtus, *quam amemus*, *quae
ametur* cet. Und so muß man immer reden, wenn nicht
sogleich

ſogleich qui vorhergegangen; dann bleibt ut, als vidi
homines, qui, *ut amarentur*, digni erant.

c) Wenn qui quae quod ſtatt cum ego, cum tu, cum is,
ea, id (durch alle Caſus) ſteht, als: tu libros hos
ſpernis, *quos ne legeris* quidem: me laudas, *quem*
haud *noris*: i. e. *cum me* cet.

d) In der Formel eſt, quod ſtatt eſt, cur: z. E. eſt, *quod
gaudeas*, du haſt Urſache dich zu ꝛc. non eſt, *quod
fleas* cet.

C) Alle Partikeln, die an ſich den Conjunctivum
nicht regiren, als etſi, tametſi, quanquam, quamvis
obſchon, ſi, ſin, cum wenn, ut wie, quemadmodum, quod weil, daß, dum indem, donec ſo
lange als, quoad ſo lange als, quia, quoniam,
quando, quandocunque (quandoque), quam cet.
und alle Fragwörter ubi, quis cet. und beſonders
qui quae quod haben unter folgenden drey Umſtänden den Coniunctivum:

1) Wenn von einer Sache, als einer bloß möglichen, zu wünſchenden oder einzuräumenden, geredet wird, wo der Deutſche ſehr oft das möchte, möge, mag, würde, zuweilen auch dafür ſollte, dürfte, wollte oder könnte, wenn
es dem möchte entſpricht, zu gebrauchen pflegt; z. E. ſi
quis *quaerat*, fragen möchte, ſollte: *quamquam* vix
credam: *quamvis* non *negaverim*: *etiamſi* quis *dicat*
ſagen möchte, ſollte. Veniam ante, *quam* tu mei plane *obliviſcare*: *num* hoc credibile *ſit*? möchte dieſes ꝛc.
ubi *fueris*? wo magſt du wohl geweſen ſeyn? *Quis*
hoc *credat*? quis *crederet* cet.

2) Wenn ein Coniunctivus in eben der Periode zunächſt vorhergegangen, und die Partikel nebſt ihrem Verbo ſich auf
ihn bezieht, als: rogo te, ut librum, ſi *habeas*, mihi
des: aequum eſt, ut mortem *cogitemus*, cum (*quando*)
ſani *ſimus* wenn wir ꝛc.: Rex imperavit, ut, *quae* bello opus *eſſent*, *pararentur*: Cic. a Scaevola petiiſſe,
ut, *dum* tu *abeſſes*, provinciae *praeeſſet*. Doch findet
man auch den Indicativ, wenn die Sache recht beſtimmt
ausgedrückt werden ſoll, als Cic. ad Div. 11, 4. ut neque ea, quae nunc *ſentio*, velim ſcribere.

3) Wenn ein ſogenannter Accuſativ des Subjects mit dem
Infinitiv vorhergegangen, und die Partikel ſich dahin bezieht: z. E. ſcio, te, ſi quid *ſcias*, id reticere *ſolere*:
decet ſapientem ita vivere, ut *loquatur*: credo, patrem, quia non *ſcripſerit*, mox *reverſurum*: Cic. ſcito,
plures eſſe, qui de tributis *recuſent*. Doch findet man
auch

auch den Indicativ, wenn die Sache als recht zuverläsfig beschrieben wird, als Cic. ad Div. II, 4. si hoc statueris, *quibus artibus,eae laudes comparantur, in iis esse laborandum.*

III. Der *Imperativus* oder *Jussivus* steht, wenn man bittet, befiehlt, ermahnt.

Not. a) Hierbey steht nicht *non,* sondern dafür *ne,* als *ne scribe,* schreib nicht; b) die zweyte Personalendung des Futuri muß eben nicht übersetzt werden, du sollst, ihr sollt: z. E. *scribito* du sollst schreiben, sondern auch schreib, so auch *ito, scito* cet.

IV. Der Infinitivus steht auf mancherley Art:

A) Als ein Subject, als *errare* humanum est: *dulce et decorum est pro patria mori.* S. hiervon beym Nominativ Abschn. 4. p. 147.

B) Nach etlichen Verbis ohne den Subjectsaccusativ: und wird also von ihnen regirt. Dergleichen Verba sind wollen, müssen, beschließen, pflegen rc. als: volo, nolo, malo, cupio, conor, tento, audeo, paro (ich bin im Begriffe), dubito (trage Bedenken), studeo, cogito (bin Willens), possum, queo, nequeo, obliviscor, debeo, cogor, incipio, coepi, constituo, statuo, decerno, desino, consuevi, soleo, dicor, feror, videor, auch zuweilen habeo (ich kann), disco, doceo cet. und die Impersonalia, als stat (es ist beschlossen), licet, libet, poenitet, pudet, piget cet. auch bey Dichtern parce, fuge statt noli. Z. E. *nolo* tibi *irasci: dubito* illud *facere: oblitus sum dicere: constitui, statui, decrevi (stat)* bellum *finire: habeo dicere,* Cic.: *didici legere:* tu *docuisti* me *scribere: licet* mihi domi *manere: parce (fuge) quaerere.*

C) Der Infinitiv steht besonders beym Accusativ des Subjects, wo im Deutschen daß und der Nominativ des Subjects steht; z. E. audio, *patrem esse doctum:* scio, *matrem venisse.* Man nennt das insgemein den Accusativum cum Infinitivo: deutlicher nennt man es den Subjectsaccusativ mit seinem Infinitiv.

Weil

Weil er geſetzt wird, wo der Deutſche die Partikel
Daß ſetzt, ſo werden die lateiniſchen Partikeln, die dieſes
Daß ausdrücken, quod, ut, quin, auch an, wenn es
durch daß ſich überſetzen läßt, weggelaſſen, und der Nomi-
minativ des Subjects wird in den Accuſativ verwandelt,
und das Verbum im Infinitiv geſetzt, als audio, *pa-*
trem vivere ſtatt *quod pater vivit.* Hier muß man
zwey Dinge wiſſen, 1) wo dieſe Partikeln geſetzt werden,
oder doch eigentlich geſetzt werden ſollten: 2) wenn man
ſie weglaſſen dürfe oder müſſe.

1) Wo ſollen dieſe Partikeln eigentlich geſetzt werden?

a) An ob ſteht, wenn im Deutſchen ob geſetzt wird, und
kein oder darauf folgt: als dubito, *an* pater *vivat.*

b) Quin daß nicht (zuweilen daß) ſteht beſonders nach
non dubito, non dubium eſt, quis dubitat? non facere poſſum, non fieri poteſt, parum abeſt, oder non
multum abeſt, non fas eſt cet. z. E. non dubito, *quin*
pater venturus ſit: *Non facere poſſum, quin* ſcribam:
Non fieri potuit, quin item: Parum abeſt, *quin* credam. Auch nach andern, z. E. mihi *non potui tempe-*
rare, quin clamarem: *Nihil praetermiſi, quin* Pompeium a Caeſaris coniunctione avocarem: *Nunquam*
unum diem intermittit, quin veniat: *Non fuit recu-*
ſandum, quin reſpublica multa perderet: *Deeſſe mihi*
nolui, quin te admonerem: *Non Caeſarem fefellit,*
quin ab iis cohortibus initium victoriae orietur: So
auch *Non fas eſt, quin* cet. *Nequeo, quin* cet,

c) Ut daß ſteht 1) wenn daß ſo viel, als damit, auf daß,
folglich eine Abſicht, Urſache anzeigt: 2) bey einer
Folge: daß alſo, z. E. Croeſus fuit infelix, *ut* verum
ſit, neminem ſemper felicem eſſe: 3) nach ita, ſic,
tam, tantopere, tantus, talis, tot, adeo, tantum
ſo viel, is (ſtatt talis), hactenus cet. z. E. ea eſt virtute, *ut* cet. er hat ſolche Eigenſchaften 2c. 4) nach
vielen Verbis, Subſtantivis und Redensarten, beſonders, die eine Urſache des folgenden Satzes in ſich enthalten, oder doch in ſich enthalten ſollten und konnten.
Dergleichen ſind die Redensarten und Verba, die da bedeuten wollen, wünſchen, bitten, ermahnen, erinnern, antreiben, befehlen, zulaſſen, ſorgen, ſich
Mühe geben, rathen, machen, es iſt nöthig, es iſt
nützlich, es iſt billig, es geſchieht, es trägt ſich zu,
es folgt, es iſt der Gebrauch, es iſt noch übrig 2c.

z. E. *volo, ut* ſcribas; *rogo, ut venias: opto, ut illud fiat:* pater me *hortatur, ut* diſcam: *moneo te, ut* ſcribas: tu me *impellis, ut* feſtinem: rex *imperavit, ut iſta fierent: patior, ut* hoc *fiat: cura, ut valeas: operam dabo, ut* doctior fiam: *ſuadeo tibi, ut* domi maneas: hoc *efficit, ut* miſer ſim: *neceſſe eſt, oportet, utile eſt, aequum eſt, ut* diſcas: *ſaepe fit. accidit, contingit, ut* homines divitias amittant : hinc *ſequitur, ut* nihil incertius ſit divitiis. Hieher gehört auch *futurum eſt, ut* cet. *fore, ut* cet. auch *eſt ut* bey Umſchreibung, als ſi eſt, *ut* culpam Antipho admiſerit ſtatt ſi Antipho culpam admiſit: beſonders *tantum abeſt, ut* cet. wo das *ut* entweder zweymal ſteht, als *tantum abeſt, ut* aſſidue diſcas, *ut* potius literas omnes oderis an Statt, daß du fleißig lernen ſollteſt, ſo haſſeſt du vielmehr ꝛc. oder nur einmal, als: tu odiſti omnes literas, *tantum abeſt, ut* aſſidue diſcas ſtatt fleißig zu lernen, oder geſchweige, daß du fleißig lernen ſollteſt. Auch nach Subſtantivis, als tuae *voluntati, ut venirem, parui.* Not. *Studeo* hat nicht leicht *ut* nach ſich, ſondern insgemein den Infinitiv. 5) Endlich ſteht *ut* nach den Verbis fürchten, und bedeutet alsdenn daß nicht, z. E. *timeo, ut* pater *veniat.*

d) *Quod* daß ſteht, oder ſollte eigentlich ſtehen, wenn daß ſo viel als weil iſt; oder, wenn etwas vorhergeht, welches keine Urſache von dem Satze, der ſich mit daß anfängt, ſeyn kann: insbeſondere nach den Verbis, Subſtantivis und Redensarten, die da anzeigen ein Wahrnehmen, Bemerken, Empfinden, es geſchehe durch die Sinne, oder durch den Verſtand, als hören, ſehen, fühlen, riechen, denken, einſehen, verſtehen, erkennen, abnehmen, merken, bemerken, errathen, beobachten, finden, im Gedächtniß behalten, ſich erinnern oder beſinnen, vergeſſen, urtheilen, argwöhnen, vermuthen, meynen oder dafür halten, ſchließen, ſich wundern, wiſſen, nicht wiſſen, es iſt gewiß, es erhellt, es iſt offenbar, es iſt bekannt ꝛc.; 2) nach den Affects = Verbis und Redensarten, als ſich freuen, ſich betrüben, unwillig ſeyn, zürnen, weinen, klagen, ſich ängſten, zittern, hoffen ꝛc.; auſer fürchten, welches hieher nicht gehört; denn hier ſteht nur *ne* und *ut, ne* wenn es heißen ſoll daß, und *ne non* oder kürzer *ut* daß nicht; 3) nach den Verbis, Subſtantivis und Redensarten, die da bedeuten eine Anzeige, ſie geſchehe durch Worte, Mienen, Gebärden ꝛc. als; ſagen, ſchreiben, beken-

bekennen, läugnen, entdecken, verrathen, anzeigen, zu verſtehen geben, bekannt machen, erzählen, berichten, verkündigen, ſich etwas merken
laſſen, verſchweigen, bezeugen, verſichern, ſchwö-
ren oder beſchwören ꝛc. Nachricht, Erzählung,
Gerücht ꝛc.

2) Wenn und wie werden dieſe Partikeln weggelaſſen?

a) Wie? Man läßt ſie weg, und verwandelt den Nominativ des Subjects in den Accuſativ, und den Indicativ oder Conjunctiv in den Infinitiv.

b) Wenn geſchieht dieſes? dies ſoll nun gezeigt werden:

A) An ob kann nur weggelaſſen werden, wenn dieſes
ob ſich mit daß vertauſchen läßt, folglich nur nach
dubito, dubium eſt und ähnlichen: doch kann an auch
ſtehen bleiben, z. E. ich kann ſagen: dubito, *an pa-*
ter venturus ſit, und *patrem venturum eſſe*, wie
im Deutſchen, daß der Vater ꝛc. und ob der Vater ꝛc.

B) Quin kann auch nur in den Accuſativ mit dem Infinitiv verwandelt werden, wenn es mit daß ſich überſetzen läßt, folglich nach non dubito, non dubium eſt,
quis dubitat? und ähnlichen: doch kann es auch ſtehen
bleiben, z. E. *non dubito, quin* pa... venturus ſit
und *patrem venturum eſſe.* Hingegen nach non fieri poteſt und andern muß quin bleiben.

C) Ut hat die meiſte Vorſicht nöthig: Nämlich

I. Ut muß in folgenden Fällen ſtehen bleiben:

1) Wenn daß ſo viel iſt, als damit, auf daß.

2) Wenn es eine Folge anzeigt: z. E. Croeſus infelix
factus eſt, ut verum ſit, neminem perpetuo felicem
eſſe, daß es alſo ꝛc.

3) Nach den Wörtern ita, ſic, tam, talis, tantus, tantum ſo viel, tot, adeo, tantopere, hactenus, eo ſo
weit, hac de cauſa, is ſtatt talis cet. wenn das ut
nämlich auf dieſe Wörter ſich bezieht.

4) Nach vielen Verbis, Subſtantivis und Redensarten, als:

a) machen, als facio, efficio, perficio cet. doch wenn
facere ſo viel iſt, als den Fall ſetzen, ſo folgt der Accuſativ mit dem Infinitiv, als *faciamus,* deum non
eſſe, wir wollen einmal annehmen, ſetzen ꝛc.

b) for

b) sorgen, sich bemühen, als curo, operam do: Not. Studeo gehört nicht hieher. Hierauf folgt insgemein der bloße Infinitiv.

c) es so weit bringen, als *rem eo perducere, id efficere, id consequi.*

d) zur Absicht haben, id agere oder spectare.

e) rathen, antreiben, zwingen, als suadeo, impello, cogo cet. Doch sagt man auch coegit *me ire.*

f) befehlen, auftragen, als impero, praecipio, mando, auch dico, scribo, nuntio und ähnliche, wenn sie den Begriff des Verlangens, Befehls oder Wollens enthalten. Nur iubeo hat insgemein nur den Accusativ mit dem Infinitiv, als iussit me venire: zuweilen den Conjunctiv ohne ut, als iube, filius veniat.

g) Fit, accidit, contingit, evenit.

h) bitten.

Not. Doch giebts bey den Alten auch Ausnahmen, z. E. nach imperare findet man zuweilen den Accusativ mit dem Infinitiv, auch nach contingit, accidit.

II. Ut kann bey folgenden stehen bleiben, oder auch in den Accusativ mit dem Infinitiv verwandelt werden, als wollen, nicht wollen, wünschen, erlauben oder sich gefallen lassen, es ist billig, es ist nützlich, es ist nöthig, es folgt; z. E. volo, te id facere, und ut facias: cupio, rempublicam esse salvam und ut resp. sit salva: hinc sequitur, *deum esse* iustum und *ut* deus sit iustus. Doch scheint nach aequum, iustum, verum, utile est, expedit, der Accusativ mit dem Infinitiv gewöhnlicher zu seyn. Not. Daß bey iubeo lieber der Accusativ mit dem Infinitiv stehe, ist kurz vorher erinnert worden: auch steht da oft das Passivum, wo der Deutsche das Transitivum setzt, nämlich, wenn die Person, der etwas befohlen wird, nicht bestimmt ist, als: rex iussit *captivos redimi* befahl, die Gefangenen auszulösen, nicht redimere; dies würde heißen, daß die Gefangenen Jemand auslösen sollten.

D) Quod wird allemal mit dem Accusativ und Infinitiv vertauscht, wenn daß nicht so viel ist, als weil oder in Ansehung, daß. Kann quod eben so wohl
mit

mit daß, als mit weil, überſetzt werden, ſo kann es
bleiben und auch in den Accuſativ mit dem Infinitiv
verwandelt werden.   Hingegen muß quod ſtehen bleiben, wenn es bloß weil oder in Anſehung deſſen,
daß bedeutet.   Folglich

I. Nach den Verbis, Subſtantivis und Redensarten,
die da bedeuten a) eine **Wahrnehmung, Bemerkung**
oder **Empfindung**, ſie geſchehe durch die Sinne, oder
durch den Verſtand, als hören, ſehen, glauben,
wiſſen ꝛc. **Meinung**, **Vermuthung** ꝛc. b) eine Anzeige, ſie geſchehe mündlich, ſchriftlich, durch Gebärden, oder auch das Gegentheil, als ſagen, ſchreiben,
bekennen, läugnen, verſprechen ꝛc. **Nachricht**,
Gerüchte ꝛc. (ſ. oben p. 243) muß quod weggeworfen werden, und der Accuſativ mit dem Infinitiv ſtehen.

Not. a) Dico, ſcribo cet. wenn ſie den Begriff des Be-
fehlens oder Wollens enthalten, gehören nicht hieher,
ſondern verlangen ut nach ſich.

b) Zuweilen reden die Alten nicht accurat genug. Sie ſagen, z. E. adde, *quod*: auch accedit ut ſtatt accedit
quod: auch findet man ut zuweilen nach verum eſt,
verſimile eſt ſtatt des Accuſativs mit dem Infinitiv.

c) Bey den Paſſivis dicor, feror und videor muß ſtatt
des Accuſativs des Subjects der Nominativ vor dem
Infinitiv ſtehen: z. E. *ego dicor eſſe miſer: parentes dicuntur veniſſe: Roma fertur fuiſſe* potens: *tu videris
mihi eſſe doctus: tibi videtur pater felix eſſe,* dir ſcheint
ꝛc. oder du glaubſt, daß ꝛc.   Auch ohne eſſe, z. E. *tu
videris felix.*   Auch ſteht bei andern Paſſivis zuweilen
der Nominativ, als *pater creditur, exiſtimatur* eſſe
felix.   Not. Doch findet man bei dicitur auch zuweilen
den Accuſativ, als Nep. Pauſ. 5. dicitur eo tempore
matrem Pauſaniae vixiſſe. cf. Cic. Or. II, 74.

d) Oft fehlt der Infinitiv eſſe beym Accuſativ, als homines *te* doctum putant, reperiunt cet, ſo auch bey den
Paſſivis, als pater exiſtimatur, videtur bonus: ſc.
eſſe.

II. Bey den Verbis der **Affecte** merke man die vier
Hauptarten, **Freude**, **Betrübniß**, **Hoffnung** und
Furcht.   a) Nach ſich freuen und ſich betrüben kann

Q. 3   nicht

nicht nur der Accusativ mit dem Infinitiv stehen, sondern auch quod mit dem Nominativ, weil daß hier so
viel als weil ist, als gaudeo *matrem vivere* und *quod
mater vivit:* doleo *patrem aegrotare* und *quod pater
aegrotat.* b) Nach Hoffen steht allezeit der Accusativ
mit dem Infinitiv, und zwar, wenn von einer künftigen
Sache die Rede ist, des Futuri, als spero, *me libros
cras accepturum* ich hoffe, daß ich ꝛc. wofür der Deutsche auch sagt: ich hoffe morgen die Bücher zu bekommen. c) Fürchten gehört nicht hieher, denn hier
heißt daß *ne*, und daß nicht *ut* oder *ne non.*

§. 6.
Von den *Supinis.*

I. Von den Supinis in *um* merke man:

1) Sie stehen nach den Verbis, um die Absicht anzuzeigen,
wo die Deutschen insgemein um zu setzen, als Ovid. *spectatum* veniunt. Nep. Argos *habitatum* concessit. Liv.
in Volscos *exsulatum* abiit. Plaut. *coctum* ego, non
vapulatum conductus fui.

2) Sie regiren den Casum ihrer Verborum; z. E. Nep. *pa-
triam defensum* revocatus. Nep. cum *spectatum ludos*
iret. Ter. cur *te* is *perditum?*　　　　　　—

Not. a) Statt dieser Supinorum kann man auch die Gerundia oder Participia in dus und rus, auch ut gebrauchen, als eo spectatum, ad spectandum, spectan-
di causa, ad ludos spectandos, spectaturus, ut spe-
ctem cet.

b) Von vielen Verbis sind die Supina nicht sonderlich gebräuchlich: desto häufiger ist der gedachte Gebrauch des
Gerundii, Participii und des ut.

c) Das Supinum in *um* soll, nach vieler Meynung, der
Accusativ eines Substantivs in der vierten Declination
seyn, wobey ad zu verstehen, z. E. eo spectatum statt
ad spectatum: dann wäre das Supinum in *u* der Ablativ davon.

d) Daß das Supinum in *um* mit dem Infinitiv Passivi
iri von eo durch eine Umschreibung das Futurum Infinit.
Passivi der Verborum zu machen pflege, ist bereits
oben gesagt worden, z. E. amatum iri, doctum iri.

II. Von

II. Von den Supinis in *u* merke man:

1) Sie ſtehen a) insgemein bey Adiectivis, die eine Beſchaffenheit oder Geſtalt anzeigen, und z. E. bedeuten
leicht, ſchwer, ſchön, häßlich, ſchändlich, unglaub-
lich, gut, groß, klein ꝛc. z. E. *facile dictu:* Nep. ut
difficile eſſet *intellectu:* Sall. *incredibile memoratu:* Ovid.
turp- dictu: Cic. tu, quid optimum *factu* ſit, videbis;
b) nach etlichen Subſtantivis, als ſas, neſas, opus,
z. E. Cic. ſi hoc *ſas* eſt *dictu :* Cic. *neſas* eſſe *dictu:*
Ter. ſed ita *dictu opus* eſt ? c) auch bey Verbis auf die
Frage wovon ? Plaut. *obſonatu redeo :* Cat. R. R. primus *cubitu* ſurgat.

2) Dieſe Supina in *u* ſind vielleicht weiter nichts, als Ablativi von Subſtantivis der vierten Declination, die, wie
andere Ablativi, durch in Anſehung zu erklären.

Not. Nach facilis und difficilis ſteht auch unzähligemal der
Infinitiv, als *facile* eſt *vivere ; difficile* eſt *iudicari:*
auch ſagt man *facile* eſt ad *iudicandum* cet.

§. 7.
Von den *Gerundiis.*

Die Gerundia ſind eigentlich das Neutrum des Participii im Futuro paſſivo, das durch alle Caſus, auſſer
dem Vocativ, declinirt wird. Alle Verba, wenn ſie
gleich, weil ſie keinen Accuſativ regiren, kein ganz Paſſivum, folglich auch kein ganz Participium Fut. Paſſ.
von ſich formiren laſſen, haben doch die Gerundia. Man
merke drey Dinge: 1) woher ſie regirt werden, 2) was
ſie regiren, 3) wie ſie, wenn ein Subſtantiv oder Pronomen dabey ſteht, mit dem Participio Fut. Paſſivi (in
allen Caſibus und Numeris) vertauſcht werden.

I. Die *Gerundia* werden eben ſo, wie Subſtantiva oder die Adiectiva neutrius generis, wenn ſie ohne
Subſtantiv ſtehen, regirt: z. E. Nominativ: wie ich
ſage: *eſt bonum* oder *bonum eſt* es iſt gut, ſo auch *eſt
eundum, ſcribendum* oder *eundum, ſcribendum eſt*
es muß gegangen, geſchrieben werden, oder man
muß gehen, ſchreiben. Genitiv: wie ich ſage: *cupidus boni,* oder *rei,* ſo auch cupidus eundi, ſcribendi.

Dativ: wie ich sage: par *bono, oneri* dem Guten, der Last gewachsen, so auch *par ferendo:* Accusativ: wie ich sage: impello te *ad virtutem, ad bonum,* so auch impello te *ad eundum, ad scribendum, ad ferendum:* wie ich sage: puto, *esse bonum,* so auch puto, *esse eundum, esse scribendum.* Ablativ: wie ich sage: delector *virtute* oder *bono,* so auch delector *eundo, scribendo:* wie ich sage versor *in re,* avocor *a re,* so auch versor *in legendo,* avocor *a* scribendo cet.

II. Die Gerundia regiren den Casum ihrer Verborum, z. E.

1) Gerundium in dum, als Nominativ: est *parcendum inimicis:* est *utendum* tempore. Not. Bey Verbis, die einen Accusativ regiren, geschieht dies nicht leicht, z. E. man sagt nicht: est *amandum virtutem,* sondern *virtus est amanda.*

2) Gerundium in di, als Genitiv: z. E. Sum cupidus *parcendi inimicis, scribendi epistolam, utendi tempore* cet.

3) Gerundium in do, als Dativ: z. E. sum par *ferendo* onus, sum aptus *utendo occasione.*

4) Gerundium in dum, als Accusativ: z. E. impello te ad *parcendum inimicis,* ad *scribendum epistolam,* ad recte *utendum tempore.*

5) Gerundium in do, als Ablativ: z. E. *parcendo inimicis* durch Verschonung der Feinde: *utendo occasione: scribendo epistolam:* in *parcendo inimicis:* in *utendo occasione:* in *scribendo epistolam.*

III. Die Gerundia, wenn sie einen Casum bey sich haben, werden von den Alten weit häufiger mit dem ganzen Participio vertauscht, wenn es da ist, das ist, wenn das Verbum einen Accusativ regirt. Die Vertauschung geschieht also. Das Substantiv oder Pronomen, das vom Gerundio regirt wird, wird in dem Casu, in welchem das Gerundium ist, gesetzt, und hernach wird das Gerundium in das Participium verwandelt, und zum Substantiv oder Pronomine in gleichem Casu, Numero und Genere gesetzt, z. E. statt est *amandum virtutem,* est *scribendum literas* muß ich sagen *virtus est amanda, literae sunt scribendae.* Statt sum cupidus
scriben-

ſcribendi epiſtolam, legendi libros, ſagt man: ſum cupidus *epiſtolae ſcribendae, librorum legendorum*. Statt impellimur *ad amandum virtutem*, ſagt man *ad virtutem amandam*. Statt *diſcendo linguam*, in *diſcendo artes* ſagt man: *lingua diſcenda*, in *artibus diſcendis*.

Hingegen bey den Verbis, die keinen Accuſativ regiren, hat dieſe Vertauſchung nicht ſtatt, ſondern es bleibt das Gerundium, z. E. *parcendum* eſt *inimicis*, nicht *inimici* ſunt *parcendi*: ſo auch ſum cupidus *parcendi inimicis*: impellimur ad *parcendum inimicis* cet.

Anmerkungen.

1) Ob gleich dieſe Vertauſchung des Gerundii mit dem Participio bey den Verbis, die den Accuſativ regiren, bey den Alten überaus häufig iſt, ſo iſt doch der Gebrauch des Gerundii bey ihnen (den Nominativ ausgenommen) auch nicht ganz ungewöhnlich; z. E. Nep: *maritimos praedones conſectando* mare tutum reddidit: Sall. eorum *fortia facta memorando*: Cic. ad *placandum deos*. Ja zuweilen ſetzt man der Deutlichkeit wegen lieber das Gerundium, z. E. ſum cupidus *multa diſcendi*, hoc *faciendi*, nicht multorum diſcendorum, huius faciendi. Aber im Nominativ ſteht das Gerundium nicht leicht mit dem Accuſativ, z. E. *amandum* eſt *virtutem*. Es ſagt zwar Cicero Senect. 2. quam (viam) nobis ingrediendum ſit, ſtatt *quae ingredienda ſit*. Aber der Accuſativ quam wird von der Präpoſition *in* in *ingrediendum* regirt: und ingredi ſteht hier Intranſitive.

2) Die Perſon, von der etwas gethan werden muß, ſteht überall, es mag das Gerundium bleiben, oder ins Participium verwandelt werden, im Dativ, z. E. *mihi* eſt utendum occaſione, i. e. a me: *patri* literae ſunt ſcribendae ſtatt a patre. Doch ſetzt man, wenn noch ein anderer Dativ dazu kommt, der Deutlichkeit wegen lieber a; z. E. *a me* parcendum eſt inimicis ſtatt *mihi*: Cic. quibus (civibus) eſt *a vobis* conſulendum.

3) Man findet zuweilen von einigen Verbis, die keinen Accuſativ regiren, das Participium ſtatt des Gerundii, z. E. von utor, fruor cet. Cic. Verr. II, 18. omnia *utenda* tradiderat: Cic. Off. I., 30. tenendum eſſe eius *fruendae* modum: Cic. Tuſc. III, 7. ad *ſuum munus fungendum*.

4) Bey dem Gerundio in di ist noch einiges zu merken:

a) Man findet zuweilen dabey einen Genitiv Pluralis, als Cic. nobis fait *exemplorum eligendi* potestas. Cic. Antonio facultas detur *agrorum suis latronibus diripiendi*. Suet. iocandi licentia, *diripiendique pomorum* et obsoniorum rerumque missilium. Hieher gehört gewissermassen das sui im Plurali mit dem Gerundio in di, als Caes. venerunt *sui purgandi* causa. Cic. doleo tantam Stoicos vestros Epicureis irridendi sui facultatem dedisse. So auch *vestri adhortandi* Liv. XXI, 41. iv.

b) Statt des Gerundii in di steht zuweilen ad, z. E. Cic. Font. 14. quantam voluntatem habent *ad hunc opprimendum*. Cic. occasionem sibi *ad occupandam Asiam* oblatam esse arbitratur.

c) Statt des Gerundii in di findet man nach einigen Substantivis den Infinitiv, z. E. Nep. iniit *consilia reges tollere*. Plaut. occasio benefacta *cumulare*; besonders oft nach tempus est, als Nep. *tempus* est huius libri *facere* finem. Cic. *tempus* esset *dicere*. Cic. sed iam *tempus* est ad id *accedere*. Auch steht nach tempus est nicht selten der Accusativ mit dem Infinitiv, als tempus est, *rem incipi* oder *fieri*. Härter ist folgender Gebrauch des Infinitivs, Ter. filius tuus introiit *videre* statt videndi causa, ad videndum cet. Nep. legatique *hortarentur accipere*. Sonderbar ist folgendes: Plaut. Aul. ne operam perdas *poscere*. Id. Epid. II, 2, 13. quem sum fessus *quaerere*.

§. 8.

Vom Gebrauch der *Participiorum.*

Ueberhaupt merke man hier folgendes:

a) Wenn man ein Verbum ins Participium verwandeln will, so müssen zwey Sätze da seyn, die in so genauer Verbindung stehen, daß der eine die Ursache oder Folge oder eine gewisse Bestimmung der Zeit, zuweilen auch der Bedingung oder eine Erklärung des andern ist. Die Bestimmung der Zeit wird durch die Partikeln wenn, als, da, indem, nachdem, die Bestimmung der Bedingung durch wenn, (si) und die Erklärung durch das Pronomen welcher, welche, welches, ausgedrückt. Z. E. Wenn ich schlafe, so schreibe ich nicht. Da die Feinde überwunden waren, so flohen sie. Ich liebe die Menschen, welche Gott lieben.

b) Unter

b) Unter diesen beyden Sätzen kommt derjenige ins Participium, dem die Bestimmungs = oder Erklärungswörter welcher, als, indem, nachdem, wenn ꝛc. vorgesetzt sind.

c) Das Participium muß in eben dem Tempore stehen, worin das Verbum stand. Not. Ist keine Zweydeutigkeit zu befürchten, so drückt das Praesens Particip. Passivi das Imperfectum, und das Perfectum Partic. Passivi das Plusquamperfectum aus. Hingegen giebt es kein Participium Perfect. und Plusq. im Activo und kein Participium Praes. im Passivo. Daher muß man in solchen Fällen ein geschickt Deponens suchen.

d) Die Participia richten sich nach den Substantivis und Pronominibus im Genere, Numero und Casu.

e) Es ist ein großer Unterschied, ob die beyden Sätze einerley Subject haben, z. E. der Mensch ist glücklich, welcher Gott liebt; ferner: wenn der Vater schreibt, so redet er nicht; oder zwey verschiedene, z. E. wenn der Vater schreibt; so lese ich; hier stehen die Ablativi.

I. Von dem Participio, wenn die beyden Sätze Ein Subject gemein haben, merke man:

1) Erstlich das Participium wird statt des Nominativs qui quae quod und des dazu gehörigen Verbi gesetzt, z. E. statt homo, *qui deum amat,* est felix sagt man homo *amans* deum: und so durch alle Casus; statt *hominis, qui amat* sagt man hominis *amantis* cet.

Not. a) is, ea, id, wenn es heißt derjenige ꝛc. wird allemal weggeworfen: z. E. statt amo homines *eos, qui amant* cet. sagt man amo *homines amantes* cet. statt amo *eos, qui amant* oder *eum, qui amat* sagt man amo *amantes, amantem* cet. Heißt es aber derselbe, dieselbe, dasselbe, oder er, sie ꝛc. so bleibt es, z. E. ubi est frater tous? *eum* nos tantopere amantem, diu desideravi: doch kann es, wenn es sich verstehen läßt, zuweilen weggelassen werden.

b) Folgendes: homo, *qui a deo amatur* und homo, *qui amavit* cet. kann eigentlich nicht ins Participium übergehen, weil man das Tempus darin nicht hat, wenn man nicht ein schickliches Deponens aussucht, z. E. homo dei amore *fruens:* homo *amore complexus* cet.

2) Zweytens steht das Participium zuweilen statt si und quia, aber nur, wenn es sich auch durch welcher erklären läßt, z. E. statt **homo,** *si* (*quia*) deum amat, est felix,

felix, kann man sagen, homo deum amans cet. Aber überall geht es nicht an, z. E. statt homo, si deum amaret, felix esset kann man nicht sagen homo deum amans cet. Ferner ist es einerley, ob ich sage homo, si (quia) deum amat, est felix, oder si (quia) homo deum amat, est felix; folglich kann ich das Deutsche: Wenn (weil) der Mensch Gott liebt, so ist er glücklich, auch übersetzen: homo deum amans cet.

3) Drittens steht das Participium statt der Zeitpartikeln dum indem, cum wenn, da, posteaquam cet. doch muß es sich immer auch durch welcher erklären lassen, wenigstens ziemlich. Z. E. Statt pater, *dum loquebatur*, moriebatur sagt man pater loquens cet. Statt gaudeo, *cum (quando)* te *video*, sagt man gaudeo te *videns*. Statt pater, *posteaquam mortuus erat*, sepeliebatur sagt man: *pater mortuus sep*. Uebrigens ist es einerley, ob ich sage pater, *dum loquebatur*, moriebatur, oder *dum* pater *loquebatur*, moriebatur, folglich kann ich für letztres auch sagen: *pater loquens* moriebatur: so ist auch pater, *posteaquam mortuus erat*, sepeliebatur, und *posteaquam* pater *mortuus erat*, sep. einerley: folglich kann ich für letztres auch sagen: pater *mortuus* sep.

Not. Posteaquam läßt sich im Activo nicht ins Participium Perfecti oder Plusquamperfecti verwandeln, z. E. posteaquam *librum legeram*, eum remisi: ich darf es aber nur durch das Passivum ausdrücken, so habe ich ein Participium, als: librum a me *lectum* remisi, i. e. librum, posteaquam a me lectus erat, cet.

4) Viertens. Man kann auch zuweilen statt *et* das Participium setzen: aber nur, wenn dieses *et* mit dum, postquam oder ähnlichen Zeitpartikeln vertauscht werden kann, z. E. er las das Buch und starb *legens* librum moriebatur, i. e. indem er las 2c. oder libro *lecto* moriebatur, i. e. nachdem das Buch gelesen war. Ferner er las das Buch, und schickte es zurück, librum *lectum* remisit.

II. Von dem *Participio*, wenn die beyden Sätze zwey verschiedne Subjecte haben.

Hier wird der Satz, der sich mit den Zeitpartikeln wenn, indem, da, als, nachdem 2c. anfängt, durch zwey Ablativos, einen des Subjects, den andern des Participii, ausgedrückt: welches die Ablativi consequentiae

-tiae genannt werden, z. E. statt dum *ego* scribebam, *pater* moriebatur sagt man *me scribente pater* moriebatur: so auch statt (ego) gaudebam, cum (tu) veniebas sagt man gaudebam *te veniente;* so auch statt postquam *pater* profectus est, venerunt ad me *amici* sagt man: *patre profecto* venerunt cet. Um dies recht einzusehen, und zu wissen, wo man die Ablativos setzen und wo man den Nominativ beybehalten soll, merke man sich folgende zwey Beyspiele: 1) *Sol oriens fugat* stellas wenn die Sonne 2c. hingegen *sole oriente stellae* fugiunt wenn die Sonne 2c. 2) *sol ortus lucet* wenn die Sonne 2c. hingegen *sole orto lego* wenn die Sonne 2c.

Man kann diese Ablativos consequentiae zuweilen der Kürze wegen in andere Casus verwandeln, die hernach von einem Nomine, von einer Präposition, oder von dem andern Verbo abhängen; z. E. statt *patre mortuo, eius* libros vendidimus sagt man *patris mortui* libros vendidimus, welches eigentlich so zu erklären: *patris, postquam mortuus erat,* libros cet. Statt *patre mortuo eum* sepelivimus sagt man: *patrem mortuum* sepel. i. e. *patrem, postquam mortuus erat,* sepel.

Das Transitivum (Activum) muß oft, wenn man gern Participia setzen will, mit dem Passivo vertauscht werden, z. E. nachdem ich dich gesehen hatte, so gieng ich fort *te viso abii:* so auch *viso lupo* oves fugerunt nachdem sie den Wolf gesehen hatten. Dies geschieht auch mit dem Futuro exacto, z. E. wenn ich das Buch werde gelesen haben, so werde ich kommen, *libro lecto veniam:* Wenn ich das Buch werde gelesen haben, so werde ich es dir schicken: *libro lecto* tibi *eum* mittam, kürzer *librum lectum* tibi mittam.

Not. Bey den Participiis merke man noch folgendes:

1) Man muß sie bey den Alten auf verschiedne Art, und nicht immer nur durch indem, als, nachdem, wenn 2c. übersetzen; z. E. durch Substantiva, z. E. *videns patrem,* oder *viso patre* bey Erblickung des Vaters; so auch *viso lupo* fugerunt oves: so auch *considerans rem,*

rem, video me erraſſe. *Moriens* dicebat beym Sterꞏ
ben: patri *morienti* dicebam : *redeuntem matrem* vidi.
Auch mit und, z. E. *legens* librum ridebat er las das
Buch undꞏlachte: *lecto* libro ſcribebat: *lectum librum*
remiſi.

2) Zwey oder mehr Participia von einerley Caſu können
nicht füglich ohne die Verbindungspartikeln et, ac cet.
ſtehen, auſer in geſchwinden und nachdrücklichen Reden,
wo alsdenn et zu verſtehen iſt: z. E. Liv. I, 15. itaque non *caſtris poſitis*, non *exſpectato* hoſtium *exer-
citu* Veios rediere. Aber zwey Participia von verſchiedenenem Caſu ſtehen ohne et, als *libris lectis videns*, me
non alios habere, dolebam.

3) Die Participia ſind nicht immer oder nicht ſonderlich
gebräuchlich, z. E. ignoturus : auch wird ſans. dans
(Nomin.) nicht leicht vorkommen. Se wird ſciens und
neſciens nur als ein Adjectiv gebraucht, z. E. ſeci hoc
ſciens mit Wiſſen, neſciens wider Wiſſen.

4) Auch ſteht der Ablativ des Participii Perf. Paſſivi zuꞏ
weilen allein und ohne ein Nomen oder Pronomen: man
nennt es den Ablativum abſolutum, z. E. Liv. tum
demum palam *facto* cet. ſo auch *comperto* cet. ſ. oben
Abſchn. 3. §. 10.

5) Man muß nicht allemal Participia ſetzen, ob ſie gleich
vorhanden ſind. Man muß auch der Abwechſelung weꞏ
gen qui, poſteaquam, dum cet. gebrauchen. Daher
fragt es ſich, wenn ſie zu gebrauchen? wenn nicht?

    a) Wenn und wozu gebraucht man ſie? 1) wegen
der Abwechſelung; 2) beſonders wegen der Kürze. Daꞏ
her ſie weit häufiger bey Geſchichtſchreibern, als Rednern,
vorkommen, weil jene oft ſehr viel kleine Zeitumſtände
zu erzählen haben, die ins Kurze gefaſſet werden müſꞏ
ſen. 3) Zuweilen wegen der Deutlichkeit, z. E. homo alios peccaṉs vituperans ipſe debet vitiis carere iſt leichter zu überſetzen, als homo, *qui alios,
qui peccant*, *vituperat*, ipſe debet cet. 4) Wegen
der Annehmlichkeit; weil die ekelhafte Wiederholung
einerley Wörter und Sylben dadurch vermieden wird,
z. E. homo alios peccantes (oder auch) qui peccant)
vituperans iſt angenehmer, als homo, qui alios, qui
peccant, vituperat cet. So iſt auch angenehmer cum
exercitus *traiectis Alpibus* in Galliam veniſſet, als
cum exercitus Alpes *traieciſſet* et in Galliam *veniſſet*.

    b) Wenn ſoll man nicht *Participia* ſetzen? 1) bey
wichtigen Gedanken, die weitläuftiger ausgeführt zu
                       werden

werden verdienen. 2) Wenn die Deutlichkeit leidet, z. E. hominem deum amantem iſt zweydeutig. 3) Wenn die Annehmlichkeit leidet, z. E. hominem virtutem amantem und homines virtutes amantes klingt nicht gut.

6) Die Participia regiren den Caſum ihrer Verborum, z. E. amans virtutem, ſtudens virtuti cet. Doch regiren viele Participia in ns als Adiectiva den Genitiv, als amans dei. ſ. Abſchn. V, §. 2. p. 164.

7) Noch iſt ein beſonderer Gebrauch des Participii Perf. Paſſ. und des Participii Fut. Paſſ. nach gewiſſen Verbis zu merken:

a) Das Participium Perf. Paſſivi ſteht zuweilen nach den Verbis do, volo, cupio, curo auf doppelte Art: 1) erſtlich dient es bloß zur Umſchreibung, z. E. Cic. nunc illos *commonitos volo* ſtatt commoneo: Ter. vos *rogatos volo* ſtatt rogo: Ter. *inventum* tibi *curabo* et *adductum* ſtatt inveniam et adducam: Ter. *effectum dabo*, i. e. efficiam: Virg. nunc te mea dextra *defenſum dabit*, i. e. defendet. 2) Ferner ſteht es ſtatt des Infinitivs, wohin einige angeführte Exempel gehören, z. E. vos *rogatos* volo, i. e. rogare volo: ſo auch Plaut. eſt, qui illam *conventam* *eſſe* vult, i. e. convenire. Cic. ne iſtius quidem laudis ita ſum cupidus, ut aliis eam *praereptam* velim ſtatt praeripere.

b) Das Participium Fut. Paſſivi ſteht 1) oft nach *curo*, wenn es im Deutſchen mit laſſen überſetzt wird, ſtatt des Infinitivs, als curo meos liberos *erudiendos*: Nep. muros *reficiendos curavit*: 2) nach andern Verbis, als geben, übernehmen, verdingen, ſchicken, bekommen ꝛc. wenn eine Abſicht anzuzeigen iſt, die im Deutſchen oft durch um zu ausgedrückt wird, als Liv. corpus *diſtrahendum dabis* zum Zerreiſſen: Nep. Eumenem propinquis *ſepeliendum* tradidit: Cic. attribuit nos *trucidandos* Cethego: Ter. hunc *comedendum* et *deridendum* vobis propino: ſo ſagt man oft: locare domum, aedem cet. aedificandam, ſtatuas *demoliendas*: rem *agendam* ſuſcepi cet.

Auch ſagt Cicero oft *faciendum* putavi, exiſtimavi cet. ſtatt feci oder facere volui; *ſcribendum* putavi, literas ad te *dandas*, *mittendas* cenſui cet. ſtatt ſcripſi, ſcribere volui cet.

Zweytes Capitel.

Von der Zusammenfügung (Syntax) der Wörter in Ansehung der Rangordnung.

I.

Die Rangordnung ist bey vielen Wörtern festgesetzt:

1) Nam, at, (attamen), verum aber, sed, quare, quamobrem, qua de causa stehen zu Anfang ihres Satzes: auch thun dies gern si, sin, nisi, quamquam, etsi, tametsi, quamvis, licet, quoniam, quia, cum oder quum weil, da, und ähnliche, und leiden nur zuweilen Ein oder doch wenige Wörter vor sich, als qui si, qua de re etsi. Hingegen enim, vero (aber), autem, quoque, quidem stehen nicht zu Anfang eines Satzes, und quidem steht gern nach dem Worte, zu dem es gehört.

2) Ne quidem nicht einmal sind zwey Wörter, die gern ein Wort zwischen sich zu haben pflegen, nämlich das, darauf der Accent steht, z. E. ne legere quidem didicit, nicht ne didicit quaero.

3) Wenn zwey Substantiva so zusammengesetzt werden, daß das letzte statt alius steht, so müssen sie beysammen bleiben, z. E. cuneus cuneum trudit: manus manum lavat: homo hominem amat: so auch alius alium odit.

4) Quisque wird dem suus, sibi, se cet. nachgesetzt, als se quisque amat: suum cuique pulchrum.

5) Quisque wird dem Superlativ, wenn es mit ihm eine Allgemeinheit ausdrücken soll, nachgesetzt, als doctissimus quisque est modestissimus: legi libros optimos quosque.

6) Quisque wird den Ordnungszahlwörtern (Ordinalibus) und dem Worte quotus nachgesetzt, und drückt dann die Allgemeinheit aus, z. E. decimum quemque capite privavit: tertio quoque mense proficisci cogor: septimus quisque dies sacris faciundis est destinatus: quotus quisque hoc facit? Wie viel thun das? i. e. wenige.

7) Die Präpositionen müssen vor ihrem Casu stehen. Doch findet man manche nachgesetzt, z. E. tenus, de, cum in mecum, tecum, secum, nobiscum, vobiscum cet. s. ob:n Th. 1. Abschn. 7. n. IV.

8) In

8) In Sprichwörtern, Titulaturen und bereits angeführten Formeln bleibt die eingeführte Rangordnung, z. E. *cuneus cuneum* trudit: *equis viris: velis remis: terra marique*, z. E. bellum gerere: *Jupiter optimus maximus: Pontifex maximus: pater patratus: populus romanus* cet.

9) Ecce, o, vae cet. stehen vor den Wörtern, zu denen sie gehören, z. E. ecce me! vae mihi!

10) Non steht vor seinem Verbo, als non credo, non possum.

11) Das Verbum inquam, inquit steht gern so, daß ein oder mehr anzuführende Worte vorangehen, als pater: *mox, inquit, veniam.*

II. Die Rangordnung der Wörter richtet sich vornehmlich nach der Rangordnung der Ideen; nämlich was zuerst gedacht wird, steht voran: Doch verlangt oft Deutlichkeit, Nachdruck und Annehmlichkeit für ein Wort einen Platz, der ihm eigentlich nicht gebührt; z. E.

1) Das Nomen Proprium steht dem Appellativo gern vor; denn es läßt sich eher denken; z. E. Cicero consul, Roma urbs, Rhenus flumen cet. Doch findet man bey den Alten zuweilen Abweichungen.

2) Qui muß allemal den Satz anfangen, es sey denn, daß darin ein Nachdruck oder grössere Deutlichkeit gesucht oder ein unangenehmer Klang vermieden wird. Besonders muß es nach einem Punkte stehen, wenn es statt *hic vero, is vero, et hic* cet. steht.

3) Der Vocativ hat keinen bestimmten Platz: hier muß der Affect des Redenden oder Schreibenden bestimmen. Doch setzt man der Höflichkeit und Deutlichkeit wegen ihn a) zeitig im Anfang eines Briefs oder Rede, folglich nicht weit vom Anfang: b) zu der Person, die man anredet, als ego tibi, *frater* cet.

4) Qui steht dem Worte, auf welches es sich bezieht, gern nahe: z. E. homo, *qui deum amat*, est felix; nicht *homo est felix, qui* cet.

5) Die Vergleichungs-Ursachs-Zeit-Orts-und Bedingungswörter stehen gern vor: z. E. ego, *ut patrem, ita te amo: te ob pietatem amo.*

6) Zwischen dem Substantiv und seinem Beyworte setzt man gern der Deutlichkeit wegen die dazu gehörigen Wörter, als *magnus patris* amor: *meus in te* amor.

7) Einsylbige Wörter stehen gern den mehrsylbigen, zu denen sie gehören, vor, z. E. *vir* clarissimus: *non possum*: *urbs* pulcherrima: so sollte auch *urbs* Roma stehen; aber s. kurz vorher n. 1.

8) Entgegengesetzte Wörter setzt man gern nahe zusammen, z. E. *otium negotiosum* fuit: appetis *pecuniam, virtutem* abiicis.

9) Wörter, in denen ein Nachdruck liegt, stehen gern voran, als *grave mihi* vulnus inflixit mors patris tui: *magna* fuit laetitia cet. Zuweilen aber steht das nachdrücklichste Wort zuletzt, wenn man stuffenweis in Beschreibung einer Sache geht, als abiit, excessit, evasit, *erupit.*

10) Ueberhaupt müssen Wörter, die zu einander gehören, nicht von einander zu sehr getrennt werden, z. E. patris mihi cara et magna fratri est benevolentia, ist kindisch geredet.

Not. Auf die Rangordnung der Wörter gründet sich die Rangordnung der Sätze. Diese werden theils vor, theils dazwischen gesetzt:

1) Sie werden gern vor gesetzt, wenn sie sich eher denken lassen. Das sind Sätze, in denen eine Ursache, Bedingung, vorhergehende Zeit, eine Vergleichung 2c. ausgedrückt wird, und überhaupt, die sich mit cum, quia, quoniam, etsi, quamquam, quamvis, licet, ubi, posteaquam, quando, qui, quantus, qualis, quot, ut wie, quemadmodum und ähnlichen Wörtern anfangen; z. E. richtiger ist *quia literas odisti,* non potes doctus fieri, als non potes doctus fieri, quia cet. So sagt man: *si potero,* ad te veniam: *qualis pater tuus fuit,* talis tu es: *ut patrem tuum amavi,* ita te amabo cet. und nicht umgekehrt. Doch kommt hier viel auf den Zusammenhang der Rede an: zuweilen sucht man in einem Satze, der eigentlich nachstehen sollte, einen Nachdruck: dann steht er voran: zuweilen kann auch der vorzusetzende Satz wegen seiner Länge nicht voran stehen.

2) Sie werden besonders gern dazwischen gesetzt. Dies nennt man periodisch schreiben. Eine Periode ist, wenn ein Satz durch einen andern getrennt wird, z. E. *homines,* quia male vivis, *te oderunt. Multi, si virtutem*

accuratius noffent, *eam melius colerent.* Rogo te, *ut*, fi quid fcias, *mihi dicas.* Miror, *quomodo* cum ego te tantopere amaverim, *me odiffe poffis.* Die Alten fchreiben gern periodifch.

Not. a) Um Perioden zu machen, muß man oft Sätze erfinden; z. E. ftatt des Satzes: Pompeius mifere periit fage ich: *Pompeius,* quia nimis confifus erat fortunae, *mifere periit.* Nun ift es eine Periode. Befonders muß man quidem in licet, etfi cet. propterea in quia verwandeln, fo bekommt man einzufchaltende Sätze, z. E. ftatt: amo te propter humanitatem tuam fage ich: *te,* quia humanus es, *amo.*

b) Man muß die Perioden nicht zu lang machen.

c) Man muß nicht überall Perioden machen.

d) Die Kunft Perioden zu machen lernt man am beften aus dem Cicero, Livius, Cäfar.

Drittes Capitel.

Von der Zufammenfügung der Wörter in Anfehung des Numerus.

§. 1.

Der Numerus ift das Ebenmaaß oder Gleichheit der mit einander nahe verbundenen Sätze, oder auch der Glieder derfelben, befonders wenn fie einander entgegen gefetzt werden; z. E.

Er war nicht tapfer, fondern kühn; dies ift numerös. Hingegen: Er war nicht tapfer, fondern bewies in allen Dingen nur Kühnheit, ift nicht numerös. Ferner: durch eifriges Beftreben nach Gelehrfamkeit beftieg er die höchften Staffeln der Ehre, ift numerös geredet. Hingegen: durch Gelehrfamkeit beftieg er die höchften Staffeln der Ehre, ift nicht numerös.

Not. Man sieht gern darauf, daß die Wörter von einerley Art sind, z. E. Substantiv und Substantiv, Adjectiv und Adjectiv ꝛc. ferner Ablativ und Ablativ ꝛc.

§. 2.

Es können demnach einzelne Wörter einzelnen, zwey zweyen, drey dreyen, und so mehrere mehrern entgegen gesezt oder beygefügt werden: doch müssen die Wörter, so viel als möglich, von einerley Gattung seyn: z. E.

Cic. Mil. 4. est haec non *scripta*, sed *nata* lex. Ibid. quam non *didicimus*, accepimus. legimus, verum ex natura ipsa *arripuimus*, *hausimus*, *expressimus*. Cic. ad Div. VI, 2. si, armis aut *conditione positis*, aut *defatigatione abiectis*, aut *victoria detractis*, civitas respiraverit. In der ersten Stelle ist Ein Wort einem, in der zweyten drey dreyen, in der dritten zwey zweyen entgegen gesezt.

§. 3.

Der Numerus wird erlangt, wenn man nach-sinnt, was für Wörter noch dazu gesezt werden können, z. E.

Statt olim vivebas *cum laude*, nunc non, kann man zuweilen sagen: *olim* vivebas *cum laude*, nunc cum ignominia: so ist das numeros: nemo *sine labore ad doctrinam* accedit: aber nicht das: nemo *sine laboris assiduitate ad doctrinam* cet. Sage ich aber: *sine laboris assiduitate ad doctrinae elegantiam* accedit, so ist es numeros.

Not. Der Numerus gefällt überall. Doch muß man ihn nicht überall und ohne Sinn anbringen.

~~~~~~~~~~~~~~~~~~~~~~~~~~~~~~

Viertes Capitel.

Von der Zuſammenfügung der Wörter in Anſehung der Verbindung.

I.

Wörter, deren Ideen zuſammen gehören, werden verbunden:

1) Mit et, ac, que, atque, mit tum tum, tam quam eet. Not. ac ſteht nicht gern vor einem Vocal.

2) Beſonders a) mit doppeltem et ſtatt des einfachen, z. E. Vater und Mutter liebt mich: *et* pater *et* mater me amat: ſo auch *te et* amo *et* colo ich liebe und ehre dich. Doch müſſen die Wörter unterſchieden, und keins die Erklärung des andern ſeyn; und ich muß allemal dabey denken können ſowohl — als auch. b) Mit *ut*, worauf ita folgt, ſtatt des *et*: z. E. amo *ut* patrem, *ita* matrem Vater und ꝛc. doch muß es ſich eigentlich durch wie — alſo erklären laſſen. c) Durch Wiederholung der Partikel oder des Pronomens qui, ſtatt des *et*, als: ſi deum, ſi virtutem amas. Omnia faciam, quae recta, quae iuſta ſint.

II. Wörter, deren Ideen getrennt werden ſollen, werden gern mit dem doppelten *aut*, *vel* ſtatt des einfachen verbunden, z. E. *aut* heri *aut* hodie geſtern oder heute: *aut* lege *aut* ſcribe ſchreib oder ꝛc. Vende *aut* agrum *aut* domum; doch muß man dabey auch entweder — oder denken können.

III. Wörter, deren Ideen geläugnet werden, pflegen gern verbunden zu werden a) durch das doppelte neque oder nec, wo der Deutſche nicht immer weder — noch ſetzt, z. E. Väter und Mutter ſind nicht zu Hauſe, *nec* pater *nec* mater domi eſt: du liebſt und ehrſt deinen Vater nicht patrem *nec* amas *nec* colis: b) durch Wiederholung des Verneinungswortes; z. E. *Nemo* te colit, *nemo* te amat. *Non* inge-

R 3   nium,

nium: *non* doctrina ei defuit: **Es fehlte ihm nicht
an Genie noch an Gelehrsamkeit**: c) durch ne quidem mit folgendem nedum: d) durch non modo non
oder non modo mit darauf felgendem ne quidem, als
non modo scribere, sed *ne* legere *quidem* didicit: statt
non modo non.

IV. Es giebt noch andre Verbindungsarten; 1) mit
utrum oder ne, wenn an darauf folgt, theils fragweise:
utrum Livium an Nepotem legisti, oder Legistine Livium cet. theils ohne Frage: nescio, utrum legeris (le-
gerisne) Livium an Nepotem: man kann auch utrum
oder ne weglassen. 2) Durch et is oder isque, idemque, z. E. habes multos libros *et eos* pulchros und
zwar 2c. so auch mit *nec is* und zwar nicht, als habes multos libros, *nec eos* vulgares.

Hieher gehört auch die Verbindung der Sätze, Punkte, Argumente und anderer größerer Theile einer Rede
oder Schrift.

I. Sätze werden auf vielerley Art verbunden,
z. E. durch et, *ac* cet. durch *utrum, an* cet. Besonders aber

1) mit dem doppelten et, aut, vel, neque oder nec, wo
der Deutsche es oft nur einfach verlangt: doch muß man
immer dabey so wohl — als auch, entweder — oder,
weder — noch benken können; z. E. Deus *et* nobis vitam
dedit *et* nos mente instruxit hat uns das Leben 2c.
Aut pater tibi libros mittet *aut* ego tibi emam der Vater wird dir die Bücher schicken, oder 2c. Si *neque*
tu me adiuvas *neque* alii mihi opem ferre volunt wenn
du mir nicht hilfst 2c. Auch folgt auf *et* oft nec oder neque, i. e. et non, oder umgekehrt, z. E. Cic. Furnium
a te tanti fieri *nec* miror *et* gaudeo: er konnte auch sagen,
et gaudeo *nec* miror.

2) Oft durch ut, statt quare, itaque, hinc: z. E. tu neminem amas: ut non mirari debeas, te a nemine amari
daher mußt du dich nicht 2c.

3) Oft durch ita, sie, tam mit dem folgenden ut, statt et;
als deus est *tam* benignus, *ut* det nobis cet. Gott ist so
gütig und 2c.: sis *tam* benignus, *ut* mihi dicas sey so
gütig und sage mir: tu non eris *ita* crudelis, *ut* me
occidas.

4) Oft

4) Oft durch ita, ut statt quidem, sed, z. E. parentes debent filios *ita* amare, *ut* eorum tamen vitiis non indulgeant müssen zwar lieben, aber doch nicht 2c.

5) Durch is, talis, tantus, tot, worauf qui, qualis, quantus, quot statt ut is (ego, tu), ut talis, ut tantus, ut tot folgt. z. E. non ego *is* sum, cui (i. e. mihi) talia dicas. Tu non is es, *qui* talia dicas. Non *is* est, *qui* mentiatur. *Talis* (*tantus*) erat pater tuus, qualis (*quantus*) si tu esses, felix fores.

6) Durch Vorsetzung des cum, quia cet. statt des hinten stehenden quare, hinc cet. z. E. statt tu nihil didicisti: *hinc* non mirari debes, te a nemine coli sagt man: *Cum* nihil didiceris, *non* cet.

7) Durch tantum abest an Statt, daß, worauf a) zweymal ut folgt, als *tantum abest*, *ut* gaudeam, *ut* potius flere cogar statt mich zu freuen, muß ich 2c. b) oder einmal ut; z. E. neo nunc, *tantum abest*, *ut* gaudeam.

8) Durch ut, sicut, quemadmodum und ähnliche, worauf sic oder ita folgt, statt et, als ego te, *ut* semper amavi, *ita* per omnem vitam amabo ich habe dich immer geliebt, und 2c.

9) Durch etsi statt quidem, durch quia statt nam cet. z. E. etsi non doctus sum, tamen scio cet. Ich bin zwar nicht 2c. Patris reditum, *quia* ille non scripsit, nescio statt: patris reditum nescio; *nam* ille cet.

10) Durch nec oder neque statt et non; dies ist sehr zu empfehlen; z. E. amo te, *nec* possum dicere, quare. So sagt man gern *nec* ullus oder *nec* quisquam statt et nullus oder et nemo: *Nec* quidquam statt et nihil: *Nec* unquam statt et nunquam: *Nec* usquam statt et nusquam.

II. Ganze Puncte werden verbunden:

1) Durch qui quae quod statt is ea id oder hic haec hoc, auch ego, tu, da denn die dabeystehenden Verbindungspartikeln und, aber, denn, daher, demnach wegfallen, z. E. Heri apud fratrem fui: *Cui* cum dixissem cet. Doleo, tu non adfuisse? *Qui* si adfuissem, te consolatus essem.

2) Durch nec oder neque auf doppelte Art:

a) Statt et non, ~~wie bey~~ den Sätzen, es mag auch nicht, oder und nicht bedeuten. Hieher gehört auch das Nec quisquam (ullus) statt Et (etiam) nullus: Nec quidquam statt Et (etiam) nihil: Nec unquam, Nec usquam: s. gleich vorher n. 10.

b) Statt des blosen non vor *vero* (*autem*), *enim* und *tamen*, z. E. *Neque* (*nec*) vero credibile est cet. *Nequ* (*nec*) tamen negari potest cet. *Neque* (*nec*) enim possum cet. So auch *Neque* vero quisquam, quidquam, unquam, usquam statt *Nemo* vero, *nihil* vero, *Nunquam* vero, *Nusquam* vero: *Neque* tamen quisquam, quidquam, unquam, usquam statt *Nemo* tamen, *Nihil* tamen, *Nunquam* tamen, *Nusquam* tamen: *Neque* enim quisquam, quidquam, unquam, usquam statt *Nemo* enim, *Nihil* enim, *Nunquam* enim, *Nusquam* enim. So steht auch oft *Neque* vero non statt vero: *Neque* tamen non statt tamen: *Neque* enim non statt enim. Oft wird das non von dem neque oder nec weit getrennt, z. E. Cic. ad Div. VI, 1. *Nec* enim is, qui in te adhuc iniustior fuit, non magna signa dedit cet.

Not. Ob hier nec oder neque stehe, das ist einerley. Die Alten sagen aber lieber *Neque vero*, als *Neque autem*.

3) Auch durch andere Arten, a) durch *Nam cum*, welches üblicher ist, als Cum enim: b) durch quod statt quod attinet ad id quod, z. E. *quod autem nonnulli dicunt* cet. was aber das anbelangt, daß einige 2c. c) durch at bey Einwürfen, die man sich macht, statt at obici possit man könnte aber einwenden, z. E. Cic. ad Div. IX, 6. *At* in perturbata republica vivimus.

III. Die Beweise und größern Theile einer Rede oder Schrift werden nicht gern durch primo, secundo, tertio cet. gezählt und verbunden, sondern lieber durch *primum, deinde, tum, praeterea, insuper,* und am Ende *postremo* oder *denique.* Statt praeterea, insuper steht auch deinde oder tum noch einmal. Auch zählt Cicero Font. 14. primum, tum, deinde, postremo. Auch bedienen sich die Alten noch anderer Formeln, als Accedit, quod: Huc accedit, quod; Reliquum oder Restat, ut cet.

Fünftes Capitel.

Von der Zusammenfügung der Wörter in Ansehung der Abwechselung derselben.

Die Abwechselung der Wörter ist angenehm, verlangt aber Vorsicht, damit nicht dadurch der Gedanke entstellt werde.

§. 1.

Von Vertauschung der *Substantivorum.*

I. Unter sich: z. E. notitia, cognitio und scientia: eruditio und doctrina: aetas und anni (hominis); adolescentia, senectus für adolescentes, senes: mens für cogitationes: mors, obitus und finis vitae. Hingegen sententia und opinio (Vermuthung) ist nicht einerley, so auch vitium, error, peccatum.

II. *Substantiva* stehen für *Adiectiva*; z. E. victor exercitus: Phaedr. *crurum nimiam tenuitatem* vituperat statt crura nimis tenuis.

III. Substantiva stehen statt eines Pronomens mit Nachdruck: z. E. Cic. Catil. I, 1. *Consul* videt statt ego video.

IV. Das Nomen proprium steht statt des Apellativi, als Hector, Achilles statt eines Helden: Nestor statt senex prudens.

V. Oft setzt man zwey Substantiva für eins, z. E. offendit *patris animum* er hat den Vater beleidigt; vulneravit *fratris corpus*: so sagt man *saevitia maris* statt mare, wo es sich schickt.

VI. Substantiva stehen statt der Adverbiorum, als *praeter opinionem* statt repente, *per insidias* statt insidiose cet.

§. 2.

Von Vertauschung der *Adiectivorum*.

I. Unter sich: z. E. Fessus, lassus: Certus, indu biatus, exploratus: Pulcher, formosus: Magnus, gravis heftig: Praeclarus, eximius, praestans, excellens, auch insignis, singularis: accuratus, diligens cet. Besonders merke man: a) nach sine setzt man ulla dubitatione, ohn allen Zweifel. b) Der Comparativ steht gern statt des Superlativs, z. E. te nemo est doctior du bist der gelehrteste: c) statt quot steht auch quantum, z. E. librorum. Bedeutet wieviel aber so viel als wenige, so steht quotusquisque; als quotusquisque hoc credit?

II. *Adiectiva* statt *Substantivorum*, z. E. dixit hoc *vivus* bey seinem Leben. Factum hoc est *me vivo*, i. e. in vita mea. Didici hoc *senex*. Civis *Lipsiensis, Berolinensis* aus Leipzig 2c.

III. *Adiectiva* statt *Adverbiorum*, z. E. *nullus dubito* statt non: Besonders sagt man gern primus, solus, unus cet. statt primum, solum, als mater venit *prima* zuerst: mihi *soli* (*uni*) dixit mir allein, nur mir: amat *solam* pecuniam: Cic. erat ille Romae *frequens*. S. oben C. 1. Abschn. 4. §. 2.

§. 3.

Von Vertauschung der Zahlwörter.

I. Unter sich: Man sagt lieber duodeviginti, undeviginti als octodecim, novemdecim, 18.

II. Zahlwörter statt andrer *Adiectivorum*, als sexcenti, centum, mille statt sehr viel, unzählige, so auch centies, sexcenties, millies für saepissime. Doch muß auf die eigentliche Bedeutung Rücksicht genommen werden. Ferner ut *uno verbo dicam* statt paucis verbis.

§. 4.

Von Vertauschung der *Pronominum*.

I. **Unter sich:** a) nos, nobis cet. sagt Cicero oft statt ego, me, mihi cet. b) id quod für quod, z. E. amas virtutem: *id quod* laudo: c) nescio quis, quid cet. statt quidam cet. Besonders wenn man verächt= lich redet, als vidi hominem, nescio quem: scripsi *libri* nescio *quid:* d) ipse statt ille, wenn von der Hauptperson die Rede ist, und sie von ihrem Gefolge 2c. unterschieden werden soll, z. E. Caesar praemisit le= gatos, *ipse* post aliquot dies secutus est er aber 2c. e) qui quae quod statt is ea id, auch ego, tu bey An= fang eines Puncts. S. vorher Cap. 4. n. II. p. 263. Besonders nach dignus, z. E. dignus sum, es, est, *quem* ametis. f) si quis cet. steht insgemein statt si ali= quis; so auch ne quis, quo quis cet.

II. *Pronomina* statt *Adiectivorum:* a) ipse statt totus bey Zahlen, als tres *ipsos* dies absui: b) is statt talis, als tu es *ea* doctrina, ut cet. c) hic statt prae= sens, als *hic homo; haec* tempora: d) hic statt pro= ximus, als *his diebus* accidit. e) ille steht gern statt prior, worauf hic statt posterior folgt, als: Cicero et Livius sunt legendi: *ille* ob eloquentiam, *hic* ob hi= storiam der erstere, der letztere. f) quicunque und quisquis stehen gern statt omnis qui, als *Quicunque* (*quisquis*) ita loquitur, mentitur: *quemcunque* amas, eum amo: *quidquid* cupies, tibi dabo. (-)

III. *Pronomina* statt *Adverbiorum:* 1) quid statt cur? als *quid* fles? 2) ipse statt adeo, z. E. *ipse* Cae= sar Pompeium laudat. 3) idem statt item, etiam, z. E. Virgilius scripsit Bucolica: *idem* Aeneida fecit. Tu legisti Horatium: ego *eundem* legi.

IV. *Pronomina* statt *Praepositionum:* z. E. *quae* tua est humanitas statt *pro tua humanitate:* so auch *qui* tuus est amor.

V. *Pronomina* statt *Coniunctionen:* 1) is statt quidem, als habes multos libros, et *eos* pulchros und zwar 2c. 2) idem statt etiam: s. vorher n. III. 3) qui
steht

steht gern statt ut und cum nebst einem andern Pronomine, a) statt ut, dignus sum, es, est, *quem* ametis,
cui faveatis: mi si librum, *quem* legeres: b) statt cum:
laudas me, *quem* non noris.

§. 5.

Von Vertauschung der *Verborum.*

I. Unter sich: a) pati zulassen, erlauben, ferre,
sinere, auch permittere, potestatem dare: b) ferre,
tolerare, perferre, perpeti erdulden; c) suadere, consilium dare, censere. d) habeo vestes, sunt mihi vestes,
vestibus sum praeditus, instructus, utor.   Doch ist
Vorsicht nöthig, z. E. versari und esse, verba facere
und loqui, prodere memoriae, und memorare, mentionem facere sind nicht einerley.   So ist auch debeo,
oportet, necesse est, cogor unterschieden, auch aegre
ferre übel nehmen und vitio vertere oder in malam partem accipere, auch imperare und mandare cet.

II. Auch werden die Theile des Verbi vertauscht,

A) *Modi:* z. E. non facies und ne facias statt ne fac:
Caesar *proficisci* statt proficiscebatur: So sagt man
gaudeo *te vivere* und *quod* vivis; hinc sequitur,
ut verum sit und verum *esse.*

B) *Numeri:* z. E. nunc *dicemus* statt dicam.   Cogita,
quid dignitas et officium *postulent* und *postulet.*

C) *Tempora:* 1) Praesens statt des Imperfecti, z. E.
si quis *dicat.* 2) Praesens statt des Perfecti, als
Caesar *imperat, proficiscitur.* 3) Praesens statt des
Futuri, als spero me efficere *posse,* auch me efficere kömmt zuweilen vor: brevi infelix *es* statt eris:
besonders in diesen Redensarten: Wer will das läugnen? Jeder wird gestehen, sehen müssen 2c.
Quis negat? quisque fateri, videre *debet.* 4) Imperfectum statt des Perfecti: memini me *dicere.* 5)
Perfectum statt des Praesentis: si quis *dixerit: ne*
dixeris. 6) Futurum Indicativ: statt des Praes. Imperativi: *non facies.*

D) Per-

D) Perſonalendungen, wo der Deutſche man ſetzt, z. E. *dicitur* und *dicunt* man ſagt: honeſtum eſt ea, *quae ſcias* und *ſciamus*, alios docere, was man weis.

E) *Genera*: z. E. ſcio te libros *amare* und libros a te *amari*. Beſonders nimmt man das Paſſivum, um der Zweydeutigkeit vorzubeugen, z. E. ſcio te a patre amari iſt deutlicher, als patrem te amare, weil dies auch heißen kann: daß du den ꝛc.

III. *Verba* ſtatt *Subſtantivorum*; 1) Infinitivus, z. E. *errare* humanum eſt: *didiciſſe* fideliter artes emollit mores: virtutem magni *facere* homines reddit felices, die Hochſchätzung der ꝛc. 2) Participia: z. E. pater dicebat *moriens*, *proficiſcens* beym Sterben ꝛc. ſo auch *timens* aus Furcht ꝛc.

IV. *Verba* ſtatt *Adiectivorum*, als vix credi poteſt ſtatt vix credibile eſt. Oft iſt dies nöthig, z. E. deus cerni, comprehendi mente nequit iſt unſichtbar, unbegreiflich.

V. *Verba* ſtatt *Adverbiorum*, z. E. quid quaeris? Kurz: *neceſſe eſt* hominem mori ſtatt homo moritur *neceſſario*: *manifeſtum* eſt te mentiri ſtatt manifeſte mentiris: fratrem *opinor* mortuum eſſe iſt vermuthlich geſtorben.

VI. *Verba*, und zwar *Participia* ſtatt Präpoſitionen: z. E. 1) ſtatt ſine: homo *carens* libris non multa diſcere poteſt; 2) ſtatt cum: venit *inſtructus* magna multitudine: 3) ſtatt propter: fecit amore *ductus, incitatus, motus* cet. aus Liebe: anguſtia temporis *impeditus, excluſus* aus Mangel der Zeit: *carens* magiſtro aus Mangel eines Lehrers: *timens* aus Furcht ꝛc. 4) ſtatt poſt: z. E. *coenatus* abiit nach Tiſche: mortuus nach dem Tode: 5) ſtatt in: ſcribens im Schreiben, iter faciens auf der Reiſe: 6) ſtatt ex: ſcio *experientia* edoctus: 7) ſtatt praeter: amiſi libros, *paucis exceptis*: 8) ſtatt iuxta, ad: moriebatur *aſſidens* libris bey den Büchern.

VII.

VII. *Verba*, und zwar *Participia* ſtatt *Conjunctionen*: dicebat *coenans*, i. e. dum coenabat: *his dictis* abiit, i. e. cum haec dixiſſet.

§. 6.
Von Vertauſchung der *Adverbiorum.*

I. Unter ſich: z. E. ita, ſic, tam: rurſus, denuo: tantum, tantummodo, ſolum, duntaxat, modo, auch oft nonniſi: ſaltem, duntaxat, certe: fere, ferme, paene, propemodum, tantum non: cum primum, ut primum, ſimul mit ac oder atque oder ohne beydes: aeque ac, non minus quam: ſi aliquando und öfter ſi quando: ſo auch ne quando cet.

II. *Adverbia* ſtatt *Subſtantivorum:* 1) vere in Wahrheit; conſiderate mit Ueberlegung, prudenter cet. 2) hic, iſtic, illic, ſtatt in hoc, iſto, illo loco: huc, iſtuc, illuc ſtatt in hunc locum, in iſtum locum cet.: hinc, iſtinc, illinc ſtatt ex hoc, iſto, illo loco: 3) ita ſtatt *hac conditione* und *hoc exitu.*

III. *Adverbia* ſtatt *Adiectivorum: breviter* rem dicere, i. e. *paucis:* ſic und ita für *talis,* z. E. *ſic* vita hominum eſt.

IV. *Adverbia* ſtatt *Pronominum:* z. E. 1) erat tempus, *cum* cet. ſtatt quo: 2) homo, domus, *unde* veniſti ſtatt a quo, e qua: 3) hic ſtatt in hoc oder hac in re: 4) hinc ſtatt ex hoc oder hac ex re: 5) ut wie für quo je: alsdann folgt ita ſtatt eo; z. E. ſtatt quo quis eſt doctior, eo ſolet eſſe modeſtior ſagt man: ut quisque eſt doctiſſimus, ita ſolet eſſe modeſtiſſimus. Not. Dann ſteht gern quisque und der Superlativ.

V. *Adverbia* ſtatt *Verborum:* z. E. ecce me ſieh mich oder da bin ich.

VI. *Adverbia* ſtatt *Conjunctionen.* 1) ita mit ut ſtatt quidem, ſed, z. E. amo priſcos *ita, ut* recentiores tamen non ſpernam. 2) ut, wenn ita folgt, ſteht für et, oder das doppelte tum, als: amant te ut docti *ita* indocti Gelehrte und Ungelehrte.

§. 7.

§. 7.

Von Vertauschung der Präpositionen.

I. Unter sich:

1) Statt apud steht iuxta, ad, propter: als *ad* urbem esse, *propter* viam.

2) Statt ante steht a) ob: ponere *ob* oculos; b) prae: als *prae* se agere pecus: c) pro: als *pro* castris legiones constituit.

3) Statt circiter steht ad bey Zahlen: *ad* quo millia.

4) Statt contra wider steht a) adversus, in, als dicere *in* aliquem; b) praeter, als *praeter* morem.

5) Statt erga steht in, als amor *in* deum.

6) Statt ex steht de, als unus *ex* und *de* civibus.

7) Statt de steht super, als *super* hac re scripsi.

8) Statt inter steht in, als *in* doctis numerari.

9) Statt post steht a) ex: als *ex* hoc tempore: b) a, als *a* meridie: c) secundum, als *secundum* Calendas.

10) Statt pone steht post, als *post* aurem.

11) Statt secundum steht pro, ex, ad, als *pro* dignitate, *ex* aequo, *ad* voluntatem alicuius loqui.

12) Statt propter, ob steht a) per in Bitten, als rogo te *per* deum: b) pro: als *pro* amicitia id facias: c) prae, als *prae* lacrymis loqui non possum vor Thränen zc.

13) Statt super über steht lieber per in diesen Redensarten: currere *per* agros, montes: ite *per* forum.

14) Statt versus steht ad, als tendere *ad* urbem.

II. *Praepositiones* statt *Substantivorum*.

1) A statt a parte, als stare *ab* aliquo: *a* fronte: Auch statt ratione, als firmus *a* peditatu.

2) Ad a) statt in comparatione, z. E. nihil *ad* Persium in Vergleichung zc. b) statt ratione, als haec res est *ad* fructum uberrima.

3) Contra statt e regione, als *contra* Italiam.

4) De statt ratione: Cic. *de* me autem suscipe meas partes.

5) Ex statt per occasionem: Cic. epistolam, quam *ex* tuis literis misi cet.

6) Pro statt loco an Statt.

7) Prae statt in comparatione: felix sum *prae* te.

III. Praepositiones statt eines Verbi, z. E. *clam* patre, i. e. patre ignorante: legi omnes scriptores *praeter* Homerum, i. e. excepto Homero: sum felix *prae* te, i. e. comparatus tecum.

IV. Prae-

IV. Praepositiones statt Conjunctionen: pater *cum matre* profectus est statt pater et mater profecti sunt.

§. 8.
Von Vertauschung der Conjunctionen.

I. Unter sich: z. E.

1) Aut und vel bey verschiednen Dingen; aber sive, seu bey verschiednen Namen Einer Sache, als Phoebus seu Apollo.

2) Ut steht a) mit vorausgeschicktem tam, ita cet. statt et, als deus est *tam* benignus. *ut* det nobis cet. statt *et dat* cet. b) mit vorausgeschicktem tam, ita, tantus cet. statt nam: statt sum infelix; nam nihil habeo, quo cet. sagt man: sum *ita* infelix, *ut* nihil habeam cet. c) statt igitur, hinc: als tu neminem amas: *ut* non mirum sit, te a nemine amari statt igitur non mirum est cet.

3) Etsi, licet cet. statt quidem, dann folgt tamen statt sed, autem, vero, als: etsi initium doctrinae difficile est, tamen eius fructus dulces sunt, statt: Initium — est quidem difficile, sed cet.

II. Conjunctionen statt *Verborum*, als habes nihil libros statt exceptis libris: *ut* haec omnia vera sint cet. gesetzt, daß 2c. statt faciamus, fingamus, haec omnia vera esse.

III. Conjunctionen statt *Adiectivorum*, a) neque statt non bey Anfang eines Puncts, s. oben Cap. 4. n. II. b) ut statt hinc, als parentes profecti sunt: *ut nunc soli simus* daher sind wir 2c.

§. 9.
Von Vertauschung der Interjectionen.

Z. E. o me miserum! statt quam miser sum! so auch o mortem homini terribilem! Auch steht heus! statt audi.

§. 10.
Zugabe einiger Quellen der Abwechselung in Wörtern.

I. Man setzt statt des Wortes selbst eine doppelte Verneinung, z. E. non indoctus statt doctus: non nescio statt scio: non nemo statt aliquot; nemo non

statt

ftatt quisque: non nihil statt aliquid: nihil non statt omnia: non nulli statt aliquot: non nunquam statt interdum: nunquam non statt semper: non semel statt saepe: non sine statt cum cet.

II. Man setzt die vorhergehende Idee statt der folgenden, als subire, suscipere statt perferre: iubere aliquem valere statt discedere: oder die folgende statt der vorhergehenden, als pallere statt valde timere.

III. Man setzt die Ursach statt der Wirkung, als Mars statt bellum, mens statt cogitationes, mobilis statt inconstans; oder die Wirkung statt der Ursache, als trepidare statt valde timere, terreri.

IV. Das Genus für die Species, als accipere statt discere: tradere statt docere: decedere statt mori: mortales statt homines.

V. Das Ganze für den Theil, oder umgekehrt, z. E. bald pater est sepultus, bald patris corpus cet.

VI. Metaphorische Ausdrücke statt der eigentlichen, als fons statt causa.

VII. Umkehrung der Verhältniß, als tu es filius meus und ego sum pater tuus: mihi nihil scripsisti und nihil literarum abs te accepi: tu es me superior und ego sum te inferior.

VIII. Umschreibung statt des einzelnen Worts: qui me audiunt statt auditores mei: qui nos genuere statt parentes nostri.

IX. Sprichwörter statt der eigentlichen Ausdrücke, z. E. oleum et operam perdidi. Doch ist Vorsicht nöthig, weil viele Sprichwörter der Alten auf unsere Zeiten nicht passen.

X. Der Pleonasmus und Ellipsis, z. E. nisi si statt nisi: paucis statt paucis verbis. S. von beyden Cap. 6 und 7.

XI. Auch giebts eine Abwechselung in der Rection, als doctior patre und quam pater: dignus est laude und qui laudetur: referre in diis und in deos: ea res und id rei.

Schell. kleine Gramm.   S   Sechstes

Sechſtes Capitel.

Von der Zuſammenfügung der Wörter in Anſehung
des Ueberfluſſes (Pleonasmus), ſowohl des
wirklichen, als ſcheinbaren.

§. 1.
Vom wirklichen Ueberfluſſe, (Pleonasmus.)

I. Ita, ſic, hoc, id, illud ſtehen oft vor dem Accuſativ
mit dem Infinitiv oder vor dem *ut* überflüſſig, z. E. *hoc* (id, illud cet.) credas, me omnia tua
cauſa facturum eſſe: *Illud (hoc, id)* te rogo, ut
nihil contra dignitatem tuam agas.

II. Quoad *eius* fieri poteſt, quoad *eius* facere potero
cet. Hier iſt eius (vielleicht ſtatt in ea re) überflüſſig.

III. Ut ne ſtatt ne: als rogo te, ut ne facias.

IV. Niſi ſi auſſer wenn ſtatt niſi.

V Interea loci, poſtea loci ſtatt interea, poſtea;
ſaepenumero ſtatt ſaepe. Aber in ubi *locorum*, quo
locorum, minime *gentium* iſt ein Nachdruck. S.
oben Cap. 1. Abſchn. 5. § 4.

VI. Mihi, tibi, ſibi, nobis, vobis ſtehen zuweilen
überflüſſig, wie im Deutſchen da kam dir der Mann ꝛc.
S. oben Cap. 1. Abſch. 6. §. 4. n. XI.

VII. Imo vero ſtatt oft für imo, doch vielleicht mit
Nachdruck.

VIII. Id quod ſtatt quod, wenns auf den ganzen
Satz ſich bezieht, als tu acriter diſcis: *id quod* probo.

IX. Item auch, in Gegenſätzen, z. E. ich liebe den
Cajus, nicht dich, amo Caium, non *item* te.

X. Ille ſteht vor quidem oft überflüſſig, z. E. habeo libros, non *illos* quidem multos, ſed tamen pulchros.

Not. Alles Ueberflüſſige unter dieſen X Nummern iſt
nachzuahmen.

XI. Magis

XI. Magis und potius stehen zuweilen beym Comparativ und nach malo, praeopto, folglich überflüßig, z. E. Nep *potius* patriae opes augeri, quam regis, *maluit*. Es ist nicht nachzuahmen.

XII. Sed autem, etiam quoque, itaque ergo, tandem denique cet. findet man zuweilen beysammen. Es ist nicht nachzuahmen.

§. 2.
Vom scheinbaren Ueberfluße, (Pleonasmus).

Oft scheint etwas überflüßig zu seyn, und ist es nicht, wenigstens nicht gänzlich, z. E.

I. *Quod si* steht oft im Anfang eines Puncts statt *si:* so auch *quod nisi* statt *nisi:* zuweilen auch *quod ubi, quod utinam* statt *ubi* und *utinam*. Aber es verbindet mit dem vorhergehenden, und scheint so viel zu seyn, als qua in re, qua re.

II. In *doctissimus quisque, optima quaeque cet* ist *quisque, quaeque* nicht überflüßig, sondern drückt die Allgemeinheit aus: Ein anders ist optimus hoc fecit: hier ist von Einem die Rede: ein anders ist optimus quisque der rechtschaffenste, i. e. alle sehr rechtschaffene. Ein anders ist optima amo und optima quaeque amo. So ists auch mit den Zahlwörtern: decimus heißt der zehnte, nämlich ein einziger: decimus quisque heißt allemal der Zehnte, oder alle zehnten: interfecit decimum quemque allemal den zehnten Mann, folglich viele: decimum den zehnten, nämlich einen einzigen.

III. *Scribendum putavi, censui: faciendum putavi cet.* ist nicht blos für *scripsi, feci,* sondern drückt zugleich den mit Ueberlegung gefaßten Vorsatz aus.

IV. *Fac eas, scribas cet.* ist mehr als *eas, scribas:* wie im Deutschen, mach und gebe: mach, daß du schreibest.

V. *Vero* steht in einigen Briefen des Cicero gleich nach dem ersten Worte, aber deswegen nicht über-

über-

überflüssig: es heißt wahrhaftig, in der That ꝛc. und ist so viel als vere, z. E. ad Div. IV, 6. Ego vero, Servi, vellem cet.

VI. *Non is sum, qui* cet. z. E. negem ist mehr gesagt als non nego.

VII. *Isque* und *et is* werden nicht überflüssig angehängt, z. E. habeo multos libros *et eos* pulchros und zwar ꝛc.

VIII. *Si quis, si quid* cet. steht für qui quae quod: aber allemal bedingungsweise, z. E. rogo te, ut, *si quid* negotii habes, id mihi mandes, statt ut negotium, quod habes cet.

IX. *Quid est, quod fleas?* was ist wohl, warum du weinen möchtest, ist mehr, als quid fles? oder cur fles?

X. Amabo, quaeso, obsecro stehen nie umsonst, sondern enthalten etwas schmeichelndes, bittendes: ich bitte: z. E. facias, quaeso; dic, amabo.

XI. Oft steht beym Ablativ ein *Participium,* das dem Scheine nach überflüssig ist, aber die Deutlichkeit vermehrt, z. E. ductus, adductus, motus, permotus, commotus, impulsus, incitatus, inflammatus, incensus, doctus, edoctus, captus, delinitus, corruptus, actus, victus, fretus, confisus, coactus, prohibitus, impeditus, exclusus, lacessitus, perterritus cet. z. E. fecit amore *incensus, inflammatus, captus* cet. aus Liebe: cupiditate *abreptus, actus,* aus Begierde: hostium metu *perterritus, commotus,* aus Furcht: occupationibus *impeditus* facere non potui wegen Beschäftigungen: scio *experientia edoctus* cet. Man darf diese Participia nur nach ihrer eigentlichen Bedeutung erklären, wenn man ihre Kraft fühlen will.

XII. Oft setzen die Alten zwey *Verba* zusammen, wovon eins im *Participio* steht; und es scheint, als ob eins überflüssig sey, z. E. sagitta *ictus periit* ward durch einen Pfeil getödtet. Aber sie haben beyde ihre

Jdee;

Idee; nämlich eins drückt die Handlung oder Ursache, das andre die Wirkung oder Folge aus. So ist res in animo *insculptas* habebat mehr, als insculpserat: und Stoici te laqueis *irretitum tenerent* ist mehr, als wenn tenerent fehlte.

XIII. Die Alten verbinden oft zwey (auch mehrere) Wörter durch et, ac cet. davon eines überflüssig scheint: Aber jedes hat seine besondere Idee: z. E. tua *auctoritate* et consilio übersetzen Einige auf deinen Rath: dann wäre auctoritate freylich überflüssig: aber man muß es übersetzen, auf deine Vorstellung und auf deinen Rath. So sagt Cicero culpa et peccatum: auctor et dux: laus et gloria: formosus, pulcher und amabilis cet. Besonders verbinden die Alten gern solche Wörter,

1) Davon das eine die Ursache, das andre die Wirkung anzeigt, z. E. liberalitas et *beneficentia*: *humanitas* et *facilitas* : *sapientia* et fortitudo oder *constantia*; so auch *sapienter* et *fortiter* oder *constanter*.

2) Davon das eine die vorhergehende, das andere die darauf folgende Idee bezeichnet, als *consilium* et *factum* oder *factum* et *consilium* (Entschluß).

3) Davon das eine das Ganze oder das Genus, das andre einen Theil oder eine Species ausdrückt, z. E. Cic. qui tanta *virtute* et *integritate* fuit.

4) Davon das leztre stärker ist, als das erstre, z. E. promitto ac spondeo: *credas*, tibique *persuadeas*: *aversari* et *exsecrari*: *excitare* atque *inflammare*.

5) Wenn sie beyde von verschiednen Tropen hergenommen sind, oder eins doch tropisch ist, z. E. debilitare et frangere: via et ratio ein Mittel.

6) Wenn eins die Idee auf eine verneinende, das andre auf eine bejahende Art bezeichnet, z. E. homo *magnus*, nec *obscurae famae* ; res est *praeclara*, nec *ubivis obvia*. Doch steht hier öfter sed, als res est *minime contemnenda*, sed *maximi aestimanda* cet.

Not. 1) Eben so werden oft zwey, auch drey Sätze statt eines gesetzt, um die Deutlichkeit oder den Nachdruck zu beförbern. Doch müssen sie stets auf die beschriebne Art unterschieden seyn.

2) Doch verbinden die Alten zuweilen Wörter, deren Unterschied man nicht wohl angeben kann, z. E. Cic. Fin. 1, 7. ista *sua sponte et per se* esse iucunda: Cic. Har. 10. *renovata* atque *instaurata:* Caes. B. G. V, 58. *dispersi dissipatique:* Ter. *perferre* ac *pati*.

Siebentes Capitel.

Von der Zusammenfügung der Wörter in Ansehung der Kürze.

Die Kürze des Ausbrucks besteht in brey Dingen: 1) man drückt durch ein Wort mehrere aus; 2) durch Ein Wort einen ganzen Satz; 3) man läßt Wörter weg.

§. 1.

Ein Wort druckt oft mehrere aus; z. E.

I. Partikeln; als

1) Nisi ober ni statt si non.

2) Nec ober neque statt et non ober etiam non.

3) Quin a) statt ut non, als non fieri potest, *quin cet.* b) statt quod non, tanquam non, quo non, z. E. facio hoc, non, *quin* te amem, nicht, als wenn ich dich nicht liebte: c) statt qui non, z. E. nemo est, *quin* videat: d statt cur non in Fragen, als Liv. *quin* conscendimus equos? auch ohne Fragen: Cic. cum nihil causae esset, *quin* secus iudicaret cet.

4) Libentissime statt cum summa voluptate: studiosissime mit sehr großem Eifer 2c.

5) Hic a) statt in hac re, so auch hinc statt ex hac re, b) statt hac in urbe, hoc in loco: so huc statt hunc in locum, hanc in orbem; hinc statt ex hoc loco cet. So auch illic, illuc, illinc und istic, istuc, istinc: so auch unde statt a ober e quo, qua, quibus, z. E. domus, homo, *unde* veni: so auch ubi statt quo loco, auch in quo, qua, quibus, als domus, *ubi* natus

sem:

fam: alio statt in alium locum: alibi statt in alia re, in alio loco und mehr Adverbia des Orts.

6) Ita und sic a) statt hoc exitu, z. E. ita proelium commisit, ut funderetur: b) statt hac conditione.

7) Und so giebts mehrere, als saepe statt multis temporibus: simul statt eodem tempore: hinc illinc statt ex hac et illa parte: repente statt praeter opinionem.

II. *Verba,* z. E. *contemno* iram alicuius statt non timeo cet.: careo statt non habeo: negligo statt non curo, non punio, non ulciscor, non magni facio: nego statt dico non, z. E. negavit, se venturum, i. e. dixit, se non cet.

III. *Participia,* als rediens bey der Rückkunft: perditis rebus, i. e. post iacturam rerum.

IV. *Adiectiva,* z. E. *in prima urbe* vorn in der Stadt statt in prima urbis parte: in summo monte statt in summa parte montis: libro extremo am Ende des Buchs statt in extrema libri parte.

V. *Substantiva:* als

1) Fecit hoc puer, consul cet, statt in pueritia, in consulatu.

2) Der Ablativ a) statt per, als *virtute* factum est, b) statt quam nach dem Comparativ, als doctior *fratre.*

3) Man wirft gern propter weg, so, daß das Substantiv nun vom Verbo regiert wird, als statt invidere *alicui propter divitias,* sagt man invidere *alicuius divitiis,* so auch ignoscere *alicuius adolescentiae:* Cic. gratularer *felicitati tuae.*

4) Man wirft gern die Präposition propter oder per weg, und macht ihren Accusativ zum Subject, z. E. *pudor meus* mihi aditum ad te interclusit statt *propter pudorem meum* mihi aditus ad te interclusus fuit: potest mihi denegare occupatio tua statt potes mihi ob occupationem denegare: doctrina tua te clarum reddidit statt per doctrinam tuam te clarum reddidisti oder clarus factus es.

VI. *Pronomina:* z. E.

1) Quicunque und quisquis stehen gern statt omnis qui: als *quoscunque* amas, eos amo statt amo omnes quos

amas:

amas: so auch *quaecunque* dixisti, ea vera sunt: *quis-quis* virtutem amat, felix est: *quibuscunque* homini-bus uteris, ii sunt boni: *quidquid* tibi placet, bo-num est.

2) Hic steht oft statt qui hic est, qui nunc vivit, als Cic. Cato, *huius* Catonis pater: so auch in Briefen iste statt qui *istic* (in deiner Gegend) est, als Cic. ex me quaeris, quid de *istis* agris futurum sit.

3) Besonders verdient qui gemerkt zu werden: Es steht a) statt ut ego, ut tu, ut is, ut eins, ut mens cet. z. E. dignus es, *quem* amem, *cuius* libros legam statt ut te, ut tuos: so auch nemo est tam stultus, *qui* non intelligat: b) statt cum ego, cum tu, cum is, durch alle Casus und Numeros, als quis miretur ho-mines mori, *quos* sciamus mortales esse natos? statt *cum eos.* Ne vestra doctrina gloriamini, *quorum* li-bros nemo legere velit: cur me contemnis, *quem* ne noris quidem. c) Im Anfang eines Puncts statt et ego, et tu, et is cet. oder statt ego vero, tu ve-ro, is vero cet. s. oben Cap. 4. n. 11. pag. 263.

§. 2.

Ein Wort drückt oft einen Satz aus, folglich steht ein Satz statt zweyer, z. E.

1) At, wenn man sich einen Einwurf macht, statt: ob-iici possit, potest, solet, oder statt At obiici possit cet. z. E. At parum prodest, Aber, wird man sa-gen, es nützt wenig; oder: Man wird hierbey ein-wenden, es nütze wenig.

2) Quod statt quod attinet ad id, quod; z. E. Cic. ad Div. III, 4. §. 7. *Quod* scribis cet. was das anbe-langt, daß du schreibest, du wärest rc.

3) Ita mit dem Conjunctiv drückt die deutsche Formel aus: So wahr ich wünsche, daß rc. oder So wahr als rc. worauf ut entweder mit dem Conjunctiv, wenn es auch einen Wunsch anzeigt, oder mit dem Indica-tiv, wenn es nur eine Versicherung ausdrückt, zu fol-gen pflegt, z. E. *Ita* me deus adiuvet, *ut* diu *vivas!* So wahr ich wünsche, daß mir Gott helfen möge, so wahr ists auch, daß ich wünsche, daß du lange leben mögest, oder So wahr mir Gott helfe, so wahr wünsche ich auch, daß rc. *Ita* sim felix, *ut* nihil praeclarius *est* virtute So wahr ich wünsche, glücklich zu seyn, so wahr ists, daß rc. Es steht auch ohne ut, z. E. Ter. *ita* me dii ament, honestus est.

4) Qui-

4) Quicunque, quodcunque, quaecunque, quisquis, quidquid stehen, wo der Deutsche sagt : es sey, wer oder was es wolle, wer oder was es auch sey, z. E. hoc nunquam credes, quisquis dicat es mag es sagen, wer da wolle. Nunquam veniam, *quemcunque* miseris. *Quoscunque* libros legeris, tamen nihil inde didicisti. Non credam, *quidquid* dixeris. So auch quantuscunque, qualiscunque, quandocunque, ubicunque, z. E. homo, quantuscunque est, tamen deo inferior est: quandocunque venerit, ad eum ibo: ubicunque es du magst seyn, wo du willst.

5) Die Participia, auch einige Substantiva und Adiectiva, wenn ein Begriff der Zeit darin liegt, stehen oft für Sätze: z. E. *moriens* dicebat statt cum moriebatur: *vivus* hoc mihi mandabat, da er noch lebte: *puer* hoc audivi cet.

6) Utinam statt quantopere (quam) opto, ut cet. oder quam optandum est, ut, z. E. Utinam deus omnibus cupiditatem virtutis iniiciat! Wie sehr ist zu wünschen, daß rc.

7) Oft wird ein Causalsatz durch ein Wort ausgedrückt, z. E. ignovi tuae *adolescentiae* statt tibi, quia adhuc adolescens eras. Laudant omnes *tuam sapientiam*, i. E. te ob cet. Invident fratris *divitiis*.

8) Statt tu es tali vultu, quali pater tuus erat sagt man: es similis patri tuo. Statt hic est eodem animo, quo pater eius fuerat sagt man: hic est patris similis.

9) Respondere, satisfacere dienen zur Abkürzung der Sätze, z. E. oratio mea vestrae cupiditati audiendi non *respondet*, *satisfacere* nequit, statt ego non tantum dicere possum, quantum vos cupitis audire. Non semper spei hominum *respondet* eventus statt non semper id evenire solet, quod homines sperant. Cic. Etsi nullo modo poterit oratio mea *satisfacere* vestrae scientiae. Cic. Iam vero virtuti Pompeii quae potest *par* oratio inveniri?

10) Statt hic putat, omnes esse ipso inferiores sagt man: hic omnes prae se contemnit, despicit cet.

11) Die Zahlwörter primus, tertius cet. auch unus der einzige, solus, ultimus cet. lassen das Verbum Sum gern weg, dadurch wird ein Satz weniger, z. E. er war der erste, der letzte, der einzige, welcher kam, primus, ultimus, solus venit: *soli* (*uni*) patri dixi: *tertiam* epistolam scribo, statt haec est tertia epistola, quam scribo.

12) Alius

12) Alius aliud, alius aliter cet. dienen zur Kürze, z. E.
alius aliud dicit, statt alius hoc, alius illud dicit.
Alius alio (*aliorsum*) ibat einer dahin, der 2c. *Alius
aliter* loquitur statt alius hoc modo, alius illo modo.
So auch *Alius aliunde* venit, *Alius alibi* est cet.

13) Obtemperare alicui statt facere ea, quae aliquis
fieri vult: z. E. *dolori suo obtemperare* Cic. Manil. 19.

14) Falso, male, recte, non iniuria stehen statt Sätze:
das ist (war) falsch, oder nicht an dem; das ist
oder war recht, oder nicht recht. Cic. aliud utile,
aliud honestum videri solet. *Falso:* nam cet. das ist
nicht recht; Nep. sperans suam fortunam occuli posse.
Falso: nam cet. statt sed in eo fallebatur.

15) Die Metapher ist eine Abkürzung, z. E. vita nostra
est pulvis et umbra steht statt tam breviter durat,
quam pulvis et cet. oder tam celeriter evanescit,
quam cet. oder est talis, qualis esse solet pulvis et
umbra.

16) Auch ist das eine Abkürzung, wenn das Folgende
statt des Vorhergehenden steht; als miles fortissime
pugnans *cecidit*, statt *occisus est et cecidit.* Folglich steht
nicht eigentlich cecidit statt occisus est, sondern dieses
wird dabey gedacht. So in andern.

§. 3.

Oft wird ein Wort weggelassen, weil es sich verstehen läßt. Man nennt dieses Weglassen **Ellipsis.**
Wir wollen die gewöhnlichen Ellipses, die wir nachahmen dürfen, anführen.

I. Oft fehlen Substantiva, als

1) *Homo, homines;* z. E. est, qui tecum loqui velit
statt homo oder aliquis est. Aiunt, dicunt Man sagt:
omnium est recte facere.

2) *Aedes:* z. E. ad Castoris, ad Vestae.

3) *Locus:* z. E. habes, ubi ostendas tuam doctrinam.

4) *Tempus:* z. E. erat, cum ita cogitabam.

5) *Negotium,* auch *officium,* auch *aliquid,* z. E. non
habeo, quod agam, quod edam cet. Non est, quod
fleas. *Parentum* est alere liberos.

6) *Verba, verbis:* z. E. quid *multa?* Ut *paucis* dicam.

II. Prono-

II. *Pronomina* fehlen oft:

1) Die Nominativi *ego, tu, nos, vos,* werden vor den Verbis insgemein weggelassen, wenn kein Nachdruck oder Gegensatz darin ist, z. E. amo te.

2) Is, ea, id derselbe rc. fehlt oft, wenn es sich leicht verstehen läßt, z. E. frater me rogabat : nec *roganti* denegare potui, scil. ei : besonders wenn qui quae quod in gleichem Casu folgt oder vorhergeht, als *laudatur,* qui ita agit : oder qui ita agit, laudatur : laudo, quos laudas, oder quos laudas, laudo : errant, qui id credunt.

3) Meus, tuus, suus, noster, vester läßt man gern weg, wenn es sich verstehen läßt, als profectus sum cum *patre* mit meinem Vater : locutus sum cum *matre,* sc. mea. Per omnem *vitam* miseri eritis. Tu per omnem *vitam* id egisti. Cicero de hac re loquitur in *libris* de natura deorum, nicht suis.

III. *Verba* fehlen oft: z. E.

1) Scito, wenn ein Satz vorhergeht, der sich mit si, ne, ut daß, quod was das anbelangt, daß anfängt, z. E. si, ubi pater meus sit, scire vis, Lipsiam profectus est statt scito, eum profectum esse. *Quod* mihi uxorem tuam commendas, cum Sura nostro locutus sum', ut. ei cet. sagt Cicero ad Div. V, 11.

2) Dicere, wie im Deutschen; er schickte zu ihm, es sey nicht nöthig, statt und ließ ihm sagen: Liv. I, 27. equitem redire in proelium iubet, *nihil trepidatione* opus esse, scil. et dicere.

3) Der Infinitiv, wo er leicht zu verstehen, z. E. non tantum efficere possum, quantum volo, sc. efficere. Cic. rogat Rubrium, ut, quos ei commodum sit (scil. invitare), invitet.

4) Facere, z. E. nihil aliud quam flevit statt nihil aliud fecit, quam ut fleret.

IV. *Adverbia* fehlen: z. E.

1) Scilicet, nempe cet. werden nicht, wie im Deutschen das nämlich. bey Erklärung einer leichten Sache gebraucht, sondern weggelassen, z. E. video, quid optes, ut pater diu vivat, nicht scilicet ut cet. Cic. Ego, qualem Calendis Ianuariis acceperim rempublicam. intelligo, *plenam* sollicitudinis, *plenam* timoris, nicht scilicet (nempe) plenam cet.

2) Non

2) Non pflegt oft weggelaſſen zu werden, a) nach non modo oder non ſolum nicht nur nicht, wenn ne quidem folgt, z. E. hic *non modo* ſcribere, ſed ne legere quidem didicit ſtatt non modo non: doch kommt auch oft non modo non, auch non modo nullus vor, wenn ne quidem folgt: b) nach haud ſcio an, oder neſcio an, z. E. Cicero fuit magnus orator et *neſcio an* maximus und ich weis nicht, ob nicht der größte, d. i. und vermuthlich der größte. Doch ſagen die Alten auch neſcio an und haud ſcio an im eigentlichen Verſtande, und ohne non dabey zu verſtehen.

3) Utrum und ne (enclit.) fehlt oft vor dem an, z. E. ſcribis an legis, ſo auch neſcio, ſcribas an legas. Auch wenn nec ne darauf folgt, z. E. Dic mihi, iſtud verum ſit, nec ne.

4) Ut wie wird oft weggelaſſen a) in der Formel puto, opinor, credo cet. glaube ich, als: pater, *puto*, rediit ſtatt ut puto: b) beſonders ſteht gern dafür der Accuſativ mit dem Infinitiv, als patrem puto rediiſſe, ſtatt pater, ut puto, rediit: ſo auch mortuus eſt pater, *quem* ſanum eſſe credebam, ſtatt qui, ut credebam, ſanus erat. So auch bey andern Verbis, als libros emiſti, *quos* certo ſcio praeclaros eſſe.

V. Oft fehlen Präpoſitionen, als:

1) Ad: z. E. man ſagt ad ſummum und ſummum höchſtens, aufs höchſte: ad minimum und minimum aufs wenigſte.

2) *Propter*, ob: z. E. Quid fles? Quid rides? Quid eſt, quod fleas? ſtatt propter quod. Non eſt, *quod* fleas, rideas.

3) Per: z. E. tres menſes oder biduum ibi fui.

4) In: z. E. erudire aliquem *artibus*: ſuperiori noſte.

5) A: z. E. liberare morbo, malo.

6) De: z. E. meo conſilio, mea ſententia.

7) Cum: z. E. ſummo ſtudio, ſumma cupiditate.

VI. Oft fehlen Präpoſitionen, als:

1) Ut a) nach Wollen, Bitten, beſonders *velim*, z. E. velim *facias*: b) nach neceſſe eſt, oportet: z. E. oportet *diſcas* illud: homo *moriatur* neceſſe eſt.

2) Ne nach cave: z. E. cave diſas, facias.

3) Et

3) Et und vero oder autem werden gern im Gegensatze weggelassen, als Tu es dives, ego sum pauper ich aber bin arm, oder und ich bin arm. Ego habeo multos libros, tu paucos du aber wenige.

4) Et, ac, atque oder que werden zwischen zwey oder mehrern Wörtern im geschwinden Reden, besonders des Nachdrucks wegen, weggelassen, z. E. Deum debemus amare, colere, venerari: Cic. cui Romae domus, uxor, liberi, procurator esset. Man nennt dies Asyndeta oder Asyndeton.

So weit von der gewöhnlichen und nachahmlichen Ellipsis. Man hat auch eine härtere, z. E. die Präposition fehlt bey den Namen der Länder, nicht nur bey Dichtern, sondern auch zuweilen bey andern Schriftstellern, z. E. Cic. *Sardiniam* venit. So fehlt zuweilen cum, bey einer Begleitung, z. E. Caes. B. G. II, 19. subsequebatur *omnibus copiis*.

~~~~~~~~~~~~~~~~~~~~~

Achtes Capitel.

Von der Zusammenfügung der Wörter in Ansehung der Länge und Kürze der Sylben, um Verse zu machen, oder kürzer, von der Verskunst.

Ein Vers besteht aus Gliedern oder Füßen, ein Versglied oder Fuß aus Sylben. Folglich wird 1) von den Sylben, 2) von den Versgliedern oder Füßen, 3) von den Versen selbst zu handeln seyn.

Erster Abschnitt.

Von Beschaffenheit (Quantität) der Sylben oder von der sogenannten Prosodie.

Eine Sylbe ist entweder nur lang, oder nur kurz, oder auch nach Belieben bald kurz bald lang. Die Länge wird durch -, die Kürze durch ◡, und ist die Sylbe lang und kurz,

kurz, (anceps), durch ‿ angezeigt, z. E. ĕst pătrĭs.
Not. Eine Sylbe lang aussprechen heißt producere, sie
kurz aussprechen heißt corripere.

§. 1.

Von der Quantität der Sylben überhaupt.

Die Quantität der Sylben ist eigentlich blos aus den
Dichtern zu erlernen. Ihr Ansehen (auctoritas) oder
Beyspiel gilt eigentlich allein. Daher sagt man: die
Sylbe ist kurz oder lang auctoritate, d. i. wegen des
Beyspiels der Dichter. Doch pflegt man zur Erleichte-
rung der Lehrlinge folgende Hülfsmittel anzugeben, die
man allgemeine Regeln nennt.

I. Ein Diphthong macht die Sylbe lang, z. E.
cŏēnāē, cāūtes. Doch wird prae in der Mitte vor
einem Vocale zuweilen kurz gefunden, als Virg fudi-
busque praĕŭstis. Auch ist zu merken Virg. insulaē
Ionio cet.

II. Zwey Consonanten, die auf einen Vocal
folgen, machen ihn, folglich auch die Sylbe,
darin er steht, lang; z. E. nūnc, tĕmno, dīsco.
Hieher gehört auch x und z als rēx, gāza. Diese Zusammenkunft der beyden Consonanten heißt Positio.

Not. Das h wird in der Prosodie für keinen Consonanten
gehalten, d. i. man betrachtet ihn so, als ob er nicht da
wäre; folglich macht er auch keine Position, z. E. in adhuc bleibt ad kurz: so auch serpĭt humi.

a) Qu oder, wie einige schreiben, qv macht keine Position:
denn es heißt eigentlich qu, wo das u ein Vocal ist. Daher ist z. E. in aqua die erste Sylbe kurz.

β) L, m, n, r, hinter einem der übrigen Consonanten
(muta cum liquida) macht die vorhergehende Sylbe zwar
lang, weil es Position ist: sie kann aber auch kurz bleiben,
wenn sie vor der Zusammenkunft dieser zwey Consonanten
oder auch von Natur kurz ist, z. E. pătris von păter, so
auch volŭcris, alăcris, lugŭbris, tenĕbrae. Prŏcne cet.

Not. a) Dieses gilt in lateinischen Wörtern nur dem
Buchstaben r, z. E. tenebrae, patris cet. und nur in
wenigen

wenigen griechischen Wörtern den Buchstaben l, m, n, als Atlas, Prócne, Tēcmeſſa. Folglich gehören mag-nus, agmen cet. nicht hieher. Dieſe ſind allemal lang; b) ferner gehören die Compoſita mit ad, ob, ſub cet. auch nicht hieher, z. E. ablego, abnuo, obrepo cet. Dieſe bleiben auch lang. c) Auch gehören die Wörter nicht hieher, wo das r vornen ſteht, z. E. patris.

Iſt der Vocal an ſich lang, ſo bleibt er auch lang, z. E. mātris, ſimulācrum, ſalūbris von māter, ſimulātum, ſalūber.

III. Steht ein Jod in einem einfachen Worte zwi-ſchen zwey Vocalen, ſo iſt der erſte lang, als peius, eius, maior, cuius: ſteht es aber in einem zuſammenge-ſetzten Worte, ſo iſt der erſte Vocal kurz, als biiuges.

IV. Wenn aus zwey Sylben durch die Contraction Eine gemacht wird, ſo iſt ſie lang, als mi ſtatt mihi, nil ſtatt nihil, cogo ſtatt coago, tibicen ſtatt tibiicen, *Gen.* alius ſtatt aliius, ſo auch bigae, trigae, nonus, iunior, fruttus (Gen. oder Plur.)

V. Ein Vocal vor einem andern Vocal oder Diph-thong iſt kurz, als pius, ruo: ſo auch mihi, nihil.

Ausnahmen:

1) Der Vocal, der ſeiner Natur nach lang iſt, bleibt lang, z. E. alius Gen. wegen der Contraction. So bleibt auch in den griechiſchen Wörtern in ios, ia, ea, eus, aus cet. das i, e oder a lang, wenn es im Griechi-ſchen lang war, z. E. Alexandria, Antiochia, muſeum, ſpondeus, Aeneas, Eos, aer, Menelaus cet.

Not. a) In Academia, Diana, Geryon findet man das I und y bald kurz, bald lang. b) Auch findet man in den Patronymicis in eis von den Namen in eus das e. das eigentlich lang iſt, zuweilen kurz, als Nerēidum Virg. Aen. V, 240.

2) Fio hat ein langes i; doch wird das i kurz, wenn ein r hinzukommt, z. E. Omnia iam *fient*, *fieri* quae poſſe negabam.

3) Die Genitivi und Dativi ei in der fünften Declina-tion haben das e lang, wenn ein Vocal vorhergeht, z. E. diei; aber kurz nach einem Conſonanten, z. E. ſpei, fidei.

4) Die

4) Die Genitivi in ius, als unius cet. haben das i kurz und lang. Doch in solius und alius ist es immer lang, und in alterius kurz.

5) Ehen hat die erste Sylbe lang: ohe lang und kurz.

6) Die Vocativi Cai, Vultei, Pompei, und die alten Genitivi in ai, als aulai cet. haben die vorletzte Sylbe lang.

7) O! vor einem Vocal ist lang und kurz.

Not. 1) Das Jod steht zuweilen als ein Vocal: folglich kurz, als Mart. Caïus ecce iacet.

2) Wir sprechen viele Sylben durch eine üble Gewohnheit lang aus, die kurz sind, als Andreas, idea cet.

VI. Jede kurze Endsylbe eines Worts, die sich auf einen Consonanten endigt, wird lang, wenn das folgende Wort sich mit einem Consonanten anfängt, z. E. quid ruis?

VII. Die griechischen Wörter behalten ihre griechische Quantität, daher ist z. E. die vorletzte Sylbe in idolum, Nilus cet. lang, in exodus, methodus, periodus cet. kurz.

VIII. Zuweilen gebrauchen die Dichter eine kurze Sylbe lang, z. E. 1) die erste Sylbe langer Wörter, als Priamides Virg. Italiam Virg. 2) Die Endsylbe vieler Wörter, z. E. subiit Ovid. Faunique Id. zuweilen auch eine lange Sylbe kurz, als steteruntque comae, Virg.

IX. Noch sind zwey Hülfsmittel, 1) der Accent, 2) die Analogie.

1) Der Accent kann nicht überall eine sichere Regel seyn, weil wir viel Sylben mit falschem Accent aussprechen, z. E. bonus, homini, als ob die erste Sylbe lang wäre, hominibus, als ob mi lang wäre. Wir beobachten den Accent nur in der vorletzten Sylbe der Wörter, die mehr als zweysylbig sind, als amáre, docére, audíre, legére, homíni, homínibus cet. Daher hilft der Accent nur in der vorletzten Sylbe der mehr als zweysylbigen Wörter. Folglich muß man darauf bedacht seyn, daß man die Sylbe, deren Quantität man durch den Accent wissen will, zur vorletzten eines drey = oder mehrsylbigen Worts mache, folglich das Wort um eine oder mehr Sylben verkürzen oder verlängern: a) verkürzen, z. E. aus hominibus mache ich homini, so finde ich, daß mi kurz ist: aus amavissetis, adulator, audacia cet. mache ich amāvi, adū-

lor,

lor, audācis: b) verlängern: z. E. aus amo mache ich redĕmo: dann sehe ich, daß a kurz ist: aus scribo, clamo, solor, ligo, super mache ich conscribo, conclamo, consolor, colligo, desuper cet. Freylich setzt das schon voraus, daß man die rechte Aussprache verstehe.

2) Die Analogie: wie ich sage tutēla, so auch querēla; wie ich sage virtus *virtūtis*. so auch salus salūtis cet. wie von corpus *corpŏris*. so von pectus *pectŏris* cet. Wie ich sage amābo, so auch rogābo cet. Doch trügt dies zuweilen, z. E. in amāvum, amāre ist das a lang, in circumdătum, circumdăre kurz.

§. 2.

Von der Quantität der ersten und mittlern Sylben insbesondere.

I. Die abgeleiteten Wörter (derivata) behalten die Quantität der Stammwörter, z. E. dŏminor, dŏminatio (kurz) von dŏminus: virgĭnitas (kurz) von virgĭnis: pūnio, suffōco (lang) von poena, fauces.

Ausnahmen:

1) Einige Sylben, die in den Stammwörtern kurz waren, sind in den abgeleiteten lang, als hūmanus von hŏmo: suspīcio von suspĭcor. Auch macht die Contraction natürlich eine Ausnahme, als nōnus von nŏvem statt novenus: iūnior von iŭvenis, statt iuvenior.

2) Hingegen sind in den abgeleiteten Wörtern zuweilen Sylben kurz, die in den Stammwörtern lang sind, als dĭcax von dīco: lŭcerna von lūceo: mŏlestus von mōles: nă-to von no nātum: păciscor von pax pācis: săgax von sāgio: sŏpor von sōpio: văricosus von vārix: so auch stătus, stăbilis cet. von sto, stātum.

II. Die *Composita* behalten gern die Quantität der *Simplicium*, z. E. avŏco von vŏco: adĭmo von ĕmo: conspīro von spīro: decĭdo von cădo: decīdo von caēdo: conquīro von quaēro cet.

Anmerkungen.

1) Zuweilen verändern die Composita die Quantität der Simplicium, als a) deiĕro, peiĕro von iūro: innŭbus, pro-

nůbus von nůbo; maledẏcus, caufidẏcus, verdẏcus, fatidẏcus von dīco; agnĭtum, cognĭtum von nŏ‐um: femiſſŏpitus von ſŏpitus. So auch perfĭdus von fīdus, wo man es nicht von fĭdes ableiten muß; b) Connu‐bium von nůbo hat nu lang und kurz: c) ambĭtum (fup.) iſt lang von ĭtum.

2) Endet ſich in lateiniſchen Compoſitis der erſte Theil der Zuſammenſetzung auf a oder o, ſo iſt dieſes a und o lang, als a) in a: quāre, quāpropter, quātenus, ausgenommen quăſi: b) in o: primŏgenitus, contrŏ‐verſus, retrŏverſus, quandŏque, quandŏcunque, aliŏ‐qui, utrŏbique cet. außer hŏdie, quandŏquidem, ŏmitto, ŏperio. Not. In griechiſchen Wörtern iſt das o kurz, wenn ein Omicron da iſt, als argonauta, oeco‐nomus cet. und lang, wenn ein Omega da iſt, als Minotaurus cet.

3) Endet ſich der erſte Theil der Zuſammenſetzung auf e, i, u, y, und iſt keine Präpoſition, ſo ſind dieſe Sylben kurz, als nefas, nefarius, omnipotens, horriſonus, univerſus, ſiquidem, bipes, biiugus, quadrupes, du‐centi, Polydorus, duplex, multiplico cet. doch können die beyden letzten auch wegen der Präpoſition lang ſeyn. Doch giebts Ausnahmen: a) Ein lang e haben trē‐vir, venēficus, vidēlicet, rēfert (Imperf.), nēquam, nēquitia, vēſanus, vēcors, nēquaquam, nēqu. dynam. b) Ein lang und kurz e haben liquefacio, tepefacio, calefacio, patefacio. c) Ein lang i haben quivis, cuilibet, utrique, plerique, tantidem, quantivis, quanticunque, ibidem, ubique, utrobique, ſcilicet, ilicet, ſive, ſiqua, ſiquando, biduum, triduum, pri‐die, poſtridie, meridies, meridianus. d) Ein lang und kurz i haben quotidie, quotidianus, ubivis, ubi‐cunque. e) Idem hat im Maſculino das i lang, im Neutro kurz.

4) Die Präpoſitionen, die ſich auf einen einzelnen Conſo‐nanten endigen, bleiben kurz, z. E. abigo, perago, circumeo cet. wo ſie nicht durch Poſition lang wer‐ben, als concurro cet.

5) Die einſylbigen Präpoſitionen, die auf einen Vocal ausgehen, ſind vor einem Conſonanten lang, als aveto, ſeiungo: vor einem Vocal aber und h kurz, als deamo, dehiſco. Die zweyſylbigen ſind auch kurz, außer contra vor einem Conſonant, als contradico.

Ausnah‐

Ausnahmen bey den einsylbigen Präpositionen.

a) Re ist in der Zusammensetzung insgemein kurz: lang ists in refert (Imperf.), reiicio; reiecto: wird auch lang gefunden in religio, reliquiae, recido, reduco, reficio, refugio, refero und relatum, repello, reperio, wo aber Einige glauben, der folgende Consonant müsse verdoppelt werden, als relligio cet. wie dies auch in verschiedenen Ausgaben gefunden wird.

b) Di ist kurz in dirimo und disertus: sonst lang.

c) Pro ist kurz in procella, profanus, profari, profecto, profectus, proficiscor, profiteor, profugus, profundus, prohibeo, pronepos, protervus, und in den griechischen Wörtern, als propheta, prologus cet. Lang, und kurz ists in procumbo, procuro, procreo, propino, propago (Verb, und Subst.), propello, propulso, professus, profusus, profugio.

I I I. Die zweysylbigen *Perfecta* und *Supina* haben die erste Sylbe lang, als lego *legi*, video *vidi* *visum*, sto *statum*: es sey denn, daß ein Vocal vor einem Vocal stehe, als ruo *rui*.

Ausnahmen:

1) Sieben zweysylbige Perfecta sind kurz, als dedi, tuli, steti, stiti, bibi, fidi, scidi, mit ihren Compositis.

2) Neun zweysylbige Supina sind kurz, als datum, ratum, satum, itum, litum, citum, quitum, situm, rutum von do, reor, sero, eo, lino, cieo, queo, sino, ruo, nebst den Compositis, außer ambitum.

3) Vier Perfecta sind kurz, da doch ihre Praesentia lang sind: genui, potui, posui, coegi von gigno, possum, pono, cogo.

4) Statum von sto ist lang, aber von sisto ist es kurz: auch sind die Composita von sto kurz, die stitum haben, als praestitum.

IV. Wenn ein Perfectum die erste Sylbe verdoppelt und dreysylbig wird, so ist die erste und zweyte Sylbe kurz, als cecidi, pepuli, tetigi von cado, pello cet. Not. Doch ist die zweyte Sylbe lang, wenn Position da ist, als popolci: ingleichen in cecidi von caedo und pepedi von pedo.

T 2 V. Die

V. Die vielſylbigen Perfecta in vi und ſi, und die vielſylbigen Supina in tum und ſum haben die vorletzte Sylbe lang, als amo *amavi amatum*, peto *petivi petitum*, divido *diviſi diviſum:* hingegen iſt ſie kurz in den Supinis in itum, die nicht von Perfectis in vi herkommen, außer recenſeo *recenſui recenſitum.*

VI. In *ſumus*, *volumus*, *quaeſumus*, ſo auch in den Compoſitis *poſſumus* cet. *malumus*, *nolumus* iſt Paenultima kurz.

VII. Die Perſonalendungen des Pluralis imus und itis ſind kurz, als legimus, legitis, amabitis, außer im Praeſente der vierten Conjugation, und außer ſimus, ſitis nebſt den Compoſitis und velimus, velitis, nolimus, nolitis, malimus, malitis. Auch wird zuweilen die zweyte Perſonalendung Pluralis des Fut. exacti lang gefunden, z. E. Ovid. *dederītis.*

VIII. Die Dativi und Ablativi Pluralis in bus und bis haben Paenultimam lang, wenn a, e, o darin iſt, als deabus, rebus, nobis, hingegen kurz, wenn i oder u darin iſt, außer bubus.

IX. Die dritte Perſonalendung Flur. des Perfecti Indicat. Activi hat die vorletzte Sylbe lang, als amavērunt, amavēre. Doch findet man ſie zuweilen kurz, z. E. Virg. *stetĕruntque* comae.

X. Die Nomina auf al, are, aris haben Paenultimam lang, außer animal, capital, toral, mare, bimaris, torcular, ſpecular und den fremden Wörtern, als Hannibal, Hasdrubal, Phalaris cet.

XI. Die Wörter auf le, ela, ola, etum haben Paenultimam lang, ausgenommen inſile und die griechiſchen Wörter, die ein Epſilon haben, als Nephele, Cybele cet.

XII. Die Nomina in do und go haben die Paenultimam lang, außer comedo, unedo, ſpado, ligo, harpago, Macedo.

XIII. Die Adiectiva in idus haben Paenultimam kurz.

XIV. Die

XIV. Die Wörter in icus haben Paenultimam kurz, ausgenommen amicus, pudicus, apricus, posticus, mendicus, caprificus, lumbricus, umbilicus und die Nomina Propria, als Granicus cet.

XV. Das i vor dem v ist lang, als dives cet. außer nivis, bivium, trivium, und di in redivivus.

XVI. Die Nomina in inus haben das i lang, wenn sie von Namen belebter Geschöpfe herkommen, als anserinus cet. Hieher gehören auch intestinus, mediastinus, internecinus, marinus, supinus, divinus, genuinus, pulvinus, inquilinus, libertinus, inopinus, binus, trinus, quinus, matutinus, vespertinus, clandestinus, adulterinus, peregrinus, vicinus, collinus, auch die Nomina Propria und Gentilia, und die eine Verwandschaft anzeigen, als sobrinus cet. Hingegen ist das i kurz, wenn sie von keinem belebten Geschöpfe, sondern z. E. von Bäumen, Steinen rc. hergeleitet werden, als faginus, coccinus cet. Hieher gehören crastinus, perendinus, pristinus, serotinus, diutinus, vaticinus, faticinus, hornotinus, auch pampinus, acinus, fraxinus, cophinus.

XVII. Die Patronymica Masculina in des haben die Paenultimam kurz, als Aeneades, Aesonides, außer wenn sie von Nominibus in eus und es herkommen, z. E. Pelīdes von Peleus, Neoclīdes von Neocles: doch steht auch Belides von Belus *Virg.* Aen. II, 80. und Amphiaraides von Amphiaraus *Ovid.* Fast. II, 43. mit langer Paenultima.

XVIII. Die Patronymica Feminina in eis haben Paenultimam lang, als Briseis. Doch wird sie in Nereis vom *Ovid.* Met. XI, 259, kurz gebraucht.

XIX. Die Adverbia in tim haben Paenultimam lang, außer adfatim oder affatim, perpetim. In statim ist sie kurz und lang.

XX. Die Wörter in alis, elis, ulis haben Paenultimam lang.

XXI. Die Wörter in acus haben das a kurz, außer meracus, opacus.

XXII. Die Deminutiva in olus (a, um); und ulus (a, um) sind kurz.

T 3

XXIII. Die

XXIII. Die Wörter in usa, eta und ota sind lang.

XXIV. Die in ita sind kurz, außer crinita, galerita, pituita.

XXV. Die in itas sind kurz.

XXVI. Die Adiectiva in osus haben das o lang.

XXVII. Die Wörter in ocinium, olentus, itudo haben Antepaenultimam kurz, deßgleichen auch die in ulentus, urius, uria, urio außer prurio, ligurio, scaturio, scalpturio, penuria, curia, iniuria.

XXVIII. Die abgeleiteten Wörter in aculus, alius, erius, ibilis, ilium, inius, ipulus, yrius, itimus, dius haben Antepaenultimam kurz, außer serius, papyrius.

XXIX. Die Quantität der vorletzten Sylbe in den Genitivis der dritten Declination f. oben bey dieser Declination Th. l. C. 3. §. 5. p. 29. sqq.

Schlußanmerkung. Bey den fremden Wörtern muß man die Sprache, daraus sie genommen, zu Rathe ziehen; z. E. die griechischen Wörter behalten gern die griechische Quantität, z. E. fama von φήμη, ovum von ὤον ver von ἔαρ: so ists mit Sirius, Thrasybulus cet. So ists mit den hebräischen Wörtern, z. E. Allelujah hat die Paenultimam lang.

§. 3.
Von der Quantität der letzten Sylben.

I. Die einsylbigen Wörter, die auf einen Vocal oder h ausgehen, sind lang, als a, ah, te cet. Doch die Anhängewörtchen que, ne, ve, ce, te, pse, pte sind kurz.

II. Die einsylbigen Nomina, die auf einen Consonanten ausgehen, sind lang, als sol, ver, par mit dispar, impar cet. ingleichen quin, sin, en, non, cur. Doch sind kurz fel, mel, vir, cor, os (ossis), vas (vadis), vel, an.

III. A, E, Y sind kurz, als poema, ille.

Aus

Ausnahmen:

1). Ein langes A haben

   a) Die Partikeln und Indeclinabilia, als antea, contra, triginta cet. außer ita, quia, postea, eia.

   b) Der Imperativus der ersten Conjugation, als ama.

   c) Der Ablativ der ersten Declination, als mensa.

   d) Der Vocativ der ersten und dritten Declination von den Masculinis in as, als Aenea, Palla (von Pallas, antis).

2) Ein langes E haben

   a) Der Ablativ der fünften Declination, als re, die cet. folglich auch die Composita hodie, pridie, postridie, quare; auch fame.

   b) Der Imperativ der zweyten Conjugation, als mone. Doch zuweilen ist cave, auch vale vor einem Vocal oder vor dico, und vide in videlis kurz.

   c) Die Adverbia in e, die von den Adiectivis der zweyten Declination herkommen, als docte, aegre, optime, ingleichen fere, ferme, ohe, außer bene und male.

   d) Die griechischen Wörter 1) der ersten Declination, als epitome, Anchise; 2) die Neutra pluralia, als mele, tempe, cete.

IV. I und U sind lang, als domini, si, manu.

Ausnahmen:

1) Lang und kurz sind mihi, tibi, sibi, ibi und ubi, uti (Adverb.) mit den Compositis sicubi, sicuti, veluti. Aber ibidem, ubique haben das i lang.

2) Kurz sind a) nisi, quasi, cui (zweysylbig): aber in cuique ist das i lang. Lucretius gebraucht quasi, und Sidonius nisi auch lang; b) die griechischen Vocativi, als Alexi, auch die Wörter, wenn das s fehlt, als dabi statt dabis.

3) Kurz sind a) die Wörter, wenn das s fehlt, als minu statt minus; b) indu und nenu.

V. O ist lang und kurz, als sermo, cano cet.

Ausnahmen: Ein langes o haben

1) Der Dativ und Ablativ der zweyten Declination, als domino, pleno: so auch ergo (wegen), quo, eo, illo, paulo, multo, tanto, quanto cet. und die Gerundia. Doch findet man die Gerundia zuweilen kurz.

2) Die

2) Die Adverbia, (wie man sie wenigstens insgemein nennt), die von Nominibus gemacht werden, als subito, falso cet. ingleichen eo, quo, ultro, profecto, idcirco, außer modo, dummodo, postmodo, imo, illico, cito, postremo und das Verbum defect. cedo, in denen das o meistens kurz ist. Vero, sero, quomodo sind lang und kurz.

3) Die griechischen Wörter in o, wo ein omega ist.

VI. C ist lang, als dic, huc, cer. Doch a) in nec und donec ist es kurz: b) fac ist öfter kurz, als lang: c) hic (Pron.) ist lang und kurz, aber hic (Adv.) ist lang.

VII. B, D, T, L, M, N, R sind kurz, als ab, ad, caput.

Anmerkungen.

1) Der griechische Nominativ an, en, in, on (mit dem Omega). yn ist lang, wenn er Gen. mascul. oder femin. ist, als Titan, Hymen, Delphin, Actaeon; desgleichen lien.

2) Der griechische Accusativ Gen. Masc. in an ist lang, als Aenean: der Accusativ Gen. Femin. ist in einigen Wörtern lang, in einigen kurz.

3) Die Sylbe in n' statt ne ist lang und kurz, als nemon'.

4) Die griechischen Wörter in er, deren Genitiv um eine Sylbe wächst, sind lang, als aer, aether.

5) Die griechischen Namen in or, als Hector cet. sind kurz, obgleich im Griechischen ein Omega ist.

6) Die fremden Wörter sind lang, wenn im Griechischen ein langer Vocal ist, als Hiob, Simson, Israel.

VIII. As, es, os sind lang, als Aeneas, doces, servos.

Ausnahmen:

1) Ein kurzes as haben die lateinischen und griechischen Nominativi, die im Genitiv atis, adis oder ados haben, als anas, vas (vadis), Ilias, Pallas: ingleichen die griechischen Accusativi der dritten Declination, als heroas, Troas.

2) Ein kurzes es haben
   a) Der Nominativ der Wörter der dritten Declination, die im Genitiv mehr Sylben haben, davon die Paenultima kurz ist, als miles, seges, dives cet. außer Ceres, abies, aries, paries und pes mit seinen Compositis bipes, tripes, quadrupes.

b) Es

b) Es von sum mit den Compositis potes, prodes cet.

c) Die Präposition penes.

d) Die griechischen Wörter, die entweder Neutra Singularia sind, als cacoethes, oder Pluralia tertiae declinationis, und im Griechischen ein Epsilon haben, als Arcades cet. Die andern griechischen Wörter müssen nach dem Griechischen beurtheilt werden, z. E. Demosthenes ist im Nominativ lang, im Vocativ kurz; Tralles ist lang.

3) Ein kurzes os haben

a) os (ossis), exos, compos, impos.

b) Die griechischen Wörter in os, die ein Omicron haben, als Delos, Pallados.

IX. Is, Us und Ys sind kurz, als ignis, doctus cet.

Ausnahmen:

1) Ein langes is haben

a) Der Dativ und Ablativ Pluralis, als mensis, nobis cet.

b) Der Nominativ der Wörter, die im Genitiv entis, inis und itis mit langer vorletzter Sylbe haben, Simois, Salamis, Samnis.

c) Die zweyte Personalendung des Praesentis der vierten Conjugation, als audis: ferner vis, sis, velis von volo und sum, nebst den Compositis quamvis quae vis, possis, prosis, nolis, malis cet.

d) Die Adverbia gratis und foris.

2) Ein langes us haben

a) der Nominativ der Wörter tertiae declinationis, die im Genitiv ein langes u haben, als virtus. palus cet. Doch gebraucht auch Horaz Art. 65. palus kurz.

b) Der Genitiv Singularis und der Nominativ, Accusativ und Vocativ Pluralis in der vierten Declination, als fructus.

c) Die griechischen Wörter in us, als Amathus, Sapphus, Tripus cet. Aber Polypus und Oedipus sind auch kurz.

d) Wenn eus einsylbig bleibt, so ist es lang; als Orpheus: wirds aber zweysylbig, so sind beyde Sylben kurz, als Orpheüs.

3) Ein langes ys haben die Nominativi, die zugleich yn haben, als Phorcys und Phorcyn: wie auch die contrahirt sind, als Erinnys statt Erinnyes oder Erinnyas.

Zweyter Abschnitt.

Von den Gliedern oder Füßen eines Verses.

Die abgemessenen Theile eines Verses heißen Glieder oder Füße. Sie sind theils zwey, theils mehrsylbig.

I. Die zweysylbigen sind: Spondeus – – als laudes: Pyrrhichius ∪∪ als bene: Trochaeus (Choreus) – ∪ als mente: Iambus ∪ – als probi.

II. Die dreysylbigen sind: Dactylus – ∪∪ als omnia: Anapaestus ∪∪ – als domino: Molossus – – – als levantes: Tribrachys ∪∪∪ als domine: Amphibrachys ∪ – ∪ als amare: Amphimacrus oder Creticus – ∪ – als fecerant: Bacchius ∪ – – als secutos: Antibacchius – – ∪ als cantate.

III. Die viersylbigen sind: Proceleusmaticus ∪∪∪∪ als strigilibus: Dispondeus – – – – als intermittunt: Antispastus ∪ – – ∪ als abundabit: Choriambus – ∪∪ – als interea: Diiambus ∪ – ∪ – als severitas: Ditrochaeus (Dichoreus) – ∪ – ∪ als comprobavit: Ionicus a minore ∪∪ – – als generosos: Ionicus a maiore – – ∪∪ als cum tempore: Epitritus primus ∪ – – – als salutabant: Epitritus secundus – ∪ – – als comprobabant: Epitritus tertius – – ∪ – als nutricii: Epitritus quartus – – – ∪ als intermisit: Paeon primus – ∪∪∪ als virginibus: Paeon secundus ∪ – ∪∪ als poeticus: Paeon tertius ∪∪ – ∪ als manifestus: Paeon quartus ∪∪∪ – als misericors.

Not. 1) Die letzte Sylbe eines Verses kann kurz und lang seyn: das ist einerley. Daher kann hier eine kurze Sylbe für eine lange, folglich ein Trochaeus statt eines Spondei stehen.

2) Versus dimeter heißt ein Vers von zwey Gliedern, trimeter von drey, tetrameter von vier, pentameter von fünf, hexameter von sechs Gliedern (Füßen): und hypermeter heißt ein Vers, wenn eine Sylbe noch drüber ist: z. E. Omnia Mercurio similis vocemque coloremque.

Dritter

Dritter Abschnitt.

Von den Versen selbst.

Ein Vers ist eine aus überall sich gleichen, wenigstens nicht sehr ungleichen, Gliedern (Füßen) bestehende Zeile. Man merke hierbey 1) die Scansion, 2) die Cäsur, 3) die Versarten, 4) die Vermischung der Versarten.

§. 1.

Von der sogenannten Scansion.

Wenn man einen Vers nach seinen Gliedern abmißset und beurtheilt, es geschehe durch lautes Lesen oder in Gedanken, so nennt man das scandiren. Um dies zu können, muß man nicht nur die Glieder selbst, die ihm eigen sind, und die Länge und Kürze jeder Sylbe wissen, sondern auch folgende poetische Gebräuche wissen:

1) Jede kurze Sylbe, die auf einen Consonanten ausgeht, wird vor einem Consonanten (ausgenommen h) lang, als quid ruis?

2) Ein Vocal oder Diphthong am Ende des Worts wird von dem folgenden Vocal verschlungen, (elidirt); man nennt es Elision, als facile est, bonae artes lieset man facilest, bonartes. Auch geschieht es, wenn das folgende Wort sich mit dem h anfängt, als nulla haec lieset man nullaec. Doch soll die Elision nicht zu oft in einem Verse, auch nicht von vornen vorkommen, als si ad vitulam cet. Not. a) Zuweilen vernachläßigen die Dichter die Elision, z. E. Virg. Ecl. VIII, 108. qui amant (dreysylbig). Dies wird Hiatus genannt: b) o, heu, vae, io, ah, proh oder pro! werden nicht elidirt.

3) Das m am Ende eines Worts wird mit dem vorhergehenden Vocal vom folgenden Vocal oder Diphthong (mit oder ohne h) auch elidirt, z. E. terram illam, terram hanc lieset man terrillam, terranc. Dies heißt Ecthlipsis. Ennius und Lucretius haben die Ecthlipsin zuweilen vernachläßigt.

4) Die Dichter gebrauchen zuweilen eine lange Sylbe kurz, als tulerunt, zuweilen eine kurze lang, als Priamides. Jenes heißt Systole, dieses Diastole.

5) Zwey

5) Zwey Vocale, folglich zwey Sylben, werden zuweilen in Eine Sylbe zusammengezogen; z. E. diique, alveo, reiice werden zuweilen gelesen dique, alvo, reice cet.; huic und cui oft einsylbig ꝛc. Dies heißt Synizesis oder Crasis.

6) Aus Einer Sylbe werden zuweilen zwey gemacht, als siluae dreysylbig statt silvae: dies heißt Diaeresis.

7) Am Ende des Verses ist zuweilen eine Sylbe übrig: die man zum folgenden Verse ziehen muß, als Omnia Mercurio similis vocemque coloremque Et flavos cet. wo man scandirt colorem, — Quet. flav.

8) Ein Versglied steht oft für das andere, z. E. ein Spondeus für einen Dactyl ꝛc.

§. 2.

Von der Cäsur oder Worttrennung.

Die Cäsur ist die Zerschneidung oder Trennung der Wörter vermittelst der Versglieder (Füße,) so, daß die letzte oder vorletzte Sylbe der Anfang des Versgliedes ist, z. E. hier ist ein Hexameter mit fünf Cäsuren: Nulla sa | lus vic | tis nul | lam spe | rare sa | lutem.

Not. 1) Je mehr ein Vers Cäsuren hat, desto angenehmer ist er. Unangenehm ist er, wenn er keine hat; unangenehmer, wenn jedes Versglied ein Wort ausmacht, und noch unangenehmer, wenn es lauter Spondeen sind, als Nuper quidam doctus coepit scribere versus.

2) Wenn die Cäsur nach dem ersten Versgliede folgt, so heißt das Trithemimeris; nach dem zweyten Penthemimeris; nach dem dritten Hephthemimeris; nach dem vierten Ennehemimeris.

Not. Außer der Cäsur giebts noch einen Abschnitt oder Ruhepunct in der Mitte des Verses.

§. 3.

Von den Versarten.

Es giebt verschiedene Arten von Versen. Sie haben ihre Benennung theils von den Versgliedern (Füßen,) als ein jambischer Vers: theils von der Anzahl der Glieder,

Glieder, als der Hexameter: theils von dem Erfinder,
als der Sapphiſche ꝛc. Ihre Namen ſind 1) Hexa-
meter, wohin auch gehört a) Adonicus, b) Phererecra-
tius, c) Archilochius, d) Heroicus tetrameter, e)
Dactylicus Alcmanius, f) Dactylicus Ithyphallicus;
2) Pentameter; 3) Anapaeſticus; 4) Sapphicus; 5)
Phalaecius; 6) Iambicus, wohin gehört Scazon und
Anacreonticus; 7) Trochaicus; 8) Choriambicus, a)
Ariſtophanicus, b) Glyconicus, c) Aſclepiadeus, d)
Alcaicus; 9) Ionicus a minori.

I. Hexameter hat ſechs Glieder (Füße); davon die
vier erſten Dactyli oder Spondei ſeyn können, das fünfte
ſoll ein Dactylus ſeyn, das letzte iſt ein Spondeus oder
Trochaeus, z. E.

– ◡ ◡	– ◡◡	– ◡◡	– ◡◡	– ◡◡	– –
Sed fugit	intere	a fugit	irrepa	rabile	tempus
Illi in	ter ſe	ſe ma	gna vi	brachia	tollunt

Anmerkungen.

1) Der Hexameter wird von Einigen auch ein heroiſcher
Vers und ein daraus beſtehendes Gedicht ein heroiſches
genannt, weil zu Beſingung der Helden gern bloße Hexameter gebraucht werden.

2) Der Hexameter ſoll in der Mitten des Verſes einen Abſchnitt oder Ruhepunct haben, das iſt, ſich in der Hälfte
des dritten Glieds mit dem Worte endigen, z. E. ſed fu-
git | intere | ‖ fugit cet. Non eſt | in medi | co ‖
ſemper cet. Doch fehlt dieſer Abſchnitt zuweilen bey den
Dichtern, welches zu entſchuldigen iſt, wenn das dritte
Glied ein Dactyl iſt, z. E. Indi | gnor quan | doque bo-
nus cer. iſts aber ein Spondeus, ſo iſt der Vers unangenehm, z. E. Ut ridentibus *arrident*, ita flentibus
adſlent.

3) Den Hexameter macht die öftre Cäſur angenehm.

4) Zuweilen iſt das fünfte Glied ſtatt eines Dactyll ein
Spondeus: doch geht dann gern ein Dactylus vorher, um
das Schwerfällige erträglicher zu machen, z. E. Pro
molli

molli viola pro *purpureo narcisso*. Unangenehmer ist es, wenn kein Dactylus vorhergeht, als Aut laeves ocreas lento ducunt argento.

5) Daß man bey der Scansion zuweilen zwey Sylben zusammenziehen, und z. E. arietat wie arjetat, cui einsylbig lesen müsse ꝛc. und daß zuweilen eine Sylbe übrig bleibe, ist oben erinnert worden §. 1.

6) Der Hexameter endigt sich gern mit einem zwey = oder dreysylbigen Worte, nicht gern mit einem andern. Doch findet man auch bey guten Dichtern zuweilen hinten vier = und fünfsylbige Wörter, ja auch einsylbige. Doch ist bey letztern angenehmer, wenn noch ein einsylbiges vorhergeht: z. E. Principibus placuisse viris non ultima *laus est*. Not. Einige glauben, dergleichen einsylbige Wörter würden von Dichtern mit Fleiß gesetzt, um den Affect oder die Beschaffenheit der Sache recht auszudrücken. Doch ist dies nur Vermuthung, so wie, daß sich die Dichter zu Ausdrückung der Geschwindigkeit und Freude gern der Dactylen, und zu Ausdrückung der Langsamkeit und der Traurigkeit der Spondeen bedienen.

7) Reime sind zu vermeiden, z. E. Dum canis os *rodit*, socium, quem diligit, *odit*. Dergleichen Reimverse nennt man versus Leoninos. Und doch findet man dergleichen bey den besten Dichtern.

8) Die öftere Wiederholung einerley Buchstabens oder Sylbe ist zu vermeiden, z. E. o Tite, tute, Tati, tibi tanta tyranne tulisti.

9) Kein einfaches Wort muß getrennt werden, als: Transegit corpus, cere saxo comminuit *brum*.

10) Zum Hexameter gehören folgende Versarten als Stücke:

a) Versus adonicus besteht aus den beyden letzten Gliedern des Hexameters, als -∪∪|-- gaudia pelle. Er steht insgemein nicht allein, sondern wird drey Sapphischen Versen angehängt, um eine Strophe einer Sapphischen Ode zu machen, als:

Integer vitae scelerisque purus
Non eget Mauri iaculis neque arcu
Nec venenatis gravida sagittis,
        Fusce, pharetra.

b) Ver-

b) Verfus, Pherecratius enthält die drey letzten Glieder des
Herameters, und sieht so aus: $- - | - \cup \cup | - \overset{\cup}{-}$ Vis
formosa videri.

c) Verfus Archilochius sieht so aus: $- \cup \cup | - \cup \cup | - \overset{\cup}{-}$
Pulvis et umbra sumus.

d) Verfus heroicus tetrameter sieht so aus:

$- \cup \cup | - \cup \cup | - \cup \cup | - -$ Ibimus o socii comitesque.
$- - | - - | - | - |$ O fortes peioraque passi.

e) Verfus Dactylicus Alcmanius sieht so aus:

$- \cup \cup | - \cup \cup | - \cup \cup | - \cup$ Luminibusque prior rediit vi-
$- - | - - | - - |$ gor.

f) Verfus Dactylicus Ithyphallicus sieht so aus:

$- \cup \cup | - \cup \cup | - \cup \cup | \overset{\cup}{\cup} -$ Liberat arva prius fruticibus.

II. Pentameter hat fünf Glieder, die in zwey Hälften (Hemistichia) getheilt werden. Die erste Hälfte
hat drittehalb Glied, davon die zwey ersten Spondeen
oder Dactylen seyn können, das übrige halbe Glied muß
eine lange Sylbe seyn: die andere Hälfte hat auch drittes-
halb Glied, davon die zwey ersten Dactylen seyn müssen, das übrige halbe Glied kann eine lange oder kurz
Sylbe seyn; z. E.

$- \cup \cup | - \cup \cup | - | - \cup \cup | - \cup \cup | \overset{\cup}{-}$
$- - | - - | - | - | - |$

Tempora si fuerint nubila solus eris.
Interdum docta plus valet arte malum.

Not. 1) Ein Pentameter steht insgemein unter einem Hexameter und beyde machen ein Distichon aus. Und es
ist angenehm, wenn sich mit einem Disticho der Verstand der Worte endigt, folglich ein Punct, wenigstens
ein Colon steht.

2) Der Pentameter muß nach der ersten Hälfte einen
Abschnitt haben, das ist, das Wort muß da aus seyn.

3) Die beyden Hälften enden sich nicht gern mit einem
einsylbigen Worte, es sey denn, daß noch ein einsylbig
Wort vorhergehe. Doch ist dies mehr in der ersten, als
zweyten Hälfte gewöhnlich. Aber ein einsylbig Wort,
wenn es elidirt wird, geht wohl an, als litera lecta
tua est.

4) Der

4) Der Pentameter endigt sich gern mit einem zweysylbigen Worte: doch findet man auch zuweilen hinten ein drey- und mehrsylbiges.

5) Die Hälften der Pentameter müssen sich nicht reimen.

6) Ein einfach Wort muß nicht getrennt werden, als De-ficiente *pecu* deficit omne *nia*.

III. Versus Anapaesticus Partheniacus hat drey Glie-der: die beyden ersten sind Anapaesti oder Spondei, das dritte ein Anapaestus, mit übrigbleibender Sylbe, als

∪∪−|∪∪−|∪∪−| ≃ Felix nimium prior aetas.
−−|−−|

Es giebt auch eine Aristophanische oder Archilochische Art Anapästischer Verse, als

∪∪−|∪∪−|∪∪−|∪∪−| Fatis agimur: Cedite
−−|−−|−−|−−| fatis.
−∪∪|−∪∪|−∪∪|−∪∪|

IV. Versus Sapphicus hat fünf Glieder, einen Tro-chäus, Spondeus, Dactyl, Trochäus und endlich Spondeus oder Trochäus, als

−∪|−−|−∪∪|−∪|−≃ Integer vitae scelerisque
purus.

Not. 1) Drey solche Verse mit angehängtem Adonischen Verse machen eine Sapphische Strophe aus; s. oben Ver-sus adonicus n. I, a.

2) Catull hat im zweyten Gliede zuweilen einen Trochäus, und Seneca einen Dactyl.

3) Nach der ersten Sylbe des dritten Glieds muß ein Ab-schnitt seyn, d. i. das Wort muß aus seyn, als Inte | ger vi | tae || sceler.

4) Horaz hat oft Versus hypermetros, z. E. Plorat et dives animumque moresque Aureos cet. Od. IV, 2, 23. Auch zerreißt er hinten die Wörter, z. E.
Grosphe, non gemmis neque purpura ve-nale nec auro. Od. II, 16, 7.

V. Versus Phalaecius hat fünf Glieder, einen Spondeus, Dactyl und drey Trochäen, als

−−|−∪∪|−∪|−∪|−∪ Disertissime Romuli
nepotum.

Not.

Not. 1) Beym Catull ist das erste Glied zuweilen ein Trochäus oder Jambus, und das zweyte zuweilen ein Spondeus.

2) Die Phaläcischen Verse heißen auch hendecasyllabi.

VI. Versus Iambicus besteht aus vier, sechs oder acht Gliedern, davon die ungeraden (1, 3, 5, 7) ein Iambus oder auch Spondeus, Anapaestus, Dactylus, Tribrachys seyn können: Die geraden aber (2, 4, 6, 8) müssen Iambi seyn: und man findet nicht leicht, als bey Comicis, einen Tribrachys. Daß die letzte Sylbe des Verses kurz seyn kann, ist bekannt.

Er ist beym Horaz viergliedrig, (quaternarius) oder sechsgliedrig (senarius), bey Comicis auch acht-gliedrig (octonarius), z. E.

a) Iambicus quaternarius:

◡-	◡◡◡	◡-	◡ ≃	Ut prisca gens morta-
--	◡-	--		lium
◡◡-		◡◡-		Solutus omni foeno-
-◡◡		-◡◡		re cet.
◡◡◡		◡◡◡		Hor. Epod. II, 2, 4 ff.

b) Iambicus senarius ist eben so, nur daß zwey Glieder hinzukommen, als Bea - tus il - le qui - procul - nego- tiis cet.

c) Iambicus octonarius wieder um zwey Glieder länger, als: Pecu - niam in - loco - neglige - re ma - ximum interdum est - lucrum. Terent.

Not. 1) Je mehr Jamben stehen, desto besser ist der Vers.

2) Die Comici nehmen es mit den Jamben nicht genau, sondern nehmen dafür leicht einen Dactyl, Tribrachys, Anapästus rc.

3) Bey den Tragicis ist das fünfte Glied selten ein Jambus, sondern öfter ein Spondeus oder Anapästus.

4) Hieher gehört auch der Scazon und Anacreontische Vers;

a) Scazon oder Choliambus ist fast ein Iambicus senarius: nur steht am Ende ein Spondeus oder Trochäus, und das fünfte Glied ist stets ein Jambus, als:

◡-	◡-	◡-	◡-	◡-	· ≃	Sed non videmus manticae
--		--				quod in tergo est. Catull.

b) Verſus Anacreontieus ſieht ſo aus:

u - | u - | u - | ⌣ Habet omnis hoc voluptas.
- - |
uu-|

VII. Verſus Trochaicus beſteht aus vier ober acht Gliedern: die ungeraden (1, 3, 5, 7) ſollen allezeit Trochäen ſeyn, wiewohl mit unter ein Tribrachys vor kommt: die geraden aber (2, 4, 6, 8) ſollten zwar auch Trochäen ſeyn; doch kann auch hier ein Spondeus, Tribrachys, Anapäſtus oder Dactylus ſeyn. Die gebräuchlichſten ſind die octonarii catalectici, als:

- u | - u | - u | - u | - u | - u | - u | ⌣
uuu | - - | uuu | - - | uuu | - - | uuu |
      uuu | uuu | uuu |
      uu- | uu- | uu- |
   | -uu | | -uu | | -uu |

Stant parati ferre, quidquid ſors tuliſſet ultima. Prudent.

Man hat auch einen Verſum Trochaicum Ithyphallicum, als:

- u | - u | - ⌣ Huc ades ſupremi cet.

Beym Horatius hat man auch einen viergliebrigen trochäiſchen Vers mit mangelnder Sylbe, z. E. - u - u - u ⌣ Non ebur neque aureum cet. Od. II, 18, 1.

Not. Bey den achtgliebrigen muß nach dem vierten Gliede ein Abſchnitt ſeyn.

VIII. Verſus Choriambicus iſt viererley:

a) Ariſtophanicus: hat zwey Glieder, einen Choriambum und Bacchium, als:

-uu- | u - ⌣ Lydia dic per omnes cet. Hor. Od. I, 8, 1.

b) Glyconicus: hat drey Glieder, einen Spondeum, Choriambum und Iambum, als:

- - | -uu- | u ⌣ Cum tu, Lydia, Telephi cet. Hor. Od. I, 13, 1. Not. Beym Catull iſt das erſte Glied auch ein Iambus oder Trochaeus.

c) Aſclepiadeus: hat vier Glieder: das erſte iſt ein Spondeus, das zweyte und dritte ein Choriambus, das vierte ein Iambus, z. E.

- | -uu- | -uu- | - ⌣ Maecenas atavis edite regibus.
                                            Not.

Not. 1) Es ist angenehm, wenn nach dem zweyten Gliede ein Abschnitt ist.

2) Es giebt auch chorjambische Verse beym Horatius, die aus vier Gliedern, einem Epitrito secundo, zwey Choriambis und einem Bacchio bestehen, z. E. Od. I, 2 ff.

> $- \cup - - \mid - \cup \cup - \mid - \cup \cup - \mid - \cup - -$ Te deos oro, Sybarim cur properas amando cet.

d) Verſus Alcaicus: iſt verſchiedner Art:

1) Eine Art hat drey Choriambos, alſo einen mehr, als der Asclepiadeus, ſonſt kommt ſie mit ihm überein, als:

> $- - \mid - \cup \cup - \mid - \cup \cup - \mid - \cup \cup - \mid - \cup \doubleunderline{}$ Tune quaeſieris ſcire nefas quem mihi quem tibi cet. Hor. Od. I, 11, 1 ff.

2) Die andere Art hat vier Glieder: das erſte iſt ein Spondeus oder Iambus, das zweyte ein Bacchius, das dritte ein Choriambus, das letzte ein Iambus, als:

> $- - \mid - \cup - - \mid - \cup \cup - \mid - \cup \doubleunderline{}$ Motum ex Metello conſule civicum cet. Hor. Od. II, 1, 1.

IX. Verſus Ionicus a minore hat drey oder vier Glieder, und zwar Ionicos a minore, als:

> $\cup \cup - - \cup \cup - - \cup \cup - - \cup \cup - -$ Miſerarum eſt neque Amori, dare ludum neque dulci cet. Hor. Od. III, 12, 1 ff.

So viel von den Versarten. Man merke noch folgende Benennungen der Verse. Verſus acatalecticus heißt ein Vers, wenn am letzten Gliede keine Sylbe mangelt noch überflüſſig iſt: catalecticus, wenn dem letzten Gliede eine Sylbe mangelt: brachycatalecticus, wenn am Ende ein Glied mangelt: hypercatalecticus, wenn am Ende eine oder zwey Sylben übrig ſind.

§. 4.

Von Vermiſchung der Versarten.

I. Die gewöhnlichſten Versarten, die man vermiſcht findet, ſind:

　　　　　1) Hexa-

1) Hexameter und Pentameter abwechselnd. Beyde heißen ein Distichon.

2) Ein Hexameter und ein viergliedriger jambischer Vers abwechselnd, z. E. Hor. Epod. 15.

3) Ein Hexameter und ein sechsgliedriger jambischer Vers abwechselnd, z. E. Hor. Epod. 16.

4) Drey Sapphische Verse und ein Adonischer, z. E. Hor. Od. I, 32.

5) Ein Glyconischer und ein Asclepiadischer abwechselnd, als Hor. Od. I, 3.

6) Zwey Alcaische, ein viergliedriger Jambischer mit überflüssiger Sylbe, und ein Alcmanischer Dactylischer, z. E. Hor. Od. I, 9.

7) Ein sechsgliedriger Jambischer und ein viergliedriger Jambischer abwechselnd, z. E. Hor. Epod. 9.

8) Ein viergliedriger Trochäischer mit fehlender Sylbe und ein sechsgliedriger Jambischer, z. E. Hor. Od. II, 18.

II. In Ansehung der Vermischung der Versarten kommen folgende Benennungen vor. Man nennt ein Gedicht Monocolon, wenn es nur aus einer Versart besteht: Dicolon, wenn es aus zweyen besteht; Tricolon, wenn es aus dreyen besteht.

III. Man giebt den Gedichten noch mehr Benennungen. Man nennt ein Gedicht Distrophon, wenn nach dem zweyten Vers der erste wieder vorkommt, z. E. in Elegien, wo Hexameter und Pentameter abwechseln: Tristrophon, wenn nach dem dritten Vers allemal der erste wieder vorkommt; Tetrastrophon, wenn nach dem vierten der erste allemal wieder vorkommt, z. E. in den Sapphischen Oden: Pentastrophon, wenn dies nach dem fünften Vers geschieht.

Ferner heißt ein Gedicht Carmen natalicium oder genethliacum, i. e. Geburtstagsgedicht: nuptiale oder epithalamium Hochzeitgedicht: propempticum Begleitungsgedicht: epinicium Siegesgedicht: pæan Triumph-

Triumphlied: epicedium Leichengedicht: epitaphium
Grabschrift: threni Klaggedicht: hymnus Lobge=
sang auf Gott: onomasticum Namenstagsgedicht:
epigramma ein kurzes sinnreiches Gedicht: Ode ein
Lied, das in die Laute gesungen ward ꝛc. Man hat
noch mehr Namen, aber von geringerm Belange, als
eteostichon, wenn die Jahrzahl darin liegt: acrostichon
oder acrostichis, wenn die ersten Buchstaben der Verse
einen Namen oder Spruch ausmachen: palindromon,
das, wenn es rückwerts gelesen wird, eben den Sinn,
ja oft eben die Buchstaben enthält, als signa te signa,
temere me tangis et angis; ferner Logographus cet.
Endlich heißen die Gedichte epische, i. e. Heldengedich=
te: lyrische, d. i. Oden: dramatische, d. i. Comödien
oder Tragödien: Lehrgedichte ꝛc.

Vierfacher Anhang.

I.

Einige Sonderbarkeiten in den Alten:

A) In Ansehung einiger Buchstaben oder Sylben:

1) Man findet in den Ausgaben der Dichter zuweilen einen
Buchstaben verdoppelt, (dies heißt Diplasiasmus), um
die Sylbe lang zu machen, als relligio, relliquiae, quat=
tuor, repperit cet. statt religio cet. Doch halten Einige
die Verdoppelung nicht für nöthig.

2) Zuweilen wird ein Buchstabe hineingesetzt (dies heißt
Epenthesis), als siet für sit: alituum statt alitum. Man
rechnet auch navita für nauta hieher, aber mit Unrecht.

3) Hingegen wird in der Mitten eines Worts ein oder mehr
Buchstaben herausgeworfen (dies heißt Syncope). a)
in Prosa: deûm, nummûm statt numorum cet. Amasti,
amassem, cognossem cet. statt amavisti cet. b) beson=
ders

U 3

bers bey Dichtern und Comödienschreibern, auch zum Theil
andern, als virûm, coelicolûm, currûm statt virorum,
coelicolarum, curruum: saecla, vincla für saecula cet.
Dixti, exclusti, sensti, insti statt dixisti, exclusisti cet.
Accestis statt accessistis: Exstinxem für exstinxissem;
cresse, sultis cet. statt crevisse, si vultis. Auch gehört
hieher das Zusammenziehen zweyer Vocale, welches Crasis (auch Synaeresis, Synizesis) heißt, als ingeni, oti
cet. statt ingenii, otii.

4) Zuweilen werden aus einer Sylbe zwey gemacht, welches
Diaeresis heißt, als silüae dreysylbig statt silvae, per-
soluenda fünfsylbig.

5) Vorn wird etwas weggeworfen, welches Aphaeresis heißt.
Dies geschieht bey aliquis, aliquando, alicubi, wo das
ali nach si, ne, quo, num, quanto unzähligemal, sowohl in Prosa, als in Versen weggeworfen wird, als si
quis, si quid, ne quis, si quando, sicubi statt si alicubi, necubi statt ne alicubi cet. Man rechnet auch hieher
mitte für omitte, pono ablegen, für depono, voco
für invoco: linquo für relinquo, temno für contemno: fert für aufert cet. Aber unrecht. Denn die Simplicia haben oft die Bedeutung der Compositorum.

6) Am Ende des Worts wird zuweilen ein Buchstabe weggeworfen, welches Apocope heißt, als dic, duc, fac,
fer statt dice cet. So steht tun', nostin, satin', ain',
cet. sehr oft statt tune, nostine, satisne, aisne.

7) Dem Infinitiv in i wird oft er angehängt, welches Para-
goge heißt, als farier, dicier, egredier, monerier cet.
statt fari, dici cet.

8) Ein zusammengesetztes Wort (Compositum) wird zuweilen getrennt, welches Tmesis heißt, als Talis Hyper-
boreo septem subiecta trioni. Quae me cunque vocant
terrae cet. So sagt Cicero: per, inquam, gratum mihi
feceris.

9) Bey den Dichtern kommen alte Wörter (Archaismi) vor;
als olli, ollis statt illi, illis: alid statt aliud: ipsos für
ipse: sos, sas, sis für suos, suas, suis: so auch suat,
impetrassere, opperibor, cupiret, escit, indu, nenu.

Not. 1) Die Sonderbarkeiten bey der Scansion, als Systole, Diastole, Elision. Hiatus, Ecthlipsis sind bey der
Scansion Abschn. 3. §. 1. angeführt worden.

2) Man

2) Man hat in vielen Grammatiken noch mehr Sonderbarkeiten oder sogenannte Figuren; aber ohne Grund, als:

a) Prosthesis, i. e. wenn ein Buchstabe oder Sylbe überflüssig vorgesetzt wird, als gnatus, gnavus statt natus,
navus, tetulit für tulit. Aber das g gehört dem gnatus und gnavus eigentlich, und tetulit ist das alte Perfectum.

b) Metathesis, i. e. Versetzung der Buchstaben, als Evandre, Thymbre statt Evander, Thymber. Aber Evandre und Thymbre ist von Evandrus, Thymbrus.

c) Antithesis, i. e. wenn ein Buchstabe für den andern
steht, als volnus, volt statt vulnus, vult cet. Aber
das ist ein Archaismus, oder glaublicher, daß die Alten
beydes gesagt, vulnus und volnus cet.

Folglich sind Prosthesis, Metathesis, Antithesis
entbehrlich.

B) Sonderbarkeiten bey Zusammenfügung der Wörter,
davon das meiste schon oben an seinem Orte angeführt
worden. Wir wollen noch einiges anführen.

1) Zuweilen trifft der Casus, Numerus cet. nicht recht zu,
als Ter. *absente nobis.* Virg. sensit medios *delapsus* in
hostes statt se delapsum esse.

2) Zuweilen steht bey zwey Substantivis ein Verbum, das
sich nur zu Einem schickt, welches Zeugma heißt; als
Sall. Iug. 46. *pacem an bellum gerens* perniciosior esset
cet. wo gerens sich nur zu bellum, nicht aber zu pacem
schickt: Nep. Hann. R. alii *naufragio,* alii *a servis interfectum* eum scriptum reliquerunt, wo interfectum sich
nicht wohl zu naufragio schickt.

3) Zuweilen steht das hinterste zuerst; man nennt das Hy-
steron proteron, als Virg. *moriamur et in media arma
ruamus.* Ter. *valet et vivit.*

4) Zuweilen stehen zwey Substantiva mit et verbunden, so,
daß eins für das Adiectivum steht; man nennt das
Hendiadys oder ἓν διὰ δυοῖν, als Virg. *pateris libamus
et auro,* i. e. aureis. Doch muß man der Hendiadys so
wenig, als möglich, Platz lassen.

5) Zuweilen ist die Construction verkehrt, welches Hypallage heißt, z. E. Ovid. Met. I, 1. *In nova* fert animus *mu-*

tatas

tatas dicere *formas corpora* ſtatt corpora mutata in novas formas: Virg. Aen. XI, 202. coelum ſtellis ful-
gentibus *aptum* ſtatt cui ſtellae fulgentes aptae ſunt.
Sehr oft iſts unnöthig, eine Hypallage anzunehmen, z.
E. Cic. Marc. 6. gladium vagina *vacuum* in orbe non
vidimus: hier iſt vacuum ſo viel, als nudatum, deſtri-
ctum. Virg dare claſſibus auſtros heißt eigentlich den
Schiffen durch Anſpannung der Segel Wind ver-
ſchaffen. Virg. ſolſtitium pecori defendite heißt haltet
die Sonnenhitze ab vom ꝛc.

6) Zuweilen folgt nicht das, was folgen ſollte; man nennt
es Anacoluthon, als Ter. Hec. III, 1, 6. nam *nos omnes,*
quibus alicunde aliquis obiectus eſt labos, omne, quod
eſt interea, tempus, priuſquam id reſcitum eſt, *lucro*
eſt. ſtatt in lucro ponimus oder nobis omnibus. Dies
iſt Nachläſſigkeit. Oft fehlt der Nachſatz ganz: dies geſchieht im Affect oder mit Fleiß; z. E. Cic. ad Div. XIV,
3. ſi perficitis, quod agitis, me ad vos venire oportet: *ſin minus:* ſed nihil opus eſt reliqua ſcribere.

Not. Es giebt noch viel Sonderbarkeiten in den Alten: doch
gehört dies alles eigentlich nicht zur Sprachlehre: denn es
ſind Sonderbarkeiten der Schriftſteller, oder vielmehr Fehler derſelben.

II. Einige Verſe, um den Unterſchied mancher Wör-
ter, in Anſehung der Bedeutung, Quantität und
Schreibart zu lernen:

Cantat *acanthis* avis, ſed creſcit *acanthus* in agris.
Eſt *ácer* in ſylvis, equus *ācer* Olympia vincit.
Anus pars hominis, ſed femina fit *anus* annis.
Armus brutorum eſt, *humerus* ratione fruentum.
Turbat *aſilus* equos, miſeros ſuſcepit *aſylum.*
Dum ſinit hora, *cănas;* effeto corpore *cānes.*
Haec *caſſis* galea eſt, hi *caſſes* retia ſignant.
Caſſide conde caput, capiuntur *caſſibus* apri.
Cedo facit *ceſſi, cecidi cado, caedo cecīdi.*
Qui ſculpit, *caelat;* ſervans abſcondita *celat.*
Clava ferit, *clavus* firmat, *claviſque* recludit.
Fert ancilla *cŏlum:* penetrat res humida *colum.*
Eſt *cutis* in carne; eſt detracta e corpore *pellis.*

Comi-

Cominus ense ferit, iaculo cadit *eminus* ipse.
Comoedi scenam, *comedones* quaerite *coenam.*
Vir *comis* multos *comites* sibi iungit amicos.
Consortes fortuna eadem, *socios* labor idem.
  Unum *collegas* efficit officium;
Sed caros faciunt schola, ludus, mensa *sodales.*

Consulo te doctum: tibi *consulo*, dum tua curo.
Sanguis inest venis; *cruor* est de corpore fusus.
Flat *corus*, saltatque *chorus* vel carmina cantat.
Deleo, quod scriptum est, sed flammam *exstinguo* lu-
                                              cernae.
Vin' tibi *dicamus*, cui carmina nostra *dicemus?*
Educat hic catulos, ut eos *educat* in apros.
Solvere *diffidit*, nodum qui *diffidit* ense.
Haec *ficus fici* vel *ficus* fructus et arbor:
Hic *ficus fici* malus est in corpore morbus.
Fide, sed ante *vide*; qui *fidit*, nec bene *vidit*,
  Fallitur: ergo *vide*, ne capiare *fide.*

Forfex filorum, *ceps* ferri, *pexque* pilorum:
Forfice sartores, tonsores *forpice* gaudent:
  At faber ignitum *forcipe* prendit opus.

Pistor habet *furnum*; *fornace* hypocausta calescunt.
Fornix est arcus, sed *fornax* saxa perurit.
Robustum *fugio*, fugientem saepe *fugavi.*
Decepit me saepe *fretum* (Subst.) nimis aequore *frī-
                                                    tum.*
Vir *generat*, mulierque *parit*, sed *gignit* uterque.
Gibbus terga premit, cervici *struma* molesta est.

  Gustat lingua cibum, qui bene cunque *sapit.*
Ales *hirundo* canit, nat *hirudo*, movetur *arundo.*
Per quod quis peccat, per *idem* punitur et *idem.*
Difficilis *labor* est, sub cuius pondere *labor.*
Lacteo, lac sugo; *lacto*, lac praebeo nato.
Laevis (*levis*) adhuc puer est, *levis* autem sermo
                                              puellae.
In sylvis *lepores*, in verbis quaere *lepores.*
Non *licet* asse mihi, qui me non asse *licetur.*

  Ad flumen *ripas*, ad mare *litus* habes.

  Sulcus agri *lira* est, dat *lyra* tacta sonum.

Deceptura viros pingit *mala* femina *malas.*
Mala mali malo meruit *mala* maxima mundo.
Matrona est mulier quaedam, sed *Matrona* flumen

Es praeclarus homo, *miseris* si *miseris* aurum.
Merx venit numis, operantibus est data *merces.*
Morio *moratur*, quocunque sub axe *moratur.*
Mulcet equos famulus, sed vaccas rustica *mulget.*
Nitere cum studio, si vis aliquando *nitere.*

Haec *nŏta* Grammatici non mihi *nōta* fuit.
Nil ego scribo *nŏvi*, quia *nōvi* nil nisi *nota.*
Oblĭtus est vino, sed non *oblītus* amoris.
Occĭdit latro, verum sol *occīdit* almus.
Opperior tardos; pannis *operitur* egenus.
Os oris loquitur, sed *os ossis* roditur ore.
Uxoris *parĕre* et *parĕre*, *parare* mariti est.
Pendĕre vult iustus, sed fur *pendēre* recusat.
Ludo *pĭla*; *pĭlum* contorqueo; *pīla* columna est.
Pro reti et regione *plăga* est, pro verbere *plāga.*
Sunt cives urbis *pŏpulus*, sed *pōpulus* arbor.
Pluribus ille *rĕfert*, quae non cognoscere *rēfert.*
Si qua *sĕde sĕdes*, atque est tibi commoda *sēdes*,

Illa *sēde sĕde*, si nova tuta minus.
Ne sit *secūrus*, qui non est *tutus* ab hoste.
Sunt aetate *senes*; *veteres* vixere priores.
Quae non sunt, *simulo*; quae sunt, ea *dissimulantur.*
Hastam dic *teretem*, sphaeram dic esse *rotundam.*
Torris adhuc ardens, exstinctus *titio* fiet.
Tribula grana ferit; *tribuli* nascuntur in agris.
Prora prior, *puppis* pars ultima, et ima *carina.*

Tergum hominis dorsum est; bellua *tergus* habet.
Vallamus proprie castra, at *saepimus* ovile.
Spondet *vas vădis*, at *vas vāsis* continet escam.
Vas caput, at numos tantum *praes* praestat amicus.
Virosa est vitanda anguis, mulierque *virosa.*
Ungula conculcat; lacerat, tenet, arripit *unguis.*
Alga venit pelago, sed nascitur *ulva* palude.

Die Verwandtschaften.

Agnati patris, *cognati* matris habentur.
Dic *patruos* patris fratres, *amitasque* sorores.
Frater *avunculus* est; soror est *matertera* matris.
Quos generant fratres natos, dices *patrueles*;
Sed *consobrinos* dic, quos peperere sorores;
Quos soror et frater gignunt, dices *amitinos.*

Vir natae *gener* eſt, *nurus* autem femina nati.
Uxoris genitor *ſocer* eſt, *ſocrusque* genitrix.
Vitricus haud aequus pater eſt, materque *noverca*.
Ipſe viri frater *levir*; uxor quoque fratris
Fratria; glos uxor fratris, ſoror atque mariti.

Haupt- und andre Winde.

Aſper ab axe ruit *boreas*, ruit *eurus* ab ortu,
Auſter amat medium ſolem, *zephyrusque* cadentem.
Flant *ſubſolanus, vulturnus* et *eurus* ab ortu:
Circius occaſum *zephyrusque favonius* adflant.
E ſolis medio emergunt *notus*, *Africus, auſter:*
Conveniunt *aquilo, boreas* et *caurus* ab urſa.

Vier Jahrszeiten.

Ver, aeſtas, autumnus, hyems dominantur in anno.
Aeſtas a Geminis, *Auctumnus* Virgine ſurgit.
Bruma Sagittifero, *Ver* Piſcibus incipit eſſe.

Die zwölf ſogenannten Zeichen des Thierkreiſes:

Sunt Aries, Taurus, Gemini, Cancer, Leo, Virgo,
Libraque, Scorpius, Arcitenens, Caper, Amphora,
Piſces.

III. **Vom römiſchen Calender.** Hier ſind zu merken: 1) Calendae, i. e. der erſte Tag des Monats:
2) Nonae, i. e. der ſiebente Tag im **März,
May, Julius** und **October,** in den übrigen
der fünfte: 3) Idus, i. e. in den gedachten 4 Mo-
naten der funfzehnte, in den übrigen der dreyzehnte
Tag. Nun folgt die Beſchaffenheit und Berechnung
des römiſchen Calenders mit unſerm ſelbſt.

Der

Der Tag unsers Monats.	Mårz, May, Julius und October (haben 31 Tage)	Jänner, August, December (31 Tage)	April, Junius, September, November (30 Tage)	Februar Tage, und 4 Jahr:
1	Calendis	Calendis	Calendis	Calendis
2	VI)	IV) ante	IV) ante	IV) ante
3	V) ante	III) Nonas	III) Nonas	III) Non
4	IV) Nonas	Pridie Nonas	Pridie Nonas	Pridie Nor
5	III]	Nonis	Nonis	Nonis
6	Pridie Nonas	VIII)	VIII)	VIII)
7	Nonis	VII	VII	VII
8	VIII)	VI] ante	VI] ante	VI] ant
9	VII	V) Idus	V) Idus	V) Idu
10	VI] ante	IV	IV	IV
11	V) Idus	III]	III]	III]
12	IV	Pridie Idus	Pridie Idus	Pridie Idu
13	III]	Idibus	Idibus	Idibus
14	Pridie Idus	XIX	XVIII)	XVI)
15	Idus	XVIII	XVII	XV
16	XVII)	XVII	XVI	XIV
17	XVI	XVI	XV	XIII
18	XV	XV] ante	XIV] ante	XII] ante
19	XIV	XIV) Ca-	XIII) Ca-	XI) Ca-
20	XIII] ante	XIII) len-	XII) len-	X) len-
21	XII) Calen-	XII) das	XI) das	IX) das
22	XI) das	XI) des	X) des	VIII) Mar-
23	X) des	X) folg.	IX) folg.	VII) tias.
24	IX) folg.	IX) Mo-	VIII) Mo-	VI)
25	VIII) Mo-	VIII) nats.	VII) nats.	V)
26	VII) nats.	VII	VI	IV
27	VI	VI	V	III]
28	V	V	IV	Pridie Calen-
29	IV	IV]	III]	das Martias.
30	III]	III.]	Pridie Calen-	
31	Pridie Calen- das (des folg. Monats.)	Pridie Cal. (des folg. Monats)	das (des folg. Monats).	

IV. Einige lateinische Auffätze zur Uebung:

a) Etwas sehr leichtes.

1) Ego sum homo. Tu es sapiens. Rex est sapientior: Deus est omnium sapientissimus. Nos sumus mortales. Olim eras improbus, in posterum eris probus. Haec mensa est rotunda. Illae sellae sunt pulchrae. Nostri libri sunt pulchri. Deus amat discipulos probos. Amo eos, qui amantur a Deo. Tu me non amasti et tamen amatus es a me semper. Improbi homines nunquam amabuntur a Deo. Pater meus monet et hortatur me, ut colam Deum. Saepe monui et hortatus sum te, ut coleres parentes tuos. Semper monebo et hortabor vos, ut colatis virtutem. Parentes mei coluerunt virtutem et semper colent illam. Amo eos, qui colunt virtutem. Hora octava audita est. Audivi vocem patris mei et matris meae.

2) Potentia Dei est magna et maior, quam potentia omnium regum. Nam quamquam multi reges potentes inveniuntur, tamen Deus longe potentior est, quam illi, quia Deus omnia efficere potest, quae vult; reges tantum multa efficere queunt.

3) Ego nondum multa didici, sed operam dabo, ut multa discam. Nihil enim suavius est scientia multarum rerum.

4) Abrahamus Deum valde coluit et amavit: hinc factum est, ut a Deo valde amaretur et in omnibus rebus adiuvaretur. Quoties de Abrahamo lego, toties opto, ut sim similis eius.

5) Deus non mutat voluntatem suam, sed erit post mille annos idem, qui fuit ante multa millia annorum. Est tam potens, ut omnia, quae velit, efficere possit. Est vero etiam ita benignus, ut hominibus benefacere gaudeat. Hunc Deum nos omnes amare et venerari summo studio debemus. Et maxime impius est is, qui hoc facere non vult. Ego Deum, qui me tantopere amat mihique quotidie innumera beneficia tribuit, per omnem vitam amabo et studiosissime colam.

6) In nostro horto sunt multae arbores, quae praeclaros fructus ferunt. Hos, quando maturuerint, decerpam, ut iis vescar: et ubi decerpsero eos, laudabo Deum, quod arbores tam utiles creaverit.

7) Nihil

7) Nihil praeclarius est virtute. Haec efficit, ut | placeamus. Quis vero nolit Deo placere? Nam Deo placet, is fruitur vera felicitate.

b) Einige Gespräche: Joachim und Christian.

I. *De tempore surgendi e lecto.*

I. Heus! heus! Christiane. *C.* Quid clamas, import | ne? *I.* Expergiscere! Est enim tempus eundi in scholan | audisne? *C.* Non audio. *I.* Ubi ergo habes aures? | In lecto ac somno. *I.* Quid loqueris? inepte. *C.* N | ineptio, sed dormio, si non auribus, tamen oculis: salte | dormire volo. *I.* Nunc vero non est tempus dormiend | sed surgendi. *C.* Mitte me et abi: quid mihi molestiæ | exhibes? *I.* Non te antea mittam, quam lectum reliqu | ris: fac surgas: audita est enim hora septima. *C.* Septi | ma? surgam. *I.* Recte facis; nam aurora est Musis amica, | imo aurea est.

II. *De salutatione.*

I. Salve, mi Christiane. *C.* Ago gratias: tu quoque | salvus sis! Ioachime. *I.* Non est, quod gratias agas. | *C.* Cur ergo salutas? *I.* Ex vulgari consuetudine. *C.* | Apage istam consuetudinem! Salutatio omnis requirit ani | mum, et eum integrum ac probum, qui ea, quae os lo | quitur, etiam vere sentit. *I.* Non male locutus es: video, | me peccasse. *C.* Nunc places mihi: nam cognitio et pro | fessio peccatorum est dimidia eorum emendatio.

III. *De caseo et butyro.*

I. Quomodo sapit iste caseus? *C.* Bene: sed melius | saperet, si adderetur butyrum. *I.* Caseum edere una cum | butyro est divitum. *C.* Nos sumus divites. *I.* Ostende, | quaeso, divitias vestras. *C.* Mater mea ipsa format caseos, | et conficit tantum butyri, quantum vult. *I.* Erras: de | bebas dicere, quantum ei licet pro copia lactis: nec caseos | formare et butyrum conficere est certum signum divitia | rum. *C.* Ergo posthac contentus ero alterutro, aut caseo | aut butyro solo. *I.* Recte facies: nam nos homines vix | solo pane digni sumus. *C.* Indigni quidem sumus: atta | men Deus, quae eius est benignitas, nec indignis negare | solet opsonium'

IV. *De furto et mendacio.*

I. Unde accepisti istum annulum, Christiane? *C.* Inveni | eum in platea. *I.* Quando? *C.* Nudius tertius, cum ex aede | venie-

veniebam. *I.* Sed ego illum adhuc heri vidi in digito Sabinae, amitae tuae. *C.* Illa eum fortaffe amifit. *I.* Mendacem oportet effe memorem. *C.* Cur me vocas mendacem? *I.* Tu non folum es mendax, fed etiam fur. *C.* Quid abftuli? *I.* Annulum. *C.* Id vix probabis. *I.* Iam fatis probavi, imo tu ipfe probafti, vel potius faffus es. *C.* Quibus verbis? *I.* Credisne, me heri vidiffe annulum in digito amitae tuae? *C.* Id non negabo. *I.* Quando vero tu eum in platea invenifti? *C.* Ante tres dies. *I.* Ecce mendacem fui immemorem, qui poteft aliquid ante invenire, quam amiffum eft. *C.* Fateor furtum et mendacium. *I.* Sane pudeat te utriusque, inprimis mendacii, quod a te turpiffime iteratum eft. *C.* Mihi crede, non folum me pudet facti, fed etiam poenitet et piget. *I.* Utinam ferio!

V. *De carne cocta.*

I. Qualis haec eft caro, quam vides in patina? *C.* Cocta. *I.* Hac de re non eft dubium, nec quaeftio: quis enim crudam carnem apponat? dic, cuius fit generis. *C.* Eft bubula. *I.* Falleris. *C.* Habet tamen fpeciem bubulae. *I.* Non habet, nifi in errore oculorum tuorum. *C.* Eftne vervecina, an agnina? *I.* Neutra. *C.* Utrum eft fuilla, an vitulina? *I.* Alterutra. *C.* Sed utra? Forfan fuilla? *I.* Erras: eft vitulina. *C.* Eft grati faporis. *I.* Utique, praefertim condita fame.

VI. *De ovis.*

I. Quaenam gallina peperit haec ova? *C.* Noftra. *I.* Illane, quam heri vidimus ovis incubantem? *C.* Alia eft: illi vero ova ideo fuppofita funt, ut inde pullos excludat. *I.* Hoc videre geftio. *C.* Videbis: fed nunc vide, ne, fracta forte tefta, diffluat ovi albumen cum vitello. *I.* Tu vero difce, quid fignificet proverbium: *Mali corvi malum ovum.* *C.* Eius fententiam tibi explicabo, fi mihi explicaveris aliud de ovo proverbium, nempe: *ab ovo usque ad mala.* *I.* Hoc eft, a coenae principio usque ad eius finem: nam apud veteres ova coenam incipiebant, mala claudebant. *C.* Profecto non ovum ovo eft fimilius, quam tu bono interpreti, qui ne eges quidem prioris proverbii explicatione.

VII. *De frigore et igni.*

I. Cur non fcribis? Chriftiane. *C.* Digiti mei rigent frigore, nec eft ignis in fornace, quo mufeum calefiat. *I.* Age, excitabimus ignem folle. *C.* Follis adeft, fed lignum deeft. *I.* Ecce lignum! hic eft. *C.* Novi: fed eft humidum:

dum: arido opus est: nam humidum lignum, igni admotum, fumum gignit; fumus vero infestat oculos.

VIII. *De ira et odio.*

I. Video, te esse iratum: quaenam est causa? *C.* Titius me faste percussit. *I.* Quid? Putabam, Titium esse amicum tuum. *C.* Ex amico factus est inimicus, odio dignus. *I.* Erras, Christiane: nam debemus etiam inimicos nostros diligere. *C.* At hi nos non diligunt. *I.* Nec nos Deum semper amamus, et hic tamen nos impense amat, ut et ipsum redamemus, et simul inimicos nostros amore complectamur. *C.* Bene mones: ignoscam Titio, ipsumque amabo.

IX. *De somno.*

I. Tempus est eundi cubitum: confer igitur te in lectum tanquam ad letum. *C.* Quid significat *letum*? *I.* Mortem. *C.* Putasne, me hac nocte moriturum esse? *I.* Non equidem hoc credo: fieri tamen potest, ut moriare. *C.* Ego potius dormiam. *I.* Sed somnus est imago mortis. *C.* Fortasse respicis versum poetae: *Stulte, quid est somnus, gelidae nisi mortis imago?* *I.* Hunc tu ipse respice, mortemque ac sepulcrum tuum meditare: sic non eris stultus, sed sapiens.

X. *De repetitione lectionis.*

I. Cur non repetis ea, quae hodie in schola didicisti? *C.* Mire loqueris, qui velis, me ea repetere, quae didicerim. *I.* Cur? *C.* Nam quid opus est repetitione eorum, quae iam scio? *I.* Erras: aliud est didicisse nonnulla, aliud ea ita memoria tenere, ut semper eorum memineris. *C.* Ego nihil oblivscar. *I.* Erras: noli memoriae tuae nimis confidere. Multi eruditissimorum hominum professi sunt, se multa, quae olim didicissent, oblitos esse, quia eorum omisissent repetitionem. *C.* Sed mea memoria est praeclara: novi eam plane. *I.* Nemo est tam felici ingenio, qui non multa obliviscatur. Hinc omnis sanus diligenter ac saepe repetere solet, quae didicit aut legit.

XI. *De eadem materia.*

I. Cur tam tristis incedis? Christiane. *C.* Indignor: imo mihi ipse irascor. *I.* Quam ob rem? *C.* Pudet me tibi causam fateri, *I.* Quaenam est? dic aperte, prout nostra amicitia postulat. *C.* Pater meus hodie in coena, praesente avunculo meo, interrogabat me de aliqua re;

nec

nec poteram refpondere. *I.* Bono es animo: quis ad omnes quaeftiones refpondere poteft? Forfan tu iftam rem nunquam audiveras aut didiceras. *C.* Scio, me illam didiciffe: fed mihi in mentem non veniebat, licet omnes mentis vires intendiffem: Nec nunc fuccurrit. *I.* Vides ergo, quam nuper erraris, cum diceres, memoriam tuam effe praeclaram, nec quidquam oblivifci. *C.* Video: et me nunc impudentiae meaé valde poenitet. In pofterum omnia, quae audivi ac didici, repetam, ne iterum tacere cogar interrogatus a patre.

XII. *De fpeſtris.*

I. Narrabo tibi rem miram atque terribilem. *C.* Non otium mihi nunc fuppetit: alio tempore narres, mihi domum feftinandum eft ad patrem, qui me ad avunculum mifit et mox redire iuffit. *I.* Exfpeſta paulifper, et audi: res, quam tibi narrabo, eft haud dubie digna, quae abs te audiatur. *C.* Non poffum hic morari. *I.* Duobus verbis tibi dicam: fpeſtrum vidi. *C.* O! tace; qui fpeſtra videt, is non dignus eft, qui audiatur. Ut tamen morem tibi geram, mox redibo, fi quidem per patrem mihi licuerit.

XIII. *Continuatio.*

I. Praeclare facis, cum redis. *C.* Pater meus tam facilis et benignus erat, ut mihi, dicenti, te mecum loqui velle, poteftatem ad te redeundi faceret. Narres igitur de tuo fpeſtro: ubi id vidifti? *I.* Non procul a lecto, in quo folus cubabam. *C.* Quali erat fpecie? Atra, an candida? *I.* Ni fallor, candida: et vultu, fi recte memini, trifti. *C.* An certo fcis, fuiffe fpeſtrum? Nonne fieri potuit, ut aliud quid effet? An manibus tetigifti? *I.* Non; quis enim tam audax fit, ut fpeſtra manibus petat? *C.* Tace: video, te effe hominem timidum: et omnes timidi fpeſtra et vident et audiunt. *I.* An tu non credis, fpeſtra effe? Ancilla noftra multa vidit. *C.* Dic potius, ancillam credere, fe multa vidiffe. Qui eiusmodi hominibus omnia credit, ftultus eft.

XIV. *Continuatio.*

I. Narrabo tibi aliquid: fed cave rideas. *C.* Promitto tibi, me non rifurum: an forfan iterum vidifti fpeſtrum aliquod? *I.* Non: abeant fpeſtra in ultimas terras! Non ea credo amplius. *C.* Quid audio? *I.* Spectrum illud, quod

Schell. Kleine Gramm.   X   hefterhesterna nocte videre mihi visus sum, fuit vestis quaedam matris meae: haec sellae iuxta meum lectum stanti imposita erat me inscio. Mater mea modo totam rem mihi explicavit. *C.* Nonne vero istam vestem animadverteras conscendens lectum?' *I.* Non: quia sine candela cubitum iveram; luna enim lucebat. *C.* Valde gaudeo, videns, te errore quodam solutum esse: et suadeo tibi, ut in posterum tuis oculis et auribus magis credas, quam ancillis.

XV. *De melle.*

I. Quid edis? amice. *C.* Panem melle illitum. Non dicere possum, quam praeclare sapiat. *I.* Sed quid cogitas, tam dulci cibo vescens? *C.* Nihil: nam simul edere et cogitare non possum. *I.* Nonne hic tibi in mentem venit benignitatis divinae, homines tantopere amantis, ut non modo eorum necessitati, sed etiam commoditati et voluptati consulat? *C.* Recte mones. Quam varia ciborum genera iussu et cura Dei nobis suppeditant sylvae, lacus, flumina? Et quis omnia recensere possit? *I.* Et talem Deum nos non diligamus?

XVI. *De vento et hyeme.*

I. Audin' ventum vehementer flantem? *C.* Audio. *I.* Nonne nobiscum melius ageretur, si omnis ventus et tristis illa hyems a nostris terris abesset? *C.* Non: sunt istae res utiles. *I.* Quomodo? *C.* Venti purgant aerem, vaporibus non salubribus refertum, et simul movendo aere cavent, ne is vaporibus talibus impleatur, nec nobis noxius fiat. *I.* Audio: sed quid prodest hyems? *C.* Reddit terrae aliisque rebus vires, quas per aestatem amiserant: ac nonne arbores, si perpetuo solis calore crescere et fructus ferre cogerentur, tandem interirent? *I.* Attamen melius foret, si perpetuo vere frueremur. *C.* Erras: ver perpetuum tibi et mihi omnibusque tandem taedio foret. *I.* Hoc vix crediderim. *C.* Omnis suavitas nititur varietate rerum. Res, etiamsi est pulcherrima et iucundissima, tamen tandem taedio fit, si ea perpetuo utimur. Cogita, quam suavis sit sanitas corporis iis, qui gravi morbo laborarunt, et quam parvi aestimetur ab iis, qui nunquam aegrotarunt. *I.* Non stulte loqueris. Video, Deum sapienter agere in omnibus rebus.

XVII. *De pomis.*

I. Unde venis? Christiane. *C.* Ex horto nostro suburbano. *I.* Quid ibi egisti? *C.* Quid ibi egerim? mira quae

quaeftio! edi. *I.* Quidnam? *C.* Pira, pruna et mala, quibus arbores noftrae abundant. *I.* Scisne vero etiam, qui
pomis vefcantur, eos facile in morbum incidere poffe?
C. Hoc ignoro: fed hoc fcio, ufum pomorum, modo
maturuerint, nemini nocere, nifi forte nimis multis vef-
catur. *I.* Quis te hoc docuit? *C.* Pater meus, qui mihi narravit, medicos ipfos ufum pomorum non pro no-
xio habere: et pater ipfe pomis multis vefcitur, ac tamen fanus eft: fed vale: domum enim feftinare cogor,
quia valde fitio. *I.* Cave, poft ufum pomorum bibas.
C. Bibam nihil nifi aquam: et huius ufus ei, qui poma
matura edit, nihil nocet. *I.* Mira loqueris: vale.

XVIII. *De fabulis.*

I. Quem librum tenes manibus? *C.* Sunt fabulae Gel-
lerti. *I.* Quanti emifti? *C.* Non ipfe emi, fed pater emit
duodecim groffis, ut puto: nam certo non fcio. *I.* Care
emit pater talem libellum. *C.* Nihil mea refert, utrum
male an bene emtus fit liber aliquis, dummodo fit bonus
contineatque multa, quae inde difcam. *I.* Ego credidi,
Aefopum folum fabulas fcripfiffe. *C.* Errafti. Multi enim
funt, qui fabulas fcripferint, ut Hagedornius, Gleimius
aliique, quorum nomina mihi exciderunt. *I.* Suntne iftae
fabulae utiles? *C.* Utique: depingunt vitam hominum et
fimul peccata noftra, modo ea ubique agnofcere atque ita
corrigere velimus. *I.* Rogabo patrem meum, ut hos libros mihi emat.

XIX. *De paupertate et divitiis.*

I. Videsne iftum hominem ridiculum? *C.* Video quidem hominem, fed nihil ridiculi in eo animadverto. *I.*
Nonne vides, eum effe pauperem? et pauperes funt con-
temnendi ac deridendi. *C.* Stultiffime loqueris: paupertas nihil contemtus adferre poteft homini: fed vitia hominem reddunt ridiculum et contemtu dignum. De tua
igitur fententia omnes divites funt colendi? nonne? *I.*
Sunt: quis enim felicior divitibus? poffunt uti et frui rebus, quibuscunque volunt. *C.* Erras: divitiae funt primum
caducae et valde incertae: qui hodie iis abundat, cras
faepe eft pauperrimus: deinde quomodo divitiae poffunt
homini honorem conciliare? *I.* Per veftitum magnificam
aliasque res fplendidas. *C.* Ridiculus eft honor, qui hominis
veftibus, non ipfi homini tribuitur. Inter pauperem et
divitem, fi uterque eft fapiens virtutisque amans, nihil
intereft: divitiae nihil difcriminis efficere poffunt. Imo, fi
pauper divite eft fapientior et virtutis ftudiofior, haud

dubia longe ille huic praeferendus eſt. Putasne, te in
perpetuum eſſe manſurum divitem? *I.* Spero utique. *C.*
Nonne fures, fraudes hominum, incendium aliaeque res
poſſunt tibi divitias adimere? ac ſi deinde pauper eris, cave, ne aeque tum derideare ab aliis, ac nunc pauperes de-
ridendos putes. Qui pauperes deridet, is Deum deridet,
qui illos creavit.

XX. *De divitiis.*

I. An nihil audiviſti de malo, quod ſuperiori noĉte experti ſumus? *C.* Nihil: quidnam vobis accidit? *I.* Fures,
genus hominum improbiſſimum, nobis omnem ſupellecti-
lem abſtulerunt, et noſtras aedes totas fere vacuas reddi-
derunt. *C.* Doleo vehementer. *I.* Pater confirmavit,
omnem ſuam pecuniam ſimul ablatam eſſe. *C.* Hinc vides,
quam incertae ſint omnes divitiae, et quam miſer ſit homo
iis ſolis confidens. Virtus et doĉtrina ſunt certiores divitiae, quas nullus fur auferre poteſt. An noſtis, quinam
iſti fures fuerint? *I.* Non: nam ſi hoc ſciremus, res erep-
tae facile nobis reſtituerentur. *C.* Opto, ut damnum iſtud
vobis alio modo ſarciatur.

XXI. *De morte.*

I. Cur fles? Chriſtiane. *C.* Quia ſoror mea mortua eſt.
I. Doleo tecum: ſed ubi nunc ipſa eſt? *C.* Mortua eſt, ut
audiviſti. *I.* Itane plane periit? *C.* Corpus quidem eius
video, ſed exſangue et vitae expers. *I.* Nunc vides, quid
corpus ſit ſine animo. *C.* Video, ſed, ubi animus ſororis
ſit, neſcio. *I.* Fuitne ſoror tua virtutis amans? *C.* Fuit
ſane. *I.* Ergo non dubitare debes, quin eius animus nunc
ſit in coelo, in ſede beatorum.

XXII. *De eadem materia.*

I. Video te atra veſte indutum: quid hoc ſignificat?
C. Frater meus obiit. *I.* Quis credidiſſet, mortem eius
tam propinquam eſſe? Doleo tecum ex animo. *C.* Non
dici poteſt, quantopere is me amaverit. *I.* Scio, quanto
vos amore perpetuo complexi ſitis; hincque facile intelligere poſſum, quam acerba tibi ſit illius iaĉtura. *C.* Utinam hodie moriar, ut cum eo ſim, eiusque conſuetudine
dulci fruar! *I.* Noli dolori tuo nimis indulgere. Videtur-
ne tibi frater plane periiſſe? *C.* Non: ſcio, eum eſſe in loco meliori, quam antea. *I.* Ne igitur invideas illius felicitati,

citati, praesertim cum scias, eum aliquando in vitam atque ita in tuum amplexum esse rediturum.

XXIII. *De mortis cogitatione.*

I. Gaudeo, cum video, te non tam tristi fronte esse, quam heri: quae subest causa? An oblitus es tui fratris? *C.* Minime: sed quid iuvat dolori indulgere? lacrymis neminem in vitam revocamus: deinde scio, eum adhuc vivere, ac maiori felicitate frui, quam nos omnes hac in terra fruamur. *I.* Loqueris ita, ut Christianum decet. *C.* Attamen eius memoriam ex meo animo nunquam effluere patiar. *I.* Recte facies: at nos simul etiam mortem nostram cogitare decet: nam sumus omnes mortales: et sapientis est mori discere ante, quam moriatur. *C.* Praeclare loqueris. Mors enim nulli aetati parcit: non modo viros et senes aufert, sed etiam adolescentes, pueros, imo infantes opprimit.

XXIV. *De grato discipuli erga magistrum animo.*

I. Nihilne audivisti de Nicolao? *C.* Quid putas me audire potuisse? Non intelligo, quid sentias. *I.* Miror. Locutus ille est ea de magistro nostro, quae discipulum non decet loqui. *C.* Quaenam dixit? *I.* Pudet ea repetere: et ignoscas, quaeso, si taceam: nam aliorum stulta verba repetere, est, reddere se illorum stultitiae participem. *C.* Qualis est vester magister? *I.* Vir nostro amore et observantia longe dignissimus. Neque enim tantum singula quae tradit, diligenter atque ita explicat, ut quisque eum plane intelligat, sed etiam diligenter singula repetit, ut e mente nostra effluere nequeant: ut taceam, quanto studio nos ad virtutem amandam impellat, suoque praeclaro exemplo praeeat. *C.* Sane est praeclarus magister. *I.* Nonne igitur dignus est, quem nos, tam egregia institutione fruentes, impense amemus? Nonne vero etiam Nicolaus dignus est, quem oderimus? *C.* Miser ille misericordia potius vestra, quam odio, dignus est: indicat enim, se sui magistri virtutes non perspicere, nec quidquam utilitatis ex eius institutione capere.

XXV. *De vera discendi ratione.*

I. Video, me a te longe superari doctrinae laude: dic igitur mihi, quam viam ingredi debeam, ut doctior fiam. *C.* Non equidem me ea laude, quam mihi impertiris, dignum esse credo: attamen, quid sentiam, tibi dicam. Om-

nis homo , cuius intereſt multa diſcere , debet tria obſer-
vare. *I.* Quaenam ea ſunt ? *C.* Primum ſe debet prae-
parare ad ea , quae in ſchola tradentur , ut deinde illa ,
quando tradantur , eo melius intelligat : deinde debet ad
ſingula verba magiſtri diligenter attendere: tandem domi,
quaecunque audivit, ſaepius repetere. *I.* Quid eſt diligenter attendere? *C.* Ita attendere, ut acerrimo ſtudio ſum-
maque cupiditate flagres ſingula audiendi et memoriae
mandandi. *I.* An potes omnia memoria comprehendere ?
C. Non : propterea multa, quae magiſter tradit, chartae
trado , ac deinde domi, quae notavi, ſaepius perlego : ſic
memoriae meae egregie conſulo. *I.* Sequar exemplum
tuum.

XXVI. *De lectione Ciceronis.*

I. Scio, te linguam latinam praeclare noſſe; dic mihi,
unde eius ſcientiam hauſeris. *C.* Maxime e diligenti Ciceronis lectione. *I.* Quis eſt iſte Cicero ? *C.* Non amplius vivit : fuit ille olim conſul Romanus , magnusque
orator. *I.* Si orator fuit, quomodo ex eo potuiſti latinam linguam diſcere ? *C.* Non tantum ex eo huius linguae cognitionem hauſi , ſed ſimul quoque eloquentiam,
hoc eſt, facultatem perſpicue, graviter et ſuaviter dicen-
di. *I.* Mira narras: memini, me de Cicerone iſto aliquando audire : ſed audivi , ex eo nihil niſi vocabula latina
diſci poſſe. *C.* Sic indicant, qui ipſum non legerunt: et
mihi crede , neminem praeclare ſcribere poſſe, niſi eloquentia inſtructus ſit. Sine eloquentia loqui ac ſcribere
eſt garrire.

XXVII. *De Conſule Romano.*

I. Tu dixiſti mihi nuper , Ciceronem fuiſſe conſulem
Romanum : non intelligo, quid ſit conſul Romanus. *C.*
Quid nunc ſit , neſcio; quid fuerit olim , ſcio : fuit vir
regia fere poteſtate utens. Romam urbem eſſe Italiae noſti. *I.* Novi: eſt ſedes pontificia Romani. *C.* Olim fuit
ſedes ſummi imperii orbis terrarum. Sed ut ab initio
ordiar, habuit primum reges, quorum primus fuit Romu-
lus. *I.* De Romulo audivi: nonne hic Romam condidit?
C. Recte : ſed ultimus regum Tarquinius, qui Superbus
appellatur, eiectus eſt urbe, non modo propter crudelita-
tem, ſed etiam, quia eius filius Lucretiae, matronae primariae , caſtitatem laedere auſus eſt. *I.* Ergo Romani
poſtea ſine rege fuerunt? *C.* Fuerunt et manſerunt, ſed
pro rege creabant ſibi duos conſules , qui regiam poteſta-
tem

tem haberent. *I.* Ergo duos reges pro uno habuere. *C.*
Non ; consules erant annui, hoc est, eorum potestas du-
rabat unum annum : singulis enim annis alii duo consules
creabantur a populo in comitiis. *I.* Nunc video, Ciceronem, cum consul Romanus fuerit, fuisse virum sum-
mae auctoritatis, amplissimae conditionis atque adeo regis fere similem.

XXVIII. *De lingua Graeca.*

I. Video, te Graecam linguam discere: cur hoc facis?
C. Quia pater meus me iubet hoc facere, confirmans, illam perutilem esse. *I.* Sed pater meus negat, Graecam
linguam mihi profuturam : hinc eam non disco. *C.* An
pater tuus ipse Graecam linguam didicit? *I.* Non: confirmavit mihi saepissime, se illam non intelligere. *C.* Sed
pater meus eam egregie callet, ut omnes hac in urbe loquuntur : hinc puto, ipsum de illius utilitate optime iu-
dicare posse. Pergam igitur eam discere. Dixit etiam
mihi saepe pater, scriptores Graecos esse pulcherrimos:
horum legendorum cupiditate flagro.

c) Einige Stellen aus dem Cicero.

1) Cum ex Simonide, poeta nobili, quaesisset tyrannus
Hiero, quid Deus esset, ille, deliberandi causa, sibi
unum diem postulavit. Cum idem ex eo postridie
quaereret, biduum petivit. Cum saepius duplicaret
numerum dierum, admiransque Hiero requireret,
cur ita faceret: *quia, quanto, inquit, diutius con-
sidero, tanto mihi res videtur obscurior.* Cic. N. D, I, 22.

2) Non deterret sapientem mors, quae propter incer-
tos casus quotidie imminet, propter brevitatem vitae nunquam longe potest abesse, quo minus in omne tempus reipublicae suisque consulat et posteri-
tatem ipsam ad se putet pertinere. Cic. Tusc. I, 38.

3) Nihil est profecto homini prudentia dulcius, quam,
ut *) cetera auferat, adfert certe senectus. Quae
vero aetas longa est? aut quid omnino homini longum? Nonne modo pueros, modo adolescentes,
in cursu, a tergo insequens nec opinantes adsecuta
est senectus? Sed quia ultra nihil habemus, hoc
longum dicimus. Ibid. 39.

*) ut gesetzt daß.

X 4   4) Apud

4) Apud Hypanim fluvium, qui ab Europae parte in Pontum influit, Ariſtoteles ait beſtiolas quasdam naſci, quae unum diem vivant. Ex his igitur, hora octava quae mortua eſt, provecta aetate mortua eſt: quae vero occidente ſole, decrepita: eo magis, ſi etiam *ſolſtitiali die* *). Confer noſtram longiſſimam aetatem cum aeternitate: in eadem propemodum brevitate, qua illae beſtiolae, reperiemur. Ibid.

*) Iſt der längſte Tag.

5) Exſiſtit autem hoc loco quaedam quaeſtio ſubdifficilis, num quando amici novi, digni amicitia, veteribus ſint anteponendi, ut equis vetulis teneros anteponere ſolemus. Indigna homine dubitatio: Non enim amicitiarum eſſe debent, ſicut aliarum rerum, ſatietates. Veterrima quaeque (ut ea vina, quae vetuſtatem ferunt) eſſe debent ſuaviſſima: verumque illud eſt, quod dicitur, multos modios ſalis ſimul edendos eſſe, ut amicitiae munus expletum ſit. *Novitates* *) autem, ſi ſpem adferunt, ut tanquam in *herbis* **) non fallacibus, fructus appareat, non ſunt illae quidem repudiandae: vetuſtas tamen ſuo loco conſervanda eſt. Maxima eſt enim vis vetuſtatis et conſuetudinis. Atque in ipſo equo, cuius modo mentionem feci, ſi nulla res impediar, nemo eſt, qui non eo, quo conſuevit, libentius utatur, quam intractato et novo: nec modo in hoc, quod eſt animal, ſed in iis etiam, quae ſunt inanimata, conſuetudo valet; cum locis etiam ipſis montuoſis delectemur et ſylveſtribus, in quibus diutius commorati ſumus. *Cic. Amic.* 19.

*) i. e. novae amicitiae.

**) die Saat.

6) Verum illud eſt, quod noſtros ſenes commemorare audivi. ab aliis ſenibus auditum: ſi quis in coelum adſcendiſſet, naturamque mundi et pulchritudinem ſiderum perſpexiſſet, inſuavem illam admirationem ei fore; quae iucundiſſima fuiſſet, ſi aliquem, cui narraret, habuiſſet. Sic natura ſolitariam nihil amat, ſemperque ad aliquod tanquam adminiculum adnititur, quod in amiciſſimo quoque dulciſſimum eſt. *Ibid.* 23.

7) Scitum eſt illud Catonis, *melius de quibusdam acerbos inimicos mereri, quam eos amicos, qui dulces videantur:*

deantur: illos verum saepe dicere, hos nunquam. Atque illud abfurdum eft, quod ii, qui monentur, eam moleftiam, quam debent capere, non capiunt, eam capiunt, qua debent vacare. Peccaffe enim fe non anguntur, obiurgari molefte ferunt: quod *contra* (umgekehrt) oportet, delicto dolere, correctione gaudere. *Ibid.* 24.

8) Odiofum fane genus hominum eft officia exprobrantium; quae meminiffe debet is, in quem collata funt, non commemorare, qui contulit. *Ibid.* 20.

9) Cum omnium rerum fimulatio eft vitiofa, (tollit enim iudicium veri, idque adulterat), tum amicitiae repugnat maxime. Delet enim veritatem, fine qua nomen amicitiae valere non poteft. Nam cum amicitiae vis fit in eo, ut unus quafi animus fiat ex pluribus; qui id fieri poterit, fi ne in *uno* quidem *quoque* *) unus animus erit idemque femper, fed varius, commutabilis, multiplex? — Secerni autem blandus amicus a vero et internofci tam poteft, adhibita diligentia, quam omnia fucata et fimulata a finceris atque veris. *Ibid.* 25.

*) uno gehört zu quoque für unoquoque.

10) Quid dulcius, quam habere, quicum omnia audeas fic loqui, ut tecum? Quis effet tantus fructus in profperis rebus, nifi haberes, qui illis aeque, ac tu ipfe, gauderet? adverfas vero ferre difficile effet fine eo, qui illas gravius etiam, quam tu, ferret. — Itaque non aqua, non igni, ut aiunt, pluribus locis utimur, quam amicitia. *Ibid.* 6.

11) Breve tempus aetatis fatis eft longum ad bene honefteque vivendum. Sin procefferis longius, non magis dolendum eft, quam agricolae dolent, praeterita verni temporis fuavitate aeftatem autumnumque veniffe. Ver enim tanquam adolefcentiam fignificat, oftenditque fructus futuros: reliqua tempora demetendis fructibus et percipiendis accommodata funt. Fructus autem fenectutis eft ante partorum bonorum memoria et copia. *Senect.* 19.

12) Adolefcentes mori fic mihi videntur, ut cum aquae multitudine vis flammae opprimitur: fenes autem, ficut fua fponte, nulla adhibita vi, confumtus ignis exftinguitur. Et *quafi* *) poma ex arboribus, fi cruda

font, vl avelluntur, fi matura et cocta, decidunt, fic
tam adolefcentibus vis aufert, fenibus maturitas. It

`*) quasi gleichwie.`

d) Einige Fabeln des Phädrus.

1) Lib. I. F. 12. *Cervus ad fontem.*

Laudatis utiliora, quae contemferis,
Saepe inveniri, haec exferit narratio.
  Ad fontem cervus, cum bibiffet, reftitit,
Et in liquore vidit effigiem fuam.
Ibi dum ramofa mirans laudat cornua,
Crurumque nimiam tenuitatem vituperat,
Venantum fubito vocibus exterritus
Per campum fugere coepit et curfu levi
Canes elufit. Sylva tum excepit ferum;
In qua retentis impeditus cornibus
Lacerari coepit morfibus faevis canum.
Tunc moriens vocem hanc edidiffe dicitur:
O me infelicem! qui nunc demum intelligo,
Utilia mihi quam fuerint, quae defpexeram,
Et, quae laudaram, quantum luctus habuerint.

2) Lib. I. F. 13. *Vulpes et corvus.*

Qui fe laudari gaudent verbis fubdolis,
Serae dant poenas turpes poenitentiae.
  Cum de feneftra corvus raptum cafeum
Comeffe vellet, celfa refidens arbore,
Hunc vidit vulpes, debinc fic coepit loqui:
O qui tuarum, corve, pennarum eft nitor!
Quantum decoris corpore et vultu geris!
Si vocem haberes, nulla prior ales foret.
At ille ftultus, dum vult vocem oftendere,
Emifit ore cafeum, quem celeriter
Dolofa vulpes avidis rapuit dentibus.
Tum demum ingemuit corvi deceptus ftupor.

3) Lib. I. F. 20. *Canes famelici.*

Stultum confilium non modo effectu caret,
Sed ad perniciem quoque mortales devocat.
  Corium depreffum in flumine viderunt canes:
Id ut comeffe extractum poffent facilius,
Aquam coepere bibere: fed rupti prius
Periere, quam, quod petierant, contingerent.

4) Lib. I. F. 24. *Rana rupta et bos.*

Inops, potentem dum vult imitari, perit.
  In prato quondam rana confpexit bovem,
Et tacta invidia tantae magnitudinis
Rugofam inflavit pellem: tum natos fuos

Interrogavit, an bove effet latior.
Illi negarunt. Rurfus intendit cutem
Maiore nifu: et fimili quaefivit modo,
Quis maior effet. Illi dixerunt bovem,
Noviffime indignata, dum vult validius
Inflare fefe, rupto iacuit corpore.

5) Lib. III. F. 9. *Socrates ad amicos.*

Vulgare amici nomen, fed rara eft fides.
Cum parvas aedes fibi fundaffet Socrates,
E populo, nefcio quis, ut fieri folet:
Quaefo, tam anguftam, talis vir, ponis domum?
Utinam, inquit, veris hanc amicis impleam.

6) Lib. IV. F. 9. *De vitiis hominum.*

Peras impofuit Iupiter nobis duas:
Propriis repletam vitiis poft tergum dedit,
Alienis ante pectus fufpendit gravem.
Hac re videre noftra mala non poffumus:
Alii fimul delinquunt, cenfores fumus.

7) Lib. IV. F. 22. *Mons parturiens.*

Mons parturibat, gemitus immanes ciens;
Eratque in terris maxima exfpectatio.
At ille murem peperit. Hoc fcriptum eft tibi,
Qui, magna cum minaris, extricas nihil.

e) Einige Stellen aus dem Ovid, Virgil u. Horaz.

1) Terretur minimo pennae ftridore columba,
Unguibus, accipiter, faucia facta tuis.
Nec procul a ftabulis audet fecedere, fi qua
Excuffa eft avidi dentibus agna lupi,
Vitaret coelum Phaethon, fi viveret; et, quos
Optarat ftulte, tangere nollet equos. *Ovid.* Tr. 1, 75.

2) In caput alta fuum labentur ab aequore retro
Flumina; converfis folque recurret equis.
Terra feret ftellas; coelum findetur aratro;
Unda dabit flammas; et dabit ignis aquas.
Omnia naturae praepoftera legibus ibunt;
Parsque fuum mundi nulla tenebit iter.
Omnia iam fient, fieri quae poffe negabam,
Et nihil eft, de quo non fit habenda fides.
Haec ego vaticinor, quia fum deceptus ab illo,
Laturum mifero quem mihi rebar opem. *Ibid.* 1, 7.

3) Donec eris felix, multos numerabis amicos:
Tempora fi fuerint nubila, folus eris.
Adfpicis, ut veniant ad candida tecta columbae,
Accipiat nullas fordida turris aves.

Horres

Horrea formicae tendunt ad inania nunquam
Nullus ad amissas ibit amicus opes.
Utque comes radios per solis euntibus umbra,
Cum latet hic pressus nubibus, illa fugit;
Mobile sic sequitur Fortunae lumina vulgus,
Quae simul inducta nube teguntur, abit. *Ibid.*
8, 5

4) Corpora magnanimo satis est prostrasse leoni:
Pugna suum finem, cum iacet hostis, habet.
At lupus et turpes instant morientibus ursi,
Et quaecunque minor nobilitate fera est,
Maius apud Troiam forti quid habemus Achille?
Dardanii lacrymas non tulit ille senis. *Ibid.* II
5, 33.

5) In causa facili cuivis licet esse diserto,
Et minimae vires frangere quassa valent. *Ibid.*
10, 22.

6) Tempore ruricolae patiens fit taurus aratri,
Praebet et incurvo colla premenda iugo.
Tempore paret equus lentis animosus habenis,
Et placido duros accipit ore lupos.
Tempore Poenorum compescitur ira leonum,
Nec feritas animo, quae fuit ante, manet.
Quaeque sui monitis obtemperat Inda magistri
Bellua, servitium tempore victa subit.
Tempus, ut extentis tumeat, facit, uva racemis,
Vixque merum capiant grana, quod intus habent.
Tempus et in canas semen producit aristas,
Et, ne sint tristi poma sapore, facit.
Hoc tenuat dentem terram renovantis aratri;
Hoc rigidas silices, hoc adamanta terit.
Hoc etiam saevas paulatim mitigat iras;
Hoc minuit luctus, moestaque corda levat. *Ibid.*
IV, 6.

7) Vidi ego, navifragum qui riserat, aequore mergi,
Et, nunquam, dixi, iustior unda fuit.
Vilia qui quondam miseris alimenta negarat,
Nunc mendicato pascitur ipse cibo.
Passibus ambiguis Fortuna volubilis errat,
Et manet in nullo certa tenaxque loco.
Sed modo laeta manet, vultus modo sumit acerbos,
Et tantum constans in levitate sua est. *Ibid.* V,
8, 11.

8) Qui semel est laesus fallaci piscis ab hamo,
Omnibus unca cibis aera subesse putat,

Saepe

Saepe canem longe vifum fugit agna, lupumque
Credit, et ipfa fuam nefcia vitat opem.
Membra reformidant mollem quoque faucia tactum:
Vanaque follicitis incutit umbra metum. *Ovid. Pont.*
II, 7, 9.

9) Befchreibung der Fama oder Sage Virg. Aen. IV, 174.

Fama malum, quo non aliud velocius ullum:
Mobilitate viget, viresque acquirit eundo:
Parva metu primo, mox fefe attollit in auras,
Ingrediturque folo et caput inter nubila condit.
Illam terra parens, ira irritata deorum,
Extremam, ut perhibent, Coeo Enceladoque fororem
Progenuit, pedibus celerem et pernicibus alis:
Monftrum horrendum, ingens! cui quot funt corpore
plumae,
Tot vigiles oculi fubter, (mirabile dictu!)
Tot linguae, totidem ora fonant, tot fubrigit aures.
Nocte volat coeli medio terraeque per umbram
Stridens, nec dulci declinat lumina fomno.
Luce fedet cuftos aut fummi culmine tecti,
Turribus aut altis: et magnas territat urbes,
Tam ficti pravique tenax, quam nuntia veri.

10) Nemo adeo ferus eft, ut non mitefcere poffit,
Si modo culturae patientem praebeat aurem.
Virtus eft vitium fugere, et fapientia prima
Stultitia caruiffe. — *Hor. Epift.* I, 1, 39 feq.

11) Sincerum eft nifi vas, quodcunque infundis, acefcit.
Sperne voluptates! nocet emta dolore voluptas.
Semper avarus eget: certum voto pete finem.
Invidus alterius macrefcit rebus opimis:
Invidia Siculi non invenere tyranni
Maius tormentum. Qui non moderabitur irae,
Infectum volet effe, dolor quod fuaferit et mens,
Dum poenas odio per vim feftinat inulto.
Ira furor brevis eft: animum rege: qui nifi paret,
Imperat: hunc frenis, hunc tu compefce catena.
Fingit equum tenera docilem cervice magifter
Ire viam, qua monftret eques. Venaticus ex quo
Tempore cervinam pellem latravit in aula,
Militat in fylvis catulus. Nunc adbibe puro
Pectore verba puer, nunc te melioribus offer.

Quo femel eſt imbuta recens, ſervabit odorem
Teſta diu. — *Hor. Epiſt.* I, 2, 54 ſeq.

18) Hor. Od. II, 10. an ben Licinius:

Rectius vives, *Licini*, neque altum
Semper urgendo, neque, dum procellas
Cautus horreſcis, nimium premendo
       Litus iniquum.
Auream quisquis mediocritatem
Diligit, tutus caret obſoleti
Sordibus tecti, caret invidenda
       Sobrius aula.
Saepius ventis agitatur ingens
Pinus; et celſae graviore caſu
Decidunt turres; feriuntque ſummos
       Fulmina montes.
Sperat infeſtis, metuit ſecundis
Alteram ſortem bene praeparatum
Pectus: informes hyemes reducit
       Iupiter, idem
Summovet. Non, ſi male nunc, et olim
Sic erit: quondam cithara tacentem
Suſcitat Muſam, neque ſemper arcum
       Tendit Apollo.
Rebus anguſtis animoſus atque
Fortis appare! ſapienter idem
Contrahes vento nimium ſecundo
       Turgida vela.

ENDE.

Register.

A.

Schell. kleine Grammm   Y   verher

Verba,